古漢語疑難探索

朱家平 著

经济日报出版社

图书在版编目(CIP)数据

古汉语疑难探索/朱家平著.—北京：经济日报出版社，2018.4

ISBN 978-7-5196-0522-3

Ⅰ.①古… Ⅱ.①朱… Ⅲ.①古汉语-研究 Ⅳ.①H109.2

中国版本图书馆 CIP 数据核字(2019)第 070486 号

古汉语疑难探索

作　　者	朱家平
责任编辑	林　珏
出版发行	经济日报出版社
地　　址	北京市西城区白纸坊东街 2 号(邮政编码：100054)
电　　话	010-63567691(编辑部)010-63567692(发行部)
网　　址	www.edpbook.com.cn
E - mail	edpbook@126.com
经　　销	全国新华书店
印　　刷	北京九州迅驰传媒文化有限公司
开　　本	1/16
印　　张	20
字　　数	395 千字
版　　次	2019 年 7 月第一版
印　　次	2019 年 7 月第一次印刷
书　　号	ISBN 978-7-5196-0522-3
定　　价	68.00 元

序

“新的转机和闪闪的星斗，正在缀满没有遮拦的天空，那是五千年的象形文字，那是未来人们凝视的眼睛。”（北岛《回答》）

这是一本关于象形文字的书，关于文字训诂、文辞考据的书，是一本语言文字学、文献学和语文教学的论文集。洋洋洒洒几十万言，是我的挚友家平三十年来心血的结晶。

家平生活态度放达，人生目标明确，勤奋努力，追求真理。他记忆力、想象力非凡，学问功底深厚，搜求广泛，思维缜密，方法考究。经过几十年的努力，终于将这本卷帙浩繁，质量上乘的著作推到了我们的面前。

在一般人看来，研究文字学，尤其是古文字学，进行文字训诂，文辞考据，是一件又繁琐又艰深，又枯燥又无趣，且往往看不到实际成果和现实意义的工作。几十年把精力投入其中，实在得不偿失，老大的不划算。

然而几十年如一日，家平克勤克谨，作为现代人虽说不是“蓬门秋草，年年破巷”，但确实是“疏窗细雨，夜夜孤灯”，“焚膏油以继晷，恒兀兀以穷年”。出入于经史子集之中，优游于诗词歌赋之上，从甲骨竹简到金石碑刻，从子曰诗云到小说戏剧。纵横遍古籍，上下数千年。爬罗剔抉，刮垢磨光。无论对佶屈聱牙的古奥文字，还是俏皮活泼的俗词俚语，无论是面对旧问题，还是面对新资料，凡觉训诂方面有谬误不妥之处，必穷而逐之，多方考证，仔细推敲，得其确解而后止，大有“吟得一字安，捻断数根须”的意味。我曾经特意问过他：你为什么要花那么大精力，去做那么烦难的工作呢？你不觉得枯燥吗？他说为了追求真理。真理总是有价值的。凡事只要钻进去，总会有乐趣。简单的几句话，我们看到了他那虚怀若谷的胸襟，不同流俗的志趣。这与二三十年来，社会上普遍存在的浮躁、肤浅、空虚、无聊，唯名位是争，唯金钱是务的生活现状真是大异其趣。即便在古代也有不少知识分子，只看重功业，不愿做这种踏实的工作，鄙弃扬子云，视“白首草太玄”为空耗年华性命。可见其艰辛繁琐以及人们对其价值缺乏认识。(当然也有人仅仅以此发发牢骚而已。)

文字学、训诂学、考据学作为基础学科、民族学科，有着巨大的基本价值、科学价值和学术地位，在我国历史上曾起过不可替代的重大作用。

在我国，训诂学、考据学最初作为经籍注释出现，又往往以此为工具，进行思想交锋，至少有两千年的历史。由于历史的变迁，语言文字的发展，战争的破坏，古籍的散失，以及秦始皇焚书坑儒的举措，在秦汉时期，我国的文化遇到了空前的挑战与考验。最早一批训诂学家经过艰辛的工作，使得不绝如缕的文化血脉得以延伸，其价值是不可低估的。清泉即出，微风即起，便一发而不可收，不成汹涌澎湃之势不可止。历经马融、郑玄、杜预、孔颖达等大家的传承开拓，遂蔚为大观。尤其是清朝的考据学更为现代语言学的发展准备了条件，王夫之、黄宗羲、顾炎武等学者以天下为己任，以经史研究为依托，自觉或不自觉地宣传民主观念、进步思想，为民族融合、社会发展做出自己的贡献。其中很多人反对宋明理学的封建没落观念，具有较高的民主主义思想水准。无独有偶，非常有趣而且耐人寻味的是，与此相先后的欧洲，《圣经》考据学也为人类科学民主的进步，做出自己的贡献。可见训诂考据一类的语言文字工作所蕴含的巨大能量。而这种能量的发挥，往往要仰仗那种工作必不可少的严谨作风，实事求是的精神，敢于坚持真理的气魄和脚踏实地的作为以及科学的方法和平等的讨论。

家平的这本书，正是这一作风、精神、气魄、作为、方法及讨论的切实体现。他在文字训诂、考据方面纠正了不少古今的错误，给我们提供了一个全新的样本，为学术研究拨开了部分阴霾，清除了不少路障。他的贡献对我国学术发展来说实在是可喜可贺的。

高书铭
2018.1

自　　序

记得三十多年前，一位同学对我说："不要搞古汉语研究，因为现代人没读过经，无论如何也搞不过古人！"他的话有一定的道理。一般说来，我们没有古人读书多，又不如古人博闻强识，因此在古代汉语研究领域，不要说超越古人，即使欲与其比肩，亦是难上加难。

然而我自乐此不疲。每披阅古籍，"记事者必提其要，纂言者必钩其玄"，转晷移日而不能自休，也往往因此而忘却家务。虽甚仰仗古人注释，但有时也感到其注释未必都对，或违反情理，或不合逻辑，或违反语言规律，或不合语言习惯。这样就更给了我深入学习和探索的动力。在多年探索之中，虽然也深感自己读书少，功底薄，但也体会到今人研究古汉语也有优于古人之处：

一是有科学的语言文字学理论的指导；

二是今人能见到古人没有见到过的甲骨文、金文、战国文字等诸多古文字文献，而且随着时间的推移，这种出土文献会越来越多；

三是今人有诸多的字典词书、文献索引等工具书，它虽然不能代替读书，但也能为我们的研究提供莫大的帮助。

因此，只要我们多读书，勤思考，再借助上述有利条件，在古汉语研究领域内，还是可以有所作为的。

古代先贤的注释为我们阅读古书提供了极大的便利，我们是站在他们的肩膀上去学习、继承古代文化的。但是毋庸讳言，先贤们的注释也有一些错误和未言及之处，我们总不能让这些缺憾永远流传下去吧。这也是我写这本小书的目的。

不过，由于笔者才疏学浅，孤陋寡闻，出入故纸堆三十余年，方才凑成这样一本小书，想来其中错误，必定不少。望读者纠谬指疵，不吝赐教！

朱家平

2018 年 2 月 6 日

目　　录

训诂　文字

语法　虚词

词语札记

古籍整理

中小学古诗文教学

南、风、雅、颂解

按照传统，《诗经》历来被分为风、雅、颂三类。然而翻开《诗经》，首先看到的却是“二南”，其中《周南》诗十一篇，《召南》诗十四篇，共二十五篇，几乎占了《诗经》的十分之一。宋代的王质、程大昌，清代的顾炎武，近代的梁启超等人都认为“南”也是《诗经》中的一类，应该从“风”中分出，亦即《诗经》当分为南、风、雅、颂四类①。这一观点是正确的。

除了不把“南”单列为一类，传统的《诗经》分类还有一个很大的弊病，即分类的标准不一致，显得杂乱无章。其分类大致如下：

“南”是指方位。《周南》《召南》都是南方的作品，周南是在周公统治下的南方地区，召南是在召公统治下的南方地区。

“风”是乐曲的通名。因为风的声音有高低、大小、清浊、曲直的特点，乐曲的音调也有高低、大小、清浊、曲直的特点，乐曲似风，所以古人称乐为风。同时乐曲的内容和形式，一般是风俗的反映，所以乐曲称“风”与风俗的风也是有联系的②。

“雅”有“正”的意思，当时人们把周王朝直接统治地区的音乐看成正声。“雅”借为“夏”，夏是西周王畿的旧称，故以“雅(夏)”字标明这部分诗篇产生的地域。

“颂”有形容的意思；“颂”就是歌颂、赞美之意。

上述分类标准显然是不一致的，而且多是自相矛盾。

自然界之风与风俗之风无关，不能混为一谈；“正”是性质，“夏”是地域，也不能混为一谈；形容与歌颂更是风马牛不相及。

当然，也有正确的观点，即风、雅、颂的划分是由于音乐的不同③。

其实，南、风、雅、颂的划分完全是由于演奏音乐的乐器不同，并无其他标准。

南、风、雅、颂原是上古时期的四种乐器，而由这四种乐器伴奏演唱的四种诗歌因此就被称为南、风、雅、颂。

---

① 四人观点分别见《诗总闻》《诗议》《日知录》及《释四诗名义》。

② 高亨《诗经简述》，见《诗经今注》，上海古籍出版社 1980，12。

③ 游国恩等《中国文学史》，人民文学出版社 1979，7。

一、南

“南”是上古时期的一种乐器，形似钟，这是“南”字的本义。

“南”字在甲骨文中作(前四·一一·六)，(前一·一四·一)，(後二·三·一六)，(福一九)①，此字下部是钟体，上部是其饰。甲骨文中又有字(前五·二三·四)，此字甲骨文中常见，其字形所示乃一手执槌击“南”之形，更足以证明“南”字的本义是乐器。郭沫若认为：“由字之形象而言，[南]殆钟镈之类乐器。”(甲骨文研究·上)，唐兰认为：“南者，瓦制之乐器也。”(殷墟文字记·释南)

先秦文献中也有相关记载，例如：

1. 鼓钟钦钦，鼓瑟鼓琴，笙磬同音。以雅以南，以籥不僭。(诗·小雅·鼓钟)

2. 胥鼓南。(礼记·文王世子)

雅、籥也是古代乐器，雅是一种鼓(详见下文)；籥是一种管乐器，在甲骨文中本作“龠”。象编管之形，似为排箫之前身。古籍载：

3.《诗》云：“以籥不僭。”籥，乐之器，竹管，三孔，所以和众声也。(应劭·风俗通义·声音)

4. 龠，乐之竹管，三孔，以和众声也。(说文解字·龠部)

“所以和众声”，是说籥是用来在合奏中调和各声部的；雅、南作为打击乐器也是用来协调节奏的。有了这三种乐器，合奏就会和谐而“不僭”了。

胥鼓南，是指小吏敲击“南”以伴奏。“鼓南”一词，恰恰是甲骨文字所显示的本义。

以出土的甲骨文字与上述几条文献相印证，“南”字的本义是一种敲击类的乐器，应该是没有疑义的。但是，由于汉代的儒生没见过甲骨文，他们对例1、例2中的“南”作出了不同的解释。《毛传》对“以雅以南”是这样解释的：

5. 以雅为南也。舞四夷之乐，大德广所及也。东夷之乐曰昧，南夷之乐曰南，西夷之乐曰朱离，北夷之乐曰禁。

“以雅以南，以籥不僭”的意思是用雅、用南、用籥三种乐器来调节钟、瑟、琴、笙、磬的合奏，音乐就会有序而不乱。其中的三个“以”都是介词。但《毛传》将其改成了动词“为”，其目的就是为了把“以雅以南”“以籥”释为“舞雅舞南舞籥”。

其次，南夷之乐的名称也很可疑。按照“南夷之乐曰南”的逻辑，那么东、西、北三夷之乐的名称亦应称为东、西、北，而此三乐的名称却与方向毫无关系。之所以称南夷之乐为“南”，恐怕就是为了要把“南”说成是一种舞蹈。

古籍中关于四夷之乐的记载颇多，但所记不尽相同。例如：

---

① 前、后、福，分别是《殷墟书契前编》《殷墟书契后编》《福氏所藏甲骨文字》三部书的简称。

6. 故东夷之乐曰朝离，南夷之乐曰南，西夷之乐曰昧，北夷之乐曰禁。（班固·白虎通·礼乐）

所记南夷、北夷之乐与《毛传》同，而东夷、西夷之乐与《毛传》相反；“朝离”即“朱离”，“朝”“朱”古音相近而通。但《白虎通》旧本与此不同：

7. 故南夷之乐曰兜，西夷之乐曰禁，北夷之乐曰昧，东夷之乐曰离。

旧本与今本所记差异甚大，而班固《东都赋》作：

8. 四夷间奏，德广所及，禁、昧、兜、离，罔不具集。

所记四夷之乐与《白虎通》旧本所记虽然顺序略有不同，但名称皆同；且《东都赋》系纯文学作品，与经学无涉，因此那些以篡改儒家经典以成其说者未曾对其下手。就此而论，《东都赋》价值甚大。故当以《白虎通》旧本所记为是。

《白虎通》旧本所记四夷之乐与今本及《毛传》不仅顺序不同，而且每一乐的名称也不相同；尤为重要的是，南夷之乐的名称是“兜”而不是“南”，这就使得《毛传》关于“南夷之乐曰南”的立论难以成立了。

对另外一条文献“胥鼓南”，郑玄注曰：“南，南夷之乐也。”

郑玄之说显然本于《毛传》，既然《毛传》此说已难成立，故郑玄之说亦难成立。

再者，在先秦文献中，“鼓”作动词而其宾语与音乐有关的绝大多数都是乐器。尚未见到是乐名的。笔者查阅了《诗经》《论语》《孟子》《庄子》《荀子》《韩非子》诸书，《诗经》中“鼓钟”九见，“鼓瑟”四见，“鼓簧”两见，“鼓琴”一见，“鼓瑟琴”一见；《论语》中“鼓瑟”一见；《孟子》中“鼓琴”一见；《庄子》中“鼓钟”八见；《荀子》中“鼓琴”“鼓瑟”各一见；《韩非子》中“鼓瑟”“鼓琴”各一见，“鼓新声”两见。除最后一例外，“鼓”的所有宾语都是乐器，而“新声”亦非乐名。此外，另有三例须略作分析：

9. 昔者舜鼓五弦，歌《南风》之诗而天下治。（韩非子·外储说左上·说一）

五弦，《太平御览》引作“五弦之琴”，古书多作“舜弹五弦之琴”，可见“五弦”即指“五弦之琴”，是乐器。

10. 于是为调瑟，废（置）一于堂，废一于室，鼓宫宫动，鼓角角动，音律同矣！（庄子·徐无鬼）

“宫”指宫弦，前一“宫”字指堂中瑟之宫弦，后一“宫”字指室中瑟之宫弦。“角”指角弦，前一“角”字指堂中瑟之角弦，后一“角”字指室中瑟之角弦。宫弦、角弦虽非乐器，也是乐器的一部分。

11. 今王鼓乐于此，百姓闻钟鼓之声……而相告曰：“吾王好鼓乐夫何使我至于此极也！”（孟子·梁惠王下）

“鼓乐”一词，似应整体释为击鼓奏乐，而不应把“乐”视为“鼓”的宾语，且“乐”泛指音乐而非乐名。

由此可知，甲骨文的、二字可证“南”字的本义是乐器无疑；将“南”字的本义用于上述《诗经》《礼记》两例中，于文义帖切而简明。汉儒未见甲骨，不得其本义，其无足怪。而《周南》《召南》之所以被称为“南”，正是因为此类诗歌是由“南”这种乐器伴奏演唱而得名的。

二、风

“风”也是上古时期的一种乐器，是一种上部饰有羽毛的鼓。

“风”通豐，豐的古文字作(衛盉)(𤖯盘)(小臣豐卣)，与(鼓)字相似。豐与字的上部是其饰物，下部是底座，中部是鼓身，但豐字上部的饰物比字上部的饰物要复杂。

所列豐字的三个古文字中，前两个字形接近物体的原貌，第三个是其简体。前两字的上饰之物是鹭鸟的羽毛。1953 年河南汲县出土的战国时期水陆攻战纹鉴以及汉代画象石上的许多植羽之鼓的形象，就是豐，是一种上部饰羽的大鼓。《诗经》对这种大鼓也有所描述：

12. 坎其击鼓，宛丘之下。无冬无夏，值其鹭羽。(陈风·宛丘)

值，毛传释为“持”，后人多从之。但与上述出土文物相对照，“值”当通“植”，意为“插”。

甲骨卜辞中也有一些文例表明豐是乐器，例如：

13. 公作豐庸。(小屯殷墟文字甲编 2546，2583，以下简称“甲编”)

“庸”通“镛”，是大钟；“作”有“演奏”之义，例如：

14. 乐其可知也，始作，翕如也；从之，纯如也。(论语·八佾)

15. 其王来朝京师，帝作黄门鼓吹、角抵戏以遣之。(後汉书·东夷传·夫馀)

作豐庸，即奏豐庸。古代祭祀，以乐舞为其主要仪式，“公作豐庸”即表明了这一点。这种情况金文亦有记载，例如：

16. 王作庸。(天亡簋)

天亡簋铭文，字多残泐，然此三字清晰可辨。作庸，即奏庸，亦即奏钟。

有人把例 13 中的“庸”释为“用”，认为此例中的“豐”不是乐器，但卜辞中有文例证明与豐有关的庸是乐器，例如：

17. 有豐，惟祖丁庸用。(小屯南地甲骨 1255，以下简称“屯”)

有“用”字在“庸”后，此庸必是乐器；而豐、庸并列，则皆为乐器无疑。此类文例还有：

18. 惟于豐用。(屯 2346. 1)

19. 惟庸用。(甲编 3918)

从读音上看，有的韵书把豐、风二字分属于冬、侵二部。但冬部是战国时从侵部分化出来的，《诗经》时期豐、风二字同属侵部，是同音的[①]。

---

① 吴文祺《上古音中的几个问题》，见《语言文字研究专辑》(下)。上海古籍出版社 1986，6。

由于年代久远，豐与风相通之例颇难寻觅，但仔细搜寻，仍有蛛丝马迹。例如：

20. 弜作豐？不遘雨？雨。（屯 2143）

此三句话属于同一条卜辞，应该都是占卜天气的。弜，相当于“不”；“作”是兴，起之义；“豐”通“风”。弜作豐，即不起风，不刮风。

21. ……卜……奠豐……（怀特氏所藏甲骨集 439）

奠，通“停”。《周礼·考工记·匠人》：“凡行奠水，磬折以参伍。”郑玄注引郑司农云：“奠，读为停。谓行停水，沟形当如磬。直行三，折行五以引水者，疾也。”陆德明《释文》：“奠，音亭。”杨雄《法言·寡见》：“昔在姬公，用于周而四海皇皇，奠枕于京。”汪荣宝义疏：“奠者，‘停’之古字。”

奠豐，即停风，豐通风。

卜辞中，“停风”一词多见，例如：

22. 弜停风。（殷契粹编 456）

23. 癸卯卜……停风。（殷契卜辞 558）

24. 甲贞……其停风？（屯 1054·10）

25. 辛巳卜，今日停风。（屯 2772·4）

停，初隶定为甼。甼，即甹字。《说文》：“甹，定息也……读若亭。”从《说文》对甹字的释义及读音看。甼应释为“停”。

“奠”通“停”并与“风”有关的内容，卜辞中亦有其例，如：

26. 贞，奠其风？（甲骨文合集 13881 正，以下简称“合”）

“奠其风”即“停其风”。

卜辞中同类句式的对比亦能说明问题，例如：

27. 其豐？（合 34609）

　　其风？（合 28295，28552）

28. 弜豐。（屯 2276·6）

　　弜风。（合 34224）

29. 勿豐。（合 27459）

　　勿风。（合 18878）

例 27 中的“其”是表示推度询问的语气词，故句末用问号；“其”后的“豐”“风”应视为动词。例 28、29 中的“豐”“风”均在否定副词“弜”“勿”后，故亦应视为动词。上述三例中的“豐”“风”处于相同的句式中，可视为通假。

内容相似的卜辞亦可说明问题，例如：

30. 丁亥贞，豐，示丁咎不？（小屯殷墟文字乙编 8696，以下简称“乙”）

31. 丁亥贞，豐，丁示咎不？（乙 8861）

示丁咎不，是说“示”的祭日有灾祸不？丁示咎不，是说祭祀“示”的那天有灾祸不？两例中的“豐”则文义不明。不过内容相似的卜辞应能说明问题，例如：

32. ……风，不惟咎？（合 13370）

33. 今辛未大风，不惟咎？（合 21019）

可以看出，刮风被殷人视为不吉利的征兆；由此再看例 30、31，其中的“豐”通“风”是合乎情理的。

语境往往对判定词义有至关重要的作用，例如：

34. 豐，廼归。（合 31021）

例中的“廼”是副词，表示动作、行为或事情前后相承的关系，这里指事理上的相承，相当于“便”“就”“于是”。本例事理上的相承是殷人把刮风视为不吉利的征兆，故出门遇风便转身返回。在本例的语境中把“豐”释为“风”，恐怕是最合乎情理的解释了。

在传世的古籍中，亦有“风”与“豐”相通的踪迹。例如：

35. 其粟圆而薄糠，其米多沃而食之强，如此者不风。（吕氏春秋·审时）

薄糠，是指米粒大；多沃，是指米润泽而油性大；强，是劲道，口感好。

风，高诱注：“落也”。其义费解亦无文献佐证。细察文义，“风”当通“豐”，义为“多”“豐产”。越是好米，产量越低，近代尚且如此，古代则尤甚。其下文便是佐证：

36. 大粒无芒，抟（圆）米而薄糠，舂之易而食之香；如此者不益。（同上）

“益”即“多”。《战国策·齐策三》：“可以益割于楚。”姚宏注：“益，多也。”《史记·白起王翦列传》：“虽周、召、吕望之功不益于此矣。”例 35 的“如此者不风”与例 36 的“如此者不益”同义，其中“风”通“豐”，与“益”同义，均表示“多”。

又《吕氏春秋》中也有好米难种之文，例如：

37. 子能使粟圆而薄糠乎？子能使米多沃而食之强乎？无之若何？（吕氏春秋·任地）

无之若何，即无之奈何；无之，指无此本领。可见古代好米种植之难。

38. 五侯不相能，宾客不得来往。娄护豐辩，传食五侯间，各得其欢心。（西京杂记·卷二）

豐辩，《汉语大词典》：“谓能言善辩。”所释甚是。豐，当通“风”，表示用委婉的语言暗示、劝告。《史记·平准书》：“天子于是以［卜］式终长者，故尊显以风百姓。”《汉书·赵广汉传》：“［杜］建素豪侠，宾客为奸利，广汉闻之，先风告。建不改，于是收案致法。”又“广汉得此，使中郎赵奉寿风晓丞相，欲以胁之，毋令穷正己事”。能用委婉的语言暗示、劝告也是“能言”的一种表现。

豐辩，即风辩，“豐”通“风”。

“风化”一词，古籍多见，义为风教或教育感化，亦有作“豐化”者，例如：

39. 每得令远书，感赖豐化，言归于款，来诲恤及，亦为无已，情深欣如。（陆云·与陆典书书）

豐化，即风化，“豐”通“风”。

“风”字在汉代以前读为[plam][①]，宋孙穆《鸡林类事》载，高丽方言称“风曰孛缆”，即“风”读为[blam]，这一读音与上古汉语“风”的读音可谓一脉相通；“风”与“豐”在商周时代同音，因此，不论[plam]还是[blam]，都很象敲击“豐”的声音。

由此可见，《诗经》的“风”当通“豐”，是商周时代的一种乐器；而由“风”这种乐器伴奏演唱的诗歌，在《诗经》中就被称为“风”。

三、雅

“雅”也是上古时期的一种乐器，状如漆筒，蒙以羊皮，以手拍之作声。

除上文所引“以雅以南，以籥不僭”(小雅·鼓钟)外，先秦还有与乐器“雅”相关的记载。例如：

40. 笙师，掌教龡竽、笙、埙、籥、箫、篪、篴、管、舂牍、应、雅，以教祴乐。(周礼·春官·笙师)

郑玄注引郑司农(众)曰：“雅，状如漆筩而弇口，大二围，长五尺六寸，以羊韦鞔(蒙)之，有两纽，疏画。”

41. 治乱以相，讯疾以雅，君子是语。(礼记·乐记)

郑玄注：“雅亦乐器名，状如漆筒，中有椎。”

根据文献及注释的描述，“雅”应是鼓一类的乐器，而文献中有关雅乐的记载，也往往与鼓有关。例如：

42. 汉兴，乐家有制氏，以雅乐声律世世在大(太)乐官，但能纪其铿锵鼓舞而不能言其义。(汉书·礼乐志)

此“鼓舞”是指以鼓为主要乐器伴奏的乐舞。

43. 于时(东晋初)以无雅乐器及伶人，省太乐[官]并鼓吹令……成帝咸和中，乃复置太乐官。(宋书·乐志一)

由鼓吹令管理雅乐器，可见雅乐器与鼓有关。

44. 夫钟鼓既陈，“雅”“颂”斯(则)辨。(宋书·乐志一)

是否有钟鼓伴奏，就是分辨“雅”“颂”音乐的标志，以鼓辨“雅”，以钟辨“颂”。

郑玄注引郑众所说之“雅”，“大二围，长五尺六寸”。“大二围”，是说“雅”的围须二人合抱；“长五尺六寸”(此“长”即高)，以汉尺合今 23.3 厘米推之[②]，五尺六寸约合今 130 厘米。如此巨大之“雅”，堪称“大雅”了。

据《尔雅》《广雅》《宋书·乐志》等文献记载，钟、鼓、笙、箫、管、籥、琴、

---

① 《原始汉台语复辅音声母的演替系列·IV》，见邢公畹《语言论集》。商务印书馆 1983，10。

② 陈梦家《汉简缀述》293 页，中华书局 1980，12。

瑟等乐器均有大小之分。以此推之，“雅”也应有大小之分。若郑众所说之“雅”为“大雅”，则上古亦应有“小雅”。因此，可以推论：

由“雅”这种乐器伴奏演唱的诗歌在《诗经》中就被称为“雅”；

由“大雅”这种乐器伴奏演唱的诗歌就被称为“大雅”，由“小雅”这种乐器伴奏演唱的诗歌就被称为“小雅”。

四、颂

颂，通镛，是大钟。

金文“颂”通甬、鄘、墉。例如：

45. 武王则令周公舍寓以五十颂处。（瘐钟）

46. 武王则令周公舍寓于周卑处甬。（牆盘）

例45的“颂”与例46的“甬”相通，二者又都通假为“鄘”。《左传·昭公二十一年》：

“六月庚午，宋城旧鄘及桑城之门而守之。”杜注：“旧鄘，故城也。”《经典释文》：“鄘音容，本亦作墉。”

“颂”亦通“容”。例如：

47. 世以鲍焦为无从颂而死者，皆非也。（史记·鲁仲连邹阳列传）

48. 它郡国吏欲来捕亡人者，颂共禁不与。（汉书·吴王濞传）

颜师古注：“颂读曰容。”

出土文献中亦有此种现象。《仪礼·大射》中的“颂”字，武威汉简甲本中皆作“容”。

以上例皆是音同或音近通假。

“庸”亦可通鄘、墉。例如：

49. 王命申伯，式是南邦。因是谢人，以作尔庸。（诗经·大雅·崧高）

此例的“庸”通鄘、墉。

可见，颂可通容、甬、鄘、墉，鄘、墉可通庸。

庸又可通镛。例如：

50. 王奏庸。（逸周书·世俘解）

51. 庸鼓有斁，万舞有奕。（诗经·商颂·那）

52. 下管鞀鼓，笙庸以间。（尚书·皋陶谟）

此三例中的“庸”，均是“镛”字的通假。又例52是古文《尚书》中的文字，今文《尚书》此句正作“笙镛以间”；而《白虎通》《风俗通义》亦皆引“笙庸”为“笙镛”。

郑玄认为，“笙庸以间”中的“庸”就是“颂”，其说见贾公彦疏：

53.《尚书》云：“笙庸以间”，孔[安国]以庸为大钟，郑[玄]云：“庸即《大射》颂，一也。”（贾公彦《周礼·春宫·眡瞭》“击颂磬”疏）

郑玄所说“庸即《大射》颂，一也”，是说《尚书》“笙庸以间”中的“庸”，就是《仪礼·大射》中的“颂”；庸是钟，颂当然也是钟了。

郑玄还把“颂”直接释为“钟”。例如：

54. 西阶之西，颂磬东面，其南钟，其南镈，皆南陈。一建鼓在其南，东鼓、朔鼙在其北。(仪礼·大射)

郑玄注：“钟不言颂，鼙不言东鼓，义同，省文也。”义同，是说“钟”与“颂”义同，“鼙”与“东鼓”义同。

可见，颂即庸、镛，亦即大钟。

《诗经》中的“三颂”是宗庙祭祀之歌，而大钟则是宗庙祭祀的主要乐器。例如：

55. 钟鼓喤喤，磬管将将。降福穰穰，威仪反反。(周颂·执竞)

56. 庸鼓有斁，万舞有奕……顾予烝尝，汤孙之将。(商颂·那)

这两篇颂诗是周王及宋公在宗庙祭祀祖先的乐歌，钟是伴奏的重要乐器。这种宗庙祭祀的乐歌，也被以后的历代王朝所继承。这些乐歌的歌词，多载于历代王朝史书中的《乐志》或《礼乐志》中。

先秦时的所谓古乐，多指宗庙祭祀的乐歌，因其主要由大钟伴奏，故其旋律庄严、缓慢而又单调，难怪魏文侯对子夏说“寡人听古乐则欲寐”了。(汉书·礼乐志)

由此可见，“颂”通庸、镛，即大钟，由“颂”这种乐器伴奏演唱的诗歌，在《诗经》中就被称为“颂”。

总之，南、风、雅、颂，本是商周时代的四种乐器，而《诗经》中的南、风、雅、颂则是以这四种乐器伴奏演唱而得名的四种诗歌。南既与风、雅、颂并列，则应从风中分出，单为一类。

《诗经》中是否有词头“有”

《诗经》中有一种被认为是“词头”(或助词)的“有”，例如“春日载阳，有鸣仓庚”(豳风·七月)，这里的“有”被认为是动词词头。其实，“有鸣仓庚”其义即“有仓庚鸣”，本来是简明而易懂的，其中的“有”就是最为常见的动词“有”。之所以作“有鸣仓庚”，是为了让“庚”(kang)与上句的“阳”(jiang)押韵①(庚、阳上古同属阳部)。为了押韵而调整词语顺序，这是诗歌创作中常见的手法。《诗经》中相当一部分这类含有所谓词头“有”的句子，其形成的原因，恐怕都在于此。

《诗经》中的所谓词头分为三种，即名词词头，形容词词头和动词词头。下面对此作一简要的分析。

一、所谓名词词头“有”

所谓名词词头“有”，就是“有”字处于名词前，而处于国名前的居多，例如：

①有周不(丕)显，帝命不(丕)时。(大雅·文王)

②假(嘉)哉天命，有商孙子。(大雅·文王)

③天监有周，昭假于下。(大雅·烝民)

④时迈其邦，昊天其子之，实右序(予)有周。(周颂·时迈)

⑤明昭有周，式序在位，载戢干戈。(周颂·时迈)

⑥幅陨(员)既长，有娀方将，帝立子生商。(商颂·长發)

毛传：“有周，周也。”虽然没有对“有”作出解释，但显然是认为“有”是语助词。王引之则明确认为是语助词；今人据此认为是名词词头。

其实，这类“有”是名词，相当于“國”。

“國”从“或”得声，“有”与“或”在古汉语中经常相通，这里略举数例：

1. 无有作好，遵王之道；无有作恶，遵王之路。(尚书·洪范)

《吕氏春秋·贵公》《韩非子·有度》引此文“有”均作“或”。

2. 奔则曷为不言奔？王者无外，言奔则有外之辞也。(公羊传·隐公元年)

3. 有内辞也，或外辞也。(穀梁传·隐公三年)

例2的“有外”与例3的“或外”相对应，例3之中的“有内”与“或外”相对应，都显示“有”即“或”。

① 注音用拉丁字母。

4. 史迁云："死有重于泰山，有轻于鸿毛。"(三国志·魏志·梁习传·裴松之注)

司马迁原文是"人固有一死，或重于泰山，或轻于鸿毛。"(报任安书)

两相对照，"有"即"或"。

"有"与"或"相通是古汉语的一种比较常见的现象，王引之说："'有'与'或'古同声义亦相通。"(经传释词·卷三)

"有"与"或"相通是因为二字古音相同(或相近)，"或"作动词表示"有"是它的假借义，"或"的本义则是"國"。从字形上看，"或"就是"國"的简体，从时代上看还要早于"國"字。《说文》："或，邦也。"邦就是國。

在金文中，"國"常写作"或"。例如：

5. 王令保及殷东或(國)。(保卣)

6. 迺唯是丧我或(國)。(毛公鼎)

7. 肃折(哲)壮武，闻于四或(國)。(王孙诰编钟)

8. 乌呼哀哉！用天降大丧于下或(國)，亦唯噩(鄂)侯御方率南淮夷、东夷，广伐南或(國)、东或(國)，至于历寒。(禹鼎)

以上四例中的"或"字，都是"國"字的初文，也是"國"字的简体，而其中的"四國""下國""南國"等词亦见于《诗经》。例如：

9. 四國无政，不用其良。(小雅·十月之交)

惠此京师，以绥四國。(大雅·民劳)

10. 奄有下國，俾民稼穑。(鲁颂·閟官)

命于下國，封建其福。(商颂·殷武)

11. 滔滔江汉，南國之纪。(小雅·四月)

既敬既戒，惠此南國。(大雅·常武)

可见，有周、有商、有娀中的"有"是名词，相当于名词"或"，亦即"國"。有周、有商、有娀即國周、國商、國娀，亦即周國、商國、娀國。

同类的用法还有：

⑦取被谮人，投畀豺虎；豺虎不食，投畀有北；有北不受，投畀有昊。(小雅·巷伯)

"有北"即"国北"，这里的"国"是指整个周王朝的疆域，国北即是毛传所谓寒凉不毛之地。

"有昊"即"国郊"，指本诗作者所居都邑之郊。"昊"通"郊"。

"昊"与"郊"古代同属宵部，音近可通。

出土文献中的古音通假现象更可以显示"昊"与"郊"在语音上的密切关系。例如：

12. 武王素甲以陈于殷蒿。(上海博物馆楚竹书·容成氏简·五三正)

《周礼·地官·载师》："以宅田土田贾田任近郊之地。"郑玄注："故书郊或为蒿。”杜子春云：“蒿读为郊”。

13. 祠自蒿于壴。（西周甲骨H一一·二〇）

“蒿”通“镐”，镐京。“镐”与“昊”古今音皆同。“郊”与“昊”的古音关系如下：

“郊”通“蒿”通“镐”=昊

从“郊”与“昊”在古音上的密切关系上看，二者是完全可以相通的。

有人可能会问，作者痛恨“谮人”，为何对其惩罚反而越来越轻呢？其实不然。作者先是把谮人投给豺虎，觉得使其立即死去不解恨，又把他投到极北寒凉不毛之地，使其长年忍受寒冻之苦；作者觉得还不解恨，又把他作为罪犯投到城郊，不准入城，使其颜面扫地，备受耻辱。

上古时期有罪之人是不可以进城的。《仪礼·聘礼》：“及郊，请反命。”郑玄注：“郊，近郊也。告郊人请反命于君也。必请之者，以己久在外，嫌有罪恶，不可以入。”

二、所谓形容词词头“有”

所谓形容词词头“有”，就是“有”字处于形容词前，《诗经》中这种用法最多，可分为几种类型，下面分类试析之。

（一）“彤管有炜”式

这种句式的特点是“有”字前是一个双音节词，“有”字后是一个单音节的所谓形容词。例如：

⑧彤管有炜，说怿女美。（邶风·静女）

毛传：“炜，赤貌。”此说为后人所承袭，多释为红色而有光泽，并定其读音为wěi。

此说虽被承袭了两千多年，然而却没有早期古汉语的证据。从汉、魏及唐代的语言来看，此字应读为huī，又写作晖、辉、煇，是个名词。例如：

14. 青炜登平，考景以晷。（汉书·王莽传·中）

颜师古注引服虔曰：“炜言晖。如淳曰：‘青气之光辉也。’”

15. 文驷雕轩，往来有炜。（韩愈·楚国夫人墓志铭）

16. 车服有辉，旗章有叙。（三国志·魏志·陈思王传）

以上三例中的炜、辉，都是名词，表示光辉、光泽。尤其值得注意的是，例15、16中的炜、辉都是在“有”之后，与《静女》中的“有炜”是同一语法结构，“有炜”即“有辉”，就是有光辉、有光泽。因此，这里的“有”应视为动词是没有疑义的。“彤管有炜（huī）”，就是彤管有光泽。

此类句式还有：

⑨夜如何其？夜乡（向）晨！庭燎有煇。（小雅·庭燎）

⑩羔裘如膏，日出有曜。（桧风·羔裘）

"有煇"亦同"有炜"，"有"是动词。炜、煇、辉是同词异写。"有曜"又作"有耀"，例如：

17. 此其代陈有国乎？不在此，其在异国；非此其身，在其子孙，光远而自他有耀者也。（左传·庄公二十二年）

"曜"同"耀"，光耀，即光辉，是名词，是"有"的宾语。此类句式还有：

⑪新台有泚，河水瀰瀰。

新台有洒，河水浼浼。（邶风·新台）

泚，通玼。《说文》："玼，玉色鲜也。《诗》'新台有玼。'"玉色鲜，指玉的鲜明的颜色。《鄘风·君子偕老》："玼兮玼兮，其之（是）翟也"，译为白话就是：玉一般鲜明的颜色啊，那是翟的花纹。新台有泚，是说新台（阶、栏等）有玉一般鲜明的颜色。"有"是动词。

洒，通洗，铣。马瑞辰《毛诗传笺通释》："洒与洗双声，古通用……又与铣通。"《尔雅·释器》："绝泽谓之铣。"绝泽，就是最耀眼的光泽。新台有洒，是说新台有极耀眼的光泽。"有"也是动词。又：

⑫于赫汤孙，穆穆其声。庸鼓有斁，万舞有奕。（商颂·那）

斁通泽。罗福颐《古玺汇编》〇八五八："长亡泽。"一〇六四："肖亡泽"。"亡泽"即"无斁"，多见于人名。

奕，美好的容貌。《方言》第二："奕，容也。自关而西，凡美容谓之奕。"庸鼓有斁，是说钟鼓有鲜明的光泽；万舞有奕，是说表演万舞者都有美好的容貌。两个"有"都是动词。

（二）"有蕡其实"式

这种句式的特点是"有"字后大多是一个形容词，形容词后是一个"其 n."词组，例如：

⑬桃之夭夭，有蕡其实。之子于归，宜其家室。（周南·桃夭）

⑭殖殖其庭，有觉其楹。（小雅·斯干）

这种句式最为集中的是《周颂·载芟》：

有嗿其馌，思媚其妇，有依其士。有略其耜，俶载南畝……驿驿其达，有厌其杰……载获济济，有实其积……有飶其香，邦家之光。有椒其馨，胡考之宁。

这种句式中的"有"大多可释为"为"，作动词，相当于"是"。"有"可释为"为"，古有其例，如：

18. 人之有道也，饱食、暖衣、逸居而无教，则近于禽兽。（孟子·滕文公上）

"人之有道"句在本篇上文作"民之为道"，"民"即"人"。人之为道，意思是"人之所以是人的道理"，"有"通"为"，相当于"是"。

19. 是樛留未有善以知言也。（韩非子·难一）

未有善以知言，即未为善于知言，亦即不是善于知言。"有"通"为"，即是"是"。

20. 济阳君有少庶子，有不见知欲入爱于君者。(韩非子·内储说下六微)

这句话的意思是说，济阳君的少庶子是个不被济阳君认识却要接近并获宠于济阳君的人。“有”(加点者)通“为”，即“是”。

此外，为人所熟知的“罪有应得”一语，其中的“有”也通“为”，即“是”。

“有蕡其实”式中的“有”大多可以释为“为”，即“是”，“有蕡其实”意为“其实有蕡”，亦即“其实为蕡”，译成白话就是：它的果实是又圆又大的。之所以作“有蕡其实”，是为了让“实”与下文的“室”押韵(上古同属质部)。

同理，“有觉其楹”意为“其楹有觉”，亦即“其楹为觉”，译成白话就是：它的柱子是很高的。

上文所引《周颂·载芟》中的同类句式同此，而《诗经》中的同类句式则大多同此，而有少数此类句式尚须探讨。例如：

⑮交交桑扈，有莺其羽。

交交桑扈，有莺其领。(小雅·桑扈)

莺，毛传：“莺然有文章。”此语今人释为“鸟羽有文采”，并定“莺”为形容词。然而细察毛传此语，“莺然”即“莹然”，“莹然有文章”，译为白话就是：象珠玉的光采一样有文采。其中的“莺”应通“莹”，指珠玉的光彩，是名词。例如：

21. 良珠度寸，虽有百仞之水，不能掩其莹。(韩诗外传·卷四)

22. 石出荆山玄岩之下，外炳五色之章，内秉坚贞之志，雕之不增文，磨之不加莹。(郦道元·水经注·谷水)

有莺其羽、有莺其领，意为其羽有莹、其领有莹，是说桑扈身上和颈部的羽毛闪动着珠玉般的光彩。“莺”是名词，是动词“有”的宾语。

⑯鱼在在藻，有颁其首。

鱼在在藻，有莘其尾。(小雅·鱼藻)

毛传：“颁，大首貌”，“莘，尾长貌”。此解虽被承袭两千余年，却并无先秦、西汉时的语言证据。从文义上讲，鱼是大头，毫无美感；鱼尾很长，也难想象。因为河鱼的身体与尾部并无明显界限，何来尾长之貌？颁，指几种颜色相间的花纹。于省吾《双剑誃诗经新证》卷一：“颁，贲并应读作斑……‘有颁其首’，即有斑其首。”“莘”应通“骍”，二字皆从“辛”得声，上古时应同音。骍，红色。《鲁颂·閟宫》：“享以骍牺，是飨是宜。”毛传：“骍，赤。”《小雅·信南山》：“祭以清酒，从以骍牡。”毛传：“周尚赤也。”朱熹《诗集传》：“骍，赤色，周所尚也。”《论语·雍也》：“犁牛之子骍其角。”何晏集解：“骍，赤也。”《礼记·明堂位》：“夏后氏牲尚黑，殷白牡，周骍刚。”孔颖达疏：“骍，赤色。刚，牡也。”

“有颁其首”意为“其首有颁”，是说鱼头上有几种颜色相间的花纹；“有莘其尾”即“有骍其尾”，义为“其尾有骍”，是说鱼的尾部泛出红色。《周南·汝坟》：“鲂鱼赪尾”，义同此。“颁”和“莘”都是名词，作动词“有”的宾语。

三、所谓动词词头“有”

所谓动词词头“有”，就是“有”处于动词之前。例如：

⑰有怀于卫，靡日不思。(邶风·泉水)

⑱明发不寐，有怀二人。(小雅·小宛)

以上两例中的“有”被认为是动词词头，是无义之词。然而这里的“有”可释为“为”(wèi)，作介词。此种用法亦有其例，如：

23. 酬币宴货，以示合好，胡有孑然其郊(效)戎狄也？(国语·周语中)

王引之注：“言胡为其效戎狄也。”(经义述闻·通说上)

“有”通“为”，作介词。“胡为”即“何为”，亦即“为何”。

24. 吴起事悼王，使私不害公，谗不蔽忠，言不取苟合，行不取苟容，行义不固(顾)毁誉，必有伯主强国，不辞祸凶。(战国策·秦策三)

“有”通“为”作介词。“有伯主强国”，《史记·蔡泽列传》正作“为霸主强国”。

有怀于卫，靡日不思。是说因为怀念祖国，所以没有一天不思念。

明发不寐，有怀二人。是说天亮了还睡不着，是因为怀念父母。

还有一种所谓动词词头“有”，其实也是最常见的动词“有”。例如：

⑲春日载阳，有鸣仓庚。(豳风·七月)

⑳东门之栗，有践家室。(郑风·东门之墠)

“有鸣仓庚”即“有仓庚鸣”，之所以作“有鸣仓庚”，是为了让“庚”(kang)与上句的“阳”押韵(详见本文开头)；“有践家室”即“有家室践”，之所以作“有践家室”，是为了让“室”(sjiet)与上句的“栗”(liet)押韵(质部)。

春日载阳，有鸣仓庚。是说春天暖和了，有黄莺在婉转地鸣叫。

东门之栗，有践家室。是说东门的栗树下，有房屋整齐地排列着。

此外，还有一种所谓动词词头“有”后的动词，实际上已经名词化了。例如：

㉑胡能有定？宁不我顾？(邶风·日月)

㉒苞有三蘖，莫遂莫达，九有(域)有截。(商颂·长發)

“有定”“有截”中的“定”“截”(斩获)均是动词，因而两个“有”均被视为动词词头。然而“胡能有定”可以理解为“哪里能有停止的时候呢”，“九有有截”可以理解为“九州之内皆有斩获”。“定”与“截”虽是动词，但作为“有”的宾语，实际上已经名词化了。

以上是对《诗经》中的一部分所谓词头(或助词)“有”所作的一点粗浅的分析。至此，我们虽然还不能说《诗经》中已经没有词头“有”了，但至少有相当大的一部分所谓词头“有”，并非是词头，而是另有其义。

也谈《诗经》中的“式”字

“式”字是《诗经》中比较常用的一个字，丁声树先生曾对此字做过很好的研究，他认为：“式者劝令之词，殆若今言应言当。”①丁先生的研究具有启发性，但“式”字在《诗经》中表示多种词，并非只用作劝令之词。以下试就此问题作一粗浅的探讨。

一、用作“以”“已”

《诗经》中的“式”有一部分用如“以”，而这种“以”可用作连词、副词。

（一）用作连词

“式”相当于连词“以”，用于连接前后两项，后项是前项的目的。可译为“从而”。例如：

①家父作诵，以究王讻。式讹尔心，以畜万邦。（小雅·节南山）

②王命召伯，彻申伯土疆，以峙其粮，式遄其行。（大雅·崧高）

例①例②的前两句为前项，后两句为后项；后项是前项的目的。两个后项的四句话是同一句式，其中“式”与“以”互文。词性与词义均相同。例①的后项是说；从而改变你(周王)的心，从而养育天下的百姓。例2的后项是说；从而使申伯储存更多的粮食，从而使申伯加速他的行程。

③仲山甫徂齐(济)，式遄其归。（大雅·烝民）

④无忝皇祖，式救尔後。（大雅·瞻卬）

例③、④中“式”的用法同例①、②，不同之处是前项、后项各为一句。

这种用法在其他古籍中亦有所见。例如：

⑤祈招之愔愔，式昭德音。（左传·昭公十二年）

⑥立功立事，式昭德音。（後汉书·张德传）

⑦宜增礼数，式昭盛烈。（梁书·王茂传）

例⑤、⑥、⑦中的“式”字句亦均表示目的。

（二）用作副词

1. 用于意义相近的两个动词前，表示意义相关的两种动作、行为相继出现或同时出现。例如：

---

① 《诗经“式”字说》，见《史语所集刊》六本四分。

⑧式号式呼，俾昼作夜。（大雅·荡）

⑨我有旨酒，嘉宾式燕以敖（遨）。（小雅·鹿鸣）

⑩君子有酒，嘉宾式燕以乐。（小雅·南有嘉鱼）

⑪君子有酒，嘉宾式燕以衎（乐）。（小雅·南有嘉鱼）

例⑨、⑩、⑪不仅句式相同，连意义都是基本相同的。其中“式”与“以”出现在相同的位置上，词性和词义都是相同的。例⑧的“式号式呼”即“以号以呼”，亦即又喊又叫；例⑨的“式燕以敖”即“以燕以遨，亦即又宴饮又游乐”。例⑩、⑪同。

《诗经》中有“以V以V”句与上述“式V以V”句相对应。例如：

⑫微我无酒，以遨以游。（邶风·柏舟）

⑬以为酒食，以享以祀。（小雅·楚茨）

上述两种相同句式的对比可以进一步证明此类“式”用如“以”。

2. 用如“已”，表示情况已经出现，可译为“已经”。例如：

⑭式微式微，胡不归？（邶风·式微）

式微，就是“已微”，是说天已经黑了。“已”“以”二字古通用。

微，可表示“暗”。《穀梁传·哀公四年》：“微杀大夫谓之盗。”微杀，即暗杀。

《韩非子·内储说下·说二》：“微讽秦、荆令之攻魏。”微讽，即暗讽。《史记·张仪列传》：“使人微随张仪。”微随，即暗中跟随。张衡《归田赋》：“谅天道之微昧，追渔父以同嬉。”微昧，昏暗不明，又作“暗昧”，曹植《文帝诔》：“三辰暗昧，大行光之。”

以上各例中的“微”，均表示“暗”。

高亨先生为此诗作了很好的解题：“奴隶们在野外冒霜露，踩泥水，天黑了还不能回去，就唱出这首歌。”①

天黑了，就是天已经黑了。

二、用作副词“宜”“姑且”

（一）用作副词，表示“宜”

《诗经》中有些“式”可用作表示应当怎样作的“宜”，大致可相当于丁声树先生所说的“劝令之词”，一般可译为“应当”“要”等。例如：

⑮兄及弟矣，式相好矣，无相犹（尤）矣。（小雅·斯干）

⑯式夷式已（怡），无小人殆。（小雅·节南山）

⑰式勿从谓，无俾大怠。（小雅·宾之初筵）

⑱式遏寇虐，无俾民忧。（大雅·民劳）

---

① 《诗经今注》，上海古籍出版社1980年10月。

⑲王命召虎："式辟四方，彻我疆土。"(大雅·江汉)

《尚书》中亦有此类用法，由于《尚书》与《诗经》的时代相近，其词语的很多用法与《诗经》相同，故并列于下，以资参考。例如：

⑳无总于货宝，生生自庸；式敷民德，永肩一心。(尚书·盘庚下)

㉑其曰我受天命，丕若有夏历年，式勿替有殷历年。(尚书·召诰)

㉒周公若曰："太史，司寇苏公，式敬尔由狱，以长我王国。"(尚书·立政)

㉓兹式有慎，以列用中罚。(尚书·立政)

《左传》中有一例值得注意，其中三个"式"，兼有两种用法。如：

㉔祈招之愔愔，式昭德音。思我王度，式如玉，式如金。(左传·昭公十二年)

此例中的第一个"式"用作连词，相当于"以"，表示此句是上句的目的(详见本文第一部分)。第二、三个"式"用作副词，相当于"宜"。

(二)用作副词，表示"姑且"

《诗经》中有些"式"用如"且"，义为"姑且"。例如：

㉕匪饥匪渴，德音来括。虽无好友，式燕且喜。(小雅·车舝)

㉖辰彼硕女，令德来教。式燕且誉(豫)，好尔无射(斁)。(小雅·车舝)

㉗虽无旨酒，式饮庶几。虽无嘉殽，式食庶几。虽无德与女，式歌且舞(小雅·车舝)

上述三个"式"字句，上一句大多是"虽无……"句，与"式"字句构成"虽无……，姑且……"句式。"式燕且喜"就是"且燕且喜"，"式歌且舞"就是"且歌且舞"，"式"相当于"且"，义为"姑且"。"且燕且喜"和"且歌且舞"在一般情况下应释为又宴又喜和又歌又舞，但由于此三例中的"式"字句前多是"虽无……"句，所以"且宴且喜"和"且歌且舞"中的"且"还是释为"姑且"为好。因此，"式饮""式食"就应释为"且饮""且食"，即"姑且饮""姑且食了"。

例㉖的"式"字句前虽然没有"虽无……"句，但其前似有"请先莫言美德教诲"之意，所以此例的"式"亦应释为"且"，即"姑且"。

三、其他用法

(一)用作名词、活用为动词

《诗经》中"式"用作名词，表示"法式""榜样"，这种例子并不多见，如：

㉘卜尔百福，如幾如式。(小雅·楚茨)

㉙成王之孚，下土之式。(大雅·下武)

《小尔雅·广诂》："幾，法也。""如幾"与"如式"同义。

《诗经》中表示"法式""榜样"的"式"多活用为动词，表示"以……为榜样"或"为……作榜样"。例如：

㉚戎(汝)虽小子，而式弘大。(大雅·民劳)

㉛于邑于谢，南国是式。（大雅·崧高）

㉜王命申伯，式是南邦。（大雅·崧高）

㉝古训是式，威仪是力。（大雅·烝民）

㉞王命仲山甫，式是百辟。（大雅·烝民）

㉟帝命式于九围(域)（商颂·长發）

例㉚、㉝的“式”表示“以……为榜样”，其余四例的“式”表示“为……作榜样”。

（二）用作动词“用”

《诗经》“式”字，旧注多释为“用”，此解适用于以下几例：

㊱我孔熯矣，式礼莫愆。（小雅·楚茨）

㊲维此良人，作为式穀。（大雅·桑柔）

㊳不闻亦式，不谏亦入。（大雅·思齐）

例㊱“式礼”即“用礼”，亦即“行礼”。例㊲“式穀”即“用穀”，亦即“行善”，作为式穀，即所作所为就是行善。例㊳郑玄笺：“式，用也。文王之祀于宗庙，有仁义之行不闻达者亦用之助祭，有孝弟之行而不能谏者亦得入。言使人器之，不求备也。”郑笺可通，而王引之所谓“两‘不’字皆语词”（见《经传释词》）则无据。

（三）用作介词“使”

㊴教诲尔子，式穀似之。（小雅·小宛）

㊵嗟尔君子……正直是与。神(慎)之听之，式穀以女[①]。（小雅·小明）

式，通“使”。式穀似之，是说使他像我一样善良。之，可表示“我”，《左传·宣公二年》：“不入，则子继之(我)。”式穀以女，即“使穀于汝”，意思是使善行与你同在，也就是使你自己更善良。

“式”“使”二字古音相近，其韵是对转关系（职，之），其声同属审母，可以通假。

四、单独用法

所谓单独用法，是说本节所述“式”字的几种用法在《诗经》中各自只有一例。这些例句大多比较难懂，众说纷纭。以下试探讨之。

㊶不弔昊天，乱靡有定。式月斯生，俾民不宁。（小雅·节南山）

式，通“蚀”。“式月”即“蚀月”，亦即“月蚀”。

㊷莫肯下遗，式居(倨)娄(屡)骄。（小雅·楚茨）

式，通“时”。时，时时，时常。《史记·吕太后本纪》：“吕禄信郦寄，时出与游猎。过其姑吕媭，媭大怒，曰：‘若为将军而弃军，吕氏今无处矣！’”“式

① “神”释为“慎”，详见马瑞辰《毛诗传笺通释·伐木》。

居”即“时倨”，亦即时常傲慢，与“娄（屡）骄”同义。

㊸咨女殷商……流言以对，寇攘式内（纳）。（大雅·荡）

式，通“是”。是，作代词，复指前置的宾语“寇攘”。

㊹上帝耆（稽）之，憎其式廓。（大雅·皇矣）

式，通“恃”。“式廓”即“恃大”，亦即自恃为大国。此句是说上帝憎恨殷商自恃为大国，不惧天威。

㊺咨女殷商，天不湎尔以酒，不义从式。（大雅·荡）

式，通“事”。“从式”即“从事”，亦即行事，办事。《小雅·十月之交》：“黾勉从事，不敢告劳。”班彪《北征赋》：“达人从事，有仪则兮。”“不义从式”即“从事不宜。”本例的意思是：殷商啊殷商，上天并没有让你们沉湎于酒，是你们自己做事不当。

本节的“式”分别与“蚀”“时”“是”“恃”“事”音近通假。从韵而言，“式”与“蚀”同属职部，与“时”“恃”“事”三字均属职、之对转；“是”虽属支部，但可与“时”通①。从声而言，“式”与“蚀”“时”“是”“恃”均属章系声母，是同一发音部位；“事”虽属庄系声母，但属舌尖音（又称齿音），与属舌头音的章系声母的发音部位基本相同。因此，从韵、声两方面而言，“式”与“蚀”“时”“是”“恃”“事”的语音都是很近的，是完全可以通假的。

以上是对《诗经》中“式”字的几种用法所作的粗浅探讨，其中有些看法不一定正确，还须有更为深入的研究。

---

① 《史记·项羽本纪》：“于是大风从西北而起，折木发屋。”《汉书·陈胜传》：“于是诸郡县苦秦吏暴，皆杀其长吏，将以应胜。”两例中的“是”皆通“时”。

“转注”指的是造字之初异体字之间的关系

许慎“转注”一说，长期以来，众说纷纭，莫衷一是。今选符合“建类一首，同义相授”定义的词例若干，探究其上古读音，结果表明，“转注”所指应是造字之初异体字之间的关系。

一、考老

许慎明确指出属于“转注”的，仅此一例。从近人拟定的上古音看，考、老是同韵不同声，但从上古二字的声母可互为谐声的现象看，二字上古亦应同声。考属溪母，老属来母，这两种声母可以互为谐声。例如：

1.《大戴礼记·易本命》：“虚上之人大。”《淮南子·墬形》“虚”作“垆”。《史记·十二诸侯年表》：“立景侯子庐。”《集解》引徐广曰：“一本作景侯子虚。”

虚，溪母；垆、庐，来母。溪、来相谐。

2.《晏子春秋·内篇谏上》：“公出背(屏)而泣。”《群书治要》引作“公出屏而立”。

泣，溪母；立，来母。溪、来相谐。

3. 叔趯父卣：“叔趯父曰：‘余考，不克御事。’”(《考古》1979 年 1 期)

“考”通“老”。溪、来相谐。

4. 马王堆帛书《老子》甲、乙本《道经》：“杀人众，以悲哀立之。”通行本作“以悲哀泣之。”

“立”通“泣”。来、溪相谐。

5. 泣，《说文》：“从水，立声。”去急切。立，力入切。溪、来相谐。

6. 悝，《说文》：“从心，里声。”苦回切。里，良止切。溪、来相谐。

7. 砢，《说文》：“从石，可声。”来可切。可，肯我切。来、溪相谐。

8.《释名》：“勒，刻也。”勒，卢则切。刻，苦得切。来、溪相谐。

9. 晾，《玉篇》：“力让切。又丘亮切。”来、溪相谐。

溪、来互为谐声，是一种异常的谐声现象，这应是上古复辅音声母[k‘l-]所反映的语音现象。考、老二字在上古大概均应读[k‘lau]，二字同音、同义且基本同形；在造字之初，二字均只记录“老人”一词，是异体字。《说文》用“转注”来表示这两个异体字之间的关系。

值得注意的是，在三江侗语中，“老头儿”一词有两种读音，一种是[ka:u

la:u]，两个音节；一种是[ka:u]，一个音节。前者可能更为古老，后者可能要晚一些，只保留了一个音节。

经邢公畹先生的研究，侗语属于汉藏语系[①]。这样，侗语“老头儿”的读音就极具启发性，它很有可能就是上古汉语考、老的原始读音，本是两个音节[k‘au lau]，后来演变为一个音节[k‘lau]，再往后分化为两个非常接近的读音[k‘au]和[lau]，考、老二字则各自承袭其中的一个读音。

二、聽、聆

许慎明确指出属于“转注”的，仅考、老一例，但《说文》中符合“建类一首，同义相授”定义的字还有一些，下面再取十余例作一探讨。

聽、聆同属耳部，符合“建类一首”的定义；聽，聆也；聆，聽也。是互训，属于“同义相授”。因此，聽、聆的关系可视为“转注”。

从中古音和今音看，聽、聆与考、老一样，是同韵不同声，但从上古二字谐声的现象看，二字上古亦应同声。“聽”古属透母，“聆”古属来母，透、来古代可以互为谐声。例如：

10.《诗经·大雅·生民》：“有邰家室。”“邰”是本字，但汉代典籍皆假“斄”为之。《说文》：“斄，从犛省，來声。”洛哀切。斄县，即古有邰氏之地，后稷所封，在今陕西武功县南八里。汉置斄县，在今武功县西南三十里。颜师古曰：“斄，读与邰同，音胎。”

邰，透母；斄，来母。透、来相谐。

11. 战国赵兵器有“守相杢波剑（《三代吉金文存》二〇·四七·二)、十五年守相杢波剑（同上，二〇·四七·三)。”杢波即廉颇（黄盛璋《试论三晋兵器的国别和年代及其相关问题》)，“杢”是“土”的繁体，中山胤嗣郪盗圆壶：“茅蒐畋猎，于彼新杢”[②]。“杢”即“土”。

土，透母；廉，来母。透、来相谐。

12. 獭，《说文》：“从犬，赖声。”他达切。赖，洛带切。

獭属透母，赖属来母，透，来相谐。

13. 银雀山竹简《奇正》：“故一节痛而百节不用。同禮也；前败而后不用，同形也。”“禮”通“體”。《易·系辞上》：“知崇禮卑。”《经典释文》：“禮……作體。”

禮属来母，體属透母，来、透相谐。

14. 郭店楚简《语丛一》简四六~四七：“其豊有容，又有色，又有声，又有嗅。”“豊”通“體”。

---

① 邢公畹《三江侗语·序》，南开大学出版社，1985，12。

② 本文所引出土文献，其释文除所论文字外，皆采用宽式。

豊属来母，體属透母，来、透相谐。

15. 马王堆帛书《老子》甲本《道经》："何谓龍辱若惊？得之若惊，失［之］若惊，是谓龍辱若惊。""龍"王弼本作"寵"。《诗·商颂·长發》："何天之龍。"郑玄笺："龍当作寵"。《大戴礼记·卫将军文子》引"龍"作"寵"。

龍属来母，寵属透母，来、透相谐。

透、来相谐也是一种异常的谐声现象，是上古复辅音声母[t'l-]所反映的语音现象。聽、聆上古时期大概均应读作[t'liŋ]，后来分化为[t'iŋ]、[liŋ]二音。

聽、聆上古韵皆在耕部。

上古聽、聆二字同音、同义且在同一部首，造字之初应是异体字。

三、顙、额

顙、额同在页部，属于"建类一首"；《说文》："顙，额也"；"额，顙也"。是"同义相授"。顙、额的关系可视为"转注"。

无论从今音还是近人所编著的上古音字典看，顙、额均不同音，但是从古代文献所显示的情况来看，顙、额在上古时期应该是同音的。

从近人标识的上古音看，顙属心母，额属疑母，这两种声母可相谐。例如：

16. 大克鼎："天子其万年无疆，保辥周邦，允严四方。"何尊："余其宅此中国，自之辥民。"王国维《观堂集林·释辥》认为辥即传世文献之乂、艾字。《尚书·君奭》之"用乂厥辟"即毛公鼎之"□辥厥辟"；《康王之诰》之"保艾王家"即克鼎之"保辥周邦"。又《康诰》之"用保乂民"与何尊之"自之辥民"相似。"辥"通"艾""乂"。

辥属心母，艾、乂属疑母，心、疑相谐。

17. 阜阳汉简《诗经》〇八八号："子偕老，琴瑟在蘇。"《郑风·女曰鸡鸣》："与子偕老，琴瑟在御"。"蘇"通"御"。

蘇属心母，御属疑母，心、疑相谐。

18. 睡虎地秦简《日书》甲《诘咎》："一室中，卧者容席以陷，是地辥居之，注白汤，以黄土窒，不害矣。"辥通蠥（孽）。《说文》："禽兽虫蝗之怪谓之蠥。"段玉裁注："蠥从虫，诸书多用孽。""辥"通"孽"。

蠥属心母，孽属疑母，心、疑相谐。

19. 郭店楚简《缁衣》简二〇~二一："邦家之不宁也，则大臣不治，而执臣讬也。"简二八："故上不可以执刑而轻爵。"今本《礼记·缁衣》执作亵。"执"通"亵"。

执属疑母，亵属心母，疑、心相谐。

20. 玉，《史记·孝武本纪》，《史记索隐》引《三辅决录》注："玉，音肃。"

玉属疑母，肃属心母，疑、心相谐。

21. 献，《类篇》："鱼羁切，又桑何切。"

鱼属疑母，桑属心母，疑、心相谐。

按韵类分部，額上古属阳部，額属铎部，阳、铎的主要元音都是［a］，可以相通（对转）。在上古文献中，亦有阳、铎相通的文例。如：

22. 睡虎地秦简《封诊式·讯狱》："诎之极而数也，更言不服，其律当笞谅者，乃笞掠。""谅"通"掠"。

谅属阳部，掠属铎部，阳、铎相通。

23. 马王堆帛书《阴阳十一脉灸经·少阴脉》："惕（喝）惕如喘，坐起则目瞙如毋见，心如悬，病饥。"乙本作："坐起则目芒然无见，心如绝，病饥。"

"芒然"指眼花，看不清。"瞙"字见《玉篇》《广韵》。《正字通》："俗谓目瞖曰瞙。""瞙"通"芒"。

瞙属铎部，芒属阳部，铎、阳相通。

心、疑相谐，亦属异常谐声现象。此亦应是上古复辅音声母［sŋ-］所反映的语音现象。額、額上古时期均应读作［sŋak］，后来分化为［saŋ］和［ŋak］二音，額、額各承袭其一。額、額上古同音、同义且在同一部首，应是异体字。

四、意、志

意、志同在心部，属于"建类一首"；《说文》："意，志也"；"志，意也"。是"同义相授"。意、志二字的关系可视为"转注"。

从声母看，意，古属影母；志，古属章母。古代文献中，影、章互为谐声之例颇多，例如：

24. 《楚辞·九章·惜诵》："心郁结而纡轸。""纡轸"是双声词，纡，古属影母；轸，古属章母，纡、轸组成双声词，是影、章互谐。

25. 马王堆帛书《杂疗方》："某，汝弟兄五人，某索知其名……栖水者为蜂、蜜斯，飞而之荆南者为蜮。"影本注，"蜜斯"即"蛅斯"，一种螫人的毛虫。《尔雅·释虫》："螺，蛅斯。"郭璞注："蛓属也，今青州人呼蛓为蛅斯。""蜜"通"蛅"。

蜜属影母，蛅属章母，影、章互谐。

26. 约，《说文》："从系，勺声。"於略切。勺，之若切。影、章互谐。

27. 譚，《类篇》："伊真切。又之人切。"影、章互谐。

28. 黰，《类篇》："於闲切。又止忍切。"影、章互谐。

29. 《周礼·考工记·玉人》："黄金勺。"郑玄注："勺，故书或作约。"《广韵》："勺，之若切。"影、章互谐。

30. 鄄，《类篇》："之人切。又於中切。"章、影互谐。

从韵母看，意属职部，志属之部，职、之通韵，是对转关系。例如：

31. 马王堆帛书《足臂十一筋灸经·足太阴筋》："其疡……腹痛，腹胀……不嗜食，善意。""意"通"噫"。《说文》："噫，饱食息也。"《素问·至真要大论》："饮食不下，鬲咽不通，食则呕，腹胀善噫。"《庄子·在宥》："意治人之过也。"《释文》："意本亦作噫。"

意属职部，噫属之部，职、之通韵。

32. 上海博物馆楚竹书《从政》乙简："兴邦家，治政教，从命则政不劳，壅戒先匿则自异始。"异通忌，猜忌。

异，职部；忌，之部。职、之通韵。

33. 马王堆帛书《六十四卦·随》初九："宦或渝，贞，吉。"今通行本《易》"或"作"有"。长沙子弹库楚帛书甲："毋弗或敬"即"无不有敬"。《尚书·洪范》："无有作好，遵王之道；无有作恶，遵王之路。"《吕氏春秋·贵公》《韩非子·有度》均引"有"作"或"。

或，职部；有，之部。职、之通韵。

34. 洹子孟姜壶铭："于上天子用璧，玉備一笥……于南官子用璧二，備玉二笥。""備"通"佩"。備，职部；佩，之部。职、之通韵。

35. 《诗经·邶风·静女》：洵美且异｜美人之贻　职、之通韵。

36. 《卫风·伯兮》：于彼牧矣｜谓我来矣　职、之通韵。

37. 《小雅·绵蛮》：饮之食之｜教之诲之　职、之通韵。

38. 《小雅·出车》：谓之载矣｜维其棘矣　之、职通韵。

39. 《小雅·正月》：不输尔载｜曾是不意　之、职通韵。

40. 《离骚》：惟此党人其独异｜谓幽兰之不可佩　职、之通韵。

41. 《天问》：天命反侧，何罚何佑｜齐桓九会，卒然身弑　之、职通韵。

师望在肆，昌何识｜鼓刀扬声，后何喜　职、之通韵。

《诗经》《楚辞》此类例颇多，不赘举。

从上述例证可以看出，意、志二字谐声、通韵，上古时期是同音字；加之同义、同部首，造字之初所记是同一词，应是异体字。

意、志二字，上古均应读作［tiək］，是入声字。后来意字失去了声母［t-］，成为零声母（影母）的［iək］；志字则失去了韵尾［-k］，读作［tiə］。

之所以为章母拟音［t］，是因为在出土的古文字材料中，章、端谐声之例尤多；而在传世文献中，章、端谐声之例则更多。唐文先生对"章系归端"现象论之尤详①，其说允当，故从之。

五、証、諫

証、諫同在言部，《说文》："証，諫也"；"諫，証也"。証、諫二字的关系

---

① 唐文《论章系归端》，见《语言文字专辑·上》，上海古籍出版社 1982 年 2 月。

可视为“转注”。

从声母看，証古属章母，諫古属见母，古代文献中章、见常互为谐声。例如：

42.《诗经·大雅·抑》：“质尔人民。”“质尔”，《韩诗外传》卷六作“告尔。”《说苑·修文》所引同。《盐铁论·世务》引作“诰尔”。

质属章母，告、诰属见母，章、见互谐。

43.《仪礼·士冠礼》：“兄弟毕袗。”郑玄注：“古文袗为均也。”

44.《仪礼·士昏礼》：“腊一肫。”郑玄注：“肫或作纯。古文纯为钧。”

袗、肫属章母，均、钧属见母，章、见互谐。

45.《左传·襄公十五年》：“晋侯周卒。”《史记·晋世家·集解》“周”作“纠”。又《哀公二十六年》：“取公孙周之子得与启。”《史记·宋世家》“周”亦作“纠”。

周属章母，纠属见母，章、见互谐。

46.《左传·庄公二年》：“夫人姜氏会齐侯于禚。”（禚，《玉篇》：“之若切”。）《公羊传》作“于郜”。《论衡·书虚》所引同。

禚属章母，郜属见母，章、见互谐。

47.《仪礼·大射仪》：“拜受觯”，又“媵觯于公”。郑玄注：“今文觯作觚。”

觯属章母，觚属见母，章、见互谐。

48.《仪礼·燕礼》：“坐取觚洗。”郑玄注：“古文觚皆为觯。”

觚属见母，觯属章母。见、章互谐。

49.《仪礼·既夕礼》：“校在南。”郑玄注：“古文校为枝。”

校属见母，枝属章母，见、章互谐。

50.《左传·襄公十七年》：“瘈狗入于华臣氏。”《释文》云：“瘈，《字林》作狾。”《汉书·五行志》及《说文》皆引作“狾”。

瘈属见母，狾属章母，见、章互谐。

从韵母看，証属耕部，諫属元部。古代文献中有耕、元合韵现象。例如：

51.《甲骨文合集》一五四：“乙丑卜，㱿贞，翌庚寅妇好冥（娩）。”四五四正：“辛未卜，㱿贞，妇好冥（娩）嘉。王占曰：‘其隹庚冥（娩）嘉。’三月庚戌，冥（娩）嘉。”一四一八：“丙午卜，亘贞，妇果冥（娩）嘉，四月。”唐兰、郭沫若隶定为冥，通娩，或作娩。

冥属耕部，娩属元部，耕、元合韵。

52.石鼓文《銮车》：“眚（省）车载行。”《礼记·玉藻》：“惟君有黼裘以誓省。”郑玄注：“省当为狝。”狝，秋田也。

眚（省）属耕部，狝属元部，耕、元合韵。

53.《中国历代货币大系（一）》一六〇八方足布铭文“开阳”，即“荥阳”。《庄子·逍遥游》有宋荣子”，《天下》篇作“宋钘”。钘通铏。

开属元部，荥、荣、钘、铏属耕部，元耕合韵。

从以上例证可以看出，証、諫二字谐声、合韵，上古时期是同音字，且同义，同部首，造字之初应是异体字。

章、见互为谐声，亦属异常谐声现象。有很多异常谐声的字，其上古音颇难拟测。梅祖麟曾依据李方桂的方法给一批与见系声母字谐声的章系（照三系）声母字拟测了上古音①，其字音结构复杂难读，恐非秦、汉古音之面貌。

六、吹、嘘

吹、嘘同在口部，《说文》："吹，嘘也"；"嘘，吹也。"吹、嘘二字的关系可视为"转注"。

从声母看，吹古属昌母，嘘古属晓母，昌、晓可互为谐声。例如：

54.《庄子·天地》："合喙鸣。"《释文》："喙，充芮、喜秽二反。"

55. 饎，《说文》："从食，喜声。"昌志切，虚里切。《类篇》："昌志、虚里二切同。"

56. 赤，《释名》："赤，赫也。"赤，昌石切；赫，呼格切。

以上三例，均是昌、晓互为谐声。

57.《诗·大雅·緜》："维其喙矣。"《释文》："喙，许秽反，又迟锐反。"《周礼·考工记·梓人》："锐喙。"《释文》："况废反，一音昌锐反。"《庄子·秋水》："今吾无所开吾喙。"《徐无鬼》："丘愿有喙三尺。"喙音皆同上。

58. 训，《说文》："从言，川声。"许运切。川，昌缘切。

59. 郝，《说文》："从邑，赤声。"呼各切。赤，昌石切。

以上三例，晓、昌互为谐声。

从韵母看，吹属歌部，嘘属鱼部，古代文献中，歌、鱼常为合韵。例如：

60. 颂壶："颂敢对扬天子丕显鲁休。"梁十九年亡智鼎："穆穆鲁辟。"《史记·周本记》："鲁天子之命。"《鲁世家》"鲁"作"嘉"。

鲁属鱼部，嘉属歌部，鱼、歌合韵。

61.《楚辞·九辩·八》："尚暗黮而有瑕｜亦多端而胶加"

瑕属鱼部，加属歌部，鱼、歌合韵。

62. 郭店楚简《老子》乙简八："爱以身为天下，若可以迲天下矣。"迲，马王堆帛书《老子》甲、乙本、王弼本皆作"寄"。

迲属鱼部，寄属歌部，鱼、歌合韵。

63. 上海博物馆楚竹书《孔子诗论》简二一："《于差》吾喜之。""于差"毛诗作"猗嗟"。

于属鱼部，猗属歌部，鱼、歌合韵。

---

① 梅祖麟《跟见系字谐声的照三系字》，见《中国语言学报》第一期，商务印书馆1983年4月。

64. 贾谊《弔屈原赋》："岂能容夫吞舟之巨鱼｜固将制于蝼蚁"

鱼属鱼部，蚁属歌部，鱼、歌合韵。

65. 录卣："叡淮夷敢伐内国。""叡"通"徂"，往。《诗经·大雅·云汉》："不殄禋祀，自郊徂宫。"

叡属歌部，徂属鱼部，歌、鱼合韵。

66. 马王堆帛书《老子》甲本卷后古佚书《五行》："搗尔四体，予汝天下，弗为也。搗汝兄弟，予汝天下，弗悉（屑?）也。""搗"通"剐"。

搗属歌部，剐属鱼部，歌、鱼合韵。

67. 郭店楚简《成之闻之》："简一～二：'行不信则命不从，身不惰则言不乐。'"

"惰"通"著"，显也。又简三一～三二："制为群臣之义,惰为父子之亲，分为夫妇之辨。"

上博楚竹书《缁衣》："毋以小谋败大惰。""惰"通"者"。

惰（见《字汇补》）属歌部，著、者属鱼部，歌、鱼合韵。

从以上例证可知，吹、嘘二字谐声、合韵，上古时期是同音字；且同义，同部首，造字之初应是异体字。

七、颠、顶

颠、顶同在页部，《说文》："颠，顶也"；"顶，颠也"。颠、顶二字的关系可视为"转注"。

从声母看，颠、顶同属端母。

从韵母看，颠属真部，顶属耕部，真、耕二部，上古多合韵。例如：

68. 郭店楚简《缁衣》简二六："非用臸（晉）。"所引自《尚书·吕刑》，"臸"作"命"。何琳仪认为，"臸"乃古文字"晉"之省文。

臸（晉）属真部，命属耕部，真、耕合韵。

69. 马王堆帛书《老子》乙本卷前古佚书《十六经·成法》："唯余一人兼有天下，猾民将生，年辩用智。""夫是故谗民皆退，贤人咸起，五邪乃逃，年辩乃止。"《左传·襄公三十年》："天王杀其弟佞夫。"《公羊传》："佞夫"作"年夫"。

年属真部，佞属耕部，真、耕合韵。

70.《诗经·齐风·庐令》："庐令令。"《说文》引"令令"作"獜獜"。

獜属真部，令属耕部，真、耕合韵。

71. 郭店楚简《老子》乙简一六："修之身，其德乃贞。"贞，马王堆帛书《老子》乙本及王弼本皆作"真"。

贞属耕部，真属真部，耕、真合韵。

72.《小雅·小宛》：题彼脊令，载飞载鸣。　真、耕合韵。

73.《小雅·桑扈》：有莺其领｜万邦之屏　真、耕合韵。

74.《小雅·节南山》：四牡项领｜蹙蹙靡所骋　真、耕合韵。

75.《离骚》：肇锡余以嘉名｜字余曰灵均　耕、真合韵。

76.《九章·哀郢》：瞭杳杳而薄天｜被以不慈之伪名　真、耕合韵。

77.《远游》：丽桂树之冬荣｜野寂漠其无人　耕、真合韵。

78.《卜居》：以力耕乎？以危身乎？以偷生乎？以保真乎？耕、真合韵。

79.《九辩·一》：惆怅兮而私自怜｜蝉寂漠而无声①　真、耕合韵。

由此可知，颠、顶二字同声、合韵，上古应是同音字；且同义、同部首，造字之初是异体字。

八、倚、依

倚、依同在人部，《说文》："倚，依也"；"依，倚也"。倚、依二字的关系可视为"转注"。

从声母看，倚、依同属影母。

从韵母看，倚属歌部，依属微部，歌、微二部，上古多合韵，例如：

80. 上海博物馆藏战国铜戈，铭："卅三年，妥阴令。"妥阴即睢阴，与战国时宋都睢阳隔水相望。"妥"通"睢"。

妥属歌部，睢属微部，歌、微合韵。

81. 曾侯乙乐钟六七："妥宾之官。"妥宾，乐律名，又作"蕤宾"。《周礼·春官·大司乐》："乃奏蕤宾，歌函钟，舞大夏，以祭山川。""妥"通"蕤"。

妥属歌部，蕤属微部，歌、微合韵。

82.《仪礼·士相见礼》："妥而后传言。"郑玄注："妥，安也。古文妥作绥。"《尔雅·释诂》："妥，安也。"《尚书·武成》："肆予东征，绥厥士女。"《诗经·大雅·民劳》："惠此中国，以绥四方。""妥"通"绥"。

妥属歌部，绥属微部，歌、微合韵。

83.《尚书·盘庚》："予一人嘉之。"汉石经"嘉"作"绥"。"嘉"通"绥"。

嘉属歌部，绥属微部，歌、微合韵。

84.《周礼·春官·守祧》："既祭，藏其隋。"郑玄注："隋，尸所祭肺、脊、黍、稷之属。""隋"与"绥"通，《集韵》："隋，尸所祭肝、脊、黍、稷之属，或作绥。"《仪礼·少牢馈食礼》："上佐食以绥祭。"《特牲馈食礼》："命尔挼祭。"胡培翚《正义》引《礼经释例》："凡尸未食前之祭谓之隋祭，又谓之挼祭。""隋"通"绥""挼"。

① 《诗经》《楚辞》例见王力《诗经韵读》《楚辞韵读》。

隋属歌部，绥、捼属微部，歌、微合韵。

85.《楚辞·远游》：腾告鸾鸟迎宓妃｜二女御九韶歌　微、歌合韵。

形蟉虬而逶蛇｜鸾鸟轩翥而翔飞　歌、微合韵。

86.《楚辞·九辩·七》：明月销铄而减毁｜老冉冉而愈弛　微、歌合韵。

87.《楚辞·九歌·东君》：驾龙辀兮乘雷，载云旗兮委蛇。　微、歌合韵。

88. 杨雄《解嘲》："夫萧规曹随，留侯画策，陈平出奇，功告泰山，响若坻隤｜虽其人之赡智哉，亦会其时之可为也。"

随、奇、为，属歌部，隤属微部，歌、微合韵。

由此可知，倚、依二字同声、合韵，上古应是同音字；且同义、同部首，造字之初是异体字。

九、排、挤

排、挤同在手部，《说文》："排，挤也"；"挤，排也"。排、挤二字的关系可视为"转注"。

从声母看，排古属並母，挤古属精母，古代文献中，並、精可互为谐声。例如：

89. 鲋，见《尔雅·释鱼》，《释文》："鲋，符付反。《广雅》云：'鲼也，音积。'《字林》：'子狄反。'"

90. 膘，《类篇》："纰招切。又子小切。"

91. 沛，《类篇》："蒲盖切。又宗括切。"

以上三例，並、精互为谐声。

92. 柴，《类篇》："将支切。又平义切。"

93. 则，《类篇》："即得切。又薄迈切。"

94. 诹，《类篇》："遵须切。又房尤切。"

以上三例，精、並互为谐声。

从韵母看，排属微部，挤属脂部，古代文献中，微、脂合韵多见。例如：

95. 郭店楚简《老子》二简一二："大音祇声。"传世本《老子》四十一章作"大音希声"。又《周礼·春官·司服》："祭社稷五祀，则希冕。"郑玄注："希……或作祇。"

祇属脂部，希属微部，脂、微合韵。

96. 银雀山竹简《六韬·五》："全胜不斗，大兵无创，与鬼神通。美哉！"传世本《武韬·发启篇》作"微哉微哉。"《玉篇》："美……或作媺。"《周礼·春官·天府》："以贞来岁之媺恶。"《初学记·岁时部》引"媺"作"美"。

美属脂部，微、媺属微部，脂、微合韵。

97. 马王堆帛书《六十四卦》乖卦："乖，小事吉。"九四："乖孤，遇元夫，交孚，厉无咎。"

上九："乖孤，贝豕，负涂，载鬼一车。"乖，传世本《易》皆作"睽"。又《玉篇》："睽，乖也。"

乖属微部，睽属脂部，微、脂合韵。

98.《诗·周南·采蘩》："被之祁祁，薄言还归。"（脂、微合韵）

99.《邶风·北风》："北风其喈，雨雪其霏。"（脂、微合韵）

100.《邶风·静女》："彤管有炜，说怿女美。"（微、脂合韵）

101.《小雅·出车》："采蘩祁祁，薄言还归。"（脂、微合韵）

102.《小雅·斯干》："如翚斯飞，君子攸跻。"（微、脂合韵）

103.《大雅·生民》："载谋载惟，取萧祭脂。"（微、脂合韵）

104.《大雅·公刘》："俾筵俾几，既登乃依。"（脂、微合韵）

105.《周颂·有客》："既有淫威，降福孔夷。"（微、脂合韵）

106.《鲁颂·閟宫》："上帝是依，弥月不迟。"（微、脂合韵）

107.《商颂·长發》："帝命不违，至于汤齐。"（微、脂合韵）

《诗经》中微脂、脂微合韵有三十三例之多，此风、雅、颂中略举数例而已。又《楚辞》中亦有此类合韵，例如：

108.《楚辞·离骚》："椴又欲充夫佩帏｜又何芳之能祇"（微、脂合韵）

109.《楚辞·九辩》："谓骐骥兮安归？谓凤皇兮安栖？"（微、脂合韵）

"然惆怅而自悲｜阴阳不可与俪偕"（微、脂合韵）

"然怊怅而无冀｜长太息而增欷"（脂、微合韵）

脂、微原是一部，清代音韵学家还没有将其分立。到了章炳麟始分为两部。与其他合韵现象相比，这两部的合韵现象几乎是最多见的。

从上述文例可知，排、挤二字谐声、合韵，上古应是同音字；且同义、同部首，造字之初应是异体字。

十、諷、誦

諷、誦同在言部，《说文》："諷，誦也"；"誦，諷也"。諷、誦二字的关系可视为"转注"。

从声母看，諷古属帮母，誦古属邪母，古代帮、邪可互为谐声。例如：

110.《周礼·地官·司市》："辟布。"郑玄注："故书辟为辞。郑司农曰：'辞布，辞讼泉物者也。'"

111.《类篇》："乍，博抱切。又席入切。"

112.《诗经·齐风·载驱》："齐子发夕。""发夕"是双声词①。

以上三例，帮、邪互为谐声。

113.《类篇》："苴，徐嗟切。又班交切。"

① 据钱坫《诗音表》。

此例是邪、帮互为谐声。

从韵母看，諷属侵部，誦属东部，东、侵可合韵。例如：

114.《诗经·鄘风·桑中》：“爰采葑矣，沫之东矣。云谁之思？美孟庸矣。期我乎桑中，要我乎上宫，送我淇之上矣。”

葑、东、庸，东部；中、宫，侵部。东、侵合韵。

115. 中山胤嗣𡥼𧊒圆壶：“惟送先王，茅蒐田猎……以取鲜槁，飨祀先王。”段玉裁注：“朕、送二字古音亦当在六部也。”以文意度之，“送”必当读为“朕”。又中山王方壶：“惟朕皇祖”，句式同此。

送，东部；朕，侵部。东、侵合韵。

116.《楚辞·天问》：“比干何逆，而抑沈之？雷开何顺，而赐封之？”

沈，侵部；封，东部。侵、东合韵。

117.《楚辞·九辩·九》“骛诸神之湛湛|历群灵之豐豐”

湛，侵部；豐，东部。侵、东合韵。

在出土的古文字材料中，冬、东合韵之例甚多，冬部原属侵部，冬、东合韵，亦可视为侵、东合韵。例如：

118. 郭店楚简《老子》乙简一七：“修之邦，其德乃奉。”“奉”，王弼本作“豐”。

奉，东部；豐，冬部。东、冬合韵。

119. 马王堆帛书《六十四卦·同人》九三：“伏容［干］莽，登其高［陵］，三岁不兴。”

通行本《易》“容”作“戎”。

容，东部；戎，冬部。东、冬合韵。

120. 马王堆帛书《老子》乙本卷前古佚书《称》：“天地之道，有左有右，有牝有牡……雷□为车隆（轮）隆（龙）以为马。”影印本注引《淮南子·原道》：“雷以为车轮”，认为“此处两‘隆’字，上‘隆’是‘轮’字之误，下‘隆’假为‘龙’。”

隆，冬部；龙，东部。冬、东合韵。

由此可知，諷、誦二字，上古谐声、合韵，应是同音字；且同义、同部首，造字之初应是异体字。

十一、汛、灑

汛、灑同在水部，《说文》：“汛，灑也”；“灑，汛也”。汛、灑二字的关系可视为“转注”。

从声母看，汛古属心母，灑古属生母，古代心、生可互为谐声。例如：

121. 睡虎地秦简《日书》乙《见人》：“外鬼为姓，巫亦为姓。”“狗肉从东方来，中鬼见社为姓。”“高王父为姓。”又《有疾》：“庚辛有疾，外鬼殇死为姓。”“姓”皆通“眚”。

姓，心母；眚，生母。心、生谐声。

122. 马王堆帛书《老子》乙本卷前古佚书《称》：“取妇姓子阳，有丧阴。”“姓子”即“生子”。《左传·定公四年》：“蔡公孙姓帅师灭沈。”《释文》：“姓”作“生”。心、生谐声。

123. 《周礼·地官·大司徒》：“辩五地之物生。”郑玄注：“杜子春读生为性。”《荀子·劝学》：“君子生非异也，善假于物也。”《王制》：“水火有气而无生，草木有生而无知，禽兽有知而无义。人有气、有生，有知亦且有义，故最为天下贵也。”以上“生”皆读“性”。

生、心谐声。

有学者甚至认为，庄，初、崇、生即从精、清、从、心变来，而生即从心变来[①]。

从韵母看，汛属真部，灑属支部，真、支可合韵。例如：

124. 《甲骨文合集》二一五七九：“戊子卜，子贞，今翌啓因。”“因”通“翳”。《诗经·邶风·终风》：“终风且曀，不日有曀”，“曀曀其阴”。《释名·释天》：“曀，翳也，言云气掩翳日光使不明也。”

因，真部；翳，支部。真、支合韵。

125. 包山楚简二二九：“囟（思）攻除于宫室。”囟，文献或作“斯”，句首语气词。《诗经·鲁颂·泮水》：“思乐泮水。”《礼记·礼器》孔颖达疏引：“思”作“斯”。《经传释词》：“斯，犹则也。”“囟”通“斯”。

囟，真部；斯，支部。真、支合韵。

126. 《诗经·小雅·无将大车》：“无将大车，祇自尘兮。无思百忧，祇自疷兮。”

尘，真部；疷，支部。真、支合韵。

由此可见，汛、灑二字，上古谐声、合韵，应是同音字；且同义，同部首，造字之初应是异体字。

十二、殺、戮

《说文》“殺，戮也”；“戮，殺也”。殺、戮二字互训，但并不在同一部首，殺在殳部，戮在戈部。但有些不同的部首，往往可以互通，例如欬咳、歎嘆，是欠、口互通；欣訢、歌謌、歡讙，是欠、言互通；暖煖、晖煇，是日、火互通；耀燿、辉煇，是光、火通用。殳、戈都是兵器，意义相近，也可以相通。在古文字中，“救”又写作“戟”，见马王堆帛书《称》〇一六、《易之义》〇〇三、〇一八；“敵”又写作“戠”，见《明君》四一八。是“攵”与“戈”相通。在

① 杨春霖《试论上古声母的通转问题》，见《语言文字研究专辑》下，上海古籍出版社1986年6月。

古文字中，“攵”作为部首，实际是“殳”的简体。例如“殺”在《春秋事语》中作“殺”，而在《老子》甲本中作“敍”；“毆”在《经法》中作“毆”，而在《五行篇》则作“歐”，“戈”与“攵”通，即是与“殳”通。也有“戈”与“殳”直接相通的。“毆”在上海博物馆楚竹书《鲁邦大旱》简三中就写作“戩”。因此，殺、戮二字亦可视为“建类一首”，其关系应属于“转注”。

殺字古属生母，戮字古属来母，生、来可互为谐声。例如：

127. 率，《礼记·玉藻》，《释文》：“率下，音律。《丧服小记》注，澡率，所律反，又音律。《丧大记》注，为率，音律。”《玉篇》：“率，山律切。又力出切。”《类篇》：“率，所律切。又力遂切。”

128. 锊，《周礼·考工记·冶氏》，《释文》：“三锊，色劣反，又音劣。”

129. 数，《说文》：“从娄声”，所矩切。娄，洛侯切。

130. 使，《说文》：“从人，吏声”。疏士切。吏，力置切。

131. 灑，《说文》：“从水，麗声”。所智切。麗，郎计切。

132. 曬，《说文》：“从日，麗声”。山豉切。麗，郎计切。

133. 孪，《玉篇》：“啬患切。又力员切。”

以上数例皆生、来互为谐声。

两个互为谐声的字音，如果是从一个有复辅音声母的音节分化出来的，有的分化后仍能同韵，如考、老，聆、听；有的分化后则不同韵，如颡、额，意、志。殺、戮二字上古时大概皆读作［sluk］，后分化为［sat］（殺）和［luk］（戮）。［s］分出后一般会形成一个短促的音节，因此会带上一个与后面的［l］属同一个发音部位的韵尾［t］，而分化后的殺字属月部［at］，则恰好印证了这种现象。

由此可见，殺、戮本是同音字，亦应视为同一部首，造字之初应是异体字。

十三、謹、慎

《说文》：“謹，慎也”；“慎，謹也”。謹、慎二字互训，但二字也不在同一部首，謹在言部，慎在心部。然而言、心作为部首，往往可以通用。例如説悦，訢忻，讙懽，都是言、心通用。因此謹、慎二字，亦可视为“建类一首”，其关系亦应属于“转注”。

謹，古属见母；慎，古属禅母。见、禅可互为谐声，例如：

134. 《诗经·大雅·抑》：“謹尔侯度”。《左传·襄公二十二年》“謹”引作“慎”。

135. 《仪礼·特牲馈食礼》：“主人更爵酌醋。”郑玄注：“古文‘更’为‘受’。”《燕礼》“更爵”注同。

以上二例是见、禅相谐。

136. 《周礼·春官·司几筵》：“纷纯。”郑玄注：“郑司农云：‘纯读为均服之均。’”

137.《仪礼·士昏礼》：“腊一肫。”郑玄注：“肫或作纯。古文纯为钧。”

138.《仪礼·特牲馈食礼》：“淳沃。”郑玄注：“今文淳作激。”

139.《类篇》：“纯，殊伦切；又规伦切。”“禔，常支切；又古委切。”“紾，上演切；又颈忍切。”

以上六例是禅、见相谐。

从韵母看，謹属文部，慎属真部，二部古多相通。例如：

140. 郭店楚简《五行》简一二~一三：“仁之思也清，清则察，察则安，安则悃，悃则悦。”悃，马王堆帛书《五行》作“温”。

悃，真部；温，文部。真、文通韵。

141. 安徽寿县出土蔡侯申钟铭：“均子大夫，建我邦国。”“均子”即“君子”《诗经·鄘风·载驰》《大雅·云汉》皆有“大夫君子”。“均”通“君”。

均，真部；君，文部。真、文通韵。

142. 银雀山竹简《民之情》：“士卒共甘苦，赴坚难。”《史记·周本纪》：“懿王囏（艱）。”索隐：“《世本》作坚。”“坚”通“艱”。

坚，真部；艱，文部。真、文通韵。

143.《诗经·卫风·硕人》：“巧笑倩兮，美目盼兮。”　真、文通韵。

144.《小雅·正月》：“洽比其邻，昏姻孔云。”　真、文通韵。

145.《大雅·既醉》：“室家之壶，君子万年。”　文、真通韵。

146.《楚辞·天问》：“天何所沓？十二焉分？日月安属？列星安陈？”

文、真通韵。

“舜闵在家，父何以鱞？尧不姚告，二女何亲？”

文、真通韵。

147.《招魂》：“一夫九首，拔木九千些。豺狼从目，往来侁侁些。”

真、文通韵。

“郑卫妖玩，来杂陈些。激楚之结，独秀先些。”

真、文通韵。

148.《大招》：“接径千里，出若云只。三圭重侯，听类神只。”

文、真通韵。

149. 扬雄《解嘲》：“士无常君，国无定臣；得士者富，失士者贫。矫翼厉翮，恣意所存。”　文、真通韵。

由此可见，謹、慎二字，上古谐声、通韵，应是同音字；且同义，亦应视为同部首，造字之初应是异体字。

十四、咆、嗥

《说文》：“咆，嗥也”；“嗥，咆也”。咆、嗥二字同在口部且互训，其关系可视为“转注”。

咆，古属並母；嗥，古属匣母。並、匣可互为谐声。例如：

150.《庄子·徐无鬼》：“求其钘钟也以束缚。”于省吾《诸子新证》：“钘即鉼……鉼今作瓶，以金为之，故从金。”《说文》：“钘，似钟而颈长。从金、开声。”朱骏声《说文通训定声》：“并省声。”又《金文编》钘字，《汉语大字典》作鉼。鉼又作缾、瓶。

鉼，並母；钘，匣母。並、匣互谐。

151.《庄子·外物》：“妇姑勃谿。”“勃谿”是双声词，虽然有两个音节，却是只有一个词素的单纯词，意为吵架，争斗。

勃，並母；谿，匣母。並、匣互谐。（谿又作豀）

152. 犯，《说文》：“从犬，㔾声。”防险切。㔾，乎感切。

犯，並母；㔾，匣母。並、匣互谐。

153. 徊，《类篇》：“胡限切，又蒲枚切。”　匣、並互谐。

154. 觳，《类篇》：“胡谷切，又弼角切。”匣、並互谐。

155. 阜阳汉简《诗经》〇七五号：“报之以□琚，非报也，柄以为好。”《卫风·木瓜》：“投我以木瓜，报之以琼琚，匪报也，永以为好也。”〇六六号：“□未吾言，柄矢弗缓。”〇六七号：“吾□，柄矢弗告。”《卫风·考槃》：“独寐寤言，永矢弗谖。”“独寐寤宿，永矢弗告。”“柄”通“永”。

柄，帮母；永，匣母。柄、永相通是帮、匣互谐，帮、匣互谐可视为並、匣互谐。

帮、並只有清、浊之分，从甲骨文所反映的语音情况看，商代语言是不分清浊的；从其他古文字所反映的语言情况看，清，浊亦多相通，帮、並也不例外。例如：

156. 梁其钟：“梁其敢对天子不显休扬。”诅楚文：“不显大神厥湫。”“不显”即“丕显”。

157.《三代吉金文存》一六·三八：“乍甫丁宝尊彝。”“甫丁”即“父丁”

158. 上村岭虢国墓有“苏甫人”盘、匜。“甫人”即“夫人”。（见《考古》一九八四年四期）

159. 信阳楚简二·〇二一：“一垪食酱。一垪梅酱。”“垪”即“瓶”。

160. 马王堆一号墓竹简：“木五彩画并风一，长五尺，高三尺。”“并风”即“屏风”。

161. 马王堆帛书《六十四卦·妇》：“妇之非人，不利君子贞。”又同卦九五：“休妇。”上九：“倾妇。”今通行本《易》“妇”皆作“否”。

以上皆帮、並互通例。此种例证在古文字材料中俯拾皆是。故帮、匣互谐，可视为並、匣互谐。

从韵母看，咆、嗥皆属幽部。

咆、噑二字谐声、同韵，上古应是同音字；且同义、同部首，造字之初应是异体字。

十五、氾、滥

《说文》："氾，滥也"；"滥，氾也"。氾、滥二字同在水部且互训，其关系可视为"转注"。

氾，古属滂母；滥，古属来母。滂、来可互为谐声。例如：

162.《史记·秦始皇本纪》："秦王为人，蜂準，长目。"裴骃集解引徐广曰："蜂，一作隆。"《史记·五帝本纪》："帝喾娶陈锋氏女。"陈锋，《大戴礼记·帝系》作"陈隆"。蜂、锋通隆。

蜂、锋，滂母；隆，来母。滂，来互谐。

163.《诗经·王风·中谷有蓷》："有女仳离。"仳离，双声词，又作配藜、披离。《文选·扬雄·甘泉赋》："樵蒸昆上，配藜四施。"李善注："张晏曰：'配藜，披离也。'言燔燎之盛，故樵蒸之光同上。而披离四布也。"披离，分散貌，又作茀离。邵晋涵《尔雅·释诂》疏："茀离，双声。凡双声之字义存乎声。"马瑞辰云："凡此等皆连举之词，不当以字别为义。"

仳离、配藜、披离、茀离等词，皆是滂、来互谐而成的双声词。

164. 竂，《玉篇》："普孝切，又力救切。"滂、来互谐。

165. 膊，《类篇》："铺枚切，又龙辍切。"滂、来互谐。

166.《公羊传·桓公十五年》："郑伯突入于栎。"《释文》："于栎，力狄反。一音匹沃反。"《春秋·桓公十八年》："公会齐侯于泺。"《释文》："于泺，卢笃反。《说文》匹沃反。"

此例反切又音皆来、滂互谐。

古代文献中还有帮、来互谐的现象，例如：

167.《钱典》四五〇有"肤虎"尖足布。《汉书·地理志》有虑虒县，在今山西五台县北。"肤虎"即"虑虒"，肤通虑，帮、来互谐。

168. 鄂君启节："入瀘江。"此缚江即《水经注》的"庐江水"，在今江西北部。"瀘江"即"庐江"，瀘通庐，帮、来互谐。

169.《礼记·缁衣》有《甫刑》，《甫刑》即《吕刑》，甫通吕，帮、来互谐。

此外，"岚"从"风"得声，亦是帮、来互谐。

帮、滂关系密切，分属帮、滂的文字在古代文献中多相通。例如辟（帮）通譬（滂），见郭店楚简《五行》简四七；《大雅·抑》："取譬不远。"《列女传》八引譬作辟。郭店楚简二〇："卑道之在天下也"，传世傅奕本作"譬道之在天下"，卑（帮）通譬（滂）。此类例证不胜枚举。又例165膊字有"铺枚、龙辍"二切，是滂、来互谐；而膊字在《类篇》中还有"伯各、龙辍"二切，则是帮、来互谐。因此，帮、来互谐亦可视为滂、来互谐。

氾、滥二字谐声、同韵（谈部），上古时应是同音字。

帮、来互谐的风、岚二字，其上古音可拟为［pləm］，而滂、来互谐的氾、滥二字，其上古音可拟为［p‘lam］。

氾、滥二字，上古同音、同义、同部首，造字之初应是异体字。

十六、提、携

《说文》："提，携也"；"携，提也"。提、携二字同在手部且互训，其关系可视为"转注"。

提，古属定母；携，古属匣母。定、匣可互为谐声，例如：

170. 睡虎地秦简《为吏之道》："兵甲工用，楼陴矢阅。""阅"通"穴"，"矢穴"指城上射箭的穴口。《说文》："阅，具数于门中也。"段玉裁注："古假阅为穴。"《老子》："塞其兑，闭其门。""兑"即"阅"之省文。马王堆《老子》乙本《德经》作"塞基垸，闭其门。""垸"通行本作"兑"。俞樾《诸子平议》："兑，当读为穴。"阅、兑、垸通穴。

阅、兑、垸，定母；穴，匣母。定、匣互谐。

171. 郭店楚简《老子》甲简二二："传曰反。"传，马王堆帛书《老子》甲、乙本，王弼本俱作"远"。传通远。

传，定母；远，匣母。定、匣互谐。

172. 郭店楚简《老子》甲简九："坉乎其若浊。"王弼本"坉"作"混"。

坉，定母；混，匣母。定、匣互谐。

173. 《穀梁传·文公十一年》："佚宕中国。"《释文》："宕作害。本又作宕。"

宕，定母；害，匣母。定、匣互谐。

174. 《周礼·夏官·职方氏》："其浸颍湛。"郑玄注："杜子春云：'湛当读为人名湛之湛。'湛或为淮。"湛通淮。

湛，定母；淮，匣母。定、匣互谐。

175. 霅，《玉篇》："丈洽切。又胡甲切。"定、匣互谐。

176. 猇，《类篇》："陈知切。又何交切。"定、匣互谐。

177. 感，《类篇》："户感切。又徒感切。"匣、定互谐。

由此可知，提、携二字上古谐声，同韵（支部），是同音字；且同义、同部首，造字之初应是异体字。

十七、誠、信

誠、信同在言部，《说文》："誠，信也"；"信，誠也"。誠、信二字的关系可视为"转注"。

誠，古属禅母；信，古属心母。禅、心可互为谐声。例如：

178.《周易·系辞上》："揲之以四，以象四时。"《释文》："揲，时设反。一音思颊反。徐音息列反。"

时，禅母；思、息，心母。禅、心互谐。

179.《礼记·郊特牲》："君亲誓社。"郑玄注："社或为省。"

社，禅母；省，心母。禅、心互谐。

180.《後汉书·刘焉传》："焉遣叟兵五千助之，战败。"李贤注："汉世谓蜀为叟。孔安国注《尚书》云'蜀，叟也。'"

蜀，禅母；叟，心母。禅、心互谐。

181.《类篇》："褫，常支切，又相支切。" 禅、心互谐。

182.《类篇》："曳，时制切，又私列切。" 禅、心互谐。

183.《类篇》："徇，殊闰切，又思晋切。" 禅、心互谐。

184. 糂，《说文》："从米，甚声。"桑感切。甚，常枕切。心、禅互谐。

185. 褫，见《尔雅·释诂》。《释文》："褫，音斯。郭常支反。"心、禅互谐。

誠，属耕韵；信，属真韵。耕、真二韵在上古文献中多有合韵，无论是在出土文献或传世文献（主要是《诗经》《楚辞》）中都是如此。详见本文第七"颠、顶。"

誠、信二字上古谐声，合韵，就是同音字；又同义，同部首，造字之初应是异体字。

十八、詶、譸

詶、譸同在言部，《说文》："詶，譸也"；"譸，詶也"。詶、譸二字的关系可视为"转注"。

詶，古属禅母；譸，古属端母。禅、端常互为谐声。例如：

186. 马王堆帛书《战国纵横家书·苏秦献书赵王章》："秦以三军攻王之上常，而危其北，则注之西非王有也。""常"通"党"，上常即上党。

常，禅母；党，端母。禅、端互谐。

187. 郭店楚简《语丛二》简一一～一二："争生于口，尚生于争。""尚"通"党"。

尚，禅母；党，端母；禅、端互谐。

188.《钱典》一三四、一三五战国古币"同是"方足布，出土地多在山西。"同是"即"铜鞮"。《左传·襄公三十一年》："郑伯入晋，执诸铜鞮。"杜预注："晋别县。"又"铜鞮之宫数里。"（同上）。

是，禅母；鞮，端母。禅、端互谐。

189. 睡虎地秦简《日书》甲《毁弃》："毋以寿反受其殃。"马王堆帛书

《五十二病方》："悬茅比所，且塞寿。""塞寿"即"赛祷"。《史记·封禅书》："冬塞祷祠。"《索隐》："塞，与赛同。赛，今报神福也。""寿"通"祷"。

寿，禅母；祷，端母。禅、端互谐。

190. 马王堆帛书《五十二病方·乾骚方》："以茯苓撮取大者一枚，寿，寿之以舂，脂弁之，以为大丸，操。""寿"通"捣"。禅、端互谐。

191. 马王堆竹简《十问》："君必食阴以为當……可以却老复壮，曼泽有光。"又《战国策·赵策一》："祭祀时享非當于鬼神也。"《史记·赵世家》"當作常"。端、禅互谐。

192.《论语·微子》："植其杖而芸。"植，《汉石经》作"置"。

植，禅母；置，端母。禅、端互谐。

193.《史记·司马相如列传》："自以得使女尚司马长卿晚。"《索隐》："尚本或作當也。"禅、端互谐。

此外，在禅声母和端声母的形声字中，其声符与本字之间有着大量的禅端互谐的现象，"禅"以"单"为声符就是最典型的例证。因此，有学者甚至主张禅声母所在的章系声母应该并入端系声母。

詶、譸同属幽韵。

詶、譸二字上古谐声，同韵，应是同音字；又同义，同部首，造字之初，应是异体字。

十九、掘、搰

掘、搰同在手部，《说文》："掘，搰也"；"搰，掘也"。掘、搰二字的关系可视为"转注"。

掘，古属群母；搰，古属匣母。群、匣可互为谐声，例如：

194. 上海博物馆楚竹书《容成氏》简四七～四八："七邦来服，豐、鎬不服。文王乃起师以向豐、鎬……豐、鎬之民闻之，乃降文王。""鎬"即后来的周都镐。据本简文，镐在周文王时尚是方国之一。"鎬"通"镐"。

鎬，群母；镐，匣母。群、匣互谐。

195. 马王堆帛书《五十二病方》标题目录第二种《伤痉》："痉者伤，风入伤，身伸而不能诎。""伤而颈者，以水财煮李实……""伤而颈者，小劙一犬……阴乾百日。即有颈者，冶，以三指一撮，和以温酒一杯饮之。伤胫者，择薤一把……"同方同病名，颈、胫通痉。

颈、痉，群母；胫，匣母。群、匣互谐。

196. 信阳长台关楚简二·〇八："……一涾盘……"涾，通浣。

涾，群母；浣，匣母。群、匣互谐。

197. 马王堆帛书《战国纵横家书·苏秦自齐献书于燕王章》："后薛公、乾徐为与王约攻齐。"乾徐为又称"韩徐""韩为"，赵将，见《战国策》之《赵策四》《燕策二》。又《苏秦谓齐王章（二）:》“以齐封奉阳君，使梁、乾皆效地，欲以取赵……乾、梁有秦患，伤齐者必赵。”乾、梁即韩、梁（魏）。

乾，群母；韩，匣母。群、匣互谐。

198. 马王堆帛书《六十四卦·咸》上六：“钦其辅陕舌。”陕，通行本《易》作颊。辅，即酺，《说文》：“酺，颊也。”

陕（xiá），匣母；颊，群母。匣、群互谐。

199. 《逸周书·小开》：“贵而不傲，富而不骄，闻而不遥，远而不绝，穷而不匮者鲜矣。”朱右曾校释：“匮宜作溃，溢也。”《管子·兵法》：“进无所疑，退无所匮。”郭沫若等集校引刘师培云：“匮与溃同。”

匮，群母；溃，匣母。群、匣互谐。

200. 《左传·庄公二十四年》：“臣闻之：‘俭，德之共也；侈，恶之大也。’先君有共德，而君纳诸大恶，无乃不可乎？”杨伯峻注：“共读为洪，大也。旧读共为恭，不妥。”

共，群母；洪，匣母。群、匣互谐。

201. 《左传·成公二年》：“十一月，公及楚公子婴齐……郑公子去疾及齐国之大夫盟于蜀。卿不书，匮盟也。于是乎畏晋而窃与楚盟，故曰‘匮盟’。”“匮”通“讃”。见刘文淇《春秋左氏旧注疏证》。《说文》：“讃，中止也。从言，貴声。《司马法》曰：‘师多则人讃。’讃，止也。”段玉裁注：“中止者，自中而止。”

匮，群母；讃，匣母。群、匣互谐。①

掘、搰同属物韵。

掘、搰二字上古谐声，同韵，应是同音字；又同义，同部首，造字之初应是异体字。

以上是对《说文》中互为转注关系的考、老以及可视为转注关系的十八对字所作的探讨，论证了每一对转注字上古时都是同音字，而转注又表示同义、同部首。同音、同义、同部首的字应是异体字。

所谓转注，指的其实是一种关系，就此十九对具有转注关系的同音字而言，转注所指当是造字之初异体字之间的关系。

当然，《说文》中可视为转注关系的字还有一些，目前还难以证明它们都两两同音，这可能是我们对其上古音尚不清楚所致吧。

---

① 周长楫先生曾论证上古无群母，中古群母上古应归匣母［g］。详见《略论上古匣母及其到中古的发展》，载于《音韵学研究》第一辑。中华书局 1984 年 3 月。

形体相近的分化字

汉字中有一些形体相近的字，如末、未，余、佘，逢、逄，角、甪等，它们原本是同一个字，由于记录了不同的词，后来分化为形体相近的两个字。新字的产生，是为了在形体上就能显示出它们与原字记录了不同的词，以与原字相区别。随着时代的变化，分化字与原字在语音上也发生了变化，但其形体仍与原字相近。

一、末、未

末、未二字，古文字均作，此字在甲骨文中用为地支之一，即“未”，金文中又用来记录否定副词，表示“还没有”，亦是“未”。在甲骨文、金文中，目前尚未见到此字记录名词“末”的文例。《说文》对此字释形曰：“象木重枝叶也。”《说文》释形是正确的，但是并未说明此字形所显示的意义与用为地支之一的“未”以及用为否定副词的“未”有何关系。从“未”的字形所显示的意义与它在甲、金文中所记录的两个词来看，只能视为假借。

从“未”的古文字形来看，它着重突出的是树木的树冠、枝叶，而树冠、枝叶正是树木的“末”，与表示树根的“本”形成鲜明的对比。因此，字虽然在甲骨文、金文中记录的是用为地支之一的“未”和用为否定副词的“未”，但此字在造字之初所记录的词却应当是表示树冠、枝叶的名词“末”。

甲、金文字虽然古老，但创造文字的时代则更为久远，这也是为什么很多古文字直到现在我们仍不知其本义的原因所在。由于在甲骨卜辞和吉金文辞中并未出现名词“末”，因此在甲骨文和金文中，此字无由显示其本义。

记录名词“末”的古文字与记录地支之一及否定副词“未”的古文字本是同一字，在传世文献中，此字被分为两个形体十分相近的字，一个上部的横长，另一个上部的横短，前者用来记录名词“末”，后者用来记录地支之一及否定副词“未”。

在后人构拟的上古音系中，“末”属明母、月韵，“未”属明母、物韵，前者读为［mat］，后者读为［mət］，十分相近；而且在出土文献和传世文献中，也有月、物二韵相通的现象。例如：

1. 多友鼎：“迺曰武公曰……公亲曰多友曰……”

二句首“曰”字通“谓”。又《礼记·学记》：“禁于未发之谓豫，不陵节而施之之谓孙，相观而善之谓摩。”《说苑·建本》引“谓”皆作“曰”。

曰，月韵；谓，物韵。曰、谓相通是月、物二韵相通。

2. 马王堆竹书《十问》：“昼息之志，呼吸必微，耳目聪明，阴阴喜气，中不荟腐，故身无疴殃。”影本注读“荟”为“溃”，引《周礼·春官》：“以禬国之凶荒。”郑玄注：“此禬读如溃痈之溃。”

荟，月韵；溃，物韵。荟、溃相通是月、物二韵相通。

3. 马王堆帛书《老子》甲本《道经》：“是以圣人芮其身而身先，外其身而身存。”乙本“芮”作“退”。又甲本《道经》：“功遂身芮，天［之道也］。”乙本及通行本“芮”皆作“退”。又甲本《道经》：“吾不敢为主而为客，吾不进寸而芮尺。”乙本及通行本“芮”均作“退”。

芮，月韵；退，物韵。芮、退相通是月、物二韵相通。

4. 马王堆帛书《六十四卦·既济》六二：“妇丧其發，勿逐，七日得。”發，通行本《易》作“茀”。《释文》：“茀，子夏作髴……当以髴为正。”發，通绂。

發，月韵；髴、绂，物韵。發与髴、绂相通是月、物二韵相通。

5. 马王堆帛书《老子》乙本《德经》：“万［物草］木之生也柔椊，其死也枯槁。”甲本、通行本“椊”皆作“脆”。

椊，物韵；脆，月韵。椊、脆相通是物、月二韵相通。

6. 《诗·小雅·出车》：胡不旆旆｜仆夫况瘁。　月、物合韵。

7. 《诗·大雅·生民》：荏菽旆旆，禾役穟穟。　月、物合韵。

8. 《楚辞·九辩·八》：窃悼后之危败｜何毁誉之昧昧。　月、物合韵。

9. 《楚辞·九章·哀郢》：好夫人之慷慨｜美超远而逾迈。　物、月合韵。

10. 《楚辞·招魂》：身服义而未沫｜牵于俗而芜秽。　物、月合韵。

以上月、物二韵相通的例证，可以从语音上证明“末”“未”二字本出于同一字。

二、余、佘

余、佘二字本是同一个字，其古文字均作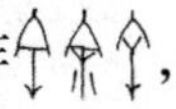，字形象房舍构架之形，甲骨卜辞借为第一人称代词（见《前》五、九、二），又用作贞人名（见《乙》四九四九）。金文亦用作第一人称代词（见嘉鼎、士父钟等），又通“赊”。鬲比盨：“兹复限余（赊）鬲比田。”

余、舍古同音，中山王鼎：“今舍方壮。”此“舍”通“余”，即“我”。郭店楚简《老子》乙本简一六：“修之家，其德有舍。”舍，马王堆帛书本《老子》甲、乙本及王弼本皆作“馀”。九店 M 五六楚简四二：“毋以舍人货于外。”舍，通动词“予”。予、余同音通用，《尚书·皋陶谟》：“予未有知。”《史记·夏本纪》作“余未有知”。

正因为余、舍古同音，所以“佘”字的本义是表示房舍的“舍”，又可在金文中通“赊”，余与佘字形极近，上古又同音，故余、佘二字本应是同一字。

在传世文献中：“余”多用为第一人称代词，用作姓氏则比较晚，《宋书》有余齐民（又名余其人）；而“佘”字作为单独的字出现则更晚，且只用于姓氏。《通志·氏族五》载唐代有佘钦。

“佘”字虽然出现甚晚，但其作为“赊”字的声符，则在先秦时就出现了。《周礼·地官·司市》：“以泉府同货而敛赊。”郑玄注：“民无货，则赊贯而予之。”《地官·泉府》：“凡赊者，祭祀无过旬日，丧纪无过三月。”郑玄注引郑司农云：“赊，贯也。”① 以上二例中的“赊”，阮元《十三经注疏》本《周礼》均作“賒”。《三国志·吴志·潘璋传》：“居贫，好赊酤”，《宋书·刘秀之传》：“时赊市百姓物，不还钱。”② 桂馥《说文解字义证》引此二例“赊”皆作“賒”。

“赊”字在《说文》诸版本中多作“賒”。中华书局1963年影印陈昌治刻本《说文》：“賒，贯买也。从貝，余声。”段玉裁《说文解字注》同，又注引《周礼·泉府》及郑司农云中“赊”皆作“賒”。朱骏声《说文通训定声》及桂馥《说文解字义证》均与段注本同。唯有崔枢华点校本《标点注音说文解字》作“赊”。

在以“余”字作声符的字中，还有一个“畬”字值得注意。此字有两种读音，一种读 yú，一种读 shē。先看读 yú 的：

《诗·周颂·臣工》：“亦又何求，如何新畬。”畬，指开垦过三年的熟田，毛传：“田，二岁曰新，三岁曰畬。”

“畬”字亦见于《说文》，中华书局影印陈昌治刻本、《说文解字注》《说文通训定声》《说文解字义证》此字皆作“畬”，而崔枢华《标点注音说文解字》则作“畲”。

“畲”又读 shē，指焚烧草木，用草木灰做肥料的原始耕作方法。元结《喻旧部曲》：“劝汝学全生，随我畲退谷。”此字亦作“畬”，元结《谢上表》：“臣见招辑流亡，率劝贫弱，保守城邑，畬种山林，冀秋后少可全活。”

“畲”读 shē 还指中国少数民族之一的畲族，古称“畲民”。《宋史·张士杰传》：“诸畬民攻蒲寿庚，不下。”畲民、畲族之“畬”，今多写作“畲”。

賒与赊、畬与畲互为异体，也显示了作为其声符的余、佘二字本是同一字的异写。至于“佘”单独成字后不再与“余”相混同，这恐怕是余、佘语音分化定型后的结果吧。

三、逢、逄

逄字本作逢，后世分化为逢、逄二字。

---

① 孙诒让《周礼正义》，中华书局1987年点校本。

② 中华书局点校本。

春秋石鼓文和胤嗣妾壶已有“逢”字。《说文》有“夆”字，从字形结构来说，从“彳”之字往往与从“辶”之字相通，例如“徧”是“遍”的异体，“徼”是“邀”的异体。《说文》：“夆，使也。”释义不确。战国侯马盟书（三·二六）就以“夆”为“逢”。《诗·邶风·柏舟》：“薄言往愬，逢彼之怒。”《左传·宣公三年》：“故民入川泽山林，不逢不若。螭魅罔两，莫能逢之。”

“逢”又作为姓氏，《左传》有逢丑父、逢公、逢滑、逢泽、逢孙、逢伯，《孟子·离娄下》有逢蒙（《汉书·古今人表》作逢门），《后汉书》有逢萌、逢侯。

“逄”仅用作姓氏。见于《後汉书·刘盆子传》：“［樊］崇同郡人逄安”，李贤注：“《东观记》曰‘逄’，音庞。”如此则“逄”始见于《东观记》。《东观记》即《东观汉记》，是东汉官修的本朝史书，明帝时即创修，至灵帝熹平中撰成，早于《后汉书》几百年。

“逄”从“逢”分出，当是为姓氏所造之字，东汉时与“逢”还是同音字。

颜师古《匡谬正俗》云：“逢姓者，盖出于逢蒙之后，读当如其本字，更无别音。据此则书作逢。读作庞者非是”。颜氏所说“逢”作为姓氏，“读当如其本字，更无别音……读作庞者非是”，说明“逢”字与“逄、庞”二字在当时已不同音，但唐初尚无轻唇音，“逢”也不可能读作今音 féng。

《孟子·离娄下》之逢蒙，孙奭《音义》、朱熹《集注》作逄蒙。孙奭是北宋初年人，朱熹是南宋初年人，二人相距百余年，其间正是轻唇音声母“非、敷、奉、微”产生的时代，则“逢”与“逄”的读音应比颜师古时差别更大，可能孙奭、朱熹为保留作为姓氏“逢”的古音，遂将“逢”改写为“逄”。

《公羊传·成公二年》云：“逢丑父者，顷公之车右也。”阮元校勘记曰：“鄂本作逄”，是“逄”字所出似早于《东观汉记》。然此“逄”字当系版本差异所致，恐非《公羊传》所原有。

四、角、甪

角、甪本是一字，甪从角分化而来。

古人名“角里先生”，又写作“甪里先生”，角、甪今皆读作 lù。

字作“甪里”，首见于《陈留志》。《史记·留侯世家》：“顾上有不能致者，天下有四人。”司马贞《索引》引《陈留志》：“甪里先生，河内轵人，太伯之后，姓周名术，字元道，京师号曰霸上先生，一曰甪里先生。”

《隋书·经籍志二》载：“《陈留志》十五卷，东晋剡令江敞撰。”是“甪里”写法首见于东晋。

写作“角里”，首见于颜师古《汉书》注。《汉书·张良传》：“顾上有所不能致者四人。”注：“四人，谓园公、绮里季、夏黄公、角里先生。所谓商山四皓也。"

据传东汉有角里若叔，然此人名见于《续通志·氏族八》，比颜师古晚多了。是"角里"写法首见于唐初。

唐李匡乂《资暇集》上云："汉四皓，其一号角里，角音禄。今多以'觉'音呼，乖也。是以《魏子》及孔氏《祕记》、荀氏《汉纪》，虑将来之误，直书'禄里'，可得而明也。"

李匡乂的话有两点值得注意：

其一，《魏子》及孔氏《祕记》、荀氏《汉记》把"角里"写作"禄里"。

《隋书·经籍志三》载："《魏子》三卷，后汉会稽人魏朗撰。"魏朗，东汉桓帝时人。《经籍志二》载："《汉纪》三十卷，汉祕书监荀悦撰。"荀悦，东汉灵帝、献帝时人。至于孔氏《祕记》，司马贞《索隐》曰："又孔安国《祕记》作"禄里"。但古代有两孔安国，一是西汉人，一是东晋人，此《祕记》不知系哪一孔安国所撰，只能阙而不论。是"角里"在东汉时写作"禄里"，这是如今我们所能见到的最早的写法。

其二，魏朗、荀悦担心后人把"角"误读为"觉"，就把"角里"写成"禄里"。这是李匡乂的观点，并非魏朗、荀悦之初衷，因为东汉时未必有"角里"的写法。

此词东汉时写作"禄里"，东晋时写作"角里"，说明"禄"与"角"到东晋时还是同音的。《周礼·春官·大司乐》："黄钟为角。"角，《经典释文》："古音鹿。"鹿与谷亦同音。《汉书·宣帝纪》："谷蠡王"，颜师古注引服虔云："谷音鹿"。汉代"谷"与"角"同音，"鹿"与"禄"同音，"谷音鹿"，即"角音禄"。又服虔与荀悦同时，则更能说明问题。

角，古属见母、屋韵，禄，古属来母、屋韵，角、禄同音，是见、来两声母上古时常互为谐声的现象之一。见、来两声母谐声，上古文献不乏其例，如：

《诗·陈风·泽陂》："彼泽之陂，有蒲与蕳。"郑玄笺："蕳，当作莲。"按：上章作"有蒲与荷"，下章作"有蒲菡萏"，荷、蕳、菡萏均指同一物，故蕳通莲。见、来相谐。

《小雅·斯干》："约之阁阁"。毛传："阁阁，犹历历也。"阁通历，见、来相谐。

《小雅·斯干》："如矢斯棘，如鸟斯革。"棘，《玉篇·木部》引《韩诗》作"朸"；革，《韩诗》亦作"朸"。棘通朸，革通朸，皆见、来相谐。

《周礼·春官·龟人》："东龟曰果属"。郑玄注引杜子春云："果读为羸。"果通羸，见、来相谐。

《春秋·襄公二年》："郑伯睔卒。"《汉书·古今人表》睔作纶。睔通纶，见、来相谐。

见、来两声母在发音部位和发音方法上都有很大差别，二者互为谐声，当属异常谐声现象，是上古复辅音声母所致。角、禄、鹿三字上古都是复辅音声母字，均应读作［klok］，后来分化为［kok］和［lok］两音，“角”失去了声母之一的［l］，读为［kok］，而“禄”“鹿”则失去了另一个声母［k］，读为［lok］。这一分化，唐代初年应已定型。当时之所以要把“角”字省去一画，成为“角”字，是为了与“角”字相区别，因为“角”当时已经与“禄”“鹿”不同音了。

“厎”字的几种用法[①]

“厎”字多见于早期典籍，几乎都被释为“致”“至”或“止”，此解虽在多数例句中可通，但在某些例句中却迂曲难通。因此，“厎”字除上述几解外还可有以下几种用法。

一、用如“当”

“厎”用如“当”，可以表示以下几种意思：

（一）表示“值”“在”。例如：

1. 林类年且百岁，厎春被裘，拾遗穗于故畦，并歌并进。（列子·天瑞）

晋张湛注：“厎，当也。”此“当”表示“值”，“在”，《易·系辞下》：“《易》之兴也，其当殷之末世，周之盛德邪？当文王与纣之事邪？”《公羊传·成公二年》：“逢丑父者，顷公之车右也……代顷公当左。”此二例中“当”义皆为“值”“在”。

（二）表示“应当”。例如：

2. 皋陶曰：“朕言惠，可厎行？”禹曰：“俞！乃言厎可绩。”（尚书·皋陶谟）

此例《史记·夏本纪》作：“皋陶曰：‘……吾言厎可行乎？’禹曰：‘女言致可绩行。’”太史公将《尚书》例中的第二个“厎”字译为“致”，第一个“厎”字虽未译，但以此类推，若译出亦应是“致”。太史公对《尚书》中的“厎”字，有的译为“致”，有的则不译，如本例。所译的“致”，有的可通，有的则难通。将“致”置于本例中，则“可致行”“致可绩”无论在语法上还是语义上均不妥。从语法上讲，古籍中没有“可致行”和“致可绩”这种句式；从语义上讲，这种句式若用直译，则难以通顺。置于《史记》例中：“致可行”“致可绩行”亦均难通。而将“厎”释为“当”“应当”，则无论在语法还是语义上均可通。[②]

3. 六府孔修，庶土交正。厎慎财赋，咸则三壤成赋。（尚书·禹贡）

此“厎”亦用如“当”，表示“应当”。“厎慎财赋，咸则三壤成赋”是说应当慎重地收取赋税，都要根据土壤的上、中、下三等制定赋税数量[③]。旧释为

---

① “厎”又作“底”。

② “绩”用作动词，表示“获得功绩”。

③ 参见孔传及《史记·夏本纪》裴骃《集解》引郑玄注。

"致"，于语法、语义均不通。

4. 祈父、予王之爪士。胡转予于恤？靡所厎止。（诗 · 小雅 · 祈父）

"厎"用如"当"，应当。"止"用如"居"，《诗 · 大雅 · 緜》："迺慰迺止"，《大雅 · 公刘》："止基迺理"，《商颂 · 玄鸟》："邦畿千里，维民所止。""靡所厎止"即"靡所当居"，意为没有我可以居住之处。

5. 天祚明德，有所厎止……周德虽衰，天命未改。（左传 · 宣公三年）

此例中"有所厎止"即化用《诗经》中"靡所厎止"句而成，"有所厎止"即"有所当居"，意为"有应当居此天命者。"

（三）用如"当"，表示"为""作"。例如：

6. 若考作室，既厎法，厥子乃弗肯堂，矧肯构？（尚书 · 大诰）

此"厎"用如"当"，表示"为""作"。《论语 · 子张》："子夏之门人小子当洒扫应对进退，则可矣。"《史记 · 陈丞相世家》："非知谋，孰能当此者乎？"《新序 · 杂事三》："是使布衣不得当枯木朽株之资也。"《史记 · 邹阳列传》"当"作"为"。

（四）用如"当"，表示"判处"。例如：

7. 今楚内弃其民而外绝其好，渎齐盟而食话言，奸时以动而疲民以逞。民不知信，进退［皆］罪也。人恤所厎，其谁致死？（左传 · 成公十六年）

此"厎"用如"当"，表示"判处"。《史记 · 蒙恬列传》："［赵］高有大罪，秦王令蒙毅法治之。毅不敢阿法，当高罪死。"《汉书 · 杨恽传》："廷尉当恽大逆无道。"颜师古注："当谓处断其罪。"

"厎"表示"判处"义时又写作"抵"，《吕氏春秋 · 直谏》："臣宁抵罪于王，毋抵罪于先王也。"《史记 · 高祖本纪》："杀人者死，伤人及盗抵罪。"司马贞索引："抵，当也。"

"人恤所厎"，是说人们都忧虑自己会被判罪，此语是承上文"民不知信，进退［皆］罪"而言。

二、用作"以""怡""恃"

（五）"厎"用作"以"，表示后句是前句的结果或目的。例如：

8. 大野既猪（潴），东原厎平。（尚书 · 禹贡）

9. 三江既入，震泽厎定。（同上）

例 8、9 是同样的句式，"厎"用作连词"以"，表示后句是前句的结果，可译为"因而"。《盘庚》："日月岁时既易，百谷用（以）不成"，此二句与上述二例是同样的句式，其中的"用"同"以"。

10. 天其永我命于兹新邑，绍复先王之大业，厎绥四方。（尚书 · 盘庚）

"厎"用作连词"以"，表示后句是前句的目的，可译为"从而"。《金縢》："公乃为诗以贻王"，《伊训》："伊尹乃明言烈祖之成德，以训于成王"。此二例与例10是同样的句式。

（六）“厎”用作“怡”。例如：

11. 舜尽事亲之道而瞽瞍厎豫，瞽瞍厎豫而天下化，瞽瞍厎豫而天下为父子者定。（孟子·离娄上）

“厎”用作“怡”，“厎豫”即“怡豫”。旧注“厎”为“致”，“致豫”义虽可通，但先秦古籍中并无同样词例，故此“厎”释为“致”不妥。

“厎”同作“以”“怡”是音近通假。

厎，上古音在脂部，以、怡在之部，脂、之二部可通。例如：

12. 郭店楚简《尊德义》简二：“赏与刑，祸福之羿也。”[①]“羿”通“丌”，羿，脂部；丌，之部，脂、之相通。又《成之闻之》简三：“槁木三年，不必为邦羿害？”影本“羿”读为“旗”。羿、旗通假亦是脂、之相通。

13. 郭店楚简《六德》简三〇~三一：“门内之絧仁掩义；门外之絧义斩仁。”又上海博物馆楚竹书《性情论》简二六~二七：“门内之絧欲其逸也，[门外]之絧欲其折也。”“絧”通“治”。《孔子家语·本命解》：“门内之治恩掩义，门外之治义掩恩。”絧，脂部；治，之部。脂、之相通。

14. 银雀山竹简《晏子·六》：“未免乎危乱之礼，则□□□□之国，不可。”《晏子春秋·内篇问上第三》作：“未免乎危乱之理，而欲伐安和之国，不可。”“礼”通“理”。礼，脂部；理，之部。脂、之相通。

15. 张家山汉简《引书》：“纍足指，上摇之，更上更下三十，曰纍童。”“指”通“趾”。指，脂部；趾，之部。脂、之相通。

16. 郭店楚简《穷达以时》简六：“莞寺吾……遇齐桓也。”“莞寺吾”即“管夷吾”，亦即管仲。“寺”通“夷”。寺，之部；夷，脂部。之、脂相通。

从以上文例可知，脂、之二部在秦汉时可相通。

从声上看，“厎”属端母，“以”“怡”属喻母（喻四），根据“喻四归定”的原理，“以”“怡”上古应属定母；端、定二声母中古时有清浊之分，而据近代学者研究，上古音声母并无清浊之分，故端、定二声母上古时亦应合二为一[②]。所以“厎”与“以”“怡”上古时应属同一声母，即端母。

可见“厎”用作“以”“怡”是音近通假。

（七）“厎”用作“恃”。例如：

17. 恽才朽行秽，文质无所厎。幸赖先人馀业，得备宿卫。（汉书·杨恽传）

颜师古注：“厎，致也”，今人释为“至”，译“无所厎”为“没有成就”[③]。“文”可以没有成就，而“质”就谈不上有没有成就了。此“厎”似应释为“恃”，“文质无所恃”是作者说自己在才能和品行两方面都无可依仗，“文”不

---

① 所引古文字材料，除所论文字外，释文皆采用宽式。

② 参见《寒下》一文及注释。

③ 见王力《古代汉语》第三册。

能被举秀才，“质”不能被察孝廉，只能“幸赖先人馀业，得备宿卫”。

又“无所恃”“靡所恃”句式亦见于古籍：

18. 陈寔曰：“吾不就狱，众无所恃”。（後汉书·陈寔传）

19. 城中食转少，外救不至，众无所恃。（三国志·魏志·诸葛诞传）

20. 茕茕靡所恃，泪下如连珠。（三国志·魏志·王粲传“吴质……封列侯”注引吴质别传）

“厎”用作“恃”也属音近通假。

“厎”属脂部，“恃”属之部，脂、之二部可通（详上文）。

“厎”属端母，“恃”属禅母，都是舌音；又近代学者研究，禅母应归端系声母。可证明禅母应归端母的材料有多种，本文仅以形声字简要证明之。例如：

端：隄　堤　　　　　禅：是　禔　湜

端：单　箪　殚　郸　禅：禅　婵　蝉

端：耽　眈　酖　　　禅：忱　訦

端：貂　蛁　　　　　禅：绍　劭　邵

以上是同一声符的形声字分属端、禅二声母，从此角度亦可知端、禅二声母应合二为一。因此“厎”与“恃”上古时应属同一声母。

可见“厎”与“恃”上古通韵、同声，亦应属音近通假。

余论

“厎”字在《尚书》中出现的频率比较高，共有二十余次，其中有一个现象值得注意，即凡是出现在今文《尚书》中的“厎”，其义大多晦涩难懂；而出现在伪古文《尚书》中的“厎”，其义则浅显易明。今文《尚书》中的“厎”，本文讨论了一部分，未加讨论的部分，除两次用于地名的“厎柱”外，其余大多释为“致”则可通，但其文义仍不够顺畅。而伪古文《尚书》中的“厎”，除《舜典》中一例外，以比较常见的“致”“至”等义释之，则其文义均明白顺畅。例如：

21. 王拜手稽首曰：“予小子不明于德，自厎不类”。（太甲）

22. 予小子夙夜祗惧，受命文考，类于上帝，宜于冢土，以尔有众厎天之罚。（泰誓）

23. 西旅厎贡厥獒，太保乃作《旅獒》，用训于王。（旅獒）

24. 三后协心，同厎于道。（毕命）

25. 今失厥道，乱其纪纲，乃厎灭亡。（五子之歌）

26. 克绥先王之禄，永厎烝民之生。（咸有一德）

27. 予小子其承厥志，厎商之罪，告于皇天后土所过名山大川（武成）

以上例中的“厎”，例 21～例 24 均可释为“致”；例 25 释为“至”；例 26

释为“定”，义为“安”，与其上句的“绥”互文；例27释为“诋”。如此，则上述七例文义皆顺畅无滞，与今文《尚书》的情况迥然不同。

之所以出现这种情况，是因为今文《尚书》是真正的上古早期文献，其文义必然晦涩难懂；而伪古文《尚书》则是东晋人所伪造①，其造伪的手法之一，就是利用当时已有的训诂成果制造语句，却又难于完全摆脱当时的语言习惯，因而其文义自然就比较顺畅了。

① 据陈梦家先生研究，伪古文《尚书》系东晋孔安国所作。见《尚书通论·第二部》，中华书局1985年10月。

“率土之滨”解

“普天之下，莫非王土；率土之滨，莫非王臣”①，这是《诗经》中的著名诗句。

从直观的角度看，这两句话应该是整齐的对偶句。但是，从毛传以来对“率土之滨”的传统解释，不仅使“率土之滨”的结构变得比“普天之下”复杂得多，而且使原本整齐对偶的诗句变得不能对偶了。

毛传：“率，循。滨，涯也。”

依照毛传，“率土之滨”可以有两种解释。

其一，“之”作连词，表示“的”，那么“率土之滨”就是“沿着大地的边缘”，而这样它与“莫非王臣”的意思根本就连不上，必须要补上很多内容，二者的意思才能连上。兹试补之：沿着大地的边缘｜转一周｜这块土地上｜的臣民，没有谁不是周王的臣民的。整整补了三层意思，才使得“率土之滨”与“莫非王臣”的意思连上。

其二，“之”作动词，表示“至”，那么“率土之滨”就是“沿着大地一直到它的边缘”，但它与“莫非王臣”的意思还是连不上，仍然需要补充：“这块土地上｜的臣民”两层意思，才能与“莫非王臣”的意思连上。

毛传的这一解释，自从唐代孔颖达作了《毛诗正义》以后，遂难以动摇，长期被人们所遵从。直到清代，王引之才对它略作修改：

《经义述闻·毛诗中》：“《尔雅》曰：‘率，自也。’自土之滨者，举外以包内，犹言四海之内。”

“率”释为“自”，亦即“由”“从”，与毛传略有不同，但仍是介词。对“之”也仍然没有解释，但以其义度之，“之”应是动词“到”。那么，“率土之滨”就是“从大地一直到它的边缘”，其义与毛传几乎没有什么区别，仍须补上“这块土地上的臣民”，才能与“莫非王臣”的意思连上。

可见，自毛传以来对“率土之滨”的解释，使其结构比“普天之下”复杂得多了，这不符合“文从字顺”的原则。古代的很多典籍，不论它们现在多么艰涩难懂，但在其成文之初，都是文从字顺的。

“率土之滨”与“普天之下”的语法结构本是一样的，其义原来也是简单明了，与“莫非王臣”紧密相连的。

---

① 普，毛诗作溥。

一、“率土之滨”原应作“率土之宾”

虽然今本《诗经》中此句作“率土之滨”，但在隋代以前古籍所引此句及唐代李善、李贤所注古籍引此句则多作“率土之宾”，例如：

1. 《汉书·王莽传·中》、班固《白虎通·封公侯篇》引《诗》：“普天之下，莫非王土；率土之宾，莫非王臣。”

2. 梁释僧祐《弘明集》载何尚之答宋文帝赞扬佛事引《诗》，作“率土之宾”。

3. 李善注《文选》司马相如《答客难》引《诗》作“率土之宾”。

4. 李贤注班固《明堂诗》引《诗》：“溥天之下，莫非王土；率土之宾，莫非王臣。”①

5. 梁周兴嗣《千字文》中有“遐迩一体，率宾归王”之句，而“率宾归王”即“率土之宾，莫非王臣”的缩写。

宾，即民。例如：

6. 墨子曰：“……若越王听吾言、用吾道，翟度身而衣，量腹而食，比于宾萌，未敢求仕。”（吕氏春秋·高义）

对“宾萌”一词，陈奇猷先生作了详尽的考释，兹移录于下：

“宾萌”即“民萌”，亦作“民氓”，亦作“民甿”。“民萌”屡见于《韩非子》，如《初见秦》：“彼固亡国之形也，而不忧民萌”，《八茹》：“何谓民萌”，《难一》：“今小臣在民萌之众，而逆君上之欲”，皆其例。宾、民古音同隶真部，故此假“宾”为“民”。《韩非子·初见秦》“不忧民萌”，《秦策》作“民氓”……《淮南·脩务》“以宽民氓”……是萌、氓、甿均同……此文“比于宾萌，未敢求仕”，犹言愿与民氓同列，不敢求仕耳。

陈奇猷先生的结论即：宾萌即民氓，宾即民。

古籍中“宾”通“民”的例子很少见，但仍可见其踪影。例如：

7. 行路老父担重，人代之担行数十里，欲至家，置而去，问姓名，不以告……［王］烈叹曰：“韶乐九成，虞宾以和，人能有感，乃至于斯也！”（三国志·魏志·管宁传·注引先贤行状）

以本例所记代担人之美德，可知王烈所言之“宾”即“民”无疑。

8. 故蒙耻之宾，屡黜不去其国。（後汉书·逸民列传）

此例中的“宾”即“民”，此处指本传中的“逸民”。

9. 仆是背弃帝乡宾，今被平王见寻讨。（敦煌变文集·伍子胥变文）

《伍子胥变文》是唐代作品，为避唐太宗讳，故以“宾”代“民”。

从语音上看，宾、民古音同隶真部，而在今厦门方言中，“民”正读作 bīn。

---

① 见《後汉书·班固传》。

又上文所引《千字文》“率宾归王”一句，其中的“宾”即“民”，也应该是没有疑问的。

率，可作形容词，表示遍、全、整个儿等意思。例如：

10. 率天奉贽，罄地来宾。（南齐书·乐志·永至之乐）

率天，即遍天下、全天下或整个儿天下。

率天，又作罄天、浃天、罄宇。例如：

11. 亘地称皇，罄天作主。（宋书·乐志二·天地郊夕牲歌）

12. 浃天奉贶，罄壤齐庆。（宋书·乐志二·夕牲歌辞）

13. 浃地奉渥，罄宇承秋灵。（宋书·乐志二·歌白帝辞）

罄天、浃天、罄宇与率天的结构和意思都是一样的。

总之，“率土之滨”本应作“率土之宾”，意即整个大地上的人民，它与“普天之下”的语法结构是完全一致的。

二、在古代汉语中，“率土”一词从来都是偏正词组

研究古代词语，古人的注释固然有价值，但古代语言的实际应用则更有价值。“率土”一词，在古代语言的实际应用中从来都是一个偏正词组，“率”与“土”是定语与中心词的关系，它又可以分为两类。

一类表示“整个土地”，这是它最直接的意思。例如：

14. 绥缉四海，率土同轨。（三国志·蜀志·后主传）

15. 普天弛绝，率土分崩。（宋书·礼乐志三）

16. 思覃惠泽，被之率土，新旧臣民，皆从荡涤。（周书·武帝纪下）

17. 今率土大同，含生遂性，太平之法，方可流行。（隋书·高祖纪）

18. 率土方燎，如火在薪。（隋书·音乐志上·大壮舞歌）

另一类是“率土之民”的省略，表示整个土地上的百姓。例如：

19. 率土式望，在备一人。（三国志·蜀志·先主传）

20. 追怀永悼，率土摧伤。（晋书·后妃传）

21. 永言园陵，率土同慕。（宋书·武帝纪中）

22. 明灵有悦，率土同心。（陈书·高祖纪上）

23. 率土瞻仰，用申诚敬。（隋书·高祖纪）

古籍中又常以“普天”与“率土”互文见义，这种用法往往能表示二者是同一语法结构，例如：

24. 普天率土，各以其职。（班固·明堂诗）

25. 普天率土，遐迩洽同。（後汉书·桓帝纪）

26. 普天率土，莫不来庭。（晋书·乐志下）

27. 普天弛绝，率土分崩。（宋书·礼志三）

28. 率土哀号，普天如丧。（陈书·世祖纪）

古籍中还常用率土与万邦、万方、邦国等词语对举，表示它们意义相同。例如：

29. 率土有赖，万邦幸甚。（三国志·魏志·三少帝纪·注引魏书）

30. 率土敬职，万方来祭。（宋书·乐志二）

31. 率土欢豫，邦国以宁。（宋书·乐志二）

三、“率土之n.”句式从来都是偏正结构

特别值得注意的是，古汉语中的“率土之n.”句式，其中的“率”都是形容词，表示“全”“整个儿”；而“之”都是连词，表示“的”。例如：

32. 副率土之嘉愿，恢洪业于无穷。（宋书·武帝纪中）

33. 王其允执厥中，仪刑前式，以副率土之欣望。（南齐书·高帝纪上）

34. 率土之基，兴亡是赖。（陈书·高祖纪上）

35. 率土之内，莫非己有。（南史·贼臣传）

36. 副率土之心，恢无疆之祚。（隋书·高祖纪）

37. 民力凋尽，徭戍无期，率土之心，鸟惊鱼溃。（隋书·杨玄感李子雄等传论）

上述六例的“率土之n.”句不仅都是偏正结构，而且例35的“率土之内，莫非己有”在句式上几乎就是“率土之宾，莫非王臣”的翻版了。

尤其值得注意的是，古代汉语中还有“率土之民”“率土之人”和“率土之群生”等词语，它们不仅在语法结构上与“率土之宾”相同，而且连意义也都是相同的。例如：

38. 群凶觊觎，分裂诸夏，率土之民，朕无获焉。（三国志·魏志·武帝纪）

39. 循理之吏，得其成化；率土之民，各宁其所。（後汉书·左雄传）

40. 欲令率土之人，永得安乐①。（隋书·高祖纪）

41. 奉先天之圣祖，玄化协于无为；育率土之群生，至仁侔于阴骘。（王维·贺古乐器表）

率土之民、率土之人即率土之宾，率土之群生也与率土之宾同义、同结构。

还有与“率土之民”等句同义、同结构只是省了连词“之”的，例如：

42. 然江山之外，异政殊俗，率土齐民，未蒙王化。（三国志·魏志·钟会传）

43. 此实天地所不覆载，人神所不容忍，率土民氓，莫不愤咽。（宋书·萧思话传）

44. 率土臣妾，岂无攀慕遂服之心？实以国制不可而逾。（晋书·李含传）

45. 率土人黎……并宜舍逆归顺，立效军门。（周书·文帝纪上）

46. 率土百姓，零落殆尽。（旧唐书·良吏传上）

---

① 率土之人，即率土之民。《隋书》避唐太宗李世民讳。

最应引起注意的是，“率土之滨，莫非王臣”在王符《潜夫论》中即引作：

47. 率土之民，莫非王臣。（释难篇）

综上所述，“率土之滨”实应为“率土之宾”，亦即“率土之民”。这样不仅诗句内容通畅明了，而且使“普天之下，莫非王土；率土之宾，莫非王臣”还原为整齐有序、名副其实的对偶句式。

“左之”“右之”解

“左之”和“右之”见于《诗经·小雅·裳裳者华》：

裳裳者华，或黄或白。我觏之子，乘其四骆。乘其四骆，六辔沃若。

左之左之，君子宜之。右之右之，君子有之①。维其有之，是以似之②。

对“左之”和“右之”的解释，一般都遵循毛传，即“左，阳道朝祀之事；右，阴道丧戎之事。”这一权威性的解释被奉行了两千多年，一直沿用至今③。但如果我们深入地思考一下，就可以发现它的错误。因为西周时代还没有这种用阴阳去附会万事万物的思想，当然也就不可能拿左、右去附会什么“阳道朝祀之事”和“阴道丧戎之事”。毛亨的这种解释，是把汉代盛行的阴阳思想，强加给西周时代的人了④。

用阴阳附会世上万事万物的思想，是西汉时代的一种很时髦的思潮，这种思潮，以汉代大儒董仲舒为代表。他在《春秋繁露》中说：

凡物必有合（配合、对偶），合必有上，必有下；必有左，必有右；必有前，必有后；……物莫无合，而合各有阴阳。《基义篇》

这就是说，万事万物都有阴阳，“左”“右”也不例外，左为阳，右为阴。他还说：“阳，天之德；阴，天之刑也。”⑤“阳”生养万物，表现了天的好生之德；“阴”严厉肃杀，体现了天的刑杀之气。既然阳为左，阴为右，那么左也可以代表“天之德”，而“阳道朝祀之事”中的朝天子、祀上帝，即朝祀“天之德”；右也可以代表“天之刑”，“天之刑”即“阴道丧戎之事”。由此可见，毛亨的观点，正是这种思潮的体现。

在西汉初期，董仲舒的思想被统治者大力提倡，当时的儒者，群起而言阴阳。《汉书》载：“汉兴，承秦灭学之后，景武之世，董仲舒治《公羊春秋》，始推阴阳，为儒者宗。”⑥作为西汉时的儒生毛亨也用左、右去附会阴、阳，就毫

---

① 有之：有……本领。高亨先生释“有”为“能”，意思是一样的。

② 似：通“嗣”，承嗣，继承。这种用法《诗经》中不乏其例，不赘述。

③ 清代的钱澄之认为“左”“右”指左辅右弼，亦不甚妥当。此说虽较有影响，但远逊于毛传，故不详论。

④ 自毛传以来，人们一般都认为这篇诗是西周时的作品。

⑤ 见《春秋繁露·王道通三篇》。又《汉书·董仲舒传》引其对策曰：“天道之大者在阴阳，阳为德，阴为刑，刑主杀而德主生。”意同此。

⑥ 见《汉书·五行志上》。

不奇怪了。

那么，“左之”和“右之”到底是什么意思呢？我们先看看荀子对这两句的理解。荀子曾引《裳裳者华》中的“左之左之”和“右之右之”来说明他的观点，他说：

与时屈伸，柔从若蒲苇，非慑怯也；刚强猛毅，靡所不信（伸），非骄暴也；以义变应，知当曲直故也。诗曰：“左之左之，君子宜之。右之右之，君子有之。”此言君子能以义屈信（伸）变应故也。《荀子·不苟》

赋诗言志是先秦时知识分子的一种时尚，荀子在这里引用这几句话，是为了阐明他的观点，即君子在生活中要能屈能伸，就象在驱车时要能左能右一样。“左之”就是驱车向左，“右之”就是驱车向右。按照这种理解，其中的“左”和“右”都是动词，后面的“之”都是代词，指代车马。荀子的理解是正确的。

在先秦典籍中，“左”和“右”作动词的例子很多（同源动词如表示辅佐的“左”和表示保佑、帮助的“右”不算），例如《诗经·大雅·緜》第四章：

乃慰乃止，乃左乃右，乃疆乃理，乃宣乃亩。

在这里，凡是受副词“乃”修饰的都应该看作动词，其中“左”“右”也是如此，意思是“住在东边”“住在西边”。又如《左传·桓公八年》：

季梁曰：“楚人上左，君必左，无与王遇。”

其中第二个“左”字受副词“必”的修饰，也应看作动词，意思是“在左边”。又如《左传·定公九年》：

东郭书让登①，犁弥从之，曰：“子让而左，我让而右，使登者绝而后下。”书左，弥先下。

因为连词“而”前面是动词“让”，所以它后面的“左”“右”也都是动词，意思是“左行”“右行”；第二个“左”的词性和意义与第一个“左”相同。又如《墨子·明鬼下》：

昔者郑穆公尝昼日中处乎庙②，有神入门而左。

《荀子·哀公》：

孔子曰：“君入庙门而右，登自胙阶。”

这两例中连词“而”前的动词都是“入”，所以它后面的“左”和“右”也都是动词，意思也是“左行”“右行”。

下面我们再进一步，看看先秦典籍中的“左之”和“右之”的语法结构。例如：

今有马于此，如骥之状者，天下之至良也。然而驱之不前，左之不左，右之不右，则臧获虽贱，不托其足。《韩非子·外储说右上》

---

① 让：通“攘”，抢。

② 尝：又作“当”。

很明显，“驱之”是动宾结构，宾语“之”是代词，指代马。而“左之不左”和“右之不右”的语法结构与“驱之不前”是一样的，因而“左之”“右之”与“驱之”的语法结构也是一样的。可见“左之”和“右之”也都是动宾结构。把“左之”“右之”看作使动用法，那是从翻译的角度出发的。

《诗经》中也有以“左之”为动宾结构的例子，如《秦风·驷驖》第一、二章：

驷驖孔阜，六辔在手。公之媚子，从公于狩。

奉时辰牡，辰牡孔硕。公曰：“左之!”舍拔则获。

显然，“左之”是秦君对御者发出的命令，意思是“把车向左赶”，其结构与上文所举《韩非子》中的“左之”“右之”一样，也是动宾结构。而《裳裳者华》中的“左之左之”“右之右之”只不过是多重复了一次而已，其语法结构则是完全一样的。最具有说服力的是，《裳裳者华》的“左之左之”与《驷驖》中的“左之”不仅语法结构相同，而且所处的语言环境也相同，也就是说，这两个“左之”都出现在贵族出行的相同的内容中，连意义都是相同的。

按照新的解释，那么“左之左之，君子宜之。右之右之，君子有之。维其有之，是以似（嗣）之。”这一章的大意应该是某贵族子弟御车出行，左右驱驰皆得其宜，因此可以承嗣祖业。

说到这里，有人可能要问，善于御车驱驰和承嗣祖业有什么关系呢？我们说，这和春秋以前贵族的时尚有关。那时的贵族非常重视“御”，即御车之法，把它列为“六艺”之一，定为贵族子弟的必学科目。因为只有善于射御，日后才能率军征战，这是考察一个贵族子弟能否承嗣祖业的一个重要条件。不仅如此，那时的贵族对御车之法还很有讲究，《小雅·车攻》说：“不失其驰，舍矢如破。”“不失其驰”，就是说马步协调，驱驰得法。《春秋穀梁传》说御车应达到“车轨尘，马候蹄”的水平①，也就是说御车时尘土飞扬不能出于轨道，马蹄应该发足相应，快慢合拍。可见那时的贵族对御车之法是何等的讲究了。正因为如此，所以当本篇诗的作者看到这位贵族子弟竟能如此娴熟地驾驭车马时，就不由得发出了“维其有之，是以似（嗣）之”的赞叹。

总之，《小雅·裳裳者华》中的“左之”“右之”与什么“阳道朝祀之事”和“阴道丧戎之事”毫无关系，它不过是指贵族子弟出行，御车左右驱驰而已。

---

① 见《穀梁传·昭公八年》。

“面缚”解

一

“面缚”一词，多见于史籍，传统的解释是缚手于后，即把双手绑于背后。然而，稍有古汉语常识的人就会感觉到，此解不符合语言规律。因为在古汉语中，凡是“面V.”词组，其中的“面”均表示“当面”，例如“面陈”就是当面陈述，“面从”就是当面服从，“面折”就是当面批评，“面谀”就是当面奉承，“面诤”就是当面劝谏，此例甚多，并无例外，而唯独“面缚”一词，其中的“面”却被释为“背后”，令人生疑。

释“面缚”为“缚手于后”始于杜预，此说见于他对《左传》以下一段文字的注释：

1. 冬，蔡穆侯将许僖公见楚子于武城。许男面缚衔璧，大夫衰绖，士舆榇。(左传·僖公六年)

面缚，杜预注：“缚手于后，唯见其面。”

“缚手于后”并非“唯见其面”，而是身体朝前的器官除手之外均可看到，杜预之说毫无道理。

其实，杜预对“面缚”作出这种解释，很可能是惑于《左传》中的另一段文字：

2. 晋州绰及之，射殖绰，中肩，两矢夹脰（颈），曰：“止，将为［我］三军获；不止，将取其（尔）衷（心）。”［殖绰］顾曰：“为私誓。”州绰曰：“有如日！”乃弛弓而自后缚之。其右具丙亦舍兵而缚郭最。皆衿甲面缚，坐于中军之鼓下。(襄公十八年)

将这段文字中的“自后缚之”与“面缚”联系在一起，面缚即反缚似乎是没有任何问题了。而且一千多年来，人们之所以相信面缚即反缚，其根源恐怕也在于此。因此，欲正本清源，首先要仔细研读此段文字。

仔细玩味这段文字，可以发现其中另有深意。

“自后缚之”一般说来，应是反缚，但并非一定是反缚；面缚（缚手于前）也可以自后缚之。

这段文字中还有一个很大的疑点，即：面缚如果真的如杜预所说是“手缚于后”，那么面缚须“自后”缚之对当时人来说是不言而喻的，“自后”二字完全是废话；再者，反缚、反接是手缚于后，这是没有任何疑义的，因而古籍中从未见过在描述反缚、反接时还用“自后”二字。为什么《左传》的作者在这里要说“废话”呢？原因只有一个，那就是面缚是手缚于前的，而这次的面缚是一次特殊的、“自后缚之”的面缚。

面缚既然是手缚于前，那么自然是自前缚之方便快捷，而自后缚之费力麻烦，但州绰又为何不用方便快捷的自前缚之却用了费力麻烦的自后缚之呢？这是因为：

其一，齐国的殖绰是一员勇将，齐庄公曾当众称赞殖绰“是寡人之雄也”。（襄公二十一年）

其二，殖绰于此役之所以被州绰降服，一是因为州绰箭法精准，二是因为他背对州绰，无能为力。

其三，州绰凭借其精准箭法降服了殖绰，但当他放下弓箭后，对殖绰这样的勇将就没有任何优势可言了。因此，他在下战车缚殖绰前首先告诫他，你发下的不反抗的“私誓”“有如日”，不可违背；即使如此，他对殖绰的勇猛仍心存忌惮。为安全起见，他宁愿费力麻烦也不愿冒险，“自后”对殖绰实施了面缚（缚手于前）。

此段文字的深意在于，作者要描述的是一次特殊的面缚，是一次罕见的“自后缚之”的面缚，他把州绰那种心存忌惮，小心翼翼的心理描述得淋漓尽致。

再者，古代对主动投降者均是面缚而不是反缚，这是规矩，两千多年的历史已经证明了这一点。因为对主动投降之敌与经浴血奋战方擒获之敌是必须要予以区别的，这是常理。《左传》的作者就是怕人们误会“自后缚之”是反缚，故于文末特意指出二齐将皆“面缚”，意谓晋将并未违反规则。

杜预之后力挺其观点且影响最大的是孔颖达。《史记·宋微子世家》载：

3. 周武王伐纣克殷，微子乃持其祭器造于军门，肉袒面缚，左牵羊，右把茅，膝行以告。

孔颖达疏：“微子手缚于后，又焉得牵羊把茅也。此司马迁之妄耳。”

孔颖达依据杜预的注释去否定远在杜预之前四百余年的文献记载，这是一种本末倒置的做法。

古代的注释是立论的重要参考材料，但它决不能成为立论的当然依据。当古代的注释与古代语言的实际应用相矛盾时，我们当然应该依据后者而不是前者。

与孔氏的观点相反，《史记》中的这段文字恰恰证实了面缚是手缚于前的。只有手缚于前，才能“左牵羊，右把茅”。

本末倒置的训诂理念，使孔颖达得出了颠倒是非的结论。

洪亮吉对杜预的说法略作修改，他说：“面借为偭，背也，谓反其手而缚之于背。”仍主张面缚即反缚。（春秋左传诂）

古籍中“面缚”一词不胜枚举，但从未见过写作“偭缚”的，洪说不足据。

二

在我国古代，绑缚人分为两种，一种是把双手绑在身前，称为面缚；一种是把双手绑在背后，称为反接或反缚。

面缚多用于君臣向敌人乞降，往往由自己人施行之。例如：

4. 遂以诸侯灭赖。赖子面缚衔璧，士袒，舆榇从之，造于中军。（左传·昭公四年）

5. ［邓］艾至成都，［刘］禅率太子、诸王及群臣六十余人面缚舆榇诣军门。（三国志·魏志·邓艾传）

6. ［邓］艾至城北，后主舆榇自缚，诣军门。（三国志·蜀志·后主传）

面缚多为自缚，即由自己人施行之，这是可以想见的。而例6则明确记载了刘禅的面缚是自缚。

7. 王浑督率所统，遂逼秣陵……使［孙］晧涂穷势尽，面缚乞降[①]。（晋书·王浑传）

8. 谓宜投戈顿颡，面缚乞身。（柳宗元·为裴中丞伐黄贼转牒）

反接或反缚则用于国家要犯、应予严惩之人以及战场上擒获的敌人。例如：

9. ［陈］平未至军，为坛，以节召樊哙。哙受诏，即反接，载槛车，传诣长安。（史记·陈丞相世家）

刘邦命令陈平“至军中即斩哙头”，可知樊哙此时是钦犯，即国家要犯。

10. ［吕］岱起，拥节读诏书，数［士］徽罪过，左右因反缚以出，即皆伏诛，传首武昌（三国志·吴志·士燮传）

士徽自以远在边疆，不听朝廷节制，可谓国家要犯。

11. 高帝豫具武士，见［韩］信至，即执缚之，载后车。信呼曰：“天下已定，我固当烹！”高帝顾谓信曰：“若（尔）毋声，而（尔）反，明矣！”武士反接之。（史记·陈丞相世家）

韩信先是被执缚，执缚也是面缚，是一种加用手铐的面缚。古文字“执”作，其中铐械由两根对称的曲直形铁条合成，绳索即缚于圆形铐与两端尖刺之间的部分。刘邦自知定韩信谋反无确证，故开始时对韩信只用执缚。不料韩信当众高声大发怨言，让刘邦很没面子，即命武士对韩信改用反接，以示惩戒。

12. ［刘］根于是左顾而啸，有顷，［史］祈之亡父祖近亲数十人，皆反缚在前，向根叩头。（後汉书·方术列传）

史祈之倚仗权势威胁刘根，刘根反缚其已故父祖近亲，是为了严厉惩戒史

① 直接受降者应是王濬。参见《晋书·王濬传》及《晋书·唐彬传》。

祈之①。

13. 太原孙敬玉尝通［蔡］兴宗侍儿，被禽反接，兴宗命与杖。(南史·蔡廓传)

14. 某吏于某处，擒获发塚盗共五六人。登令召入，皆反接其手，束缚甚固。(薛用弱·集异记·萧颖士)

私通高官家侍女及盗墓在古代都是重罪，须严惩，故皆反接之。

15. 时雍丘令令狐潮欲以其城降贼（安禄山），民吏百余人不从命，潮皆反接，仆之于地，将斩之。(旧唐书·张巡传)

军情紧急之时，不从命者是极其危险之人，更须严惩，故雍丘令对其不仅"皆反接"，而且还要"仆之于地"，以防生变。

16. 俄而西北尘起，［彭］乐使告捷，虏西魏临洮王［元］东、蜀郡王［元］荣宗……詹事赵善、督将僚佐四十八人，皆系颈反接手，临以刃，历两阵而唱名焉。(北史·彭乐传)

对战场上浴血奋战生擒之敌，也须用反接。

从上述所引文例来看，面缚与反接、反缚决不是同一概念。表示同一概念的同义词可以通用而内容不变，如反接与反缚两词就如此。如果面缚与反缚、反接也如传统说法那样是同一概念，为何两千多年来从不通用？

古籍中还有一些例子，暗示面缚是缚手于身前的。例如：

17. ［刘］禅……面缚舆榇诣军门，［邓］艾执节解缚焚榇，受而宥之。(三国志·魏志·邓艾传)

18. ［王］濬躬解其（孙晧）缚，受璧焚榇，送于京师。(晋书·王濬传)

从上述两例可知，受降的主帅要执节亲自为请降的敌方君主解缚。节是本国君主的象征，而执节者一定要立于请降者面前，为其解缚。这里暗示面缚是缚手于前的。有人可能要问：执节如何解缚？其实，"执"是一个意义比较抽象的动词，它往往并不表示某个具体的动作，而例 10 中的"拥节读诏书"中的"拥"才是一个具体的动作。"拥节"就是把节置于胸前与臂弯之间。邓艾的"执节"很可能就是"拥节"。

19. 时［殷］琰有疾，以板自舆，与诸将帅面缚请罪。(宋书·殷琰传)

殷琰既然是"以板自舆"地出降，可知病重不起。那么他在板上会是何种姿态呢？我们作几种假设，看哪种假设是最合情理的。

（一）坐。这里所说的"坐"是古人所谓的箕踞，而箕踞是很不礼貌的。对一般人尚且如此，何况面对的是手握生杀大权的受降人呢？

（二）跪。这里所说的"跪"，在南朝宋时还称为"坐"。面对受降人还高坐板上是不可能的，而且殷琰病重，此种坐姿亦难坚持。

---

① 此例内容有迷信色彩，只用于说明语言问题。

（三）侧卧。此种姿态不伦不类，对受降者来说也是极不恭敬的。

（四）仆于板上。趴在板上，手缚于后，这种状态对于士大夫来说是无法忍受的侮辱。士可杀不可辱，殷琰不会自辱如是。

（五）仰卧。对病重者来说，这种姿势是最合情理的。然而这样问题就来了，如果面缚是手缚于后，那么仰卧就会把双手压在身体之下，那不仅是一种极大的痛苦，而且若路途稍远，双手还会因血液流通受阻而坏死。面缚出降是一种仪式，肉体用不着受如此大的痛苦。

结论只有一个，面缚是手缚于前的。手缚于前，仰卧于板，这对于一个病重之人的出降是最合情理的。

出土文物是最具说服力的证据。殷墟出土的陶俑，女俑的手缚于胸前，而男俑的手则缚于背后，这正是面缚与反缚的鲜明展示（见《中国青铜器时代》二一六页和版图贰伍）。事实灼灼，胜于雄辩；从构词法上讲，“面缚”一词的结构，对于描述手缚于胸前的姿态，是再帖切不过的了。

三

近年来，有人认为面缚是“系颈”，就是在脖子上系上绳索①。这种说法是不正确的。

古人为文记事，为求语言变化，对同一事的记载，往往各记其一端。例如：

20. ［邓］艾曜威奋武，深入虏庭……使僭号之主，稽首系颈。（三国志·魏志·邓艾传）

21. ［邓］艾受命忘身……勇气凌云，士众乘势，使刘禅君臣面缚，叉手屈膝。（同上）

以上两例所记同为一事，例20中的“系颈”与例21中的“面缚”是乞降礼仪中的两个方面，作者为求语言变化，各自只记其一端，而并非“面缚”就是“系颈”。此类文例还有：

22. ［刘秀］亲勒六军，大陈戎马……赤眉望见震怖，遣使乞降。丙午，赤眉君臣面缚，奉高皇帝玺绶，诏以属城门校尉。（後汉书·光武帝纪）

23. 赤眉忽遇大军，惊震不知所为，乃遣刘恭乞降……樊崇乃将［刘］盆子及丞相徐宣以下三十人肉袒降。（後汉书·刘盆子传）

此两例所记亦同为一事，上例言“面缚”，下例言“肉袒”。“肉袒”也是乞降礼仪的一个方面，而并非“面缚”就是“肉袒”。

古人对同一事的记载，为求变化，有时简略，有时详细。例如：

24. ［王濬］荷戈长骛，席卷万里，僭号之吴，面缚象魏。（晋书·王濬传）

---

① 黄金贵《“面缚”新解》，见《中国语文》1981年4期。

25. ［孙］晧乃备亡国之礼，素车白马，肉袒面缚，衔璧牵羊，大夫衰服，士舆榇。(同上)

“亡国之礼”亦即乞降之礼，例 24 只记了“面缚”一项，而例 25 则记了“素车白马，肉袒面缚，衔璧牵羊，大夫衰服，士舆榇”八项，甚是详细。同类的例子还有：

26. 魏王［李］继岌至成都，［王］衍君臣面缚舆榇，出降七里亭。(新五代史·前蜀世家·王衍)

27. ［宗寿］闻［王］衍已衔璧，大恸。(同上)

28. 魏王至成都北五里升仙桥，伪百官班于桥下，［王］衍乘行舆至，素衣白马，牵羊，草索系首（颈），面缚衔璧，舆榇而后。(旧五代史·僭伪列传·王衍)

以上三例，同记一事，新史简而旧史详。例 26 记“面缚舆榇”两项，例 27 只记“衔璧”一项，而例 28 则记了“素衣白马，牵羊，草索系首（颈），面缚衔璧，舆榇”七项，其中“系首（颈）”与“面缚”各为一项，明确地显示了“面缚”并非“系颈”。

如果将例 3、例 25 及例 28 所记合而为一，删去重复，则可得“持其祭器、素车、白马、肉袒（或素衣）、面缚、衔璧、草索系颈、左牵羊、右把茅、大夫衰服、士舆榇、膝行而前、告（唱名请罪）”十三项，斯可谓亡国乞降礼仪之“全活儿”了。其中“肉袒”与“素衣”不兼有，恐怕是天气冷暖不同所致吧。

“图功”“图事”解

“图功”“图事”二词，见于《尚书·大诰》：

1. 民献有十夫，予翼以于敉宁武图功。

2. 无毖于恤，不可不成乃宁考图功。

3. 予曷其（敢）不于前宁人图功攸终？

4. 天閟毖我成功所，予不敢不极卒宁王图事[①]。

对上述四例的解释目前所见到最早的当属孔安国传[②]：

释1：四国人贤者有十夫来翼佐我周，用抚安武事，谋立其功。

释2：无劳于忧，不可不成汝宁祖、圣考、文武所谋之功。

释3：我何其不于前文王安人之道谋立其功所终乎？

释4：言天慎劳我周家成功所在，我不敢不极尽文王所谋之事。

孔传把“图功”“图事”中的“图”释为“谋”，后人均遵循至今。

孔传把例1、3中的“图功”释为“谋立其功”，把例2、4中的“图功”“图事”释为“所谋之功”“所谋之事”。“谋立其功”是动宾词组，“所谋之功”“所谋之事”是偏正词组，虽有不同，但其共同之处是把“图”都释为动词“谋”。

从上述孔传中可以看出一些问题。

首先，《尚书》中的“敉”相当于动词“安”，出现过四次，除例1外，其他三次“敉”的后面均只带一个简单的名词性宾语。例如：

5. 肆予曷敢不越卬敉宁（文）王大命？（大诰）

6. 四方迪乱，未定于宗礼，亦未克敉公功。（洛诰）

7. 亦越武王率惟敉功，不敢替厥义德。（立政）

例5、6中“敉”所带的宾语“大命”“公功”都是简单的偏正词组，而例7中的“功”更是一个单纯的名词。按照孔传所释，例1中的“敉”所带的则是一个十分复杂的结构，此结构是“敉”“宁”同表示“安”，先带一个宾语“武事”，而“图功”单成一句，即“谋立其功”。这种复杂甚至是杂乱的结构，显然不是“敉宁（文）武图功”的本意。“敉宁（文）武图功”当与例5、6、7三

---

① 例1~例4中的宁武、宁考、前宁人、宁王中的“宁”字，均是“文”字之误。宁、文二字的金文字形相近，故致误。详见曾运乾《尚书正谈》及陈梦家《尚书通论》第三部第四篇。

② 孔安国的传注当出于东晋时期。

个“敉”字句是同一语法结构，即“敉”后只带一个简单的名词性宾语。

其次，例2的“不可不成乃宁（文）考图功”与例4的“予不敢不极卒（完成）宁（文）王图事”二句，其中的“图功”是“不可不成”的，“图事”是“不敢不极卒（完成）”的，可见“图功”“图事”都是周初统治者最为重要的功业。而对这种大功业，周初统治者最讳言是自己图谋所得或图谋欲得的，而均归之于“天命”。故于此种大功业前加表示图谋的“图”是周初统治者所绝对不允许的。

周初统治者把自己获得的大功业（主要是指殷商政权）均归之于“天命”，此类内容在《尚书》中几乎俯拾皆是，兹略举数例：

8. 商罪贯盈，天命诛之。（泰誓）

9. 皇天上帝改厥元子兹大国殷之命，惟［周］王受命。（召诰）

10. 有殷受天命惟有历年……惟不敬（慎）厥德，乃早坠其命。（召诰）

11. 非我小国敢弋（代）殷命｜天乃大命文王殪戎殷。（多士、康诰）

《诗经》中亦有此类文例：

12. 周虽旧邦，其命惟新。（大雅·文王）

13. 有命自天，命此文王。（大雅·大明）

以上文例无不表明，周统治者获取殷商政权，或是上天所赐，或是殷商恶贯满盈，自作自受，均是天命所归，绝非周统治者“图谋”得之。这是周统治者一向极力表白的原则性问题，绝不允许在此大功业前加上表示“图谋”之“图”字。

前面通过例1与例5、6、7的比较，我们可以认定例1的“敉宁（文）武图功”是一个动宾词组，“宁（文）武图功”是“敉”的宾语，其中“宁（文）武”是“图功”的定语，而“图”又是“功”的定语，例3的“极卒宁（文）王图事”与“敉宁（文）武图功”是同一语法结构，“宁（文）王图事”与“宁（文）武图功”是同一语法结构，而“图事”与“图功”不仅是同一语法结构，意义也相同，其义当为“大功业”。

《尚书》中表示“大功业”的词语大致有六种，即：大功、大勋、大事、大业、大烈、大命。例如：

14. 予惟小子……敷前人受命，兹不忘大功。（大诰）

15. 皇天震怒，命我文考肃将天威，大勋未集。（泰誓）

16. 我有大事休，朕卜並吉。（大诰）

17. 天其永命我于兹新邑，绍复先王之大业。（盘庚上）

18. 以觐文王之耿光，以扬武王之大烈。（立政）

19. 肆予曷敢不越卬敉宁（文）王之大命。（大诰）

20. 无戏怠，懋建大命。（盘庚下）

把大功、大勋、大事、大业、大烈、大命等词语与图功、图事对比，可以推定图功、图事即大功、大事。

从语音上看，“图”与“大”的上古音相近，二字均属定母［d］，“图”属鱼韵［a］，“大”属月韵［at］，二字的主要元音相同，可以相通。而上古亦有鱼、月二韵相通之例。如：

21. 史牆盘：“害屖文考乙公。”王孙遗者钟：“余温龚誅屖。”“害屖”“誅屖”即“舒遲（迟）”。《礼记·玉藻》：“君子之容舒迟。”孔颖达疏：“舒迟，闲雅也。”

害（月部）通誅（鱼部）、舒（鱼部），是月、鱼相通。

22. 中山王大鼎：“昔者，吴人併雩，雩人修教备信，五年覆吴，克併之。”

雩（鱼部）通越（月部），是鱼、月相通。

23. 长沙子弹库战国楚帛书乙篇：“曰故黄熊伏羲……风雨是於。”《山海经·大荒北经》：“不食不寝不息，风雨是谒。”“风雨是谒”即帛书“风雨是於。”“谒”即“遏”。《春秋·襄公二十五年》“吴子遏”，《公羊传》《穀梁传》“遏”均作“谒”。於（鱼部）通谒、遏（月部），是鱼、月相通。

24. 湖北随县曾侯乙墓甬钟铭文多见音律名“割肄”。“割肄”即“姑洗”。《礼记·月令》季春之月：“其音角，律中姑洗。”割（月部）通姑（鱼部），是月、鱼相通。

25. 阜阳汉简《诗经》〇六九号：“齿如会諦。”汉《硕人》镜铭作“齿如会师”（《文物》一九八〇年六期《汉鲁诗镜考释》）。《诗·卫风·硕人》作“齿如瓠犀”。朱熹《诗集传》：“瓠犀，瓠中之子，方正洁白，而比次整齐也。”会（月部）通瓠（鱼部），是月、鱼相通。

由上述例证可知，上古鱼、月二韵可以相通，而“图”“大”又均属定母，“图”古读［da］，“大”古读［dat］，从听觉上讲，二者的读音几乎是一样的，只是后者略显短促而已，二者相通是有语音根据的。而且把“图功”“图事”转写为“大功”“大事”，于例 1 至例 4 的文义无不畅通妥帖，足以证明《尚书》中的“图功”“图事”即“大功”“大事”。

“执絷”解

“执絷”二字，在先秦文献中仅两见，且均出于《左传》：

1. 韩厥执絷马前，再拜稽首，奉觞加璧以进［齐侯］。(左传·成公二年)

2. 郑子展、子产帅车七百乘伐陈，宵突陈城，遂入之……陈侯免，拥社，使其众男女别而纍以待于朝。子展执絷而见，再拜稽首，承饮而进献。(左传·襄公二十五年)

杜预注：“絷，马绊也，执之示修臣仆之职。”

孔颖达疏：“盖古者之礼。”

孔颖达虽作此疏，但他自知其所谓“古者之礼”无文献证据，虽然他也言及服虔曾引《司马法》证此事，但他还是认为《司马法》所言与韩厥执絷见齐侯之礼“彼此不甚相当”，难以为据。

直到一千多年后，清代的桂馥才为此找到了两条文献以助杜说。由于桂氏所引颇为简略且有小误，兹详引如下：

3. 夫负羁絷，执铁锧，从君东南西北，则是臣仆庶孽之事也。(公羊传·襄公二十七年) 何休注：“絷，马绊也。”

4. 昔卫献公出走，反国及郊，将班邑于从者而后入。太史柳庄曰：“如皆守社稷，则孰负羁絷而从？如皆从，则孰守社稷？君反国有私也，无乃不可乎？”于是不班也。(韩诗外传·卷七)

有了这两条文献，杜预之说似乎可以成立了。今人据此解为：“古代贵族外出，奴仆负羁絷以从……韩厥对齐侯修臣仆之礼。”① 然而此中仍有问题：

其一，军帅见敌国君主手中要拿一条绊马索，这行为颇为怪异，且不见于其他秦汉文献。

其二，贵族外出，臣仆负羁絷而从，与军帅（贵族）见敌国君主之礼，亦如孔颖达所言“彼此不甚相当”。桂馥所引两条文献仍难以为据。

其三，若说例1的齐侯亲征算外出，那么例2的陈侯并未外出，子展见他为何还要手拿一条绊马索呢？

可见，《左传》中的“执絷”之“絷”究竟为何物，仍须探讨。

对于“絷”字，虽然何休与杜预同注为“马绊也”，实则不同。

何休所注的“絷”是“羁絷”之“絷”，字形所示之义与其所记之词词义相

---

① 郭锡良《古代汉语》。

同，因此是正确的。

杜预所注的“縶”是“执縶”之“縶”，字形所示之义与其所记之词词义并不相同，因此是错误的。

要探讨“执縶”中的“縶”字记录的是语言中的哪一个词，一个比较好的方法是“核证于古代文献语言，并联系古代社会的生活、习俗、历史和典章制度。”①

“执縶”中的“縶”字所记录的词其音是 zhì，其义是“古时初次拜见人时所送的礼物”，此词在古代文献中多写作“贽”。② 例如：

5. 臣见君有贽何？贽者，质也。质己之诚，致己之悃愊也。（班固·白虎通·瑞贽）

6. 天子以鬯为贽；诸侯以圭为贽，圭者，玉也。（刘向·说苑·修文）

7. 礼，妇人见舅以枣栗为贽，见姑以段脩（捶肉之脯）为贽。（公羊传·庄公二十四年·何休注）

贽，又作“质”“挚”。例如：

8. 出疆必载质。（孟子·滕文公下）赵岐注：“质，臣所执以见君。”

9. 女挚不过榛栗枣脩，以告虔也。（左传·庄公二十四年）

10. 若有害楚，则晋伐之。在晋，楚亦如之。交贽往来，道路无壅。（左传·成公十二年）贽，一作挚。

贽币，又作“质币”。例如：

11. 我诸戎饮食衣服不与华同，贽币不通，言语不达，何恶之能为？（左传·襄公十四年）

12. 君若不来，使臣请问行期，寡君将承质币而见于蜀。（左传·昭公七年）

执贽，作为一个成词③，在古代文献中更是经常出现。例如：

13. 凡执贽，天子用畅（鬯），公侯用玉，卿用羔，大夫用雁。（董仲舒·春秋繁露·执贽）

14. 周公摄天子位七年，布衣之士执贽所师者十二人。（刘向·说苑·尊贤）

15. 诸夏乐贡，百蛮执贽。（汉书·司马相如传）

16. 朝贺以正月何？岁首意气改新，欲长相保，重本正始也。故群臣执贽而朝其君。（班固·白虎通·阙文·朝聘）

17. ［李］思冲择日备礼，贽币甚盛。执贽就宅，卢氏拒关。（张鷟·朝野佥载·卷三）

18. 出劳两广总督王守仁，遂执贽为弟子。（明史·冯恩传）

此词近代亦有应用，例如：

---

① 陆宗达、王宁《训诂方法论》28 页。

② “縶”与“贽”现代声调不同，但古代同属入声。

③ 成词，是指双音节成语。见姜昆武《诗书成词考释·绪论·上》。

19. 然执贽上官，以师生相称者，其丑又甚于座主。（章炳麟·箴新党论）

此类文例甚多，不赘述。

执贽，又作执挚、执质。例如：

20. 鲁人周丰也者，哀公执挚请见之。（礼记·檀弓上）

挚，陆德明《经典释文》作“贽”。

21. 周公曰：“吾所执质而见者十人”。（荀子·尧问）

22. 士相见之礼贽。（仪礼·士相见礼）

郑玄注：“贽，所执以至者，君子于所尊敬，必执质以将其厚意。”

虽然古代文献中不能再见到“执縶”的字样，但是大量的古代文献语言、社会生活、习俗和典章制度，已足以证明，《左传》中的“执縶”即“执贽”。韩厥所执之贽即“觞（一杯酒）加璧”，而子展所执之贽则仅有“饮”（一杯酒）而已。这与王充所说“悃愊以玉帛效心”（论衡·明雩）亦有相似之处。

总之，“执縶”与“执挚”“执质”一样，都不过是古代成词“执贽”的同词异写而已。

“野马”解

《庄子·逍遥游》：

野马也，尘埃也，生物之以息相吹也。

郭象注：“野马者，游气也。”所谓游气，是指野外蒸腾的雾气。郭注是正确的。

成玄英疏：“此言青春之时，阳气发动，遥望薮泽之中，犹如奔马，故谓之野马也。”成疏的意思是说，春天山林沼泽中的雾气奔腾如野马，所以叫野马。此说貌似有理，其实不然。

其一，雾气奔腾可以像多种形象，不一定就像野马。

其二，野马、尘埃是前后相连的两个有着并列关系的名词，前一个是连本体都未出现的比喻，后一个却直言其名，这既违反语言逻辑，也违反人的思维规律。

其实，应该直接把“野马”解释为“野雾”，“马”在这里通“雾”。马、雾相通有古音的依据。

马、雾二字上古同属明母；马属鱼韵，雾属侯韵，鱼、侯二韵古可通。例如：

1. 伯仲父簋：“伯仲父夙夜事走考，用作厥宝尊簋。”

“走考”即“祖考”，“走”通“祖”。走，属侯韵；祖，属鱼韵。侯、鱼二韵相通。

2. 《古玺通论》图二二四：“曲堤溗。”此玺是赵国主管黄河堤防水渠之官所用。又《玺汇》四〇六一：“下匡水取”。此玺亦三晋之印。溗、取均通渠。溗、取属侯韵，渠属鱼韵，侯、鱼二韵相通。

3. 银雀山竹简《守法》：“守城之法，客四面蛾（蚁）傅之，主人先知之，主人利。”影本注：“傅，附之借字。”《墨子·备城门》：“客冯面而蛾傅之。”傅，通附。《孙子·谋攻》：“将不胜其忿而蚁附之。”《汉书·高帝记》：“从陈以东傅海与齐王信。”颜师古注：“傅读曰附。”傅属鱼韵，附属侯韵，鱼、侯二韵相通。

4. 上海博物馆楚竹简《从政》甲简一七～一八：“小人先人则弁（贬）敔之，［后人］则陷毁之，是以小人易得而难事也。”颜世铉《上博楚竹书》四：“敔读为侮。”敔属鱼韵，侮属侯韵，鱼、侯二韵相通。

5. 马王堆汉墓竹简《天下至道谈》：“气上面热，徐呴。”同墓竹简《合阴阳》作："气上面热，徐呴。"《玉篇》："呴，亦嘘吹之也。《老子》曰：'或呴或吹'。"又帛书：《却穀食气》："则昫吹之。"昫通呴。昫属侯韵，呴属鱼韵（《集韵》呴，史羽切），侯、鱼二韵相通。

6. 马王堆汉墓竹简《十门》："……巫成柖以四时为辅，天地为经。巫成柖与阴阳皆生，阴阳不死。"影本注："巫成柖"即"务成昭"，传说是舜之师。《荀子·大略》："尧学于君畴，舜学于务成昭，禹学于西王国。"《汉书·艺文志》有《务成子阴道》三十六卷。巫通务。

此例更能说明问题，巫（鱼·明）与马（鱼·明）古同音，务（侯·明）与雾（侯·明）古同音，巫、务可相通，则马、雾亦可相通。

由此可见，鱼、侯二韵上古可相通，因此马、雾二字上古音近可通。本文"马"通"雾"，"野马"可直接释为"野雾"，而无须强解为"阳气发动，犹如奔马，故谓之野马"云云。

“素其位”解

《中庸》：“君子素其位而行，不愿乎其外。素富贵，行乎富贵；素贫贱，行乎贫贱；素夷狄，行乎夷狄；素患难，行乎患难……故君子居易以俟命，小人行险以徼幸。”

孔颖达疏：“素，鄉（向）也。鄉其所居之位而行其所行之事。”

朱熹注：“素，犹见在也。言君子但因见在所居之位而为其所当为。”

孔、朱二人对“君子素其位而行”一语的解释大致是对的，但对关键词“素”的解释均不正确。朱熹释“素”为“现在”，但“现在”是副词，是不能带宾语“其位”的。孔颖达释“素”为“向”，“向”虽可带宾语“其位”，但“向其位”一语既不见于古籍又迂曲难通。“素其位”当是动宾词组，古籍中凡“其位”前是一个表示持续行为的动词时，则“V 其位”词组有以下几种，即“处其位”（墨子·亲士）、“居其位”（史记·陈丞相世家）、“当其位”（史记·范雎蔡泽列传）、“在其位”（史记·汲黯郑当时列传）①，其中以“居其位”居多。

“素其位”即“居其位”，下文的四个“素”亦均通“居”。

一

细察本例文义，“君子居易以俟命”就是作者对本段文义的概括。“居易”是指使自己处于平安的境地生活、处事，而“素（居）其位而行”则是为达到“居易”而采取的方式。作者从四个方面来诠释“素（居）其位而行”，即“素（居）富贵，行乎富贵；素（居）贫贱，行乎贫贱；素（居）夷狄，行乎夷狄；素（居）患难，行乎患难。”总之就是君子居于何种境地，就应按相应的方式生活、处事，这就是“君子素（居）其位而行”。要随遇而安，不要冒险，要使自己居于平安的境地等待天命（机遇）的到来，这就是“居易以俟命。”

古籍中“素”与“居”可相通的文例几乎湮没不存，这也是为何“素其位而行”一段文字中五个“素”字其义难明的主要原因。然而在两千余年尘封之

---

① 有人认为“处”“居”“当”“在”等词应归入介词。吕叔湘、朱德熙先生认为“这两类词（介词与动词）的界限不容易划清，不如还是把它们归在动词这个大类底下。”见吕叔湘、朱德熙《语法修辞讲话》9 页，中国青年出版社 1979 年。

下，仍有蛛丝马迹遗留至今，例如：

1. 太史公曰：韩信、卢绾非素积德累善之世，徼一时权变，以诈力成功，遭汉初定，故得列地，南面称孤。（史记·韩信卢绾列传）

本例中的“素……之世”句式即“居……之世”句式，后者例如：

2. 居今之世，志古之道，所以自镜也，未必尽同。（史记·高祖功臣侯者年表）

3. 居平安之时（世），为反逆之谋。（论衡·定贤）

例3的“时”同“世”，《韩非子·说疑》：“如此臣者……当今之时，将安用之？”其上文“有民如此……当今之世，将安用之？”又《八说》：“处多事之时……当大争之世，而循揖让之轨。”均是“时”与“世”互文见义，“时”同“世”，“居平安之时”即“居平安之世”。

例1的“素”通“居”，表示“当”“处”。

从词义上看，此“素”释为“当”“处”亦未尝不可。但若从音近通假的角度看，则此“素”释为“居”为佳。

古籍中有“平素”一词，“平素”又作“平居”，“素”通“居”。例如：

4. 承知消息，慨然永叹，以存足下平素之志。（诸葛亮·与孟获书）

5. 此夫差平居而谋王，强大而喜先天下之祸也。（战国策·齐策五）

6. 人尝言部亭长受其米肉遗者，茂辟左右问之曰：“亭长为汝求乎？为汝有事嘱之而受乎？将平居自以恩意遗之乎？”（後汉书·卓茂传）

平素、平居均表示平日、一向，平素即平居，素通居。

古籍中又有“隐素”一词，“隐素”即“隐居”：

7. 世祖即位。诏曰：“微栖志贞深，文行惇洽，生自华宗，身安隐素，足以贲兹丘园，惇是薄俗。”（宋书·王微传）

本传上文载王微“除南平王铄右军咨议参军，微素无宦情，称疾不就。仍除南琅邪、义兴太守，並固辞。”“身安隐素”即指上述行为。“隐素”即“隐居”，“素”通“居”。

“素”通“居”是音近通假。

从韵上看，“素”古属铎部，“居”属鱼部，是对转关系。

从声上看，“素”属心母，“居”属见母，心见可互为谐声。例如：

8. 斯，《说文》从其声。息移切；其，居之切。心、见谐声。

9. 宣，见《考工记·车人》。《释文》：“谓之宣，宣如字。本或作寡。”心、见谐声。

10. 擐，见《仪礼·士虞礼》注。《释文》：“擐水，音宣。又作擐，音患，又古患反。”心、见谐声。

11. 㑣，《玉篇》：“苏含切，又姑南切。”心、见谐声。

12. 楮，《类篇》：“息井切，又居迓切。”心、见谐声。

13. 举，《类篇》："荀许切，又居御切。" 心、见谐声。

14. 眴，《类篇》："须伦切，又规伦切。" 心、见谐声。

15. 刿，《说文》从岁声。居卫切；岁，相锐切。见、心谐声。

16. 寡，见《易·说卦》。《释文》："寡髮，本又作宣。" 见、心谐声。

17. 铦，见《仪礼·既夕礼》注。《释文》："为铦，刘音括，一音思廉反。" 见、心谐声。

18. 祴，《周礼·春官·钟师》："祴夏。"《礼记·礼器》作"肆夏"。注："肆，当为陔。" 见、心谐声。

19. 玺，《礼记·月令》："固封疆。" 注："疆，或为玺。" 见、心谐声。

20. 楔，见《礼记·玉藻》注。《释文》："门楔，徐古八反。《玉篇》革鍇，先结二切。" 见、心谐声。

可见，素、居相通属音近通假。"素其位" 即 "居其位"。

二

古籍中又有 "宿其列" 一语。例如：

21. 彼天地之以无极者，以守度量而不可滥，日不逾辰，月宿其列。（鹖冠子·天则）

宿，《汉语大词典》释为 "处于"，"处于" 即文言 "居"，如此，则 "宿其列" 即 "居其列"。"居其列" 一语见于《左传》：

22. 王及公、侯、伯、子、男、甸、采、卫大夫各居其列。（襄公十五年）

列，即 "位"，例如：

23. 君之未入，寡人惧之；入而未定列，犹吾忧也；苟列定矣，敢不承命？（左传·僖公十五年）

杨伯峻注："定列，定位，君位安定也。"

24. 昔天子班贡，轻重以列，列尊贡重，周之制也。（昭公十三年）

25. 相如每朝时，常称病，不欲与廉颇争列。（史记·廉颇蔺相如列传）

可见，"宿其列" 即 "居其列" 亦即 "居其位"。

宿，可通 "素"，例如：

26. 故将出令发士，期有日数矣，宿定所征伐之国，使群臣大吏父兄便辟左右，不能议成败，人主之任也。（管子·地图）

27. 刘、孟诸公俱起布衣，共立大义，事乃一时相推，非宿定臣主分也。（南史·刘穆之传）

宿定，意为预先确定，又作 "素定"：

28. ［韩］暹，［杨］奉与［袁］术，卒（猝）合之军耳，策谋不素定，不能相维持。（三国志·魏志·吕布传）

29. 目见正容，耳闻正言，一日即位，天下旷然，言其法度素定也。（後汉书·翟酺传）

30. 媒妁素定，促其吉期，不日佳赴。（唐宋传奇集·谭意歌传）

宿定，即素定，宿、素音近通假。

上文已言及“列”可释为“位”，亦是音近相通。虽然在今人拟定的上古音系中，“列”与“位”的读音相差很大，但“位”从“立”得声，而且在金文中“位”多写作“立”，故上古“位”与“立”必同音，而“立”与“列”无论古音还是今音都是很相近的。

可见，“宿其列”与“素其位”同，而二者又均相当于“居其位”。

古籍中还有“索尊”一词。例如：

31. 吴起与秦战，舍不平陇亩，朴樕盖之，以蔽霜露，如此何也？不自高人故也。乞人之死不索尊，竭人之力不责礼。（尉缭子·武议）

有人把“乞人之死不索尊”译为“勉励战士献身，就不苛求他在形式上尊重上级”①，把“索”译为“苛求”，即苛刻地要求，其中心词是“要求”。但“索”只能表示“寻求”而不能表示“要求”。

“索尊”即“居尊”，“索”在此通“居”。“索”与“素”古音同可通，《汉书·艺文志》“索隐行怪”一语，《中庸》作“素隐行怪”。“素”即可通“居”，故“索”亦可通“居”。“不索尊”即“不居尊”，是说不能居于尊贵的地位，其义与上文的“不自高人”同。而例文中“舍不平陇亩，朴樕盖之，以蔽霜露”就是“不居尊”的具体表现。《史记》中亦有吴起“不居尊”的记载：“起之为将，与士卒最下者同衣食，卧不设席，亲裹赢粮，与士卒分劳苦。”

“居尊”又作“处尊”，《论衡·逢遇》：“处尊居显，未必贤，遇也。”

“居尊”的反义词是“居卑”，《庄子·让王》：“家贫居卑”，《孟子·万章下》：辞尊居卑，辞富居贫。

可见，能与“素”通假的“宿”“索”亦均可与“居”相通，这表明“素”与“居”通假并非偶然现象。

三

上文论证了“素其位”即“居其位”，“居其位”一语，古籍中亦有其例。如：

32. 君居其位，不知其任邪？（史记·陈丞相世家）

33. 有能然后居其位，德加于人然后食其禄。（白虎通·京师）

34. 官以传贤，若四时之运，功成者去，不得其人则不居其位。（汉书·盖

① 见华陆综《尉缭子注译》，中华书局 1979 年 1 月。

宽饶传）

35. ［袁］绍令周昂盗居其位。（三国志·魏志·公孙瓒传“进军界桥”注引典略）

36. ［袁］绍遣小将盗居其位。（後汉书·公孙瓒传）以上例中，例36似出自例35。

在先秦古籍中，也有一些可相当于“居其位”的词例。如：

37. 为政以德，譬若北辰，居其所而众星共（拱）之。（论语·为政）

居其所，杨伯峻译为在一定的位置上，“所”相当于“位置”，如此，则“居其所”可相当于“居其位”。

38. 吾见其居于位也，见其与先生并行也。（论语·宪问）

于，可相当于“其”，例如：

39. 丈人智惑于似其子者而杀于真子。（吕氏春秋·疑似）

40. 曾参孝其亲，天下愿以为子；子胥忠于君，天下愿以为臣。（战国策·秦策五）

《秦策一》作“昔者子胥忠其君，天下皆欲以为臣”。

41. 言道德者溺于职矣。（汉书·酷吏传）

《史记·酷吏列传》“于”作“其”。

例39的“于”应作“其”。例40的“于”与上文的“其”是互文，与《秦策一》的“其”是异文。例41的“于”与《史记》的“其”亦是异文。

如此，则例38的“居于位”亦可相当于“居其位”，而例22的“居其列”则更可视为“居其位”的同词异写了。

总之，《中庸》中的“素其位”即“居其位”，“素”通“居”，其下文的四个“素”均同此。

“耳孙”解

一

《汉书·惠帝记》：“上造以上及内外公孙耳孙有罪当刑及当为城旦舂者，皆耐为鬼薪白粲。”

颜师古对这段文字作了详细的注释，现将其中与“耳孙”一词相关的内容摘录如下：

李斐曰：“耳孙，曾孙也。”

应劭曰：“耳孙者，玄孙之子也，言去其曾高益远，但耳闻之也。”

晋灼曰：“耳孙，玄孙之曾孙也。”

师古曰：“耳孙，诸说不同。据《平纪》及《诸侯王表》说‘梁孝王玄孙之耳孙［刘］音’。耳音仍。又《匈奴传》说握衍朐鞮单于，云‘乌维单于耳孙’。以此参之，李云曾孙是也。然《汉书》诸处又皆云曾孙非一，不应杂两称两言。据《尔雅》‘曾孙之子为玄孙，玄孙之子为来孙，来孙之子为昆孙，昆孙之子为仍孙（耳孙）’。从己而数，是为八叶（世），则与晋说相同。仍，耳声相近，盖一号也。但班氏唯存古名，而计其叶（世）数则错也。”

“内外公孙，国家宗室及外戚之孙也”

按《惠帝纪》，“内外公孙”与“耳孙”相连，“内外公孙”是国家宗室及外戚之孙，那么从辈分顺序上讲，与之相连的“耳孙”就应该是国家宗室及外戚之曾孙，不可能在“孙”后却是隔了两代的“玄孙之子”甚至是隔了四代的“玄孙之曾孙”；从时代上讲，惠帝时汉王朝开国不久，宗室外戚何来六代之“玄孙之子”甚至八代之“玄孙之曾孙”？再者，“玄孙之子”说及“玄孙之曾孙”说均无汉代实际应用语言的依据，故不足据。

又《汉书·匈奴传上》：“握衍朐鞮单于者……乌维单于耳孙也。”

此即颜注所引例。从乌维单于至握衍朐鞮单于的世系看，“耳孙”亦应是曾孙。其世系如下：

乌维单于——子詹师卢单于——弟句黎湖单于——弟且鞮侯单于——子辈狐鹿姑单于——孙辈壶衍鞮单于——孙辈虚闾权渠单于——耳孙握衍朐鞮单于。

此世系中血缘关系称谓皆对乌维单于而言。

在此世系中，《匈奴传》对每一继位单于都标明其与前单于的血缘关系，唯独于握衍朐鞮单于与前单于的关系语焉不详，只标明是“乌维单于耳孙”，而后人对“耳孙”的理解又有歧义。然而我们仍可利用此世系来探究“耳孙”一词的真义。

后人对“耳孙”一词有三解，将此三解与上述世系相联系，即可知哪一解最为合理。

其一，玄孙之子。若握衍朐鞮单于是乌维单于的玄孙之子，他就应该是其前单于虚闾权渠的曾孙。按匈奴的单于继承制度，继位者多是前单于的子弟，偶有为前单于之叔者，亦是隔代单于之弟，绝无前单于曾孙继位者。

其二，玄孙之曾孙。若握衍朐鞮单于是乌维单于的玄孙之曾孙，他就应该是前单于虚里权渠的玄孙之子，以玄孙之子继位为单于，就匈奴的单于继承制度而言则更无可能。

其三，曾孙。若握衍朐鞮单于是乌维单于的曾孙，他就是前单于虚闾权渠之子（子辈），这是最合匈奴单于继承制度的，也是最合情理的。

根据上述分析，李斐的“曾孙”说最为合理。

二

《汉书》中还有两处关于“耳孙”的记载，通过与其类似记载的对比，则更为明确地显示了耳孙的即是曾孙。

其一：闰月，立梁孝王玄孙之耳孙音为王。（平帝纪）

此事在《汉书》中另有所载：

1. 元始五年二月丁酉，王音以孝王玄孙之曾孙绍封。（诸侯王表）

2. 后二岁，［王］莽白太后立孝王玄孙之曾孙沛郡卒史为梁王，奉孝王后。（文三王传）

《平帝纪》称刘音为“梁孝王玄孙之耳孙”，而例1，例2则皆称其为“孝王玄孙之曾孙”。通过对比，可明确看出，“耳孙”即是“曾孙”。

又《诸侯王表》对梁孝王世系的记载，亦可证明刘音确是梁孝王玄孙之曾孙。下面是对梁孝王世系的简明归纳：

梁孝王刘武——子恭王刘买——孙平王刘襄——曾孙贞王刘毋伤——玄孙敬王刘定国——玄孙之子夷王刘遂——玄孙之孙荒王刘嘉——玄孙之曾孙刘音绍封。王莽篡位，贬为公，明年废。

这种详细的世系比简单的记载更具说服力。

其二：［元始五年］封宣帝耳孙信等三十六人皆为列侯。（平帝纪）

3. ［元始］五年正月，祫祭明堂……礼毕，封孝宣曾孙信等三十六人为列侯。（王莽传上）

上述两例的对比，亦可明确地表明“耳孙”即“曾孙”。

《汉书》对宣帝曾孙刘信的世系亦有记载：

4. 严乡侯刘信，东平炀王子。（王子侯表下）

5. 东平思王宇，宣帝子。甘露二年十月乙亥立，三十二年薨。鸿嘉元年，炀王雲嗣。（诸侯王表）

6. 孝宣帝五男……公孙倢伃生东平思王宇……立三十三年薨。子炀王雲嗣。（宣元六王传）

上述宣帝子孙的世系，更为详细地证明了刘信是宣帝的曾孙，从而进一步证明了“耳孙”即“曾孙”。

颜师古是倾向于“曾孙说”的，他说：“李云曾孙，是也”。但他又说：“然《汉书》诸处皆云曾孙非一，不应杂两称而言。”表示他对“曾孙说”还有疑虑。其实，颜氏的顾虑是没有必要的。所谓“杂两称而言”，就是对同一概念使用两种名称。对同一概念使用不同的名称是语言的常见现象，古今皆如此。如古代对非嫡孙的诸孙，既可称孽孙，又可称庶孙。如：

7. ［韩］嫣者，弓高侯孽孙也。（史记·佞幸列传）

8. 成叔封曲沃，号为桓叔。靖侯庶孙栾宾相桓叔。（史记·晋世家）此现象亦见于《汉书》。如：

9. 韩王信，故韩襄王孽孙也。（汉书·韩王信传）

10. 孝哀皇帝，元帝庶孙，定陶恭王子也。（汉书·哀帝记》

对非嫡子的诸子，既可称孽子，又可称庶子。如：

11. 故王孽子悼惠王王齐七十余城。（史记·吴王濞列传）

12. 王有孽子不害，最长，王弗爱。（淮南王衡山列传）

13. 孝文帝既立，乃复封哙他庶子市人为舞阳侯。（樊哙列传）

以上七例即是对同一概念使用不同名称，《汉书》亦不例外。可见颜师古是多虑了。

应劭之误在于望文生义，看到“耳孙”一词中有“耳”字，就说：“言去其曾高益远，但耳闻之也。”晋灼之误在于误把八世孙“玄孙之耳孙”当成“耳孙”了。颜师古说：“班氏唯存古名，而计其叶（世）数则错也。”错计叶数的是晋灼，而《汉书》中的多种史料互相印证，均表明班固所计叶数正确无误。

真《尚书》中的可疑语词

《立政》《顾命》是二十八篇真《尚书》中的两篇，然而仔细读之，感觉其中仍有些须语词颇为可疑，一是《立政》中的骈偶句，二是《顾命》中的“答扬”一词，都令人生疑。

一

《立政》一篇的文字颇为古奥，然而其中有几句话简明易懂且是骈偶句，其文如下：

方行天下，至于海表，罔有不服。以觐文王之耿光，以扬武王之大烈。

此段文字，明白晓畅，尤其是末尾“以觐文王之耿光，以扬武王之大烈”两句，不仅词语对偶，而且讲究平仄，简直就是六朝人的骈偶句，这很可能是晋朝人作伪古文《尚书》时掺入其中的。

伪古文《尚书》的作者尚无定论，被怀疑作伪的有王肃、皇甫谧、范宁、梅赜、孔安国等人。其中王肃是魏人，其余都是晋人。在这些人中，王肃是最不可能作伪的，这是因为：

王肃所注《尚书》的分书、分篇、书序、文字都与伪古文《尚书》不同；而且王肃所注《尚书》，在隋、唐二史书的《经籍志》中均有著录，与伪古文《尚书》并行于世，不可能混为一书，所以伪古文《尚书》并非王肃所伪造。

伪古文《尚书》的作者排除了王肃之后，其余的都是晋人。这样，是晋人伪造了伪古文《尚书》，应该是没有什么问题的了。检阅晋人文章，其中与“觐文王之耿光，扬武王之大烈”句式相同的句子甚多，兹略举数例：

1. 弃通道之远由，守介人之局操。
2. 鉴先哲之洪範，副圣朝之虚心。
3. 忽金白之辉曜，志青紫之班瞵。（皇甫谧《释劝论》）
4. 咏世德之骏烈，诵先人之清芬。
5. 收百世之阙文，采千载之遗韵。（陆机《文赋》）
6. 精性命之至机，研道德之玄奥。
7. 收激楚之哀荒，节北里之奢淫。（成公绥《天地赋》）
8. 振千载之颓纲，落周孔之尘网。

9. 叨海内之浮誉，资膏粱之傲诞。（范宁《刺王弼、何晏论》）①

10. 推居正之大致，怀知己之小惠。（范弘之《与会稽王笺》）

以上例句与“觐文王之耿光，扬武王之大烈”是同一句式，都是对仗整齐，讲究平仄的骈偶句。虽然当时尚未提出四声和平仄的理论，但当时人们在写作时已经有了这种意识则是肯定的。

以此观之，《立政》中“以觐文王之耿光，以扬武王之大烈”二句，很有可能是晋朝人掺入其中的。

二

《顾命》中亦有可疑词语，其文如下：

率循大下，燮和天下，用答扬文武之光训。

“答扬”一词，颇为可疑。此词在今文《尚书》中作“对扬”；“对扬”一词在金文中屡见，从未见有作“答扬”者。这很有可能也是晋人作伪。作伪者之所以能伪造“答扬”一词掺入《顾命》之中，是因为先有郑玄把“对扬”中的“对”释为“答”。《诗经·大雅·江汉》：“虎拜稽首，对扬王休。”郑笺：“对，答也。”作伪者依据这一解释，把“对扬”改为“答扬”，搀入《顾命》之中，用来证明伪《孔传》的真实性。《说命》：“敢对扬天子之休命。”伪《孔传》：“对，答也。答受美命而称扬之。”《顾命》中有了“答扬”一词，就更可以使人们对伪《孔传》信任不疑。

“答扬”一词，虽系伪造，但却给后人对“对扬”一词的理解产生了极大的影响。在此后的一千多年间，人们认为“对扬”即“答扬”，亦即“答受美命而称杨之”；虽然在使用中有所变化，但其义莫不源于此。例如：

11. ［帝］终日竟夜，独语不止，若旁有鬼物对扬者。（魏书·太祖纪）

12. ［令狐］整进趋详雅，对扬辩畅，谒见之日，州府倾目。（周书·令狐整传）

13. 炫谓孔子自作《孝经》……假曾子之言，以为对扬之体，非曾子实有问也。《孝经·序》邢昺疏引刘炫《述义》

以上三例的“对扬”均表示“答问”，是北朝人对“对扬”一词的理解，这显然源自郑笺、《顾命》及伪《孔传》。

由“答问”义又引申为“［以诗文］酬答”，例如：

14. ［魏文帝］所计百篇许，率皆鄙质如偶语。惟“西北有高楼”十余首，殊美赡可玩，始见其工矣。不然，何以铨衡群彦，对扬厥弟耶？（钟嵘《诗品》卷中）

① 例8、9引文题目系笔者所拟，原文题目只有一“论”字。见《晋书·范宁传》。

又引申为“面君奏对”，例如：

15. 州举茂异，郡贡孝廉，对扬王庭，每年逾众。（魏书·儒林传序）

16. 平生言论，无所不道，今者对扬，何得乃尔反覆？（通鉴·陈宣帝太建八年）

胡三省注：“对扬，本于傅说、召虎。对，答也；扬，称也。后人遂以面对敷奏为对扬。”

胡三省注文也明确指出了“对扬”的此种词义源于郑笺。

又引申为“答谢”。例如：

17. 不能尽忠竭节，对扬王休。（旧唐书·王义方传）

18. 吏部流内铨，每除官，皆云权判。正衙谢，复正谢前殿，引选入谢辞，繇唐以来，谓之对扬。（宋敏求《春明退朝录》卷中）

所有这些对“对扬”一词的错误理解及使用，皆源于郑玄的笺注，《顾命》的“答扬”以及伪《孔传》。一千六百多年来，人们习非成是，代代相传，几乎把疑案做成了铁案。

随着周代彝器的不断出土，其铭文中“对扬”一词频繁出现，通过对铭文的释读，有些人感觉到“对扬”一词，其义并非如郑笺及伪《孔传》所言，而现代学者在此问题上则取得了新的进展。沈文倬先生指出：“对扬是贵族礼仪中的一种语言形式和一种动作形象，即表示接受王的策命并表示敬意。”[①] 姜昆武先生认为：“对扬一词疑乃整个答谢仪式之总称。拜手稽首仅为动作，而对扬一词恐并有颂辞歌舞等一套完整之答谢礼式，而如后世朝见时山呼舞蹈之类。”[②] 应该说沈、姜二位先生已经正确地指出了“对扬”一词所包含的基本内容。当然，“对扬”究竟是一种什么样的动作形象和语言形式，还有待进一步的研究。

---

① 沈文倬《对扬补释》，见《考古》1963年4期。

② 姜昆武《诗书成词考释》，齐鲁书社1989年。

“对曰”五题

古汉语中的“对曰”一词，以往都被译为“回答说”，后来，王学勤撰文指出“对曰”不仅有“回答说”的意思，而且有以卑对尊的语体色彩①。

这一观点无疑是正确的，不过，关于“对曰”一词，还有一些问题值得探讨。

一、“对曰”并非都是回答问题

古汉语中的“对曰”多是回答问题，但并非都是回答问题。例如：

1. 颍考叔曰：“敢问何谓也？”公语之故，且告之悔。对曰：“君何患焉？若阙地及泉，隧而相见，其谁曰不然？”（左传·隐公元年）

2. 公曰：“吾享祀丰洁，神必据我。”对曰：“臣闻之，鬼神非人实亲，惟德是依。”（僖公五年）

3. ［灵公］曰：“吾知所过矣，将改之。”［士季］稽首而对曰：“人谁无过？过而能改，善莫大焉。”（宣公二年）

4. 大史书曰：“赵盾弑其君。”以示于朝。宣子曰：“不然。”对曰：“子为正卿，亡不越境，反不讨贼，非子而谁？”（同上）

5. 梁惠王曰：“寡人愿安承教。”孟子对曰：“杀人以梃与刃，有以异乎？”曰：“无以异也。”（孟子·梁惠王上）

6. 王曰：“大哉言矣！寡人有疾，寡人好勇。”［孟子］对曰：“王无好小勇……王请大之！”（梁惠王下）

以上例句中“对曰”前的言辞均非发问，故“对曰”均非回答问题。其中例2、例6的“对曰”是阐述观点；例1的“对曰”中的第一句表示反问，后几句合起来还是一个反问句；例3的“对曰”中的第一句是反问，后两句是阐述观点；例4的“对曰”前三句是叙事，后一句是反问；而例5的“对曰”则不但不是回答问题，而是向别人发问了。

可见，古汉语中的“对曰”，并非都是回答问题。

二、尊卑对话，卑者的“对曰”不是必须的

古代卑者与尊者对话，卑者用“对曰”是应该的，但不是必须的。例如：

---

① 王学勤《论语》《孟子》中的“对曰”，见《中国语文》1981年3期。

7. 棘子成曰："君子质而已矣，何以文为？"子夏曰："惜乎！夫子之说君子也，驷不及舌！"（论语·颜渊）

棘子成是卫国大夫，地位在子夏之上，子夏与其对话，应该用"对曰"。但子夏对棘子成的文质之论极其鄙视，故答其问时不用"对曰"。

8. ［卫］灵公问兵陈，孔子曰："俎豆之事，则尝闻之；军旅之事，未之学也。"（史记·孔子世家）

孔子答卫灵公问，本应该用"对曰"，但由于孔子不满意诸侯间互相征伐，故答灵公问时不用"对曰"。

9. 孔子知弟子有愠心，乃召子路而问曰："……吾道非邪？吾何为于此？"子路曰："意者吾未仁邪？人之不我信也。"（同上）

孔子师徒困于陈蔡之间，"绝粮，从者病，莫能兴"，使子路等人对孔子政治主张的信仰产生了动摇，心中不悦，故答孔子问时未用"对曰"。

10. 齐王使使者问赵威后，书未发，威后问使者曰："岁亦无恙耶？民亦无恙邪？王亦无恙耶？"使者不悦，曰："臣奉使威后，今不问王而先问岁与民，岂先贱而后尊贵者？"（战国策·齐策）

赵威后先问询齐国的收成与百姓而后问询齐王，引起齐使者的不满，故答赵威后问询不用"对曰"。

11. ［楚］襄王曰："先生老悖乎？将以为楚国祅祥乎？"庄辛曰："臣诚见其必然者也，非敢以为国祅祥也。"（战国策·楚策）

庄辛挨了骂，心中不悦，故答楚襄王问不用"对曰"。

12. ［齐］景公饮酒酣，曰："今日愿与诸大夫为乐饮，请无为礼。"晏子蹴（愀）然改容曰："君之言过矣……礼不可无也。"（晏子春秋·内篇谏上·第二章）

晏子对齐景公欲行无礼的要求十分不满，故与其对话不用"对曰"。

13. 公命百官供，斋款视事……公曰："致五帝以明寡人之德，神将降福于寡人，其有所济乎？"晏子曰："君之言过矣……惜乎！君位之高，所论之卑也。"公曰："……寡人信其道，行其言。今夫子讥之，请逐楚巫而拘裔款。"晏子曰："楚巫不可出。"公曰："何故？"对曰："楚巫出，诸侯必或受之……请东楚巫而拘裔款。"（同上，第十四章）

此例中晏子与景公对话三次，前两次均未用"对曰"，这是因为：

第一次晏子因景公听信楚巫邪言，劳民伤财，大兴祭祀，又巧言为其辩解，十分气愤，因此答其所问不用"对曰"。

第二次是景公虽有所悔改，但仍许楚巫游于他国，晏子因急切阻止而不用"对曰"。

第三次是景公问不放楚巫西向的原因，晏子此时心情已经平静，故答其问时用了"对曰"。

从上述文例可以看出，古代卑者与尊者对话，虽一般要用"对曰"，但当卑者对尊者的言论心有不满或持批评态度时，则往往不用“对曰”。

三、“对曰”有时表达的是卑者对对话中人物及自己使命、责任的敬畏

古代卑者与尊者对话，“对曰”有时表达的并非是对尊者的敬意，而是卑者对于对话中某个人物及自己使命、责任的敬畏。例如：

14. 季康子曰：“子之于军旅，学之乎？性之乎？”冉有曰：“学之于孔子。”季康子曰：“孔子何如人哉？”对曰：“用之有名；播之百姓，质诸鬼神而无憾。”……康子曰：“我欲召之，可乎？”对曰：“欲召之，则毋以小人固之，则可矣。”（史记·孔子世家）

此例中的“对曰”表达的不是对问话人季康子的敬意，而是对孔子的敬意。因为季康子第一次问话时，冉有答话时只用“曰”；而季康子的第二、三次问话中提到了孔子，冉有答话时就用“对曰”，这显然表达的是对孔子的敬意而不是对季康子的敬意。

15. 晏子聘于吴，吴王曰：“子大夫以君命辱在敝邑之地……愿有私问焉。”晏子巡遁而对曰：“……恐辞令不审，讥于下吏，惧不知所以对者。”（晏子春秋·内篇问下·第十章）

晏子出使吴国，吴王不谈国事却“愿有私问”，晏子出于对自己使命的敬畏，巧妙地拒绝了吴王的要求。晏子的“对曰”表示的不是对吴王的敬意，而是对自己使命的敬畏。

16. 晏子侍于景公，朝寒，公曰：“请进暖食”。晏子对曰：“婴非君奉馈之臣也，敢辞。”公曰：“请进服裘。”对曰：“婴非君茵席之臣也，敢辞。”公曰：“然夫子于寡人何为臣也？”对曰：“社稷之臣也。”公曰：“何谓社稷之臣？”对曰：“夫社稷之臣，能立社稷，别上下之义，使当其理；制百官之序，使得其宜。”（晏子春秋·内篇杂上·第十三章）

本例中晏子的四次“对曰”，表达的均非对景公的敬意，而是对自己的社稷之臣的职责的敬畏之心。晏子以社稷之臣的庄严身份拒绝国君的非礼之命，表达了自己在大是大非问题上的坚定立场。

17. 齐宣王问曰：“人皆谓我毁明堂，毁诸？已乎？”孟子对曰：“夫明堂，王者之堂也。王欲行王政，则勿毁之矣。”

王曰：“王政可得闻与？”对曰：“昔者文王之治岐也，耕者九一，仕者世禄，关市讥而不征，泽梁无禁，罪人不孥。”

王曰：“善哉言乎！”曰：“王如善之，则何为不行？”（孟子·梁惠王下）

齐宣王问孟子儒家的重要场所明堂是否要拆掉，这与“德何如则可以王”（梁惠王上）这种理论问题不同，这是关系到眼下明堂是毁是存的重大现实问题，孟子深感此事于己责任重大，故用“对曰”。

当齐宣王问“王政可得闻与”，孟子以周文王治岐为榜样向齐宣王宣讲儒家

的王政，用“对曰”表达的是对儒家推崇的圣人周文王的敬畏之心。

当齐宣王称赞周文王的王政时，孟子则质问齐宣王“王如善之，则何为不行”，表达了对齐宣王言行不一的不满，故只用“曰”而不用“对曰”。

四、在某些情况下，同等地位者对话也用“对曰”

古代的“对曰”并非都是卑者与尊者对话时才用的，在某些情况下，同等地位的人对话也用“对曰”。例如：

18. 鲁昭公弃国走齐，景公问焉，曰：“君何年之少而弃国之蚤？奚道至于此乎？”昭公对曰：“……辅拂无一人，谄谀我者众。”（晏子春秋·内篇杂上·第二十章）

鲁昭公与齐景公同为国君，地位相等，但此时的鲁昭公是“弃国”出亡，寄人篱下，因此在答齐景公问话时用“对曰”，流露出有求于人的为难心情。

19. 晏子聘于晋，叔向从之宴，相与语。叔向曰：“齐其如何？”晏子对曰：“此季世也，吾弗知，齐其为田氏乎！”（晏子春秋·内篇问下·第十七章）

晏子、叔向均为大夫，地位相同，一般情况下，对话可不用“对曰”。但在庄重的外交场合，用“对曰”的一方是以谦卑的态度表示对于对方及对方国家的敬意。

20. 梁丘据问晏子曰：“子事三君，君不同心，而子俱顺焉，仁人固多心乎？”晏子对曰：“婴闻之……一心可以事百君，三心不可以事一君。”（晏子春秋·内篇问下·第二十九章）

晏子、梁丘据同为大夫，地位相等，晏子答其问话，本可不用“对曰”。但梁丘据质问晏子“仁人固多心乎？”暗讥晏子无坚定操守。晏子认为这是一个必须要郑重对待的问题，故用“对曰”来表示自己的郑重态度。

古代同等地位的人对话，一方出于对另一方的德行、风范的赞许、赏识，也用“对曰”。例如：

21. 俄而晏子至，孔子问之，晏子对曰：“夫堂上之礼，君行一，臣行二。今君行疾，臣敢不趋乎？”（韩诗外传·卷四）

22. 曾子问晏子曰：“古有上不谏上，下不顾民，退处山谷，以成行义者也？”晏子对曰：“……婴不识其何以为成行义者也。”（晏子春秋·内篇问下·第二十八章）

孔子曾任鲁司寇，是六卿之一；据《礼记》所载，曾子亦是大夫①。晏子与二人地位相等，但出于对二人德行、风范的赞许、赏识，答其问话亦用“对曰”。

五、“对曰”应该有相应的表敬动作

“对曰”应该不仅仅只是在文字记载上比“曰”多一个“对”字，它还应该

① 见《礼记·檀弓上》“曾子寝疾”章。

有一个相应的表示敬意的动作，否则它在古人的实际对话中就与“曰”没有任何区别了。古籍中“对曰”一词浩如烟海，而与其相应的表敬动作却罕见记载，然而仍有蛛丝马迹可寻。例如：

23. ［曾皙］舍瑟而作，对曰：“异乎三子者之撰。（论语·先进）

作，即“起”，这就是与“对曰”相应的表敬动作，然而此“起”并非是“起立”，而是由坐姿挺身直股起而为长跪，这也是古人由坐姿表示敬意的最基本的动作①。

24. 士有献于国君，他日，君问之曰：“安取彼？”再拜稽首而後对。（礼记·曲礼下）

对，郑玄注：“起敬也。”

郑玄释“对”为“起敬”，就是说“对”时须由坐姿起为长跪以示敬意。

孔颖达疏：“再拜稽首而後对者，士闻君问，故先拜稽首而後起对得物所由。”

孔疏则更为详细、准确，他直接把“对”释为“起对”，就是把“起”与“对”合为一个答尊者问时缺一个不可的动作。

25. 士私行出疆，必请；反必告。君劳之，则拜；问其行，拜而后对。（同上）

对，郑玄注：“亦起敬也。”

孔颖达疏：“问其行，拜而后对者，君若问其行道中无恙及游涉所至，则又拜，拜竟而起对也。”

26. 公曰：“寡人蠢愚，实烦子志之心也。孔子蹴然辟席而对曰：”……仁人之事亲也如事天，事天如事亲。（礼记·哀公问）

郑玄注：“蹴然，敬貌。”

孔颖达疏：“孔子蹴然辟席而对曰者，以公谦退，故蹴然恭敬，辟席而起对。”

例24、25、26的“对”，孔疏皆释为“起对”，把与“对”相应的表敬动作“起”全部明确地标示出来了。

27. 子曰：“先王有至德要道……汝知之乎？”曾子避席曰：“参不敏，何足以知之？”（孝经·开宗明义章）

唐玄宗注：“礼，师有问，避席起答。”

“曾子避席曰”一句，严格地说，应作“曾子避席对曰”，避席对，即避席起答。

对，即起对、起答。“对”必须要“起”，即由坐而起为长跪，这是“对”时必有的表敬动作。可能古人认为这是不言而喻的，因而极少书之。

---

① 详见《古代由坐姿致敬、致歉不须起立》。

古代由坐姿致敬或致歉不须起立

本文所说的古代，是指从先秦至唐初；所说的古人，也是指这个时期的人。这个时期可以说是古坐姿的时代。古人席地而坐，两膝着地，臂部贴近或坐在脚后跟上。现代日本和韩国还有这种坐法。

一

古代由坐姿向对方致敬须“起”。例如：

1. 陈轸为齐王使，见昭阳，再拜贺战胜，起而问：“楚之法，覆军杀将，其官爵何也？”（战国策·齐策三）

2. 子墨子曰：“北方有侮臣，愿藉子杀之。”……公输盘曰：“吾义固不杀人。”子墨子起，再拜，曰：“请说之”。（墨子·公输）

上述例中的“起”，均是由坐姿向对方致敬。可能古人认为此种“起”是何种具体动作是不言而喻的，几乎无人作过解释，因而现代人就认为此种“起”是起立，是“站起来”。例如：

3. 烛至，起；食至，起；上客，起。（礼记·曲礼上）

烛至，起。郑玄注：“异昼夜。”

食至，起。郑玄注：“为馔变。”

上客，起。郑玄注：“敬尊者。”

郑注只是说明“起”的目的，并未说明“起”是何种具体动作。郑注除对第三条明确指出“起”是“敬尊者”，另两条均未明确指出“起”是否是致敬。《论语·乡党》：“有盛馔，必变色而作。”郑玄注“起”的目的是“为馔变”，当是由此而来。朱熹注：“敬主人之礼，非以其馔也。”康有为注：“作，起也。”朱熹注可以说是对“食至，起”的很好的注脚。至于“烛至，起”，我们可以依朱熹的思路注为“敬主人之礼，非以其烛也。”

对例3的“起”，《汉语大词典》释为“起立；站起”。

4. 鼓瑟希，铿尔，舍瑟而作。（论语·先进）

此例虽未直接出现“起”，但“作”即“起”。何晏集解引孔安国曰：“置瑟起对”，邢昺疏：“作，起也。”杨伯峻先生注：“作，站起来的意思。”

今人之所以认为上述例中的“起”是起立、站起来，是因为他们认为这是古人致敬的方式。这其实是误解。古人由坐姿为致敬而“起”，并非是“站起来”，而是由坐姿挺身直股，使上身与大腿成一垂直线，小腿与大腿成90度角而两膝仍在席上。此即古人所谓“跪”，又称“长跪”，“跽”。如：

5. 请业则起，请益则起。（礼记·曲礼上）

郑玄注：“尊师重道也。起，若今抠衣前请也。”

抠衣，是指提起衣服前襟；前，指“前席”，即移坐向前。抠衣前请，是说由坐姿挺身直股，提起衣服前襟，膝行移坐向前请教。古人欲移坐向前请教，须膝行而前。如：

6. 广成子南首而卧，黄帝顺下风膝行而进，再拜稽首而问。（庄子·在宥）

7. 是日见范雎，见者无不变色易容者。秦王屏左右，宫中虚无人，秦王跪而进曰[①]：“先生何以幸教寡人?”（战国策·秦策三）

“膝行而进”“跪而进”即膝行而前，“进”即“前”。由此可见，郑玄所说的“抠衣前请”是提起衣服前襟膝行向前请教而非起立向前请教。因此，例5中的两个“起”，均非是“站起来”，而是长跪向前。

若卑者所坐之处离尊者不远，亦应原处长跪而请教。如：

8. 公谓［李］孚曰：“卿便还宣之。”孚跪请教，公曰：“便以卿意宣也。”（三国志·魏志·贾逵传“充咸熙中为中护军”注引《魏略列传》）

又《庄子》载，孔子向隐者请教，三次再拜而起：

9. 孔子再拜而起曰：“……无所得闻至教，敢不虚心?”……孔子愀然而叹，再拜而起曰：“丘不知所失而离（罹）此四谤者，何也?”……孔子又再拜而起曰：“……敢问舍所在，请因受业而卒学大道。”（渔父）

谨遵礼制的孔子为请教而“起”，亦应是“跪”而非“起立”。

10. 太子再拜而跪，膝行流涕，有顷而后言曰……（史记·刺客列传）

此例的“再拜而跪”与上例的“再拜而起”相对照，进一步表明“再拜而起”的“起”是“跪”而非“起立”。

古人也曾对“起坐”的“起”作过解释，不过是以其通假字“啟”呈现的：

11. 不遑啟居，玁狁之故。（诗·小雅·采薇）

毛传：“啟，跪也。”居，即“坐”，《论语·阳货》：“居！吾语女。”邢昺疏：“居，由（犹）坐也。”啟居，即跪坐，亦即起坐。

马瑞辰《毛诗传笺通释·四牡》：“啟当为跽之假借。《说文》：‘跽，长跪也。’段玉裁本作‘长跽’。今按此诗《传》‘跪’字，《释文》云：‘郭巨几反’，正读如跽。是毛传跪亦跽也……跽，又通起。《释名》：‘起，啟也。啟，一举体也。’”

此段文字有两点值得注意：

其一，“跪亦跽也……跽又通起。”

---

① 进，依宋鲍彪本。《古文观止》亦作“进”；通行本作“请”是依《史记》。

跪与跽同义，已是定论。但马氏依《释文》反切得出“跪正读如跽”的结论，则跪与跽不仅同义而且同音，在古代应是异体字。马氏又曰：“跽又通起”，跽、起皆从“己”得声，当可通。“跽”既可通“起”，则“跽”的异体字“跪”亦可通“起”。

其二，引《释名》：“起，啟也。啟，一举体也。”

《左传·僖公二十五年》：“晋于是始起南阳。”“起”一本作“啟”。是先秦文献中的异文亦可印证《释名》“起，啟也”的解释。“啟”是“跪”，则“起”也是“跪”；“啟”是“一举体”，则“起”也是“一举体”，一举体，是说一下子使上身挺起，即跪，长跪。

古籍中还有相同语境中“起”与“跪”相对应的文例。如：

12. ［晋］平公提觞而起，为师旷寿。（韩非子·十过）

13. 饮酒酣，武安起为寿。（史记·魏其武安侯列传）

14. 当饮者皆跪奉觞曰：“赐灌（饮）！”（礼记·投壶）

以上三例都是宴饮的内容，例12的“提觞”即“举觞”，《汉书·黥布传》：“大王提空名以乡（向）楚”，颜师古注：“提，举也。”例13的“起为寿”前虽未出现“奉觞”二字，但应是省略，因为在古代宴饮中“为寿”均须“奉觞”“奉卮酒”，《汉书·兒宽传》：“臣宽奉觞再拜，上千万岁寿。”《史记·项羽本记》：“沛公奉卮酒为寿。”

以上三例是相同语境中“起”与“跪”相对应，“起”即“跪”。

15. 赵盾已食，灵公谓盾曰：“吾闻子之剑，盖利剑也。子以示我，吾将观焉。”赵盾起，将进剑。（公羊传·宣公六年）

16. 毛遂奉铜盘而跪进之楚王。（史记·平原君列传）

17. ［张］良愕然，欲殴之，以其老，为强忍下取履，因跪进履。（论衡·纪妖）

这三例都是卑者向尊者进呈物品，例15的“起进”与例16、17的“跪进”相对应，由此可知例15的“起”是起为长跪而非起立。

18. ［顾悌］待妻有礼……尝疾笃，妻出省之，悌命左右扶起，冠帻加袭，起对，趣令妻还。（三国志·吴志·顾雍传“以明旧勋”注引《吴录》）

19. 元帝始过江，谓顾骠骑（荣）曰：“寄人国土，心常怀惭”。荣跪对曰：“臣闻王者以天下为家……愿陛下勿以迁都为念！”（世说新语·言语）

例19的“跪对”是长跪应答，例18的“起对”与之相对应，亦应是长跪应答。从例18的内容看，顾悌冠帻加袭，长跪应答其妻的探视，正是他“待妻有礼”的体现。

古籍中的异文也是很好的证据。例如：

20. 丞相曰：“使君所言公事，之曹与长史掾议之，吾且奏之；则私，吾不受私语。”盎即起说曰：“君为相，自度孰与陈平、绛侯？”（汉书·爰盎传）

“盎即起说曰”一语，《史记·袁盎列传》作“袁盎即跪说曰”。（袁盎，《汉书》作爰盎）

在此例中，班固直接将《史记》中的“跪”写作同义词“起”。

二

古人致歉或致谢亦须“起”，此“起”亦是长跪而非起立。例如：

21. 于是辛垣衍起，再拜，谢曰：“……吾请去，不敢复言帝秦。”（战国策·赵策三）

22. 秦王色挠，长跪而谢之曰：“先生坐！何至于此，寡人喻矣。”（战国策·魏策四）

例22表明，“谢”（致歉）须“长跪”，由此可知，例21中为致歉的“起”亦应是长跪。

23. 籍福起为谢，案灌夫项，令谢。（史记·魏其武安侯列传）

24. 后数日，诏使直事郎问晖起居，太医视疾，太官赐食，晖乃起谢。（後汉书·朱晖传）

例23的“起为谢”是说籍福长跪为灌夫向武安侯致歉。起谢，即长跪致歉或致谢，古籍中又写作“跪谢”。如：

25. 吕后侧耳于东箱听，见周昌，为跪谢曰：“微君，太子几废。”（史记·张丞相列传）

26. 广汉跪谢曰：“幸全活郎，甚厚！”（汉书·赵广汉传）

27. 步嘿然，良久，离席跪谢。（後汉书·张步传）

28. 大将军梁冀带剑入省。［张］陵呵叱令出，敕羽林、虎贲夺冀剑。冀跪谢，陵不应。（张霸传）

此四例中的“跪谢”即“起谢”。

亦有一例之中“起”与“跪”相对应的，如：

29. 时王导在坐，为之惧，劝［王］彬起谢，彬曰：“有脚疾以来，见天子尚欲不拜，何跪之有！此复何所谢！”（晋书·王廙传）

“何跪之有”“何所谢”是王彬为拒绝“起谢”而言。“何跪之有”是拒绝“起”，“何所谢”是拒绝“谢”，其中“跪”所对应的正是“起”。

古人由跪拜或坐姿站立起来，往往不称“起”而称“起立”。如：

30. 金翁叔……母死，武帝图其母于殿上，署曰“休屠王焉提”。翁叔从上甘泉，拜谒起立，向之泣涕沾襟，久乃去。（论衡·乱龙）

31. ［孙］峻提刀称收［诸葛］恪，［孙］亮起立曰：“非我所为！非我所为！”（三国志·吴志·诸葛恪传“有诏收诸葛恪”注引《吴录》）

32. 夫邓之行步，则筋不束骨，脉不制肉，起立倾倚，若无手足，谓之鬼

躁。（三国志·魏志·管辂传“然后舅氏乃服”注引《管辂别传》）

33. 三年春正月，泰山有大石自起立。（汉书·昭帝纪）

例33中起立者虽非人，然其所言是泰山巨石像人一样站立起来了。

今人往往以为古人由坐姿向同处于坐姿的对方致敬、致歉或有所请求时要站起来，以为这是对对方的尊敬，其实这是误解。《礼记》载：

34. 授立不跪，授坐不立。（曲礼上）

郑玄注：“为烦尊者俛仰受之。”

本例的两句话及郑注合起来是说，授物给站立的尊者时不能跪，为的是怕麻烦尊者俯身受之；授物给坐着的尊者时不能立，为的是怕麻烦尊者仰头受之。向尊者授物如此，向尊者致敬、致歉或请教也是如此。古人席地而坐，若卑者起立于坐着的尊者前，则尊者须仰视卑者，这不仅不是向尊者致敬，反而是对尊者的大不敬了。这就是古人所谓的对尊者“不敢以长临之”①。《庄子》中对这种情况有更为准确的描述：

35. 斋戒以言之，跪坐以进之。（在宥）

例15、16、17记载向尊者进呈物品须“跪进”，而本例所记是要“跪坐以进”，除去虚词“以”，多了一个“坐”字。虽然只多一字，但此字至关重要。跪坐以进之，是说向尊者进呈物品，应先跪而向前，而到了尊者面前，又须臀部向下坐于脚跟之上，然后向尊者进呈物品。《韩诗外传》对此亦有所描述：

36. ［浣女］受子贡觞，迎流而挹之，奂然而弃之；从流而挹之，奂然而溢之，跪坐置之沙上②。（卷一·第三章）

古代男尊女卑，对浣女而言，子贡亦是尊者。浣女有言：“礼固无亲授”，可见其乃明礼者。依“授坐不立”之礼，浣女“跪坐”而授子贡水，可知子贡受水时处于坐姿。浣女将一觞水进献子贡，因“男女授受不亲”，故将觞“跪坐置之沙上”，由子贡自取。

上述两例均记述了古代向尊者进呈物品，须“跪坐”而献之。跪坐，即先跪而后坐。之所以如此，是因为面对坐着的尊者，即使“跪”亦嫌其长（高），而对尊者是不能“以长临之”的。

以长临之，就是卑者以其身长（身高）之势俯视处于坐姿的尊者，这在古代属于“以卑临尊”，而“不以卑临尊”③，乃是我国古代的一项不可违反的重要准则④。

---

① 见“授立不跪，授坐不立”孔颖达疏。

② 许维遹《韩诗外传集释》，中华书局1980年6月。

③ 见《礼记·大传》。

④ 这句话中的“古代”是指从先秦至清代的整个中国古代社会。

刀、剑名称汉魏时混淆不分

《後汉书·舆服志下》载，自天子诸侯至于公卿百官，皆有佩刀。而李贤注引刘昭曰："自天子至于庶人，咸皆带剑。剑之与刀，形制不同，名称各异，故萧何剑履上殿，不称为刀。而此志言不及剑，如为未备。"

按《後汉书·舆服志》言不及剑，并非所记不完备，乃当时刀、剑之名称混淆不分所致。例如：

1. ［董］卓谓袁绍曰："竖子！天下事岂不决我？我今为之，谁敢不从！尔谓卓刀为不利乎？"（三国志·魏志·袁绍传"横刀长揖去"注引献帝春秋）

2. ［董］卓案剑叱绍曰："竖子敢然！天下之事，岂不在我？我欲为之，谁敢不从！"（後汉书·袁绍传）

上述两例对董卓所佩兵器记载不同。例2中佩剑；例1虽未直接记载董卓所佩兵器，但从"尔谓卓刀为不利乎"一语，可知董卓所佩是刀。这并非是哪一条记载有误，而是当时刀、剑名称混淆不分所致。

从先秦至汉魏，自天子至于庶人皆可佩剑。然而在此漫长的一千多年中，古籍中却几乎见不到"佩剑"一词，而"佩刀"一词却颇为常见。例如：

3. ［苏］武谓［常］惠等："屈节辱命，虽生，何面目以归汉！"引佩刀自刺。（汉书·苏武传）

4. ［盖］宽饶引佩刀自刭北阙下，众莫不怜之。（汉书·盖宽饶传）

5. 王变色视尊，意欲格杀之，即好谓尊曰："愿观相君佩刀。"（汉书·王尊传）

6. ［袁］绍曰："天下健者，岂唯董公？"引佩刀横揖而出。（三国志·魏志·袁绍传"横刀长揖去"注引献帝春秋）

以上关于"佩刀"的记载，只是略择数例而已；而"佩剑"一词，先秦汉魏古籍中至今难觅，其主要原因就是当时刀、剑名称混淆不分。

《三国志》中还有一例值得注意：

7. ［吴］质黄初五年朝京师，诏上将军及特进以下皆会质所，大（太）官供具。酒酣，质欲尽欢。时上将军曹真性肥，中领军朱铄性瘦，质召优，使说肥瘦。真负贵，耻见戏，怒……拔刀瞋目，言："俳敢轻脱，吾斩尔！"遂骂坐。质案剑曰："曹子丹，吴质吞尔不摇喉，咀尔不摇牙，何敢恃骄邪？"铄因起曰："陛下使吾等来乐卿耳，乃至此邪？"质顾叱之曰："朱铄，敢坏坐！"诸将军皆还坐，铄性急，愈恚，还拔剑斩地，遂便罢也。（三国志·魏志·王粲传"封列

侯”注引世语）

此例中有两点值得注意：

其一，在与会官员中，曹真佩刀，吴质、朱铄则佩剑，此与当时制度不合。《晋书·舆服志》：“汉制，自天子至于百官，无不佩剑，其后惟朝带剑。”“其后”即指魏晋；古代见人皆称“朝”，除诸侯、百官朝见天子外，诸侯、官员相互拜访，亦可称“朝”，《史记·司马相如列传》：“临邛令缪为恭敬，日往朝相如。”本例众官拜访吴质，亦应属于“朝”，故皆应佩剑。曹真佩刀，与制度不合。又此次聚会是奉诏行事，众官更应小心谨慎，不敢有逾制之举。

其二，朱铄发怒，“拔剑斩地”，“斩”即“砍”“剁”，一般说来，剑只适合于刺，而此“剑”可砍、剁，似应是刀。

因此，此次聚会众官所佩兵器，很可能都是刀。由于当时刀、剑称谓混淆不分，就有了与会官员既有佩刀又有佩剑的记述。这也是为什么《晋书·舆服志》言“汉制，自天子至于百官，无不佩剑”，而《後汉书·舆服志》只载佩刀而言不及剑的原因。

又刘昭曰：“剑之与刀，形制不同，名称各异”，其意在申明刀、剑名称不可能混淆。然而刘昭系南朝梁人，所见之刀是梁代之刀而非汉魏之刀。

汉代作为兵器的刀，多是直形，其形状与剑十分相似，西汉画像石“二桃杀三士”中人物所执之刀，均是直形[①]。出土的汉代战刀，通体皆呈直形，亦无任何弧度，唯刀是厚背单刃而剑是中脊双刃而已[②]，这是造成汉魏时刀、剑名称混淆不分的主要原因。

---

① 参见《中国兵器甲胄图典》，中华书局2011年9月。

② 参见《汉代物质文化资料图说·武备Ⅲ剑，刀》及图版34，文物出版社1990年7月。

“身毒”该如何读

“身毒”是印度的古译名之一，是梵语 sindhu 的音译词，始见于《史记》。《辞海》《汉语大词典》和一些教材的注音是 juān dú 或 yuāndú，这两种注音均源于司马贞的《史记索隐》：“身音捐，毒音笃。”（见《史记·西南夷列传》）“印度”一词的古译名非常多，然而却没有一种译名的第一个音节读为 juān 或 yuān 的，甚至连与之相近的读音都没有。今人置众多“印度”古译名于不顾，仅凭唐人的一条注释即定其音读，未免轻率。

“印度”的古译名很多，《史记》初名身毒，《汉书》沿用之；《后汉书》《晋书》《魏书》《宋书》《梁书》《旧唐书》《新唐书》《宋史》皆作天竺；《续高僧传》作贤豆。玄奘《大唐西域记·印度总述》云：“详夫天竺之称，异议纠纷，旧云身毒，或曰贤豆；今从正音，宜云印度。”《元史》除沿用身毒、印度诸名外，又作印毒；《北使记》作印都，《海录》作盈丢。

这些译名大致可分为三类：

其一，身毒。这是佛教传入中国之前的译名，佛教传入中国后亦有沿用者，是梵语 sindhu 的音译词。

其二，天竺，又作天毒、天笃。是佛教传入中国后的译名，是波斯语 thindu 的音译词。

其三，贤豆、印度、印毒、印都、盈丢。也是佛教传入中国后的译名，应略晚于天竺、天毒等译名，是波斯语 hindu 的音译词。

中国早期的佛经翻译，其译本所据，常常不是梵文原本，而是转译的西域文本，这些本子通称为“胡本”。当时从事佛经翻译，非通西域文字不可。译经的主力也往往是来自西域的僧人，如竺法护、鸠摩罗什等。

身毒作为国名，是因水得名，此水即印度河。印度河的古名也是 sindhu，与古印度的国名相同。

印度河的中国古译名《正法念处经》作身毒，《高僧传》作辛头，《梁书》作新陶，《大唐西域记》作信度，《佛国记》作新头，《孔雀王经》不空译本作辛都，也都是梵语 sindhu 的音译词。

以上所列所有古印度国的中国译名或与古印度国初始音相同的印度河译名，其第一字（音节）的读音均与 juān 或 yuān 无关，由此可见司马贞《史记索隐》对“身”的注音是没有根据的。

身毒也是古印度河的译名，与古印度国译名深受波斯语译音的影响不同，古印度河的译名几乎没有受到波斯译音的影响，是梵语 sindhu 一词一脉相传的嫡派子孙。因此，用古印度河的译名去探求“身毒”的古音就更为便利。古印度河的其他译名如辛头、新陶、信度、新头、辛都中的辛、新、信古代都应与“身”同音，辛、新、信古代同属“心”母“真”韵，其古音均读作 sin。“身毒”既然与上述译名同是 sindhu 的音译词，那么“身”的古音亦应是 sin。

中国古代文献中“身”与“信”同音的例子也很多，罗福颐《古玺汇编》4660—4662：“言身”。此是成语玺，即“言信”。《论语·子路》：“言必信”；4670—4671：“士身”，即“士信”。《大戴礼记·主言》：“士信民敬”。又 4363：“忠身”，即“忠信”①。“梁鼎”盖有“长訫侯”，即魏安釐王相“长信侯”②。“訫安君”鼎“訫安君”即“信安君”。“中山王方壶”：“余知其忠訫也，而专任之邦。”“忠訫”亦即“忠信”。訫，从言，身声，故“身”可读为“信”。

以上文例已足以证明“身”与“信”古同音；又信、辛、新古今皆同音，故“身”与信、辛、新古代皆同音。

因此，印度古译名“身毒”应注音为 sīndú。这样既有汉字古音的根据，又与梵语 sindhu 之音相合，由此亦可见我国古人译音之准。

---

① 叶其峰《战国成语玺释义》。

② 郭沫若《金文丛考》。

“司母戊”改读为“后母戊”的语音依据

举世闻名的“司母戊”鼎中的“司”被改读为“后”了。之所以改读，首先是“后母戊”比“司母戊”明确易懂，其次是改读有古文字的依据。“司”在甲骨文中作，“后”在甲骨文中作，本是同一个字，只是方向不同而已。在古文字中，字形相同而方向不同的字大多属同一个字，例如“卜”作卜、，“人”作、，“尹”作、，“君”作、，都是方向不同的同一个字。可见“司”改读为“后”不仅使鼎名明确易懂，而且有古文字的依据。

其实，主张改读的观点早已有之，但在当时未能被多数学者所接受。之所以如此，是因为这一观点曾受到颇多质疑，最有代表性的是二十余年前，有一学者撰写了一篇万言长文，论证“司”不能读作“后”，其主要观点是“司”与“后”的读音相去甚远，不能相通。此观点貌似有理，其实不然。其错误在于：司、后读音相去甚远的是中古音，而上古音并非如此。虽然在后人构拟的上古音系中，司、后的读音仍相差较大，但这个音系尚未能反映上古音的全貌，尤其是那些与中古音相差较大的语音现象，司、后二字的上古音就属于这种情况。

不过，这位学者也给我们提出了一个必须要证明的问题，那就是除了古文字字形的根据外，还应该证明司、后二字在上古时期是同音的。

在当前人们所依据的上古音系中，“司”属心母，“后”属匣母，二字声母仍相差很大，但在古代文献中，心、匣互相谐声的现象却并不少见。例如：

1. 繐，《说文》从惠声。私锐切。惠，胡桂切。心、匣互为谐声。

2. 迿，《公羊传·定公四年》：“朋友相卫而不相迿，古之道也。”迿，《经典释文》：“音峻，又玄遍反。”心、匣互谐。

3. 嶲，《汉书·武帝纪》：“定西南夷，以为武都、牂柯、越嶲、沈黎、文山郡。”注引孟康曰：“嶲音髓。”嶲，《玉篇》：“胡桂切。”心、匣互谐。

4. 熣，《类篇》：“苏四切，又胡沃切。”心、匣互谐。

5. 畦，《类篇》：“宣为切，又玄圭切。”心、匣互谐。

6. 晌，《类篇》：“须伦切，又胡六切。”心、匣互谐。

7. 桓、貆，《说文》从亘声，胡官切。亘，须缘切。匣、心互谐。

8. 鑴，《周礼·春官·眡祲》：“三曰鑴。”《经典释文》：“或下圭反。刘思随反。”匣、心互谐。

9. 擐，《礼记·王制》：“裸股肱。”郑玄注：“请擐衣出其臂胫，使之射御决胜负，见勇力。”《经典释文》：“旧音患，今……音宣。”匣、心互谐。

10. 謔，《类篇》：“乎刀切，又相支切。”匣、心互谐。

11. 绚，《类篇》：“荧绢切，又须伦切。”匣、心互谐。

心、匣二声母的发音部位相差很大，当属异常谐声现象。之所以能互为谐声，是上古复辅音声母音节的语音特点的表现。以司、后二字为例，其上古音大概应读作［sɤo］，而复辅音声母音节与双音节极易混同，［sɤo］只要读得稍慢一点，其前一个辅音［s］就会带上一个元音［ə］，因而变成双音节［səɤo］，这样就为分化创造了条件。分化后“司”承袭了前一个音节［sə］，而“后”则承袭了后一个音节［ɤo］。司、后的读音分化后，由于只有“后”承袭了以前的韵母［o］，所以分化后二字的韵母［ə］（之部）与［o］（侯部）就没有相近、相通的迹象了。这也是复辅音声母音节分化后的比较常见的现象。

与“后”同音的“後”字的结构也值得注意。《说文》对“後”字结构的分析是“从彳、幺、夊”，显然是将“後”视为会意字，“彳”表示路，“夊”表示脚，但“幺”表何义？其义不明。其实，“後”应是形声字，其古文字作⿰彳幺，其结构应为：“从彳，从夊，𢆶（丝）省声。”𢆶省声，就是𢆶作为声符，其形体省去了一半，由幺作为⿰彳幺字的声符。幺（幺、丝）作为“後”的声符，那么“丝”就与“後”同音；而“丝”与“司”同音，“後”与“后”同音，则“司”与“后”必同音。

上古时“私”字与“和”字的关系也颇具启发性。“私”字与“和”字在汉代还可通用。《汉印文字徵》有“郅通私印”“乐仁私印”“李敞私印”“郏光私印”“成私印”，以上印中的“私”字均刻作“和”，可见“私”与“和”二字在当时可以通用。从字形结构上看，“私”与“和”在当时是异体字，因为此二字右部的“厶”与“口”作为构字的部件往往可以互换，此类例还有“勾”与“句”、“負”与“員”、“強”与“强”，其中的“厶”与“口”都可以互换。“私”与“和”在汉代互为异体，在当时必然同音，这与“司”“后”二字在商代互为异体所反映的语音特点是一样的。

名词用作状语的“行”“行道”“行路”等

一

在古汉语中，行、行道、行路等词语[1]，有一种名词用作状语的用法，表示“在路上”“一路上”“途中”等意思。这种用法虽然不是很常见，但也并非罕见。不过，这种用法却极少引起人们的注意，往往被误认为别的意思，例如：

1. 汉王急，马罢，虏在后，常蹶两儿欲弃之，［夏侯］婴常收，竟载之……汉王怒，行欲斩婴者十余。(史记·樊郦滕灌列传)

2. 春风东北起，花叶正低昂，不知谁家子，提笼行采桑。（宋子侯《董娇娆》）

这两例中的“行”被释为“正”“方”。

这种解释，放到例1中则完全不通，放到例2中也不太妥当，因为上文“花叶正低昂”中已出现了“正”一词，再释“行”为“正”，似嫌重复。此两例中的“行”均是名词用作状语，例1的“行”可释为“一路上”，例2的“行”可释为“在路边”。

3. ［苻］坚六岁时，尝戏于路，［徐］正见而异焉，问曰：“苻郎，此官街，小儿行戏，不畏缚邪?”（《世说新语·识鉴》“苻坚将问晋鼎”刘孝标注引车频《秦书》）[2]。

在此例中，“行戏”被视为一个词，释为“游戏”。作出这种解释，有两种可能，一是“行戏”被视为同义复合词，二是“行”无义，此种解释未见先例。

此例中的“行”亦是名词用作状语，可释为“在［这条］路上”。

4. 匈奴捕者数百，追之（李广），广行取胡儿弓射杀追骑，以故得脱。(史记·李将军列传)

5. ［项羽］乃行击陈留、外黄、睢阳，下之。(史记·高祖本纪)

6. ［邓］通小臣，戏殿上，大不敬，当斩。吏今行斩之。（史记·张丞相列传）[3]

---

① 行，读 háng。

② 1、2、3例及释义，均见于《汉语大词典》。

③ 4、5、6例及释义，见《古代汉语虚词词典》，商务印书馆1999年2月。

4、5、6例中的“行”，以往被释为“马上”“当即”。不妥。

例4中的李广能从数百匈奴追骑的追赶中逃脱，有一个与敌人不断斗智斗勇的过程，因此“行”当释为“在路上”。

例5中的陈留、外黄（今河南杞县）、睢阳三城，从西到东依次排列，项羽从成皋（今河南荥阳市）出发，向东一路上攻克陈留、外黄、睢阳。因此，“行”当释为“一路上”。

例6中的“吏今行斩之”一句，《史记集解》引如淳曰：“［申屠］嘉语其吏曰：‘今便行斩之。’”今便行斩之，意思是现在就押到街上（即“市”）斩了他。邓通是到申屠嘉的丞相府去谢罪的，而申屠嘉不可能“当即”在丞相府内杀他，故命其吏“行斩之”。“行”可释为“［押］到街上。”

“行道”一词，是名词性的同义复合词，亦可用作状语，表示在路上，一路上。例如：

7. 至南郑，诸将行道亡者数十人。（史记·淮阴侯列传）

有人把“行道”一词拆开，释“行”为“辈”，视“诸将行”为一词，释为“将官们”①。

“行道”在这里是一个同义复合词，意思是“道路”，用作状语，表示“在路上”。此种用法古籍中不乏其例。如：

8. 高祖击［英］布时，为流矢所中，行道病。（史记·高祖本纪）

9. 景驹自立为楚假王，在留。［张良］欲往从之，行道遇沛公。（汉书·张良传）

例7既可释为在路上，又可释为一路上；而例8、例9只能释为在路上。

“行路”一词，其语法结构、文义都与“行道”相同，但比“行道”少见，也未见有人对它作过解释。不过从某书对相关语句的标点中，也可看出标点者对此词的理解。例如：

10. 羊子尝行路，得遗金一饼，还以与妻。（後汉书·列女传）

在这里，标点者显然是把“行路”理解为“走路”了。然而以“尝行路”为句，不合情理。此段文字的前两句应连读作“羊子尝行路得遗金一饼”，“行路”即“道路”，也是名词用作状语，表示“在路上”。

二

行、行道、行路等词语的这种用法并非罕见，但为何未能引起后人的注意呢？这主要是因为“行”在这类语言环境中极易被视为动词，而且这样仍使得这类词语往往讲得通且不难懂。但讲得通的不一定就是正确的。如果我们通过对

① 王力《古代汉语》，中华书局，1999年5月。

同类词语的比较，就能对它们有准确的认识。例如：

11. ［逢萌］家贫，给事县为亭长。时尉行过亭，萌候迎拜谒。（後汉书·逸民列传）

12. ［蓟子训］与诸生俱诣许下，道过荣阳，上主人舍。（後汉书·方术列传）

13. 直阁元罗，领军乂弟也，曾行过中山。（魏书·王世弼传）

14. 子之咸阳，道过镐池。（张华·搜神记·卷四）

上述例中的“行”往往会被看成“出行”。通过比较，可知“行过”即“道过”，亦即“路过”。

15. 昔文帝出，过霸陵桥，有一人行逢车驾，逃于桥下。（论衡·书虚）

16. 守外黄令陈留张升去官归乡里，道逢友人。（後汉书·逸民列传）

17. 裴知古自中宗，武后朝以知音直太常，路逢乘马者，闻其声，窃曰：“此人当堕马。”（刘竦·隋唐嘉话·下）

行逢即道逢、路逢。

18. ［许曼］乃谒太山请命，行遇道士张巨君。（後汉书·方术列传下）

19. 于是共行，道遇水，［宋］定伯令鬼先渡。（张华·搜神记·卷十六）

行遇即道遇，与行逢亦同义。

20. 大明五年，孝武行经景仁墓，诏遣致祭。（南史·殷景仁传）

21. 后车驾自邺还洛，路经［李］冲墓，左右以闻。（北史·序传）

例20的“行”易被视为“出行”，与例21对比，可知“行经”即“路经”。

在不同古籍或不同篇章中，相同内容里的对应词语亦能说明问题。例如：

22. ［陈胜］行收兵，比至陈……卒万人。（史记·陈涉世家）

23. ［李榷］遂将其众而西，所在收兵，北至长安，众十余万。（三国志·魏志·董卓传）

24. ［李］榷等随道收兵，北至长安，已十余万。（後汉书·董卓传）

“行收兵”一语，多见于《史记》《汉书》，然鲜有对此语作解释者，有人将其译为“一边行军一边收兵”，显然是把其中的“行”视为动词“行军”了。此解于文义虽通，但不准确。本例中的“行”即相当于例23的“所在”与例24的“随道”，表示一路上、沿途、顺路之义。

25. ［刘］长未到处所，行病死，上怜之。（史记·孝文本纪）

26. ［刘长］以罪迁蜀严道，至雍道死。（论衡·道虚）

27. 至南郑，诸将行道亡者数十人。（史记·淮阴侯列传）

行道，《汉书·张良传》作“道”。

28. 至南郑，诸将及士卒多道亡归，士卒皆歌思东归。（史记·高祖本纪）

这几例的对比，进一步证明了例中的“行”“行道”都是名词，与用作状语的名词“道”是一样的。

在同一段文字中，上下文内同义词语的对比则更能说明问题。例如：

29. 吉人与善兆合，凶人与恶数遇，犹吉人行道逢吉事，顾睨见祥物……凶人遭遇凶恶于道亦如之。（论衡·卜巫）

“行道”即“于道”，前者是名词作状语，后者是介宾结构作状语，均表示“在路上”。

30. 帝姊寿阳公主行犯清路，执赤棒卒呵之不止，［高］道穆令棒破其车……道穆后见帝，帝曰：“一日家姊行路相犯，深以为愧。”（北史·高道穆传）

此例中上文的“行犯”与下文的“行路相犯”同指一事，其中“行”与“行路”都是名词作状语，表示“在路上”。

同义复合词组中前后部分的对照也是较好的方法。例如：

31. 含气之类，莫不叩心绝气，行号巷哭。（刘琨·劝进表）

32. 工商裨贩，行号道泣。（南齐书·东昏侯传）

33. 百姓行号巷哭，市里为之喧沸。（南史·梁宗室下）

“行号”与“巷哭”“道泣”无论在结构上和意思上都是一样的。

三

行、行道、行路等词语名词用作状语的用法，起自先秦，盛行于两汉六朝，隋唐以后，遂渐少见。下面试对这种状况作一简要的介绍。其中有些史书的文例，由于对这种“行”的理解不同，因此断句与中华书局本亦有所不同。

（一）行

34. 夏，公如齐逆（迎）女。秋，公至自齐。

迎者，行见诸？舍见诸？先至，非正也。（春秋穀梁传·庄公二十四年）

《穀梁传》中这段话的意思是：庄公到齐国迎娶夫人，是在路上会见她呢？还是在宫室会见她呢？庄公先自回国，不是正理。

35. 文伯之丧……朋友诸臣未有出涕者，而内人皆行哭失声。（礼记·檀弓下）

行哭失声，是说文伯的妻妾们尚未及见到文伯遗体在［奔丧］路上就已痛哭失声了，极言与文伯之情深。

36. 春，二世东行郡……乃行诛大臣及诸公子……四月，二世还至咸阳。（史记·秦本纪）

37. 汉王之败彭城而西，行使人求家室。（史记·高祖本纪）

38. 汉王之国，良送至褒中，遣良归韩……行烧绝栈道。（汉书·张良传）

中华书局本于此例末句标点为“行，烧绝栈道”，显然是把“行”视为动词了。

39. 女医淳于衍者，霍氏所爱，尝入宫侍皇后疾。衍夫赏为掖庭户卫，谓衍：“可过辞霍夫人，行为我求安池监。”（汉书·外戚传上）

此例中的“行”可释为“顺路”“顺便”。

中华书局本于末两句标点为“可过辞霍夫人行，为我求安池监。”

40. 会稽东冶县人有入海行遭风，流移至澶州者。（後汉书·东夷列传）

此例的“行”可译为“途中”。

41. 郑玄欲注《春秋传》，尚未成，时行与服子慎遇，宿客舍。（世说新语·文学）

42. 冯道根……少孤、家贫，佣赁以养母，行得甘肥，未尝先食，必遽还以遗母。（南史·冯道根传）

此例的“行”可译为“外出途中”。

43. 率更令欧阳询行见古碑，索靖所书，驻马观之，良久乃去。（刘𫗧·隋唐嘉话·中）

（二）行道

44. 淮南王为人刚，如有遇雾露行道死，陛下竟以天下之大弗能容，有杀弟之名。（史记·袁盎列传）

雾，《汉书》作“霜”。

45. 上自击［英］布时，为流矢所中，行道疾。（汉书·高帝纪下）

46. ［华］佗行道见一人病咽塞，嗜食而不得下。（三国志·魏志·方伎传）

47. ［华］佗尝行道见有病咽塞者。（後汉书·方术列传）

例46、47中华书局本皆于“行道”后断句。如此断句，例46虽不准确，然尚可通；而例47以“尝行道”为句，就不合情理了。

48. 汉遣乌孙公主嫁昆弥，念其行道思慕，故使工人裁筝、筑，为马上之乐。（宋书·乐志一）

（三）行路、行途

49. ［范冉］与弟共辩论于路，［王］奂识其声，即下车与相揖对。奂曰：“行路仓卒，非陈［契］阔之所，可共到前亭宿息，以叙分隔。（後汉书·独行列传）

本例中的“行路”即上文的“于路”。

50. 帝姊寿阳公主行犯清路，执赤棒卒呵之不止……［高］道穆令卒棒破其车……道穆后见帝，帝曰：“一日家姊行路相犯，极以为愧。”（魏书·高崇传）

51. 南中有百姓，行路遇风雨，与一老人同庇树阴。（段成式·酉阳杂俎·壶史）

52. ［甄］邵还至洛阳，［李］燮行涂（途）遇之。（後汉书·李固列传）

53. 齐神武……因命侍中司马子如曰：“吾行途疲弊，宜代吾执河内手也。”（北史·辛雄传）

名词用作状语的行、行道、行路、行途，一般可译为“在路上”，也有一些可译为“一路上”；根据语言环境的不同，还可译为“途中”“沿途”“顺路”“顺便”等。

助词“见”指代第三人称宾语的用法具有普遍性

早在五十多年前，吕叔湘先生就证明了助词“见”对第一人称宾语“我”的指代作用，这早已是定论了。与此同时，吕先生又发现了两个例句，表明“见”有时也可以指代第三人称宾语，兹照引如下：

中牟疑是亡人，见拘于县。(《魏志·武帝纪》注引郭颁世语，见拘：拘之。)

王华贼亡之余，赏擢之（不?）次，先帝常见访逮，庶有一分可取。(《宋书·谢晦传》，见访：访问之。)

吕先生认为，以上两例，“实为仅见。故就通常文例言之，无妨谓‘见’之指代限于第一身也”。[①] 这就是说，助词“见”指代第三人称宾语的用法不具有普遍性。

近年来，笔者在古代文献中发现很多“见”指代第三人称宾语的例子，表明这种用法在古汉语中是具有普遍性的。从纵的方面看，这种语言现象在从汉代到清代近两千年的漫长历史中绵延不绝；从横的方面看，它广泛地存在于散文、诗歌、戏曲和小说中；从它所指代的对象来看，既有人，也有事物。下面，我们先从汉语史的角度，把这种语言现象简要地展示出来。

一、绵延近两千年的语言现象

“见”指代第三人称宾语的用法始于汉代，盛行于六朝，唐代亦不乏其例，唐以后逐渐减少，到清代就比较少见了。为证明这种用法的普遍性，例证就要多，但例证多了，文章就难免繁冗。为此，我们在这里尽量选用那些文义明显，没有歧义的例子，以避免过多的考释。

（一）汉

1. 自孝武兴学，公孙弘以儒相，其后蔡义、韦贤……平当、马宫及当子晏咸以儒宗居宰相位，服儒衣冠，传先王语，其酝藉可也。然皆持禄保位，被阿谀之讥。彼以古人之迹见绳，乌能胜其任乎！(汉书·匡张孔马传赞)

彼：别人，人们。颜师古注：“古人之迹，谓直道以事人也”。见绳：绳之，即衡量他们（指蔡义等人）。“见”指代第三人称宾语“之”。

---

① 见字之指代作用，吕叔湘。载《汉语语法论文集》1984 商务印书馆。

2. 骊山之作未成，而周章百万之师至其下矣。项籍燔其宫室营宇，往者咸见发掘。

咸见发掘：咸发掘之（骊山之墓）。

以上例证均属东汉，但《史记》中的两例值得我们注意，即：

3. 楚王曰："寡人自料以楚当秦，不见胜也；内与群臣谋，不足恃也"。（史记·苏秦列传）

对"不见胜"有两种解释可供选择，一是"不胜之"，即"不能胜过它"；一是"看不到胜利"。从文义上讲，应以前者为优；从语法上讲，如果采用前者，那么"见胜"就跟下文的"足恃"一样，都是助词+动词的结构，这样更符合本例的句法。而采用后者，无论在文义和句法上都不甚妥当。所以，把"不见胜"看成"不胜之"是比较合适的。

4. 初，苏秦之燕，贷人百钱为资。及得富贵，以百金偿之。遍报诸所尝见德者。（史记·苏秦列传）

有的虚词词典认为此例中"见"指代的是"自己"，其实这种"自己"是"他自己"，也就是"他"，与表示第一人称的"自己"是不同的。

如果上述分析不错的话，那么"见"指代第三人称宾语的用法早在西汉时期就已经出现了。

（二）三国——晋

《三国志》作者陈寿一生跨越两个时代，其语言当然也能反映这两个时代的面貌。另外，此时这种用法已不仅见于散文，也出现在诗歌和小说中了。例如：

5. ［袁］绍舍人犯令，［牵］招先斩乃白。绍奇其意而不见罪也。（三国志·魏志·牵招传）

不见罪：不罪之。

6. ［太史］慈既出城，因遁还通郡章。州家（州政府）闻之，更遣吏通章，有司以格章之故不复见理，州受其短。（吴志·太史慈传）

不复见理：不再审理州政府的表章。见理：理之。

此时，诗歌、小说中也有了这种用法，例如：

7. 惟昔李骞期，寄在匈奴庭，忠信反获罪，汉武不见明。（刘琨·扶风歌）

不见明：不明之，即不了解李陵。

8. 仲父献诚言，姜公乃见猜。（陶渊明·读山海经十三首·第十三）

姜公即齐桓公。见猜：猜之，即猜疑他。

9. 至明日日中时，［董］奉死。［杜］燮以其棺殡埋之。七日后，有人从容昌来，奉见属云："为［我］谢燮，好自爱理。"燮闻之，乃启殡发棺视之，唯存一帛。（葛洪·神仙传）① 见属：属之，嘱咐他。

---

① 《太平广记》卷十二，1961。

（三）南北朝时期

10. ［段颎］以为［李］暠表治［苏］谦事，被报见诛。君命天也，而［苏］不韦（谦子）仇之。（後汉书·苏章传）

表治谦事，被报见诛：是说李暠上表要求治苏谦的罪，在得到朝廷的回文后杀了苏谦。下文的“君命”指的就是这个“报”。见诛：诛之。

11. 臣惟［李］膺等建忠抗节，志经王室……而虚为奸臣贼子所诬枉，天下寒心，海内失望。惟陛下留神澄省，时见理出。（窦武传）

时见理出：时理出之，即及时审理、释放他们。

12. ［张］永弟辨，太宗亦见任遇。（宋书·张茂度传）

亦见任遇：亦任遇之。

13. 皇考［萧］承之，字嗣伯。少有大志，才力过人。宗人丹阳尹摹之、北兖州刺史源之并见知重。（南齐书·高帝纪上）

被少年萧承之了解、重视，那是不合情理的。所以，并见知重即并知重之。

14. 流槎一去上天池，织女支机当见随。（庾信·杨柳歌）

倪璠注引《荆楚岁时记》：“汉武帝令张骞使大夏，寻河源。乘槎经月而至一处，一丈夫牵牛饮河诸，织女取支机石与骞而还。”见随：随之（张骞）。

（四）隋——唐

《南史》和《北史》虽然题为李延寿著，但二史的编著是从其父李大师开始的，其语言反映了隋代及唐初的特点。唐代上承六朝，这种用法仍很常见，但多见于诗歌，散文中反倒不多见了。例如：

15. 时宋室封爵，随运迁改，［夏侯］恭叔以柳元景中兴元勋，刘勔殒身王事，不宜见废，上表论之，甚有义理。事虽不从，优诏见答。（南史·垣荻之传）

“优诏”只能出自皇帝或朝廷，所以，优诏见答：优诏答之。正因为如此，后代才把“优诏见答”都写作“优诏答之”。例如：“有司奏徐湛之昵比匪人……请免官削爵，收付廷尉。帝不许。湛之惧，诣阙上疏自理，优诏答之。”（建康实录·卷十二）又如：“［李］克用上表自述，其辞慢侮，天子为之引咎，优诏答之。”（新五代史·唐本纪·庄宗上）

16. 时吴州刺史羊亮隶在［王］僧愔下，与僧愔不平，密召侯瑱见禽。（南史·王神念传）见禽：禽之（王僧愔）。

17. ［令狐］整雅识情伪，尤明政术……故历居内外，所在见称。（北史·令狐整传）

见称：称之，即称颂他。

18. 孝成皇帝本娇奢，行幸平阳公主家……歌舞向来人不贵，一旦逢君感君意。君心见赏不见忘，姊妹双飞入紫房。（王翰·飞燕篇）

见赏：赏之，即欣赏她们。不见忘：不忘之。

这个例子很有特点，在一句话中，这种用法连续出现了两次，可见唐人对此仍是习以为常的。

19. 习公有遗座，高在白云陲。樵子不见识，山僧赏自知。（孟浩然·齿坐呈南山诸隐）

不见识：不识之。

20. 中途偶良朋，问我将何行。欲献济时策，此心谁见明？（李白·郢中赠王大）

见明：明之。“之”复指“此心”。

21. 戎幕宁久驻，台阶不应迟。别有弹冠士，希君无见遗。（岑参·过梁州奉赠张尚书大夫公）

无见遗：无遗之，即不要遗忘他们。

（五）五代

22. 帝（石敬瑭）与契丹本无结好，自［唐］末帝见迫之后，遣心腹何福，以错刀为信，一言亲赴其难，迅若流电，信天意耶！（旧五代史·晋书·高祖纪第一）

见迫：迫之（石敬瑭）。

（六）宋

23. 吾友［王］深父……世皆称其学问行治，然真知其人者不多，而多见谓迂阔，不足趣时合变。（王安石·王深父墓志铭）

见谓：谓之。

24. 春归幽谷始成丛，地面芬敷浅浅红。车马不临谁见赏？可怜亦解度春风。（王安石·石竹花·之二）

见赏：赏之（石竹花）。

25. 宋江事见于街谈巷语，不足采者。虽有高如李嵩辈传写，士大夫亦不见黜，余……欲存之画赞，以未见信书载事实，不敢轻为。（龚开·宋江三十六人赞·序）①

见黜：黜之（宋江等事迹）。

（七）元

26. 景宗在藩邸，常与韩匡嗣、女里等游，言或刺讥，［耶律］贤适劝以宜早疏绝，由是穆宗终不见疑，贤适之力也。（辽史·耶律贤适传）

不见疑：不疑之（景宗）。

27. 那堪媳妇润莲……朝暮问安视寝，终始无移。老夫知之于心，感于肺腑，十分的见喜。（刘唐卿·降桑椹蔡顺奉母. 第一折②）

---

① 《元明清名作选萃·水浒传》1982 教育科学出版社。

② 《全元戏曲》第二卷 1990 人民文学出版社。

见喜：喜欢她。

28. 老夫范学士，自与兄弟张镐同到京师……对策百篇。圣人见喜，加为头名状元。(马致远·半夜雷轰荐福碑·第四折)[①]

见喜：喜欢他（张镐）。

（八）明

29. 西子岂不都？鱼鸟不见亲。万类殊所嗜，物岂慕非伦？（王廷栋·咏怀）[②]

不见亲：不亲之，即不亲近他。

30. 我想起来，只有小娘子仪容绝世，偶尔称扬，主公遂有访求之心，小娘子尚无见许之意。(梁辰鱼·浣纱记·迎施)[③]

见许：许之，即答应他。

31. 那郡侯撒泼，冒犯天地，上帝见罪。(西游记·八十七回)

见罪：罪之，即惩罚他。

（九）清

32. 宰相李林甫怒其（萧颖士）不下已，调广陵参军事。史官韦述荐颖士自代，召诣史馆待制。林甫愈见疾，遂免官。(全唐诗·萧颖士小传)

见疾：疾之。

33. 迤北开元王把哈孛罗屡欲降，内惧朝廷见罪，外畏阿罗出仇之，彷徨不决。(明史·许宁传)

"见罪"即"罪之"，作者为了避免与下文的"仇之"在结构上雷同，所以采用了"见V"（V指动词，下同）式，以使语言富于变化。

以上例证表明，在从汉代到清代约两千年的历史中，助词"见"指代第三人称宾语的用法在语言中是普通存在的。

二、不易识别的语言现象

助词"见"指代第三人称宾语的用法既然在古汉语中普遍地存在，那么为什么没有引起今人重视呢？这是因为那些容易识别的文例（如上文所列举的）毕竟还是少数，而多数情况则是它极易与被动式相混淆。例如：

34. 景和中，山阴公主淫恣，窥见［褚］彦回，悦之，以白帝。帝召彦回西上阁宿十日，公主夜就之，备见逼迫，彦回整身而立，从夕至晓，不为移志。(南史·褚裕之传)

35. 自［吴］明彻败后，帝深悔不用其（毛喜）言，谓袁宪曰："一不用喜

---

① 《全元戏曲》第二卷 1990 人民文学出版社。

② 《明诗别裁集》卷六，上海古籍出版社。

③ 《中国戏曲选》1986，人民文学出版社。

计，遂令至此。”由是益见亲重，喜乃言无回避。(毛喜传)

这两例中的“见V”句，很容易被看成是被动式，但两个“见V”句后分别出现了主语“彦回”和“喜”，强调到这里主语才发生了变化，而两个“见V”句的主语承前不变。这样，我们才知道“备见逼迫”和“益见亲重”是第三人称指代式而不是被动式。这是通过细察文义尚可辨认的，而有些则是仅就文例本身无法辨认的，例如《宋书·武三王传》：

[少帝]乃废[刘]义真为庶人，徙新安郡。前吉阳令堂邑张约之上疏谏……书奏，以约之为梁州参军，寻又见杀。

如果仅就本例，我们很容易认为它是被动式，但《南史》上是这样记载的：

前吉阳令张约之上疏谏，后为梁州府参军，寻杀之。(宋宗室及诸王传上)

《建康实录》也记载了这件事：

执政徒约之梁州，道追杀之。

通过文献对照，我们才知道，这里的“见杀”即“杀之”，是指代式。又《南史·陈本纪下》：

自尚书以上二百余人，[隋]文帝使纳言宣诏劳之；次使内史令宣诏让后主，后主伏地屏息不能对，乃见宥。

而《建康实录》是这样记载的：

内史宣诏让后主，后主伏地屏息不能对，并赦宥之。(卷二十)

在这里，“见宥”与“宥之”相对应，说明“见宥”不是被动式而是指代式。如果没有文献对照，我们恐怕就要把它看成被动式了。

古籍中还有大量带有规律性的“见V”句，它们以前往往被认为是被动式。其实，它们都是对第三人称宾语的指代式。下面，我们就对这类语句作一简要分析。

(一)关于“见从”“不见从”“见许”“不见许”

这类词语大量存在于南北朝人所著的史书及唐初人所著的南北二史中，一般用于皇帝或朝廷对于臣下意见的简要表态。由于这类词语前面一般都没有明确的主语，所以往往被误认为是被动句。例如：

36. [蔡兴宗]又陈原诸逋负，解遣杂役，并见从。(宋书·蔡廓传)

37. 上自即吉之后，多所兴造，[颜]竣谏争恳切，无所回避，上意甚不说，多不见从。(颜竣传)

38. [萧]遥光请解督，见许。(南齐书·宗室传)

39. [殷景仁]乃称疾解职，不见许，使停家养病。(宋书·殷景仁传)

上述四例中的这类词语，由于主语不明确，所以今人一般把它们视为被动式。但是，如果我们把它们对换成“被从”“不被从”“被许”“不被许”，不仅不合语言习惯，而且史书中也没有这样的词语。

这类词语，其实是“见”对第三人称宾语“之”的指代式。例如：

40. [刘]苍以亲辅政，尽心王室，每有议事，上未尝不见从。(东观汉

记·东平宪王苍传)

不见从：不从之。

“不从之”在实际使用中，“之”一般都是省略的，但也有不省略的。例如：

41. 初平江陵，［萧］察将尹德毅说察……察不从之。(建康实录·卷一八)

42. 武帝起兵，攻郢州久不下，咸欲北走，［吕］僧真独不肯，累日乃见从。(南史·吕僧真传)

见从：从之（指北走的众议）。

43. ［萧］赤斧治政为百姓所安，吏民请留之，时议见许。(南齐书·萧赤斧传)

见许：许之（吏民的请求）。

44. 先是，文襄委任崔暹、崔季舒等。及文襄崩，［高］隆之启文宣，并欲害之，不见许。(北史·高隆之传)

45. 初，世宗（文襄帝）委任兼右仆射崔暹、黄门郎崔季舒等。及世宗崩，隆之启显祖（文宣帝），并欲害之，不许。(北齐书·高隆之传)

例44、45是两部同类的史书对同一事件的记述，例45中“不许”的主语是文宣帝无疑，那么例44中“不见许”的主语也应是文宣帝。通过比较可知，不见许：不许［之］。

如果把这类词语的使用作一个历史的比较，则更能说明问题。“见从”“不见从”“见许”“不见许”等词语广泛地使用于六朝人所著的史书中，唐初的南、北二史中亦有所见；而“从之”“不从”“许之”“不许”等词语也同时存在于上述各书中。然而在此后的一系列正史中，“见从”“不见从”“见许”“不见许”等词语消失了。但值得注意的是，它们并没有变成“被从”“不被从”“被许”“不被许”，而是跟“从之”“不从”“许之”“不许”等词语合流了。为了便于说明问题，我们把这类词语的发展变化列表表示如下：

六朝人所著史籍及南、北二史	以后的一系列正史
见从 从之	从之
不见从 不从	不从
见许 许之	许之
不见许 不许	不许

通过图表，我们可以更清楚地看出，“见从”“不见从”“见许”“不见许”

等词语不是被动式而是对第三人称宾语的指代式。这类词语大量地存在于六朝人所著的史籍中，如果上述论断可以成立，那么，“见”指代第三人称宾语的用法就更见其普遍性。

（二）某些复句中的“见V”句

对于某些复句中的“见V”句，我们可以根据各分句的同一主语来判定它是指代式，例如：

46. 显宗即位，尊［桓］荣以师礼，甚见亲重，拜二子为郎。（後汉书·桓荣传）

47. 高帝重伯玉尽心，愈见信任，使掌军国密事。（南史·荀伯玉传）

48. 明祖召［张昱］至，深见温接，悯其老，曰：“可闲矣。”放归。（明诗别裁集·张昱小传）

例46中的谓语“拜”，例47中的“使”，例48中的“悯”，表明这几例中各分句的主语没有变化。所以，这几例中的“见V”句都应是指代式而不是被动式。如果一定要把它们看作被动式，就得来回变换主语，那是不符合语言习惯的。

在古代文献中，此类文例甚多，按照语言习惯，其中的“见V”句均应视为指代式。

（三）“见V”句中V不能用作被动的情况

有些“见V”句，由于“见”后动词的特点，不宜看作被动式。例如：

49. ［曹休］见太祖，太祖谓左右曰：“此吾家千里驹也。”使与文帝同止，见待如子。（三国志·魏志·曹休传）

50. 废帝失德，太后每加勖譬，始者犹见顺从，后狂慝转甚，渐不悦。（宋书·后妃传）

51. 武帝撰《正言》始毕，制《述怀诗》，［江］总预同此作。帝览总诗，深见嗟赏。（南史·江夷传）

汉语中有些动词是不用作被动的，如上述文例中的“待”“顺从”“嗟”等；又例51中“帝览总诗”一句，意思未完，下句的主语也不宜变换。所以，上述三例中的“见V”句，不是被动式而是指代式。以此类推，凡是这类“见V”句，均应视为指代式。

（四）关于指代“自己”的“见V”句

有很多“见V”句所指代的宾语被认为是“自己”，例如：

52. 加少孤露，母兄见骄。（文选·与山巨源绝交书）

53. ［吕布］因往见司徒王允，自陈［董］卓几见杀之状。（後汉书·吕布传）

有不少古汉语虚词词典都把上述两例中的“见”所指代的宾语翻译成“自

己”。我们认为，这两例中的“自己”分别属于不同的人称，例52中的“自己”是“我自己”，即“我”，属第一人称；例53中的“自己”是“他自己”，即“他”，属第三人称。把这两种表示不同人称的宾语都翻译成“自己”，就很容易使人把后者也误认为是第一人称，有的词典就把这两种“自己”统统当作“第一人称代词”了。①

古籍中与例53中“见V”句同类的例子很多，例如：

54. 有獭得嘉鱼，自谓天见怜。(刘禹锡·有獭吟)

55. ［王］仙客闻之，心气俱丧，达旦不寐，恐舅氏之见弃也。(唐宋传奇集·无双传)

这两例中的“见V”句，其中“见”所指代的宾语既可译为“自己”，又可译为“他”。前面已经说过，译为“自己”容易被误解为第一人称，有一本古汉语虚词典就是因此误解的。连《汉语大词典》中的“见弃”条，在引本文的例55时，也把“见弃”解释成“嫌弃我”，这当然是不通的。究其原因，恐怕也是把“自己”误解为“我”了。

把这类“自己”改译为“他”，不仅在文义上不会引起误解，在语法上也更为妥当。

综上所述，可以看出，助词“见”指代第三人称宾语的用法在从汉到清约两千年的古代汉语中是普遍存在的，这不是偶然现象，而是一种具有规律性的普遍现象。

---

①《文言常用虚词》杨伯峻、田树生，1983湖南人民出版社。

助词“见”可以指代第二人称宾语

助词“见”不但可以指代第一人称宾语和第三人称宾语，还可以指代第二人称宾语。这种用法在古代文献中虽不多见，但也不是非常罕见的偶然现象。这种语言现象之所以没有引起人们的注意，是因为它比“见”指代第三人称宾语的用法更难识别。尽管如此，古籍中仍有一些比较明显的例证表明这种语言现象的存在。例如：

1. 元景少便弓马，数随父伐蛮，以勇称……雍州刺史刘道产深爱其能，元景时居父忧，未得加命。会荆州刺史江夏王义恭召之，道产谓曰：“久欲见屈，今贵王有召，难辄相留，乖意以为惘惘。”（宋书·柳元景传）

本例中“谓”的宾语“之”（柳元景）承上句省略。“见屈”即“相屈”，亦即“屈君”，意思是“让您屈尊在我属下任职。”“见”指代第二人称宾语“君”（您），而“见屈”一词在《南史》中正作“相屈”。

2. 初，豫章王有盛宠，世祖在东宫，崇祖不自附结，及破虏，诏使还朝，[太祖] 与共密议。世祖疑之，曲加礼待，酒后谓崇祖曰：“世间流言，我已豁诸怀抱，自今以后，富贵见付也。”（南齐书·垣崇祖传）

此段文字，《南史》中也有相同的记载。“见付”即“相付”，亦即“付卿”，“见”指代第二人称宾语“卿”。

3. 及崔 [莺莺] 至，则端服俨容，大数张 [生] 曰：“兄之恩，活我之家，厚矣。是以慈母以幼子弱女见托。奈何因不令之婢，致淫泆之词！”（元稹·会真记）[①]

“见托”即“相托”，亦即“托兄”，“见”指代第二人称宾语“兄”。

4. 鄱阳张公（张使君），朝野荣望，爱客好士，即原、尝、春、陵之亚焉。每钦其（你的）辞华，悬榻见待……夫子（你）行迈，我心若何。毋金玉尔音，而有遐心。（李白·送黄钟之鄱阳谒张使君序）[②]

从序中的“夫子”“尔”来看，这篇序对黄钟用的是第二人称。所以，“见待”即“相待”，亦即“待君”，“见”指代第二人称宾语“君”。

---

① 西厢记，附录，1978，上海古籍出版社

② 李太白全集，卷二七，1979，中华书局

以上例子见于散文，诗歌中亦有所见，例如：

5. 伊昔霑嘉惠，出入承明宫……愿言反渔蓿，津梁肯见通？（范云·赠沈左卫诗）①

这是范云赠沈约的诗（沈约曾作左卫将军，见《梁书》本传），后两句的意思是，你每每说要归隐，桥梁肯让你通过吗？“见通”即“相通”，亦即“通君”，“见”指代第二人称宾语“君”。

6. 如公未四十，富贵能及时……前年斩楼兰，去岁平月支。天子日殊宠，朝廷方见推。（岑参·北庭西郊候封大夫受降回军献上）②

“见推”即“相推”，意思是“推重您”，“见”指代第二人称宾语“公”。

7. 裴生信英迈，崛起多才华……明主必见收，烟霄路非赊。（李白·早秋赠裴十七仲堪）③

8. 贤甥即明月，声价动天门。能成吾宅相，不减魏阳元……云龙将相从，明主会见收。（李白·赠别从甥高五）④

从这两首诗的题目及例8中的“贤甥”来看，这两首诗对裴生和高五用的都是第二人称。所以，“见收”即“收君”，意思是“任用你”。“见”指代第二人称宾语“君”。

到了元代，这种用法也出现在戏曲中，例如：

9.（邹衍云）贤士，这黄金是主公所赐，请收了者。（正末唱）这千金敢叨？（须贾云）大夫见赐，安得而辞？（高文秀·须贾大夫谇范叔·第一折）⑤

贤士、正末均指范雎，大夫即邹衍。“见赐”即“相赐”，亦即“赐你”，“见”指代第二人称宾语“你”。

10. 李孔目，你当踏着吉地行里（哩）！有朝一日，文卷有些差池，大人见怪，拿下孔目（你），咱两个休轴厮抹着。（李致远·大妇小妻还牢杂剧·楔子）⑥

“见怪”即“责怪你”，“见”指代第二人称宾语“你”。

到了明代，这种用法在小说中也可以看到了，例如：

11. 旁边闪过龙子、龙孙……鲤太宰，一齐启奏道：“大王息怒。常言道：‘过耳之言，不可听信。’大王此去，必有云从，必有雨助，恐惊了长安黎庶，上天见责。（西游记·第十回）

“见责”即“责罚大王”，“见”指代第二人称宾语“大王”。

---

① 先秦汉魏晋南北朝诗（中），梁诗卷二，中华书局

② 全唐诗，卷一九八

③ 李太白全集，卷九

④ 同上，卷一〇

⑤ 全元戏曲，第一卷，1990，人民文学出版社

⑥ 水浒戏曲集，第一集，1985，上海古籍出版社

12. 行者又笑道："陛下，你见我撇杯，疑有见怪之意，非也。(西游记·第七十回)

"见怪"即"责怪你"，"见"指代第二人称宾语"你"。

13. 太尉夫人甚不过意，便道："……不知夫人平日在宫，可有甚心意未经答谢？或者神明见责，也不可知。(醒世恒言·第十三卷)

"见责"即"责罚你"，"见"指代第二人称宾语"你"。

以上是比较明显的例子，它表明助词"见"可以指代第二人称宾语。然而，这类比较明显的例子毕竟比较少见，而古籍中带有这种用法的文例，大多颇难识别，须仔细推敲，方能明了。例如：

14. 且又百姓，国家之有。加怀区区，乐欲崇和。庶几明德，来见昭副。不劳而定，于孤益贵。是故按兵守次，遣书致意。(阮瑀·为曹公作书与孙权)①

有人把"庶几明德"等三句标点为"庶几明德来见，昭副不劳而定"，又把"昭副"解释为"昭然可居第二位"（见《汉语大词典》"昭副"条），是不妥的。首先，这样断句不合本文句法；其次，把对"昭副"的这种解释放到句中，文义不通。其实，"副"可以用作动词，相当于"布"，表示"散布""流布""公布"等义。例如王胄《言反江阳寓目灞涘赐易州陆司马诗》："花开傅粉晏，尘起副车韩。"② 任昉《到大司马记室笺》："德显功高，光副四海。"③ "昭副"即"昭布"，意思是"明白地宣布"，例如元稹《郊天日五色祥云赋》："昭布于公侯卿士，莫不称万岁者三。""来见昭副"即"来见昭布"，亦即"来昭布君"，意思是"来开诚布公地告诉您"。助词"见"指代第二人称宾语"君"。

如果上述分析不错的话，那么，助词"见"指代第二人称宾语的用法在三国时就出现了。

15. ［王］浚及纲纪疑（顾虑）辄召万兵，欲先上［奏］须报（等待回文）。［何爽］曰："官家虽欲伐吴，疑者尚多，卒闻召万兵，必不见听。"(华阳国志·后贤志)④

"卒闻"的主语是"官家"，这应该是没有疑问的；下句的主语承上省略。因为"卒闻召万兵"一句意思未完，所以下句主语不容变换。因此，"必不见听"即"必不听君"，意思是"一定不会答应您"，"见"指代第二人称宾语"君"。

16. ［沈］攸之得太祖书翰，论选用方伯密事，辄以示［张］敬儿，以为反间，敬儿终无二心……太祖出顿新亭，报攸之书曰："……［我］问［你］张雍州（敬儿）迁代之日，将欲谁拟？本是逆论来事，非欲代张。［你］乃封此示

---

① 文选，卷四二，1977，中华书局

② 先秦汉魏晋南北朝诗，隋诗卷五，中华书局

③ 文选，卷四〇

④ 华阳国志，1984，巴蜀书社

张，激使见怒。若张惑一言，果兴怨恨，事负雅素，君子所不可为。况张之奉国，忠亮有本，情之见与，意契不贰邪？”（南齐书·张敬儿传）

这段文字最后两句的意思是，他和你的交情，是投合不贰的吗？“见与”即“与君”，“见”指代第二人称宾语“君”。

这个例子比较特别，“见”后的“与”是介词而不是动词。不过在古人看来，介词与动词大概是没有分别的。

17. 时瞻宪臣重，礼为内兄全。公程倘见责，私爱信不愆。（韦应物·送郑端公弟移院常州）①

这几句诗的大意是，时人都很敬重国家重臣郑端公，你按照礼数应为你的内兄（郑端公）顾全名誉。如果在赴任的期限上对你有所要求（限定），也是你内兄对你的关怀。“见责”即“责君”，意思是责成您，限定您。助词“见”指代第二人称宾语“君”。

18.（使官云）张浩，为你献了万言长策，圣人见喜，加你为吉阳令，教你走马上任。（马致远·半夜雷轰荐福碑·第二折）②

“见喜”即“喜欢你”，“见”指代第二人称宾语“你”。

元曲中多次出现“见喜”一词，从文义上看，都是“见V”指代式而不是“见了欢喜”。例如高文秀《须贾大夫谇范叔》第四折：“当日某同须贾入齐为使，因齐王为某舌辩，不胜见喜。”这里的“见喜”是“喜欢我”，“见”指代的是第一人称宾语。又如刘唐卿《降桑椹蔡顺奉母》第一折：“那堪媳妇润莲……朝暮问安视寝，终始无移。老夫知之于心，感于肺腑，十分的见喜。”这里的“见喜”是“喜欢她”，“见”指代的是第三人称宾语。而上述例18中的“见喜”是“喜欢你”，“见”指的是第二人称宾语。总之，元曲中的“见喜”一词都是“见V”指代式而不是连动式“见了欢喜”。

19. 住持与辨悟同声道：“……方才老丈见教，得此纸时，也见火光，乃知是此纸显灵，数当会合。老丈若肯见还，功德更大了。”老者道：“非师等之物，何云见还？”（二刻拍案惊奇·卷一）

上一个“见还”是“还我们”，“见”指代的是第一人称宾语“我们”；下一个“见还”是“还你们”，“见”指代的是第二人称宾语“你们”。同一个“见V”词组，指代同一对象（住持与辨悟），但由于说话的人变了，指代的人称也就变了。

有的“见V”句，其指代的宾语难以确定，但以第二人称宾语为佳。例如：

20. 初，［孙］策表用李术为庐江太守，策亡之后，术不肯事权，而多纳其亡叛。权移书求索，术报曰：“有德见归，无德见叛，不应复还。”权大怒。（三

① 全唐诗，卷一八九

② 全元戏曲，第二卷

国志·吴志·吴主传，注引江表传）

对“有德见归，无德见叛”的理解可以有三种：

A. 你有德人们就会归顺你，你无德人们就会背叛你。

B. 我有德人们就会归顺我，我无德人们就会背叛我。

C. 一个人有德人们就会归顺他，一个人无德人们就会背叛他。

例C中的“他”是泛指的。

从逻辑上看，三种解释都说得通，但从语言习惯上讲，则应以A为佳。从情理上讲，也是由于A最富于刺激，才惹得孙权“大怒”了。这类例子还有：

21. 丹墀上飒沓，玉殿下趋锵……裾开临舞席，袖拂绕歌堂。所叹忘怀妾，见委入罗床。（沈约·十咏二首·脚下履）①

对本诗后两句的理解也可以有两种：

A. 可叹的是那位忘了你的美人，撇下你就钻进了罗床。

B. 可叹的是那位忘了它的美人，撇下它就钻进了罗床。

上述两种解释虽然都通，但从诗的情境来看，则前者更为贴切、生动。

22. 行者道：“师父，你自家去，恐不济事；待老孙和你同去，看那国王邪正如何。”三藏道：“你去不肯行礼，恐国王见怪。”（西游记·第七十八回）

既然是师徒“同去”，那么把“见怪”看作“怪我们”也未尝不可；但是，既然“国王见怪”是“你不肯行礼”所致，那么还是把“见怪”看作“怪你”更好。

以上列举的助词“见”指代第二人称宾语的例子虽然不多，但却贯穿于从三国到明代约一千四百年的古代汉语中，而且在散文、诗歌、戏曲、小说中都有所见，这表明，助词“见”指代第二人称宾语的用法不是一种偶然现象。

---

① 先秦汉魏晋南北朝诗（中），梁诗卷七，中华书局

《助词“见”可以指代第二人称宾语》补苴

二十年前，我写过一篇《助词“见”可以指代第二人称宾语》的小文，当时即深感此类文例难得。此后虽又仔细寻求，然而二十年间，才得数例。敝帚自珍，视为至宝。今将此数例，略加分析，敷衍成文，以助前说。兹简析如下：

1. 家先有一白狗，自有鬼怪，暮常失之，至晓辄还。尔夕试系之，须臾，有一女子来云：“勿系此狗，愿以见乞。”答曰：“便以相与。”（祖冲之《述异记》，见《太平广记》三百二十五）

愿以见乞：愿意为此狗乞求你（狗主人）。后两句中的两个“以”字，其后均省略了“此”字。见乞：乞求你。“见”指代第二人称宾语“你”。

2. 王及夫人，闻太子言，甚怀忧灼。问太子曰：“汝有何意，而欲入海？……念舍此意，勿更纷纭。”……是时国中，有盲导师，自前已曾数返入海。太子闻之，即往到边，向其殷勤，嘉言求晓：“汝当与我，共入大海。”……导师答言：“我既年老，又盲无见……王爱太子，隆倍异常，须臾离目，有怀悒迟。今闻与我共入大海，倘复见拒，咎我不少。”（《贤愚经》卷第九）

“今闻与我共入大海”一句的主语是“王”，此句意思未完，故下句“倘复见拒”的主语仍应是“王”。由此可知“倘复见拒”是指代句式而非被动句式。又上文说王及夫人命太子“念舍此意，勿更纷纭”，是已经拒绝过太子入海，故“倘复见拒”的应是王子而不是盲导师。因此，“倘复见拒”就是倘若再次拒绝你。“见”指代第二人称宾语“你”。

3. ［裴］昭明遂相顾而笑曰：“……今为魏朝所逼，违负指授，还南之日，必得罪本朝。”［成］淹言：“彼有君子也，卿将命折中，还南之日，应有高赏；若无君子也，但令有光国之誉，虽复非礼见罪，亦复何嫌！”（魏书·成淹传）

虽复非礼见罪：即使［贵国］还违背道理责罚你们。见罪：罪卿（你们）。“见”指代第二人称宾语“卿”（你们）。注：南齐使者不止一人。

4. ［刘］善明家无遗储，唯有书八千卷，［齐］高帝闻其清贫，赐滁家葛塘屯谷五百斛，曰：“葛屯亦吾之垣下，令后世知其见异。”（南史·刘怀珍传）

知其见异：知道他们把你当成不同凡俗之人。见异：异卿（你）。“见”指代第二人称宾语“卿”。

5. ［李］章武乃求邻妇为开门，命从者市薪刍食物，方将具絪席，忽有一妇人，持帚，出房扫地。邻妇亦不之识。章武因访从者，云是舍中人。又逼而诘之，即徐曰："王家亡妇感郎情深，将见会。恐生怪怖，故使相闻。"章武许诺，云："章武所由来者，正为此也。"（唐宋传奇集·卷二·李章武传）

将见会：将要来会见你，见会：会郎（你）。"见"指代第二人称宾语"郎"。

6.［李］勰力不能独完［李］祐，乃持之泣曰："天不欲平贼乎？何见夺者众邪？"（新唐书·李晟传）

何见夺者众邪：为什么要［从我身边］夺走你的人如此之多呢？见夺：夺君，夺走你。"见"指代第二人称宾语"君"。

浅析《诗经》中的“v之v之”句式

“v之v之”句式是《诗经》中的一种颇具特色的句式，这种句式对上古的散文有很大影响①，适当地使用它可以使文章富于韵律感和节奏感。本文试就这种句式作一点粗浅的分析，并对其中的“神之听之”“左之左之”等几个例子作较为详细的探讨。

一

《诗经》中的“v之v之”句式绝大多数是由两个并列的动宾结构组成的，“之”是代词，用作宾语，所代的是上下文中出现的、或虽没有出现却暗示了的人或事物。

1. 普通动词带宾语“之”的。例如：

幡幡瓠叶，采之亨之……有兔斯首，炮之燔之……有兔斯首，燔之炙之……有兔斯首，燔之炮之。（小雅·瓠叶）

作之屏之，其菑其翳。修之平之，其灌其栵。启之辟之，其柽其椐。攘之剔之，其檿其柘。（大雅·皇矣）

以上八例是最典型的“v之v之”句式，因为它们都是最一般的动宾结构的组合，而且“之”所指代的事物都很明显地出现于上下文中，例如“瓠叶”“兔”“菑”“翳”等。

乘马在厩，摧之秣之……乘马在厩，秣之摧之。（小雅·鸳鸯）

皎皎白驹，食我场苗。絷之维之，以永今朝。（小雅·白驹）

以上三例中的“秣”和“维”在古汉语中既能作动词又能作名词，但在《诗经》中都用作动词。“秣”在《诗经》中共出现四次，“维”作为实词，在

① 先秦和汉代的散文常用这种句式，例如“劳之来之，匡之直之，辅之翼之”（《孟子·滕文公上》）；“生之畜之，长之育之，亭（成）之毒（熟）之，养之覆之”（《老子》四四章）；“赏之誉之不劝，罚之毁之不畏”（《韩非子·外储说右上》）；“今子大夫既已……陈治乱之端矣，其悉之究之，孰之复之”（《汉书·董仲舒传》）。

《诗经》中也出现四次，都是动词①。“秣”“维”作为名词，从文献上看要晚些②。上述三例中的“之”都是代词，指代的对象也很明显。

2. 把一个复音节动词拆开，使它们分别带宾语“之”的。例如：

东方未明，颠倒衣裳，颠之倒之，自公召之……倒之颠之，自公令之。（齐风·东方未明）

经始灵台，经之营之。（大雅·灵台）

就其浅矣，泳之游之。（邶风·谷风）

道之云远，我劳如何！饮之食之，教之诲之。（小雅·绵蛮）

以上各例中的“颠倒”“经营”“教诲”“游泳”“饮食”等词，在现代汉语中都是不能拆开的复音词，其中“游泳”不能带宾语，“饮食”只能作名词。但在古代汉语中，它们不仅可以拆开使用，而且可以带宾语。不过这种句子在翻译时，无法按原来的结构对译。“泳之游之”中的“之”，指代上句的“其”，“其”又暗指某条河流，作“泳”和“游”的宾语。“饮之食之”是使动用法，“之”所指代的对象没有出现，但可以从上文推断出是那位唱“我劳如何”的行路之人。

3. 重复式。例如：

敬之敬之，天维显思，命不易哉！（周颂·敬之）

“之”作宾语，指代的是下文的“天”和“命”。

4. 名词活用为动词，后带宾语“之”的。例如：

掺掺女手，可以缝裳。要之襋之，好人服之。（魏风·葛屦）

鸳鸯于飞，毕之罗之。（小雅·鸳鸯）

就其深矣，方之舟之。（邶风·谷风）

采薇采薇，筐之筥之。（小雅·采菽）

食之饮之，君之宗之。（大雅·公刘）

芃之棫朴，薪之槱之。（大雅·棫朴）

要，读为腰；襋，底襟。二者都用作动词。“之”是代词，指代前面的“裳”。这句话的意思是“缝它（裳）的腰，缝它的底襟。”

“毕”是有长柄的小网子，“罗”是大网，这里都用作动词，表示“用毕捉”“用罗捉”；“之”指代“鸳鸯”。

“方”或释为并舟，或释为筏，但不论如何解释，都是名词用作动词；宾语

---

① “秣”作动词，除正文中的两例以外，还有“言秣其马”“言秣其驹”（周南·汉广）。“维”作动词，除正文中的一例外，还有《小雅·节南山》中的“四方是维”、《十月之交》中的“彼月而食，则维其常”、《采菽》中的“汎汎杨舟，绋纚维之。”

② “秣”作名词，最早出现在《周礼·天官·太宰》：“以九式节财用……七曰刍秣之式。”《周礼》的成书年代，据现代人考证，最早也不超过战国时代。“维”作名词，最早出现于《楚辞·天问》：“斡维焉系，天报焉加。”这两种书都晚于《诗经》。

"之"指代的对象是某条河流。

"筐""筥"用作动词，表示"用筐装""用筥盛"；"之"指代"菽"。

"君""宗"用作动词，表示"当……君主""当……宗主"；"之"指代的对象没有出现，但从上文可以推断出所指的是群臣。

"薪"是名词用作动词，"槱"本来就是动词；"之"指"棫朴"。"薪之槱之"这个结构只有一半属于活用，为了简便，也附在这一类里。

5. 兼语式。

《诗经》里的"v之v之"句式中只有一个兼语式结构，例如：

命彼后车，谓之载之。（小雅·绵蛮）

在此以前的例句，都是由两个并列的动宾词组组成的，而"谓之载之"则是一个兼语式结构，前一个"之"指代后车的御者，后一个"之"暗指那个行路人。

6. "之"作语气词。

在《诗经》中的"v之v之"句式里，"之"作语气词的也只有一例，例如：

燕燕于飞，颉之颃之。（邶风·燕燕）

颉，向下飞；颃，向上飞。两个"之"都是语气词，起着凑足音节的作用。

二

前面对《诗经》中的"v之v之"句式作了一些简要的分析，但是还剩下"神之听之""左之左之"和"右之右之"三句没有分析，这是因为笔者对这三句的传统解释有不同的看法，所以放本节详细讨论。

1. "左之左之"和"右之右之"①

"左之左之"和"右之右之"见于《小雅·裳裳者华》，为便于解释，引第三、四章如下：

裳裳者华，或黄或白。我觏之子，乘其四骆；乘其四骆，六辔沃若。

左之左之，君子宜之。右之右之，君子有之。维其有之，是以似之。

对"左之左之"和"右之右之"的解释，一般都遵循毛传，即"左，阳道朝祀之事；右，阴道丧戎之事。"这种权威性的解释虽然被奉行了两千多年，但从思想文化的角度看，其不妥之处应当说是较为明显的。因为春秋时代②还没有阴阳五行观念，更不会拿"左""右"去附会什么"阳道朝祀之事"和"阴道丧戎之事"。毛亨之所以作这种解释，是因为他用了汉代盛行的阴阳五行的观点，去解释春秋时代事物的结果。

---

① 这部分曾单独发表过，这次作为本文的一部分，作了删改。

② "毛传"说这首诗是刺周幽王的，但不可信。

其实，“左之左之”和“右之右之”的意思本来是很明显的，它不过是指贵族子弟驾车出行，策马左右驰骋而已。

在先秦时期，“左”和“右”都能作动词（同源动词如表示“辅佐”的“左”和表示“保佑”的“右”不算），例如：

齐桓公将立管仲，令群臣曰：“寡人将立管仲为仲父。善者入门而左，不善者入门而右。”东郭牙中门而立。公曰：“寡人立管仲为仲父，令曰：‘善者左，不善者右。’今子何为中门而立？”（韩非子·外储说左下）

例中的“善者入门而左，不善者入门而右”的“左”和“右”紧跟在连词“而”的后面，应视为动词；下面的“善者左，不善者右”是“善者入门而左，不善者入门而右”的省略形式，其中的“左”“右”也应视为动词。

“左”和“右”在《诗经》中也有用作动词的例子，如《大雅·绵》第四章：

乃慰乃止，乃左乃右，乃疆乃理，乃宣乃亩。

本例中受“乃”修饰的词都应视为动词，“左”“右”也不例外。

我们再从先秦典籍中看“左之”和“右之”的语法结构，例如：

今有马于此，如骥之状者，天下之至良也。然而驱之不前，左之不左，右之不右，则臧获虽贱，不托其足。（韩非子·外储说右上）

显然，“驱之”是动宾结构，“之”指代“马”。“左之不左，右之不右”的语法结构与“驱之不前”是一样的，因此“左之”“右之”与“驱之”的结构也是一样的。把“左之”“右之”看作使动用法，那是从翻译的角度出发的。

《诗经》中也有以“左之”为动宾结构的例子，例如《秦风·驷驖》第一、二章：

驷驖孔阜，六辔在手。公之媚子，从公于狩。

奉时辰牡，辰牡孔硕。公曰：“左之！”舍拔则获。

“左之”是命令车夫的话，意思是“把车向左赶”，其结构与《韩非子》中的“左之”“右之”是一样的，也是动宾结构；《裳裳者华》中的“左之左之”“右之右之”的结构也是一样的，只不过是重复了一次而已。更具说服力的是，《裳裳者华》中的“左之左之”与《驷驖》中的“左之”不仅语法结构相同，而且所处的语言环境也相同，即都出现在贵族乘车出行的相同内容里，其词义也应该是相同的。

2. 神之听之

“神之听之”在《诗经》中共出现过三次，即《小雅·伐木》第一章和《小雅·小明》第四、五章。这里仅引《伐木》第一章：

伐木丁丁，鸟鸣嘤嘤。出自幽谷，迁于乔木。嘤其鸣矣，求其友声。相彼鸟矣，犹求友声；矧伊人矣，不求友生！神之听之，终和且平。

按照传统的解释，神是天神、神明，听是听见。那么“神之听之”就是“n之v之”句式，其中第一个“之”是语气词，第二个“之”是代词。这种说法本于郑笺，尽管已被沿袭了近两千年，但也未必是正确的。其实，“神之听之”的语法结构也是“v之v之”式。

清代的《诗经》专家马瑞辰已经指出了这个问题，他在《毛诗传笺通释》里说：

此经文（指《小雅·伐木》）并无求通神明之意……不得言“神若听之”也。《尔雅·释诂》：“神，慎也。”“神之”即“慎之”也。《荀子·非相篇》曰：“宝之珍之，贵之神之。”杨注：“神之，谓不敢慢也。”又曰，“辨之明之，持之固之”，句法与此诗同。《广雅》：“听，从也。”听之，谓能听从是言也。《小明》诗亦无求神之义，两言“神之听之”，义同此。

可以看出，马氏此说中最重要的一点，就是用相同的句式，也就是从语法的角度证明“神之听之”是“v之v之”结构。他所引用的例证是《荀子·非相》中的“宝之珍之，贵之神之”，杨倞注：“神之，谓不敢慢也”，说明“神”是动词，相当于“慎”。“宝之”“珍之”“贵之”与“神之”的结构相同，所以“宝”“珍”“贵”也是动词。但杨倞却没有说明“之”的词性，我们只好根据这两句话所处的语言环境来判断。其文如下：

谈说之术，矜庄以莅之，端诚以处之……宝之珍之，贵之神之，如是则说常无不受。（荀子·非相）

可以看出，“之”是代词，指代的是“谈说之术”，作“宝”“珍”“贵”“神”的宾语。可见，“贵之神之”是由两个并列的动宾结构组成的“v之v之”句式。

并列的结构可以变换其中各部分的位置而不影响其意义，“贵之神之”是由两个并列的词组组成的，那么，也可以颠倒它们的位置，成为“神之贵之”。这样一来，《诗经》中的“神之听之”在语法结构上就与它完全一样了，也就是说，“神之听之”也是由两个并列的动宾词组组成的“v之v之”句式。

至于对“神之听之”在意义上的解释，可依马氏之说，解释为“慎之听之”。从《小雅·伐木》第一章和《小雅·小明》第四、五章看，两个“之”所指代的对象都没有直接出现，根据上下文，可以看出，前一个“之”在《伐木》中指代的是“交友之道”，在《小明》中指代的是“为官之道”；后一个“之”所指代的是诗中的告诫之词，即《伐木》中的“相彼鸟矣，犹求友声；矧伊人矣，不求友生”和《小明》第四章中的“嗟尔君子，无恒安息，靖共尔位，好是正直”① 以及第五章中相似的四句话。

---

① 《小雅·小明》第四章“神之听之”后面的“式穀以女”一句，意思是“使你自己更完善”。式，语气词；穀，善，完善；以，于。第五章“介尔景福”一句，“介”通“匄”，释为“求”。《小雅·甫田》“以介我稷黍”、《豳风·七月》“为此春酒，以介眉寿”、《周颂·载见》“以孝以享，以介眉寿”，“介”皆释为“求”，是其证。

《左传》中的句首语气词“繄”

《左传》中的句首语气词“繄”仅两见：

1. 尔有母遗，繄我独无。(隐公元年)

2. 王室之不坏，繄伯舅是赖。(襄公十四年)

对例1“繄”的解释，目前所能见到最早的是杜预的，其注曰：“繄，语助。”对例2的注释，最早的是服虔的，其注曰：“繄，蒙也，赖恃也。”由于服注多不被人信服，所以后世亦多依杜预所注，即“繄，发声。”“语助”与“发声”，意思基本上是一样的。

现代对此词比较通行的解释分别见于王力先生主编的《古代汉语》和郭锡良先生主编的《古代汉语》(以下简称王本、郭本)。王本注：“繄，句首语气词。”郭本注：“繄，句首语气词，作用与‘惟’相近。”

王本所释源于杜注“繄，语助”，郭本所释比王本多了“作用与‘惟’相近”一层意思。后者源于孔颖达《正义》引孙毓曰：“王室之不坏者，唯伯舅太公是赖也。”孙毓是在串讲句义，并未明确指出“繄”就是“唯”。到了王引之《经传释词》，才把例1和例2的“繄”释为“唯”。但他并未说明此“唯”是句首语气词还是副词“只有”。

值得注意的是，先秦有两个与例1相同的句式，“我”字前均无句首语气词。例如：

3. 马司牛忧曰：“人皆有兄弟，我独亡(无)。”(论语·颜渊)

4. 四国皆有分，我独无有。(左传·昭公十二年) 此两例使人们怀疑“繄”是否是句首语气词。

如果仔细研究杜注，“语助”“发声”未必就是句首语气词，我们也可以认为此二者是用于两句之间表示停顿的语气词，相当于“也”，也可以说“繄”字在这里和“也”字是同一词的异写。

在古代文献中，有两个与“繄”同音而且形近的字“殹”和“翳”，在《石鼓文》《诅楚文》以及长沙马王堆帛书中，“殹”和“翳”都相当于“也”。例如：

5. 汧殹沔沔。(石鼓文)

6. 将之以自救殹。(诅楚文·巫咸)

《石鼓文》中的“殹”，旧释为“兮”，但把例6的“将之以自救殹”与《诅楚文·厥湫》中的“将之以自救也”加以比较，可知“殹”当释为“也”。

通行本《老子》中的“也”在马王堆帛书《老子》甲本中皆作“殹”。

在帛书《经法》中，“也”和“殹”搀杂使用：

7. 故执道者之观于天下殹，无执殹，无处也，无为殹，无私殹。

8. 巽（选）练贤不宵（肖）有别殹，以刑正者，罪杀不赦殹……可以正（征）者，民死节殹……号令发必行，俗也。男女劝勉，爱也。动之静之，民无不听，时也。（经法·君正）

更值得注意的是，在《经法》中，“也”又写作“翳”。例如：

9. 事恒自施，是我无为。静翳不动，来自至，去自往。（十大经）

10. 亡臣者，名臣也，其实虏也。自光（广）者人绝之；□□人者，其生危，其死辱翳。居不犯凶，困不择时，不受禄者，天子弗臣也。（称）

马王堆帛书整理者注：“翳，读为‘也’。”此解甚是。

首先，殹与翳同音。《说文》：“翳，从羽，殹声。”其次，殹与翳古通用。《方言》十二：“殹，幕也。”注：“谓蒙幕也。”《方言》六：“翳，薆也。”注：“蔽薆也。”《笺疏》：“蒙幕犹言覆蔽也……翳与殹同声通。”从帛书文意看，“翳”释为“也”是很妥当的。

再者，繄与殹、翳古同音。《说文》：“繄，从系，殹声。”繄与翳音同形近，在先秦古籍中也有相通之例：

11. 诸侯甲不解纍，兵不解翳。（国语·齐语）

韦昭注：“纍，所以盛甲也；翳，所以蔽兵也。”

所谓“所以蔽兵”，是说“翳”是兵器的套子。而“繄”的本义也是兵器的套子，《说文》：“繄，戟衣也。”戟衣，就是兵器的套子。可见《国语·齐语》中的“翳”字就是“繄”字的通假字。而“也”字写作殹、翳、繄，这是古文的写法，《左传》出自古文，其中保留一些古文，是完全合乎情理的。

根据上述分析，我们可以把例1、例2重新标点为：

尔有母遗繄（也），我独无！

王室之不坏繄（也），伯舅是赖。

这样，新标点后的第一句的意思是：你有母亲可为她奉送食物啊，我偏偏没有！“繄”作为语气词处于上句话之后，更为准确地反映了郑庄公当时的感慨之情。“繄”作为语气词处于第二例的上句话之后，也更为准确地反映了周王在王室衰落之时追述伯舅（姜太公）辅佐之功时的感叹之情。

再议早期的语助词“来”

早期的语助词“来”，前人已有所阐述：

《孟子·离娄上》：“盍归乎来！吾闻西伯善养老者。”[①] 杨伯峻注引王引之《经传释词》云：“来，语末助词也。”

《礼记·檀弓下》：“齐大饥……黔敖左奉食，右执饮，曰：‘嗟来！食。’”俞樾《群经平议·礼记一》：“来，乃语助之辞。《庄子·大宗师》篇：子桑户死，孟子反，子琴张相和而歌，曰：‘嗟来，桑户乎！嗟来，桑户乎！’此云‘嗟来食’，文法正同。”

《庄子·人间世》：“虽然，若必有以也，尝以语我来！”又“为人臣者不足以任之，子其有以语我来！”章炳麟《新方言·释词》：“‘来’，并即‘矣’字，训‘乎’者也……今语亦作‘哩’。‘里’‘来’，古音一也。”

王引之、俞樾之说均正确，只是未言明此“来”到底相当于古代的哪一个语助词。

章炳麟之说则进一步，其意是说《庄子·人间世》中的两个“来”均通“矣”，释为“乎”，相当于现代的“哩”。

说“来”可通“矣”是对的，但《人间世》中的两个“来”均非是“矣”；释为“乎”亦不妥，《战国策》：“长铗归来乎”，若释“来”为“乎”，则两“乎”重叠；以“哩”释“来”，亦未允当。

上述语助词“来”，裴学海《古书虚字集释》皆释为“哉”，此说甚是。然而此说未被《汉语大词典》所采纳。本文欲就此说作进一步探讨，以助其说。

一

裴学海先生此说之所以未被《汉语大词典》所采纳，很可能是证据尚不充分。以下分条补充之。

（一）《孟子·离娄上》：“盍归乎来！吾闻西伯善养老者。”

“乎来”即“乎哉”，“来”相当于“哉”。“乎哉”是语气词连用，《孟子》中有其例：

1. 彼以（有）其爵，我以（有）吾义，吾何慊乎哉！（公孙丑下）

---

① “盍归乎来”一语，在《孟子》中共出现五次，分别见于《离娄上》《尽心上》及《尽心下》。

2. 若寡人者，可以保民乎哉？（梁惠王上）

3. 孔子曰："于斯时也，天下殆哉，岌岌乎！"不知此语诚然乎哉？（万章上）

上述例中的"乎哉"皆相当于"乎来"，而例1中的"何慊乎哉"与"何归乎来"可以说连句型都是一样的。

"乎哉"一词，《论语》中颇多，如：

4. 子曰："仁远乎哉？我欲仁，斯仁至矣。"（述而）

5. 吾少也贱，故多能鄙事，君子多乎哉？不多也。（子罕）

6. 子曰："吾有知乎哉？无知也。"（子罕）

7. 为人由己，而由人乎哉？（颜渊）

8. 子贡方（谤）人。子曰："赐也贤乎哉？夫我则不暇。"（宪问）

"盍归乎来"是反问句，上述八例，除例2、3是一般询问句，其余六例均是反问句。可见"……乎哉"句均是问句而其中多是反问句。《庄子》《荀子》《韩非子》中亦有此类句式，如：

9. 民湿寝则腰疾偏死，鳝然乎哉？木处则惴慄恂惧，猿猴然乎哉？（庄子·齐物论）

10. 譬之若载鼷以车马，乐鴳以钟鼓，彼又恶能无惊乎哉？（庄子·达生）

11. 好善无厌，受谏能戒，虽欲无进，得乎哉？（荀子·修身）

12. 失之己，反之人，岂不迂乎哉！（荀子·荣辱）

13. 奚可以难夫道理之言乎哉！（韩非子·难势）

先秦古籍中的"乎哉"一词，在《孟子》中又写作"乎来"，来、哉古音皆在之部，应是音近通假。

（二）《礼记·檀弓下》："齐大饥……黔敖左奉食，右执饮，曰：'嗟来！'食。"

（三）《庄子·大宗师》："子桑户死，孟子反，子琴张相和而歌，曰：'嗟来，桑户乎！嗟来，桑户乎！"

嗟来，又写作"嗟嗞""嗟兹"，后又写作"嗟哉"。如：

14. 公曰："嗟嗞乎！圣人之言，长乎哉！"（管子·小称）

15. 嗟兹乎！我穷必矣！（说苑·贵德）

16. 滔滔武溪一何深，鸟飞不度，兽不敢临，嗟哉五溪兮多毒淫。（马援·武溪深行）

17. 嗟哉！义重于生，以至是乎！（後汉书·耿弇传论）

嗞、兹、哉上古同音，可通假。

嗟来，又写作"嗟嘻"。如：

18. 行路之人，道死巷哭，不绝嗟嘻之声。（吴越春秋·勾践阴谋外传）

嘻，可通"裏"，《易·家人》九三："妇女嘻嘻，失家节也。"马王堆帛书《六十四卦·家人》九三"嘻嘻"作"裏裏"。又僖可通"釐"，《左传·庄公八年》："有宠于僖公。"《史记·齐太公世家》"僖公"作"釐公"。嘻、僖与裹、釐古同音。

裹、釐与"来"古同音。因此，嘻与"来"古亦应同音。

（四）《庄子·人间世》："名实者，圣人之所不能胜也，而况若乎！虽然，若必有以也，尝以语我来！"

（五）《庄子·人间世》："叶公子高将使于齐，问于仲尼曰'……吾未至乎事之情而既有阴阳之患矣！事若不成，必有人道之患，是两也。为人臣者不足以任之，子其有以语我来！'"

上述两例中的语助词"来"也都相当于"哉"。例（五）的"有以"是一个固定结构，相当于"何以"，《商君书·弱民》："有以知其然也？"《春秋繁露·竹林》："有以效（验）其然也？"其中"有以"均相当于"何以"。"子其有以语我来（哉）"是叶公子高对孔子的揶揄之辞，从上文内容看，叶公子高是说，孔仲尼，你告诉我应当如何如何，而结果却大相径庭，子其何以语我来（哉）！——您还有何高见教导我呀！

《大戴礼记·曾子疾病》："曾子曰：'微乎！吾无夫颜氏之言，吾何以语汝哉！'""吾何以语汝哉"与"子其有以语我来"是同样的句式，其中"何以"与"有以"相对应，"哉"与"来"相对应。"其"是句中语气词，于句式对应无妨。

《庄子》中还有与"……语我来"句式相同的"……V我哉"句式，例如：

19. 天地岂私贫我哉！（大宗师）

20. 君岂有斗升之水而活我哉！（外物）

21. 女将恶乎比予（我）哉！（人间世）

其他古籍中也有这种句式，如：

22. 晋吾宗也，岂害我哉！（左传·僖公五年）

23. 子何独自是而非我哉！（墨子·耕柱）

24. 彼恶敢当我哉！（孟子·梁惠王上）

25. 孰禁我哉！（荀子·儒效）

以上的"……V我哉"句式除例23外，都是反问句，与"子其有以（何以）语我来"相同。

语助词"来"相当于"哉"，后世仍有所见。如：

（六）《晋书·祈嘉传》："夜忽闻窗中有声呼曰：'祈孔宾，祈孔宾，隐去来，隐去来！'"

（七）《宋书·陶潜传》："即日解印去职。赋《归去来》，其词曰："归去来兮，园田荒芜，胡不归？"

（八）刘义庆《幽明录》卷四："汝止有一手，那得遍笛？我为汝吹来！"

（九）《乐府诗集·隔谷歌》："食粮乏尽若为治？救我来，救我来！"

有的词书将后两例中的“来”释为“吧”，但无论是从语音上还是从语气的强度上看，释为“哉”似乎更为适宜。

二

语助词“来”在先秦古籍中还有两例似未见有人言及，即：

（十）《诗·大雅·灵台》：“经始（治）灵台，经之营之。庶民攻之，不日成之。经始勿亟，庶民子来。”

庶民子来，郑玄笺：“众民各以子成父事而来攻之。”高亨先生注：“子，借为孜，《说文》：‘孜，汲汲也’……孜来，即急来。”

郑玄之说不妥。上文已言灵台可“不日成之”，何须“子成父事而来攻之”？高亨先生之说亦欠妥。上文周王已发诫令曰“经始勿亟（急）”，庶民何用“急来”呢？总之，此“来”若释为动词，则与上文内容自相矛盾。

此“来”亦应是语助词，通“矣”。两字古韵均在之部，属音近通假。“庶民子来”即“庶民子矣”，亦即“庶民子也”。“经始勿亟，庶民子也”是周王对其臣下的告诫之辞，告诫其建造灵台勿急于求成，庶民皆是周王的子民，令其爱惜民力。爱民如子，是古代统治者一贯大力宣扬的美德，《礼记·表记》：“君天下……子民如父母。”孔颖达疏：“‘子’谓‘子爱’，于民如父母爱子也。”

“庶民子矣”即“庶民子也”，是表示强调的判断句，“矣”通“也”。《论语·里仁》：“朝闻道，夕死可矣。”《大戴礼记·曾子大孝》“矣”作“也”。《说苑·指武》：“大少正卯者，鲁国之闻人矣。”《论衡·讲瑞》“矣”作“也”。

“也”“矣”在《诗经》中亦可相通，《邶风·雄雉》：“展矣君子”，《小雅·车攻》：“展也大成”，“展矣”即“展也”；《小雅·车攻》：“允矣君子”，《商颂·长發》：“允也天子”，“允矣”即“允也”。

“经始勿亟，庶民子来（矣）”两句，其间有着密切的逻辑关系，其关系是“之所以经始勿亟，皆缘于庶民子矣（也）。”且以“矣”易“来”，仍可与上文押韵（之部）。

（十一）《战国策·齐策四》：“居有顷，倚柱弹其剑，歌曰：‘长铗归来乎，食无鱼！’”

此例中“来”亦应通“矣”，“来乎”即“矣乎”，也是语气词连用。“……矣乎”句式见于先秦古籍：

26. 子曰：“已矣乎！吾未见能见其过而内自讼者也。”（论语·公冶长）

27. 子曰：“中庸之为德也，甚至矣乎！民鲜久矣。”（雍也）

“矣乎”又作“矣夫”，如：

28. 伯牛有疾，子问之，自牖执其手，曰：“亡之，命矣夫！”（雍也）

29. 子曰：“苗而不秀者，有矣夫！秀而不实者，有矣夫！”（子罕）

30. 子曰：“凤鸟不至，河不出图，吾已矣夫！”（子罕）

例30的“已矣夫”即例26的“已矣乎”，“夫”通“乎”。出土文献中亦有语气词“夫”通“乎”之例，如：

31. 周公棘然作色曰：“乌夫！贱人格上则刑戮至。”（信阳长台楚竹简一·〇一）

32. 乌夫！贱人刚恃，天役于刑（同上一·〇二）

以上两例中“乌夫”即“乌乎”，“夫”通“乎”。

通过上述例句与例（十一）中的“长铗归来乎”句的对比，可知连用的语气词“来乎”即“矣乎”“矣夫”，“来”通“矣”。

上文说“来”通“矣”是音近通假，之所以说二字音近，是因为二字古韵均在之部。如果再考察二字的声母，则会发现二字的声母可互为谐声，如此，则二字韵、声皆同因而是同音字，其声母可拟为［hl－］，即匣、来相谐，其例如下：

33. 嫌，《易·坤·文言》：“为其嫌于无阳也。”《诗·小雅·采薇》疏引“嫌”作“溓”。嫌，匣母；溓，来母。嫌、溓相通是匣、来互谐。

34. 奚，《左传·桓公十七年》：“及齐师，战于奚。”《穀梁传》“于奚”作“于郎”。奚，匣母；郎，来母。奚、郎相通是匣、来互谐。

35. 陉，《左传·成公二年》：“击马陉”，一本作“马陵”。又《史记·齐世家》亦作“马陵”。陉，匣母；陵，来母。陉、陵相通是匣、来互谐。

36. 翮，《说文》：“鬲声”，下革切。鬲，郎激切。下，匣母；郎，来母。匣、来相谐。

上述例是匣、来相谐，以下是来、匣相谐：

37. 林，《礼记·月令》：季夏之月：“其音徵，律中林钟。”林钟，《周礼·春官·大司乐》作“函钟”。林，来母；函，匣母。林、函相通是来、匣相谐。

38. 荔，《说文》“劦声”，郎计切。劦，胡颊切。郎，来母；胡，匣母，来、匣互谐。

由此可见，来、矣二字上古同韵、谐声，应是同音字。来、矣相通是同音通假。

谈虚词“具”

一

虚词“具”有一种用法是用作副词，表示“详细地”，然而这种用法却很少引起人们的注意，原因是它往往被人们译为“全部、全都”等意思。例如：

1. 鲁君子左丘明惧弟子人人异端，各安其意，失其真，故因孔子史记具论其语，成《左氏春秋》。(史记·十二诸侯年表)

2. ［曹参］既见盖公，盖公为言治道贵清静而民自定，推此类具言之。(史记·曹相国世家)

3. 会［李］陵军候管敢为校尉所辱，亡降匈奴，具言“陵军无后救，射矢且尽……当使精骑射之即破矣。”(汉书·李陵传)

4. ［顾徽］到此与曹公相见，公具问境内消息，徽应对婉顺。(三国志·吴志·顾雍传·注引《吴书》)

5. ［赵］瞿在穴中，自怨不幸，昼夜悲叹，涕泣经月。有仙人行经过穴，见而哀之，具问讯之。(抱朴子内篇·卷十一)

6. 王又问曰：“彼国出圣人否?”宋云具说周、孔、庄、老之德。(洛阳伽蓝记·城北)

上述各例的“具”，很多辞书都译为“全部”“完全”等义，但参照文义，颇为不妥。如例3的“推此类具言之”，是说盖公以“治道贵清静而民自定”的原则推论，详细地说明了自己的理论，“贵清静而民自定”的理论只有一条，谈不上“都说了”。例4的“公具问境内消息”，是说曹操详细地问了吴国境内的情况，说曹操把吴国境内的情况全部问了，是不合情理的。因为吴国大大小小的各种情况是不计其数的，不可能全部问到。例6的“具说周、孔、庄、老之德”，是说宋云详细地介绍了周公、孔子、庄子、老子的学说，说宋云把周、孔、庄、老的学说都说了，是不可能的。还有一些例子更能说明问题，例如：

7. 元凶弑立，以［臧］质为丹阳尹。质家遣门生师顗报质，具言文帝崩问。(南史·臧焘传)

8. ［臧］质令［臧］敦具更譬说［刘］义宣。(南史·臧焘传)

例7的“文帝崩问”只是一条消息，把一条消息全都说了，不合情理。例8的“具更譬说”的意思是“详细地再次以譬喻之辞劝说”，如果把此句中的“具”释为“全都”，就完全不通了。

古籍中在“具答”“具对”“具说”等词语后往往会有很详细的一段文字，这也能表明“具”是“详细地”。例如：

9. ［袁］逢问西域诸国土地、风俗、人物、种数。［臧］旻具答言西域本三十六国，后分为五十五，稍散至百余国；其国大小，道里近远，人数多少，风俗燥湿，山川、草木、鸟兽、异物各种不与中国同者，悉口陈其状，手画地形。（三国志·臧洪传·注引谢承《后汉书》）

10. 诏曰：“……宜披露失得，指陈政要……具对经术，以皂囊封上。［蔡］邕对曰：“……”（後汉书·蔡邕传）

11. 诏曰：“……群司素餐，据非其位……厥效何由？分别具对，勿有所讳。［周］举对曰：“……”（後汉书·周举传）

12. ［李益］因问其名居，鲍具说曰：“……”（唐宋传奇集·霍小玉传）

例9的“具答”，内容已很详细；例10、例11的“具对”则分别有530字和460字的详细内容；而例12的“具说”也有152字的详细描述，均显示了“具”的“详细”之义。

互文见义也是一种判别词义的好方法，“具”与副词“详”的互文也可显示“具”的“详细”之义。例如：

13. 诏丞相、御史，问以虏所入郡吏。［丙］吉具对。御史大夫卒遽不能详知，以得谴让，而吉见谓忧边思职。（汉书·丙吉传）

“不能详知”在本例中即“不能详对”，“具对”与“详对”互文见义。

14. 思宜睿范，引兹简恤，可具询执事，详访民隐。（宋书·前废帝纪）

“具询”与“详访”互文见义。

15. 给使白［朱］诞曰：“人盗君膏药，颇知之否？”……诞大惊，乃详问之，具道本末。（张华·搜神记·卷十七）

朱诞“详问”经过，给使“具道”本末，“具”与“详”互文见义。

16. ［张］华之博物多此类，不可详载焉。（晋书·张华传）

17. 其余经见，与赵泰、屑荷大抵相同，不复具载。（宋王琰·冥祥记）

18. 今《志》自郊庙以下，凡诸乐章，非淫哇之辞，并皆详载。（宋书·律志上）

19. ［京］房言律详于［刘］歆所奏，其术施行于史官，候部用之。《续汉志》具载其律准度数。（宋书·律志上）

例16至例19，均是“详载”与“具载”互文见义。而例13至例19均是通过“具”与副词“详”的互文，显示了副词“具”的“详细”之义。

二

在古汉语中，“具”还可以作形容词谓语，表示“详细”。例如：

20. 秦既得意，烧天下《诗》《书》，诸侯史记尤甚，为其有所刺讥也……独有《秦记》，又不载明，其文略不具……余于是因《秦记》……著诸所兴坏之端。（史记·大宛列传）

21. 然韩非知说之难，为《说难》书甚具。（史记·老子韩非列传）

22. 《礼》固自孔子时而其经不具，及至秦焚书，书散亡益多，于今独有《士礼》，高堂生能言之。（史记·儒林列传）

以上三例，都是“具”作形容词谓语，表示“详细”。

形容词“具”与“详”还可以作为同义复合词用作谓语，表示“详细”。例如：

23. 凡说此辈，无不如言，不能具详，故粗记数事。（三国志·魏志·朱建平传）

同义复合词“详具”还可以作为使动用法，表示“使……详细”。例如：

24. 天文地理人事之纪，子大夫习焉。其悉意正议，详具其对，著之于篇，朕将亲览焉。（汉书·公孙弘传）

“具”作形容词还可以修饰名词，例如：

25. ［傅］竖眼叹异，具状奏闻，世宗嘉之。（魏书·列女传）

“具状”是名词性偏正结构，相当于“详情”；“具”是形容词，修饰名词“状”，“具状”在这里是名词性结构作状语，表示“把详情……”。

“具”还可以用作动词，表示“详知”“明知”。从语法的角度看，动词不能算作虚词，但由于这种用法在意义上与“详细”之义相关联，故一并阐述之。例如：

26. 今陛下幸加惠，留听于承学之臣，复下明册，以切其意，而究尽圣德，非愚臣所能具也。（汉书·董仲舒传）

27. 且陛下即位以来，政教未过，而德泽有加，天下所具也，臣等独何讥刺哉？（後汉书·儒林列传）

28. 庐陵王构阋有本，屡被猜嫌，且居丧失礼，遐迩所具。（宋书·谢晦传）

29. 比日相白，想亦具矣。（宋书·殷琰传）

30. 上遣［沈］文秀弟文炳诏文秀曰：“……凡诸逆节，亲为戎首，一不加罪，文炳所具。”（宋书·沈文秀传）

以上五例的“具”都用作动词，表示“详知”“明知”。

“具”作动词，表示“详知”“明知”，还可以带宾语。例如：

31. 张绪、陆澄是其乡旧，应具来由。（南齐书·孝义传）

32. 方获此请，深具来意。（北史·张普惠传）

古籍还有一例，其中的“具”包括了上述三种用法，例如：

33. 阿那瓌再拜跽曰：“臣先世源由，出于大魏。”诏曰：“朕已具之。”阿那瓌起而言曰：“臣之先，逐草放牧，遂居漠北。”诏曰：“卿言未尽，可具陈之。”阿那瓌又言曰：“……”诏曰：“具卿所陈，理犹未尽，可更言之。”（魏书·蠕蠕传）

本例的第一个“具”是动词，意为“明知”；第二个“具”是副词，意为“详细地”；第三个“具”是形容词的使动用法，意为“使……更为详细”。

古汉语中是否有代词“莫”

传统的观点认为，“莫”在古汉语中可作代词，表示“没有谁”“没有什么”等意思，有人则更具体地称这种“莫”为否定性无定代词。例如：“莫不率从，鲁侯之功”（诗经·鲁颂·閟宫），“福莫长于无祸”（荀子·劝学），其中的“莫”译为“没有谁”或“没有什么”是很通顺的。但是在《後汉书·李固传》引《周颂》“薄言振之，莫不震叠”一句下，李贤注曰：“莫，无也。”《史记·留侯世家》中有“天下莫不延颈欲为太子死者”的句子，这里的“莫”即“无”，表示“没有”，是个动词。有人认为，句末不带“者”的“莫”字句，其中的“莫”是代词；而句末带“者”的“莫”字句，其中的“莫”就是动词。然而很多文献材料表明，不带“者”的“莫”字句应该是带“者”的“莫”字句的省略形式。

一

名词性的“者”字词组省略“者”字是古汉语中的一种常见形式，这种形式大量地存在于古籍之中，例如：

1. 卫文公能正其群臣而刺在位。（诗·鄘风·相鼠序）

2. 平阿侯［王］谭，成都侯［王］商及在位多称［王］莽者。（汉书·元后传）

3. 是时梁兴四十七年，境内无事，公卿在位及闾里士大夫，莫见兵甲。（南史·羊侃传）

以上三例中的“在位”即“在位者”的省略，也有不省的，例如：

4. 董卓将校及在位者多凉州人，［王］允议罢其军。（後汉书·王允传）

古籍中称“在位者”多用“在位”，其省略形式反而居多，这与“莫……者”句式早期多省“者”的情况类似。而有些句式省“者”的与不省“者”的均较常见。例如：

5. 其后人有上书告［周］勃欲反。（史记·绛侯周勃世家）

6. 高祖戏而伤［夏侯］婴，人有告高祖。（汉书·夏侯婴传）

例5、6中的“人有……”即“人有……者”的省略，也有不省的。例如：

7. 人有短恶［樊］哙者。（史记·陈丞相世家）

8. 人有贼伤后假母者，王疑太子使人伤之，笞太子。（汉书·衡山王传）

古汉语中“者”字词组省略“者”字是很常见的，有时短短的几句话中就有几处省略“者”字的情况。例如：

9. 诛不义，立有功，平海内。(汉书·高帝纪)

10. 今陛下为天子，而所封皆萧、曹故人所亲爱，而所诛者皆平生所仇怨。(史记·留侯世家)

上述两例中的“不义”“有功”“所封”“所亲爱”“所仇怨”分别是“不义者”“有功者”“所封者”“所亲爱者”和“所仇怨者”的省略，而例10中还有不省“者”的“所诛者”。仅两例中，这种语言现象就出现五次，足见其普遍性。

二

以上所述是一般的“者”字词组省略“者”字的情况，而“莫”字句中省略“者”字的现象就更为普遍，下面分几类加以阐述。

(一) 莫敢；莫敢……者

11. 莫敢不诺，鲁侯是若。(诗经·鲁颂·閟宫)

12. 一郡怖栗，莫敢犯禁。(汉书·尹翁归传)

13. 王氏浸盛，灾异数见，群下莫敢正言。(汉书·梅福传)

14. 则人莫敢过而致难于其君者。(公羊传·桓公二年)

15. 吏人莫敢近者。(後汉书·史弼传)

16. 然御众严而不烦，莫敢犯者。(晋书·石季龙载记上)

17. 百寮惕惧，莫敢言者。(大唐新语·卷二)

例11-13是省“者”式，例14-17是不省“者”式，从中亦可见省“者”式早于不省“者”式。

(二) 莫有；莫有……者

18. 男女七八千人相枕而死，莫有离叛。(三国志·魏志·臧洪传)

19. 尚书读册毕，群臣莫有言。(三国志·魏志·董卓传注引献帝起居注)

“莫有”又作“莫或”，例如：

20. 各自为政，莫或同心。(三国志·吴志·胡综传)

21. 及出殿门，莫有见者。(三国志·吴志·吴范传注引神仙传)

22. 上下钳口，莫有言者。(後汉书·宦者列传)

23. 皆愿效死，莫有欺者。(後汉书·郅恽传)

例18-20是省“者”式，例21-23是不省“者”式。例22可证例19的“言”是动词“说话”。上述六例几乎出于同一时代，因此具有更强的对比性。

这部分的两种“莫”字句应引起注意。因为“莫”在“有”前，使得两种“莫”字句中的“莫”都发生了变化。先看不省“者”字式的变化：因为“莫”

后是“有”，这就使得在其他“莫”字句中作动词表示“没有”的“莫”，在这里成了副词“没”；而省“者”字式的变化就更应引起注意：因为“莫”后是“有”，如果还把“莫”当作否定性代词“没有谁”，这种“莫”字句就很别扭甚至不通，以致否定性代词说不能成立。

（三）莫不；莫不……者

24. 琴瑟在御，莫不静好。（诗经·郑风·女曰鸡鸣）

25. 长老见者，莫不心惧。（汉书·佞幸传）

26. 百僚畏惮，莫不许诺。（後汉书·张奂传）

27. 小国失恃，而惩诸侯，使莫不憾者。（左传·昭公元年）

28. 众莫不按剑相眄者。（汉书·邹阳传）

29. 若是，则士大夫莫不敬节死制者矣……若是，则百吏莫不畏法而遵绳矣……如是，则商贾莫不敦悫而无诈矣……如是，则百工莫不忠信而不楛矣……如是，则农夫莫不朴力而寡能矣。（荀子·王霸）

例 29 是一个很长的排比句，其中第一句是不省“者”式；而第二至第五句则承上省略了“者”字，都是省“者”式。根据例 27、29，可以看出“莫”字句的不省“者”式，大约出现于战国晚期。

“莫不”，又常写作“无不”。例如：

30. 藐藐昊天，无不克巩。（诗经·大雅·瞻卬）

31. 项羽……所过无不残灭。（汉书·高帝纪）

32. 其钱帛器物无不充备。（後汉书·光武十王列传）

33. 有志之士，无不竞劝。（三国志·蜀志·先主传）

34. 观其廊庑绮丽，无不叹息。（洛阳伽蓝记·城西）

以上例中的“无”，也有人认为是否定性无定代词，意为“没有谁”“没有什么”。但是和“莫”字句一样，“无”字句也有不省“者”式与省“者”式的对立。例如：

35. 大王失职入关中，秦民无不恨者。（史记·淮阴侯列传）

36. 项王所过无不残灭者。（史记·淮阴侯列传）

37. 人无不按剑相眄者。（史记·邹阳列传）

38. 群下无不嫉妬欲害臣者。（汉书·佞幸传）

39. 每所攻击，无不破者。（三国志·魏志·吕布传注引英雄记）

以上是“无不……”句式与“无不……者”句式的对比，尤其是例 31 与例 36 的对比最为明显。

“莫不”又写作“靡不”“罔不”。例如：

40. 盖天下万物之萌生，靡不有死。（汉书·文帝纪）

41. 倾危之祸，靡不由之。（後汉书·丁鸿传）

42. 自中智以下，靡不审其崩离。（後汉书·儒林列传）

43. 予闻上圣欲昭厥德，罔不慎修厥身。（汉书·王莽传·中）

44. 于是天人之际，事物之宜，粲然显著，罔不备矣。（後汉书·荀悦传）

上述句中的“无不”“靡不”“罔不”都是“莫不”的同词异写。

三

有人认为，可以把不带“者”字的“莫”字句和与之同类的“无”字句作为一类，把带“者”字的“莫”字句和与之同类的“无”字句作为一类，前者的“莫”和“无”视为代词或否定性无定代词，后者的“莫”和“无”则视为动词。这种观点对于后者来说应该是没有什么问题的，而对于前者来说则会有一些问题。这种问题，在前面的“莫有……”式中已有所反映；而另一种“莫”字句也反映了这种问题。例如：

45. 虽使五尺之童适市，莫之或欺。（孟子·滕文公上）

46. 蛮夷入伐而莫之或恤，无吊者也夫。（左传·成公七年）

47. 君死于外而莫之或罪也。（左传·昭公三十二年）

48. 残贼公行，莫之或止。（贾谊·论积贮疏）

49. 夫书理无二，义有归宗，而硕学之徒，莫之或徙。（後汉书·儒林列传）

上述五例中的“莫”字句，都是同一结构，其中只有例45和例48有比较详细的解释，这两例的解释基本上是一样的，因此选其中之一分析则可。例45的解释如下：

“之”指“五尺之童”，是“欺”的宾语。或：句中语气词，和否定性的无定代词“莫”配合使用，加强“没有一个人这样做”的意思。（郭锡良·古代汉语·中册）

根据这样的解释去译这种“莫”字句，从文义上说是没有什么问题的。而问题的关键是，“或”到底是不是语气词？我们就选本例的“莫之或欺”作分析。

“莫之或欺”是一个宾语前置句，如果把前置的宾语“之”置于动词后，那就是“莫或欺之”，因为此类的“莫”字句都是如此的。例如：莫之能御（孟子·梁惠王上）、莫之能解（汉书·贾谊传）、莫之振救（贾谊·论积贮疏）、莫之肯为（汉书·董仲舒传）、莫之敢言（後汉书·蔡邕传）、莫之能夺（後汉书·文苑列传）等句，即莫能御之、莫能解之、莫振救之、莫肯为之、莫敢言之、莫能夺之。

那么，“莫或欺之”中的“或”是什么词呢？《後汉书》中有一例是这样的：

50. 逆臣董卓，荡覆王室，典宪焚燎，靡有孑遗，开辟以来，莫或兹酷。（应劭传）

李贤注：“或，有也。”

“或”释为“有”，在古汉语中并不罕见。“莫或……”式的句子还有：

51. 何斯违斯，莫或遑处。（诗经·召南·殷其雷）

52. 当此之时，莫或称谶。（後汉书·张衡传）

53. 皆专相传祖，莫或讹杂。（後汉书·儒林列传）

“莫或”即“莫有”，“莫有……”句式与“莫有……者”句式的对比见例18–23。

“莫或”又作“无或”，例如：

54. 文武之道，圣贤不坠，五才之用，无或可废。（後汉书·马融传）

55. ［钟离］意遂于道解徒桎梏，恣所欲过，与尅期，俱至，无或违者。（後汉书·钟离意传）

以上两例的“无”字句，前者无“者”而后者有“者”。

由此可知，“莫之或V”句式中的“或”并不是语气词而是动词“有”；对“莫之或欺”我们也可以作如下分析：

莫之或欺→莫或欺之→莫有欺之→莫有欺之者

“莫有欺之者”意为“没有欺骗他的人”，与“没有人欺骗他”意思相同但结构不同；而“莫”用在动词“有”前，就是副词了。

综上所述，如果把“莫”字句（不带“者”的）中的“莫”视为代词是有问题的；如果把它视为带“者”式的省略形式，那么“莫”就是动词或副词了。

虚词“固”的两种用法

一

在古汉语中，“固”（又作“故”）用作副词，可以表示“从来”“向来”“一向”等意思。这种用法比较典型的形式是“固”与“无”“未尝”“未有”“不”等词结合，组成“固无”“固未尝”“固未有”“故不”等词语，表示“从来没有”“从来未曾”“从来不曾”。例如：

1. 万物变化兮，固无休息。（史记·屈原贾生列传）

2. 谚曰：“力田不如逢年，善仕不如遇合，”固无虚言。（史记·佞幸列传）

3. 诸将咸云：“平殄小贼，易于拾遗。”景文曰：“敌固无小，蜂虿有毒，何可轻乎？”（宋书·王景文传）

以上三例用否定句的形式或表现的是普遍真理，或是当时人们所认同的社会现象。

4. 使所忠往，而相如已死，家无书。问其妻，对曰：“长卿固未尝有书也。时时著书，人又取去，即空居。”（史记·司马相如列传）

5. 且夫王者固未有不始于忧勤而终于佚乐者也。（汉书·司马相如传）

“固”又作“故”。

6. 公子数往请之，朱亥故不复谢，公子怪之。（史记·魏公子列传）

以上六例中的“固”，由于与否定词“无”“未尝”“未有”“不”结合，更清楚地显示了其“从来”“向来”“一向”的词义。

“固”在陈述句中，同样可以表示上述词义。例如：

7. 萧何曰：“刘季固多大言，少成事。”（史记·高祖本纪）

8. ［刘泽］乃说齐王曰：“……泽于刘氏最为长年，大臣固待泽决计。”（汉书·高五王传）

9. 任力者固劳，任人者固佚。（说苑·政理）

10. 夫以曹芳闇劣，而政在私门，彼之臣民，固有离心。（三国志·吴志·滕胤传）

11. ［脂］习后见太祖……太祖呼其字曰：“元升，卿故慷慨！”（三国志·魏志·王脩传“世称其知人”注引魏略·纯固传）

在古汉语中，表示“从来”“向来”“一向”等义的“固”往往又可以表示“本来”，这是因为前者与后者有时在意义上颇难区分，这又分为两种情况。

例如：

12. 及秦不然，其俗固非贵辞让也，所尚者告得也；固非贵礼义也，所尚者刑罚也。（大戴礼记·保傅）

13. 庞涓行三日，大喜曰："我固知齐军怯，入吾地三日，士卒亡者过半矣。"（史记·孙子吴起列传）

以上两例中的"固"，释为"本来"或"从来""向来"均可通。其不同之处在于"本来"在这里表示"原来""先前"，而"从来""向来"表示"从过去到现在"。之所以两种解释均可通，是因为在这两例中"固"所显示的时期难以确定，是"原来"如此呢？还是"从来"如此呢，颇难确定。

这是第一种情况。

第二种情况是从来如此，一向如此之事往往就成为理所应当之事，而"理所应当"也是"本来"一词所具有的又一种意思。例如：

14. 圣人者，道之极也。故学者固学为圣人也，非特学为无方之民也。（荀子·礼论）

15. 士固有杀身以成名，唯义之所在，虽死无所恨。（史记·范雎蔡泽列传）

16. 辞胜而违实，固君子所不取。（三国志·魏志·陈群传"谥曰穆侯"裴注）

以上两种情况中的"固"，无论释为"从来""向来"或"本来"，都是合适的。

在古汉语中，副词"固"还可以表示另外一种"一向"，与上文的"一向"不同。例如：

17. 魏使须贾于秦。范雎闻之，为微行，敝衣闲步之邸，见须贾。须贾见之，惊曰："范叔固无恙乎！"（史记·范雎蔡泽列传）

18. ［王］魁在南郡试院，有人自烛下出，乃桂［英］也。魁曰："汝固无恙乎？"（类说·卷三十四）

前面的"固"所表示的"一向"，与"从来""向来"同义，表示从过去到现在；而这两例中的"固"所表示的"一向"，则表示从上次见面到现在。不过，这种用法比较少见。

二

在古汉语中，"固"用作副词，还可以表示"亦"，即"也"。这种用法比较典型的形式是"固"常与上文的"虽"（即使），"就"（就算）等词呼应，表示转折或让步。例如：

19. 二世立，又欲漆其城。优旃曰："善，主上虽无言，臣固将请之。"（史记·滑稽列传）

20. ［公孙］瓒文武才力足恃，虽有小恶，固宜容忍。（後汉书·刘虞传）

21. 就［曹］操破［淳于］琼，吾拔其营，彼固无所归矣。（後汉书·袁绍传）

22. 若不获命，则普天率土，期于大同，虽重干戈，固不获（得）已也。（三国志·吴志·三嗣主传注引汉晋春秋）

23. 明侯深儒硕学，身负大才……虽不见同于一时，固已传美于百代。（北史·张普惠传）

24. 所聚十三万，［虽］备掩藏固有余也。（酉阳杂俎·续集之三·七十一条）

25. 公等遇雨，皆已失期，失期当斩。藉弟令毋斩，而戍死者固十六七。（史记·陈涉世家）

以上各例中的“固”都与其前面的“虽”“就”“藉弟令”（即使）等词相呼应，表示转折或让步，同时也清晰地显示了“固”即“亦”“也”。

“固”用如“亦”，还可用来强调两事对等。例如：

26. 臣固不负陛下，陛下亦不得负臣。（南史·贼臣传）

27. 积不善之家，必有余殃。昔高皇帝残灭刘氏；今日之事，理数固然。（南史·齐武帝诸子传）

“固”用如“亦”，又可用来表示语言委婉。例如：

28. 若欲有为，起乘其敝可也；如其不然，固将择所宜从。（後汉书·袁绍传）

29. 一入闺帏，克勤妇道……苟有未至，固当垂诲。（唐宋传奇集·谭歌意传）

上述两例中的“固”皆用如“亦”，表示委婉语气；若用“则”，就不那么委婉了。

此外，还有一个“固”字结构，与一个与之相同的“亦”字结构一样，也多用来表示委婉的语气。例如：

30. ①今臣还督本土，纠举诸郡，绝交离亲，戮辱旧故，众谤阴害，固其宜也。（後汉书·皇甫规传）

②论龙之才，谓龙升天，故其宜也。（论衡·龙虚）

③漳、滏、郑、白之饶，沟渠沾溉之利，皆民命所祖，国以为天，沟洫立志，亦其宜也。（宋书·志序）

31. ①陆士衡闻而抚掌，是所甘心；张平子见而陋之，固其宜矣。（庾信·哀江南赋序）

②观夫［周］奉叔取进之道，不亦几于乱乎？其致屠戮，亦其宜矣。（南史·周盘龙传）

③熊昙朗、周迪……未改迷途，志在乱常，自致夷戮，亦其宜矣。（南史·贼臣传）

通过比较，可知以上几例中的“固”“故”均同“亦”，表示委婉或感慨的语气，与语气词“其”连用，更加强了这种语气；如果用“乃”，语气就不一样了。

非宾语前置式的“何以”

“何以”是古汉语中的常用词组，是由疑问代词“何”与介词（或动词）“以”组成的词组。如：

1. 桓公问于鲍叔曰：“将何以定社稷？”鲍叔曰：“得管仲与召忽，则社稷定矣。”（管子·大匡）

2. 周公始封，太公曰：“何以治鲁？”周公曰：“尊尊而亲亲。”（汉书·地理志）

3. 晏子将至楚，楚王闻之，谓左右曰：“晏婴，齐之习辞者，吾欲辱之，何以也？”（晏子春秋·内篇杂下）

4. 居则曰：“不吾知也！”如或知尔，则何以哉？（论语·先进）

5. 然则禹、汤、文、武，其得赏何以也？（墨子·天志上）

6. 何以不言灭也？欲存楚也。（穀梁传·定公四年）

以上6例中的“何以”，例1~4可译为“用什么方法”，例5、6可译为“为什么”。从语法上讲，这种“何以”相当于“以何”，是宾语前置句式，这也是“何以”的常见用法。

然而古汉语中也有非宾语前置式的“何以”，这种“何以”相当于“何能”或“何用”。“何能”可译为“怎么能”，“何用”可译为“哪里用得着”，均非宾语前置式。以下分别简述之。

一、相当于“何能”的“何以”

“何以”相当于“何能”，首先是因为“以”可用作“能”。如：

7. 君民者，岂以陵民？社稷是主。（左传·襄公二十五年）

8. 不见诸侯，宜若小然；今一见之，大则以王，小则以霸。（孟子·滕文公下）

9. ［赵］简子曰：“有以解之则可，无以解之则死。”（说苑·正谏）

10. 愚意计之，谓必先竭，将不复以持久也。（三国志·蜀志·法正传）

以上4例中的“以”，均相当于“能”。古文中又有“无以”一词，即相当于“不能”。如：

11. 废兴无以乱，则所愿也。（左传·哀公六年）

12. 魏亡西河之外而无以取者，兵弱也。（史记·樗里子甘茂列传）

13. 受鱼失禄，无以食鱼；不受得禄，终身食鱼。（新序·节士）

14. 匮乏无以举礼，羸弱不能奔远。（论衡·定贤）

以上例中的“无以”均相当于“不能”，例 14 的“无以”还与“不能”互文见义。“无以”译为“不能”是词素对译法，“无”译为“不”，“以”译为“能”。

“何以”用如“何能”，多出现在反问句中。如：

15. 荐五味，羞嘉谷，盐虎形，以献其功，吾何以堪？（左传·僖公三十年）

16. 无衣无褐，何以卒岁？（诗·豳风·七月）

17. 至于治国家，则曰：“姑舍女学而从我，则何以异于教玉人雕琢玉哉？”（孟子·梁惠王下）

18. 吾以为得失之非我也，而无忧色而已矣。我何以过人哉！（庄子·田子方）

19. 吾处大国而不攻小国，吾何以为大哉！（墨子·天志下）

20. 礼者所以正身也……无礼何以正身？（荀子·修身）

21. 熊罴，物也，与人异类，何以施气于人，而为二卿祖？（论衡·奇怪）

以上例中的“何以”均相当于“何能”，例 16、20 中的“何以”虽也可译为“用什么”，但从语气上讲，释为“何能”似更佳。

有些例句中的“何以”，不仅从文义上看应释为“何能”，而且在与前后某些词语的关系上看，释为“何能”应是唯一选择。

22. 人之所以为人者，言也。人而（若）不能言，何以为人？（穀梁传·僖公二十二年）

23. 叛而不讨，何以示威？服而不柔，何以示怀？非威非怀，何以示德？无德何以主盟？（左传·文公七年）

24. 妇人怒曰：“已不能庇其伉俪而亡之，又不能字人之孤而杀之，将何以终？”（左传·成公元年）

例 22 的“人而（若）不能言，何以为人？”“何以”即“何能”，“何能为人”是反问句，若改为陈述句就是“不能为人”。若将全句改为“人若不能言，不能为人”，与原文的意思是一样的。例 23 的“叛而不讨，何以示威？服而不柔，何以示怀？”也可以改为“叛若不讨，不能示威；服若不柔，不能示怀”，反问句中的“何以（何能）”即陈述句中的“不能”。例 24 后面反问句中的“何以”与前面两个陈述句中的“不能”相对应，亦可知“何以”即“何能”。

25. 惠子曰：“人而无情，何以谓之人？”庄子曰：“道与之貌，天与之形，恶得不谓之人？”（庄子·德充符）

本例的“何以”与“恶得”互文见义，“恶得”即“何能”，故“何以”亦应是“何能”。

26. 凡天下祸篡慈恨其所以起者，以不相爱生也。是以仁者非之。既以非之，何以易之？（墨子·兼爱中）

“既以非之，何以易之”，两个“以”前后对应，前一个“以”是“能”，则后一个“以”亦应是“能”。故此两句即“既能非之，何能易之”。

27. 世人见凤皇，何以知之？既无以知之，何以知今无凤皇也？（论衡·宣汉）

本例中间的“无以”与前后的两个“何以”相对应，“无以”是“不能”，而“何以”则应为“何能”。

同一书中不同篇章的相似语句的对比，亦可表明“何以”即“何能”。如：

28. 神人弗助，将何以胜？（左传·成公元年）

不畏于天，将何能保？（左传·文公十五年）

29. 先生独何以悦吾君乎？（庄子·徐无鬼）

我独何能无慨然？（庄子·至乐）

30. 且左丘明谓石为星，何以审之？（论衡·说日）

案吴与鲁，千有馀里，使离朱望之，终不能见，况使颜渊，何能审之？（论衡·书虚）

31. 且龙之所居，常在水泽之中，不在木中屋间，何以知之？（论衡·龙虚）

今鲧远殛于羽人，人不与之处，何能知之？（论衡·死伪）

以上四组例句是同一书中相似语句的对比，其中的“何以”均与“何能”相对应，进一步表明“何以”即“何能”。

有些“何以……”句虽然也相当于“何能……”句，但并非反问句。如：

32. 王曰，“何以利吾国？”大夫曰，“何以利吾家？”士庶人曰，“何以利吾身？”（孟子·梁惠王上）

33. 曰：“不为者与不能者之形何以异（区别）？”（孟子·梁惠王上）

34. 武侯大悦而笑。徐无鬼出。女商曰：“先生独何以悦吾君乎？”（庄子·徐无鬼）

35. “何以知道？”曰：“心。”“心何以知？”曰：“虚壹而静。”（荀子·解蔽）

36. 郑子产晨出……闻妇人之哭也……有间，使吏执而问之，手杀其夫者也。翌日，其仆问曰：“夫子何以知之？”子产曰：“其声不恸。”（论衡·非韩）

37. 翁仲谓其御曰：“彼放马目眇。”其御曰：“何以知之？”（论衡·实知）

以上例句中相当于“何能……”句的“何以……”句均是一般询问句而非反问句，不过，与作为反问句的“何以……”句相比，仍是少数。

二、相当于“何用”的“何以”

这里所说的“何用”是非宾语前置式的“何用”，一般可译为“哪里用得着”。如：

38. 君子质而已矣，何以文为？（论语·颜渊）

39. 对曰：“未祀先君而以燕，非礼也。”公曰：“何以礼为？”（晏子春秋·内篇谏下）

40. 曰：“何如斯可谓之乡原矣？”曰：“［乡原之人曰］‘何以是嘐嘐也？……生斯世也，为斯世也，善斯可矣。’阉然媚于世也者，是乡原也。”（孟子·

尽心下）

41. 日出而作，日入而息，逍遥于天地之间而心意自得，吾何以天下为哉？（庄子·让王）

42. 支期说于长信侯曰："王命召相国。"长信侯曰："王何以臣为？"（战国策·魏策三）

43. 先生议兵常以仁义为本，仁者爱人，义者循理，然则又何以兵为？（荀子·议兵）

44. 吾奉先帝宫室，常恐羞之，何以台为？（史记·孝文本纪）

45. 放贤赏淫，何以旧典为？（後汉书·五行志二）

46. 吾有车而使人不敢借，何以车为？（世说新语·德行）

以上例中的"何以"，均相当于"何用"，表示"哪里用得着"，其结构亦不属于宾语前置式。

"以"相当于"用"的例子甚多，古籍中几乎俯拾皆是，第39例中的"以燕"即"用宴""以"即"用"。

在大多数汉语字典、词典里，"以"的第一个义项都是"用"。可以说"以"的最基本、最常见的用法就是"用"，古今莫不如此。

“为”能否用作时间副词“将”

最早明确提出“为”可用作时间副词“将”的是王引之，其后赞同此说影响较大的是杨树达及《汉语大词典》[①]。所引例证共八条，可分为四类，第一类有四条：

（一）乐正子见孟子，曰：“克告于君，君为来见也。嬖人有臧仓者沮君，君是以不果来也。”（孟子·梁惠王下）

君为来，赵岐注：“君将欲来。”

（二）骠骑始为出定襄，当单于。捕虏，虏言单于东，乃更定骠骑出代郡。（史记·卫将军骠骑列传）

（三）卢绾妻子亡降汉，会高后病，不能见。舍燕邸，为欲置酒见之。高后竟崩，不得见。（史记·卢绾列传）

（四）单于爱之，详许甘言，为遣其太子入汉为质，以求和亲。（史记·匈奴列传）

把以上四例中的“为”释为时间副词“将”，从文义上看，应当是可通的。但黄侃于《经传释词》[②]所引例（一）（二）（三）上作眉批曰：“此‘为’为‘欲’之借。赵［岐］曰：‘君将欲来’，以‘欲’释‘为’也。《史记》‘为欲置酒见之’，‘为欲’，复语耳。”

两相对比，若把此四例中的“为”释为“欲”，应胜于“将”。

例（一）之事，《论衡》亦有所记：

1. 鲁平公欲见孟子，嬖人臧仓毁孟子而止。（命禄）

2. 且孟子在鲁，鲁平公欲见之。嬖人臧仓毁孟子，止平公。（刺孟）

上述两例中的“鲁平公”即例（一）中的“君”，《论衡》正是以“欲”释例（一）中的“为”的。

又黄侃所谓例（三）的“为欲”是“复语”，此“复语”应该就是同义复合词。“为”可释为“欲”，古籍中还有其例：

3. 旦日飨士卒，为击破沛公军！（史记·项羽本纪）

4. 然淮南王削地之后，其为反谋（意图）益甚。（史记·淮南王衡山列传）

5. ［董］偃年十三，随母出入［公］主家。左右言其姣好。主召见，曰：

① 王引之、杨树达之说见《经传释词》及《词诠》。

② 岳麓书社 1984 年 1 月。

“吾为母养之。”因留第中。（汉书·东方朔传）

6. ［霍］山又坐写祕书，显（霍光妻）为上书献城西第，入马千匹，以赎山罪。（汉书·霍光传）

以上四例中的“为”均可释为“欲”，相当于现代的“要”。例5的“吾为母养之”即“吾欲母养之”，亦即“我要像母亲那样养育他”。

第二类有两条：

（五）王翦曰：“大王必不得已用臣，非六十万人不可。”始皇曰：“为听将军计耳。”（史记·王翦列传）

（六）［袁］术若破［刘］备，则北连太山诸将，吾为在术围中。（三国志·魏志·张邈传）

例（五）中的“为”，裴学海《古书虚字集释》释为“则”，“为（则）听将军计耳”用白话说就是“就听将军的主张吧”，释义准确贴切，远胜于“将”。

例（六）中的“若……则……为……”句式相当于“如果……就会……就会……”句式，是由一个假设带两个后果的假设复句，故把“为”释为“则”亦胜于“将”。“为”可释为“则”的例子还有：

7. 君子有勇而无义为乱，小人有勇而无义为盗。（论语·阳货）

《泰伯》：“勇而无礼则乱。”句式同上。

《史记·仲尼弟子列传》作：“君子好勇无义则乱，小人好勇无义则盗。”

8. 同于己为是之，异于己为非之。（庄子·寓言）

9. 官人守天，而己为守道也。（荀子·王制）

10. 且淮南王为人刚，今暴摧折之，臣恐卒逢雾露病死，陛下为有杀弟之名，奈何？（史记·淮南王衡山列传）

11. 春贷秋赋，民皆欣；春赋秋贷，众皆怨。得失同，喜怒为别，其时异也。（淮南子·说山训）

以上五例中的“为”亦均可释为“则”。

第三类有一条：

（七）夫民，生厚利用，于是乎正德以幅之，使无黜嫚，谓之幅利。利过则为败。（左传·襄公二十八年）

本例的“为”，《汉语大词典》释为“将”，而前人未见有注。前人之所以不加注释，很可能是认为此“为”即相当于常见的“是”，无须注释。此“为”当作何解，关键在于对其后“败”的理解。“败”于此当释为“害”，例如：

12. 商今有其灾，我兴受其败。（尚书·微子）

13. 今匈奴蚕食内侵，远者不离（罹）其苦，独边境蒙其败。（桓宽·盐铁论·诛秦）

14. 楼許约秦魏，魏太子为质，纷强欲败之。（战国策·秦策五）

高诱注："败，害也。"

15. 会卫太子为江充所谮败，千秋上急变讼太子冤。(汉书·车千秋传)

16. 征和二年，卫太子为江充所败。(汉书·霍光传)

以上例中的"败"皆释为"害"。

例（七）中的"败"亦即"害"，是"利"的反义词。利过则为败，"则为"即"就是""为"即"是"，如：

17. 有人于此，力不能胜一匹鸡，则为无力人矣；今曰举百钧，则为有力人矣。(孟子·告子下)

18. 有事君人者，事是君则为容悦者也。(孟子·尽心下)

19. 生于陵屯，则为陵舄。(庄子·至乐)

20. 居于国则为居国。(墨子·小取)

利过则为败，即利过就是害，其义与过犹不及、物极必反大致相同，其中的"为"即"是"，这可能是"为"最常见的用法。

第四类有一条：

（八）制《春秋》之义以俟后圣，以君子之为亦有乐乎此也。(公羊传·哀公十四年)

此例见于《词诠》，"为"亦释为"将"。但"之将亦"三个虚词连用，使文句迂曲累赘，古籍中亦难见此种用法。

其实，此例中"为"当释为"治"，表示治理。例如：

21. 善人为邦百年，亦可以胜残去杀矣。(论语·子路)

22. 为国以礼，其言不让，是故哂之。(论语·先进)

23. 是故为川者，决之使导；为民者，宣之使言。(国语·周语上)

24. 善为国者，内固其威而外重其权。(战国策·秦策三)

以上例中的"为"皆释为"治"。

例（八）是说孔子制订《春秋》之义以等待后起的圣人，因为君子治国理政也有乐于遵循《春秋》之义的。

我们现在还能看到古人运用《春秋》之义治国、断狱的事例，如：

25. 仲舒治国，以《春秋》灾异之变推阴阳所以错行……行之一国，未尝不得所欲。(汉书·董仲舒传)

26. 胶东相董仲舒老病致仕，朝廷每有大政，数遣廷尉张汤亲至陋巷，问其得失，于是作《春秋决狱》二百三十二事。(後汉书·应劭传)

又《汉书·艺文志》有《公羊董仲舒治狱》十六篇，应劭亦撰《春秋断狱》(後汉书·本传)，其他以《春秋》决狱者甚多，散见于《史记》《汉书》之中[1]。

---

① 详见程树德《九朝律考》，《汉律考》卷七。

因此，例（八）中的“为”当释为“治”，表示治国理政。

以上是对“为”可用作时间副词“将”的八条例证所作的简要分析，说明例（一）、（二）、（三）、（四）中的“为”当释为“欲”，例（五）、（六）中的“为”当释为“则”，而例（七）、（八）中的“为”则应当分别释为“是”及“治”。

动词“为”可用作“欲”

动词“为”在古汉语中可用作“欲”，然而这种“为”以往多被释为“将”。“将”在某些语言环境中虽然也可释为“欲”，但毕竟隔了一层，而且极易被误解为时间副词“将”。而释为“欲”就不会有这两种问题。动词“为”可表示“欲”的用法大约起于战国时期，如：

1. 乐正子见孟子曰：“克告于君，君为来见也。嬖人有臧仓者沮君，君是以不果来也。”（孟子·梁惠王下）

君为来，赵岐注：“君将欲来。”

“将欲”是同义复合词，“将”亦有“欲”义。《韩诗外传》卷六：“［赵］简子将杀阳虎，孔子似之，带甲［者］以围孔子，子路愠怒，奋戟将下，孔子止之。”《说苑·政理》：“将治大者不治小，成大功者不小苛，此之谓也。”又“将谓桓公仁义乎？杀兄而立，非仁义也。将谓桓公恭俭乎？与妇人同舆驰于邑中，非恭俭也。”《新序·节士》：“屈原疾暗主乱俗……不忍见污世，将自投于渊，渔父止之。”

上述例中的“将”均是“欲”，赵岐释“为”为“将欲”，“将欲”是同义复合词，即“欲”。

例1所记之事，《论衡》亦有记载，《命禄》：“鲁平公欲见孟子，嬖人臧仓毁孟子而止。”《刺孟》：“且孟子在鲁，鲁平公欲见之，嬖人臧仓毁孟子，止平公。”此两例中的“欲”正与例1中的“为”相对应。

2. 孔子为鲁司寇，不用；从而祭，燔肉不至。不税（脱）冕而行。不知者以为为肉也，其知者以为为无礼也。乃孔子则欲以微罪行，不欲为苟去。（孟子·告子下）

不欲为苟去，杨伯峻先生译为“不想随便离开”，其中“不想”与“不欲”相对应，“随便”与“苟”相对应，“离开”与“去”相对应，而对“为”并未作翻译。这很可能是因为“为”与“欲”同义，译了“欲”就等于译了“为”①。

3. 有曰：“所以重亲也”，为欲厚所至私，轻所至重，岂非大奸也哉！（墨子·非儒下）

“为欲”是同义复合词，与上例的“欲为”相同。古汉语的同义复合词其顺

---

① 见《孟子译注》，中华书局1960年1月。

序往往是可以互换的。此类例还有：

4. 如使予欲富，辞十万而受万，是为欲富乎？（论衡·刺孟）

此例中“为欲”与“欲”相对应，“为欲”即“欲”。

5. 好道学仙者，绝谷不食，与人异食，欲为清洁也。（论衡·祭意）

6. 卢绾妻子亡归汉，会高后病，不能见。舍燕邸，为欲置酒见之。高后竟崩，不得见。（史记·卢绾列传）

黄侃曰：“《史记》‘为欲置酒见之’，‘为欲’，复语耳。”[①] 所谓“复语”，即同义复合词。

7. 吴王由此稍失藩臣之礼，称病不朝……为谋滋甚。（史记·吴王濞列传）

为谋滋甚，是说吴王濞欲谋作乱的意图更厉害了。为谋，即欲谋，《齐太公世家》：“大夫皆自危，欲谋作乱。”“为谋”又作“谋为”：

8. 会武帝崩，昭帝初立，[燕] 王旦果作怨而望大臣。与齐王子刘泽谋为叛逆。（史记·三王世家）

9. 淮南、衡山亲为骨肉……不务遵蕃臣职，以丞辅天子，而专怀邪辟之计，谋为叛逆。（汉书·淮南衡山济北王传）

10. 吴王濞太子死于汉，称疾不朝，阴与楚王戊谋为逆乱。（汉书·五行志中之上）

以上三例中的“谋为”即“谋欲”，“谋欲”一词亦多见于史籍：

11. 浑邪王与休屠王谋欲降汉。（史记·卫将军骠骑列传）

12. 是时，[霍] 光与车骑将军张安世谋欲废昌邑王。（汉书·夏侯胜传）

13. 其冬，崔、义谋欲叛归。（後汉书·隗嚣传）

14. 遂结皇后父光禄大夫张缉，谋欲以 [夏侯] 玄辅政。（三国志·魏志·夏侯尚传）

例 7 至例 14，从内容上看，都是关系国家政权归属的大事；从词语上看，则是“为谋”与“欲谋”相对应，“谋为”与“谋欲”相对应，其中“为”都与“欲”相对应

“为”可用作“欲”的现象，以往很少能引人注意，究其原因，是此类“为”以往多释为“将”。如：

15. 单于爱之（王乌），详许甘言，为遣其太子入汉为质，以求和亲……单于特空绐王乌，殊无意入汉及遣太子来质。（史记·匈奴列传）

16. 骠骑始为出定襄，当单于。捕虏，虏言单于东，乃更定骠骑出代郡。（卫将军骠骑列传）

以上两例中的“为”，以往均释为“将”。就文义而言，并无不通。但例 15 的后两句说“单于特空绐王乌，殊无意入汉及遣太子来质”，“无意”即“不

---

① 见岳麓书社《经传释词》“将”字条黄侃眉批。

欲”，正与其上文的“为（欲）”相对照。故此例的“为”宜释为“欲”，而例16的“为”释为“欲”亦胜于“将”。

其实，“为”用作“欲”的例子古籍中并不罕见，只要留心，有些还是比较明显的，须作分析方能明了的还是少数。如：

17. 旦日飨士卒，为击破沛公军！（史记·项羽本纪）

此例的“为”以往多释为“将”，“将”虽亦有“欲”义，但毕竟隔了一层；也有读作 wèi，释为“为我”的，其义可通；而释为“欲”即“要”，似更佳。

18. ［霍］山又坐写祕书，［霍］显为上书献城西第①，入马千匹，以赎山罪。（汉书·霍光传）

19. 然淮南王削地之后，其为反谋（意图）益甚。（史记·淮南王衡山列传）

20. ［董］偃年十三，随母出入主家。左右言其姣好。主召见，曰：“吾为母养之，”（汉书·东方朔传）

吾为母养之，是说大长公主说她要像母亲那样养育董偃。

为，用如“欲”。

21. 发太原、河东、狄道诸郡材木及文石，每州部送至京师……复（又）不为即受，材木遂至腐积，宫室连年不成。（後汉书·宦者列传）

22. 会辟公府，临辞，太守问：“谁可代君?”［钟］浩曰：“明府必欲得其人，西门亭长可用。”［陈］寔曰：“钟君似不察人为意，不知何独识我?”（三国志·魏志·钟繇传“颍川长社人也”注引《先贤行状》）

为意，即欲意，指愿望，心愿。欲，可表示愿望，心愿。《孙子·谋攻》：“上下同欲者胜。”《孟子·梁惠王上》：“吾何快于是?将以求吾所大欲也”意，也可表示愿望。贾谊《过秦论上》：“有席卷天下，包举宇内，囊括四海之意，并吞八荒之心。”《三国志·魏志·杜畿传》：“郡中奇其年少而有大意也。”故“为意”即“欲意”，是同义复合词，指愿望、心愿。

23. ［孙］权于武昌，临钓台，饮酒大醉。权使人以水洒群臣，曰：“今日酣饮，惟醉堕台中，乃止耳。”昭正色不言，出外车内坐。权遣人呼昭还，谓曰：“为共作乐耳，公何为怒乎?”（三国志·吴志·张昭传）

24. 及还，白帝曰：“［诸葛］诞再在扬州，威名夙著，能得人死力，观其规（谋）略，为反必也。”（晋书·贾充传）

25. 鬼语云：“勿为骂我，当打汝口破!”（幽明录·卷四·陈郡殷氏）

勿为，即“勿欲”，亦即“不要”。

以上例17至例25中的“为”，亦皆用如“欲”。

---

① 显，霍光之妻，其姓氏见《汉书·息夫躬传》：“霍显之谋将行于杯杓，荆轲之变必起于帷幄。”及《三国志·魏志·明帝纪》：“以渊为大司马乐浪公”注引《世语》：“霍显；光后小妻。”

谈古汉语动词“将”的一种用法

古汉语动词“将”可表示“引”“拉”“曳”“牵”“拔”等义，这种用法，先秦及汉代即有所见；六朝时虽不少见，但极易被误解为“带”“领”之义。

一

动词“将”在先秦及汉代即有“引”“拉”“曳”“牵”“拔”义，如：

1. 无将大车，祇自尘兮。（诗·小雅·无将大车）

毛传：“大车，小人之所将也。”

毛传对动词“将”并未有所解释，然而其释“大车”为“小人之所将”，则间接表示了此“将”并非是较为常见的“驾御”之义。故郑玄笺云：“将，犹扶进也。”释“将”为“扶进”，进一步排除了“驾驭”之义。然而“扶进”一语，其义犹未尽明。

诗序云：“无将大车，大夫悔将小人也。”

诗序此言是说，“无将大车”一语，意在警示大夫“无将小人”，“将”表示“引”。前一个“将”所表示的“引”是其本义，即“曳”“拉”；后一个“将”所表示的“引”是其引申义，即“引进”“引荐”。引，可表示引进、引荐，《汉书·霍光传》：“光乃引［田］延年［为］给事中，阴与车骑将军张安世图计。”《王莽传上》：“莽以大司徒孔光名儒……引光女婿甄邯为侍中奉车都尉。”《後汉书·刘瑜传》：“大将军窦武欲大诛宦官，乃引瑜为侍中。”

孔颖达疏：“作《无将大车》者，谓时大夫将进小人，使有职位。不堪其任，愆负及己，故悔之也。以将进小人，后致病累，可为鉴戒，以示将来。”

孔疏把诗序中“悔将小人”的“将”释为“将进”“将进”即“引进”，而“引进”即“引荐”。《後汉书·王龚传》：“安帝嘉之（王龚），征拜尚书……引进郡人黄宪、陈蕃等。”《延笃传》：“李文德素善于笃，时在京师，谓公卿曰：‘延叔坚有王佐之才，奈何屈千里之足乎？’欲令引进之。”“引进”亦即“引荐”。

因此，“无将大车”之“将”即“引”，指“牵引”，即今俗语“拉”。

2. 将予就之，继犹判涣。（诗·周颂·访落）

郑玄笺：“女（汝）扶将我就其法典而行之。”

郑玄释“将”为“扶将”，《汉书·外戚传·孝景王皇后》：“家人惊恐，女逃匿，扶将出拜。”“女逃匿”一语，《史记·外戚世家》作“女亡匿内中床下”。

扶将出拜，是汉武帝从者把武帝姊从床下牵曳而出，然后扶出拜见武帝。扶将，在此事件中的顺序实为“将扶”，“将”即牵、曳，故“扶将”又作“扶曳”，《三国志·魏志·李通传》：“相国赵王伦以［李］重望取为右司马。重以伦将为乱，辞疾不就。伦逼之不已，重遂不复自活，至于困顿，扶曳受拜”（“以宠异焉”注引《晋诸公赞》）。“扶曳”又作“扶掖”，《汉书·王莽传下》：“三日庚戌，晨旦明，群臣扶掖莽，自前殿南下椒除，西出白虎门。”“掖”亦有“拉”义，《左传·僖公二十五年》：“春，卫人伐邢，二礼从国子巡城，掖以赴外，杀之。”掖，《汉语大词典》释为“拉人手臂”，其中的动词即是“拉”。

3. ［杜］建素豪侠，宾客为奸利，广汉闻之，先风（讽）告。建不改，于是收案致法……令数吏将建弃市，莫敢近者。（汉书·赵广汉传）

弃市是斩首于市，古代凡被斩首者均被牵引而出，《三国志·蜀志·张飞传》：“飞怒，命左右牵去斫头。”《魏志·臧洪传》：“左右使人牵出［陈容］……复见杀。”《後汉书·刘玄传》：“［赵］萌私忿侍中，引下斩之。”“牵去”是牵出门去，“引下”是牵出殿门至阶下。故例3中的“将”当释为“牵”“引”。

4. 楚熊子出，见寝石，以为伏虎，将弓射之，矢没其卫（羽）。（论衡·儒增）

将弓，即“引弓”，《史记·匈奴列传》：“儿能骑羊，引弓射鸟鼠。”《三国志·吴志·鲁肃传》：“引弓射之，矢皆洞贯。”（“因与同行”注引《吴书》）将弓，即引弓、拉弓。

5. 案桓公九合诸侯，一匡天下，道之以德，将之以威，以故诸侯服从，莫敢不率。（论衡·书虚）

将，于此相当于“牵”，表示牵制，控制，《汉书·宣元六王传·东平思王宇》：“夫人之性皆有五常，及其少长，耳目牵于嗜欲，故五常销而邪心作。”

动词“将”亦可用如“拔”，如：

6. 鲍焦衣弊肤见，挈畚将蔬，遇子贡于道。（新序·节士）

7. 今吾子污其君而履其土，非其业而将其蔬，此谁之有哉？（新序·节士）

此两例中的“将”用如“拔”。上文已论证了“将”可用作“引”，而“引”与“拔”亦同义。《史记·李将军列传》：“［李广］遂引刀自刭。”《论衡·儒增》：“［弘演］引刀自刳其腹。”《三国志·吴志·吕蒙传》：“蒙大怒，引刀杀吏。”引刀，又作拔刀。《史记·游侠列传》：“人怒，拔刀刺杀［郭］解姊子。”《後汉书·列女传》：“［吴］荣逾垣走，贼拔刀追之。”又“［董］卓使傅奴侍者悉拔刀围之。”可见，将、引、拔皆同义，“将蔬”即“拔蔬”。

二

魏晋六朝时[①]“将”用如牵、引、曳、拉的现象比较多，然而亦多被误解为

① 这里的“晋”指西晋，“六朝”指吴、东晋、宋、齐、梁、陈。

带、领。如：

8. 四五人帢头面缚，将绕城表。（三国志·魏志·三少帝纪）

9. 遂就床缚之，将出到界。（蜀志·先主传"弃官亡命"注引《典略》）

10. 向下土有一人，姓陈名良，游魂而已，未有统摄，是以将来。（刘义庆·幽明录·卷三）

例8、例9的"将"若释为带、领，看起来并无不通。但其中被"将"的人均被"缚"，而古代被绑缚者均须被牵曳而行。贾谊《新书》："闻谴呵则白冠氂缨，盘水加剑，造请室而请其罪名，上弗使执缚系引而行也。"此例是说古人有罪，均须被"执缚系引而行"，但士大夫若能主动请罪，则可免受此辱。执缚系引，即捆绑牵拉。因此，例8、例9中的"将"应释为"牵"。

例10中虽无"缚"字，但在佛教故事中，人在阳世，除非大慈大悲、荤腥不沾，否则其灵魂到阴间均须被绑缚牵曳而行，即使是未曾作孽的人，死后亦难逃此难。《幽明录》卷三："巴丘县有巫师舒礼，晋永昌元年病死……捉送太山。太山府君使吏牵著（到）熬所。"《冥祥记·智达》："贵人敕所录［智］达使人曰：'可送置恶地，勿令太苦。'二人引达将去，行数十里……见有数人，反缚前行……其一人乃达从伯母。彼此相见，意欲共语，有人曳之殊疾，不遑得言。"从前一例可知，古人被捉必被牵曳而行；后一例中"引"与"将"是互文，而其下文的"曳之殊疾"则表达得更为明确。例10中的陈良是一获取"厚利"的商人，是佛教故事中的罪人，因此被阴间吏卒"将"入地狱，则此"将"必是"牵曳"。

从对例8、例9的分析看，动词"将"前凡带"缚"的，则此"将"应释为"牵""引"。如：

11. 僧规因顿卧恍然，五人便赤绳缚将去。（冥祥记·僧规）

12. 晋沙门慧达，姓刘名萨荷……年三十一，暴病而死……至七日而稣。说云将尽之时，见有两人执缚将去。（冥祥记·刘萨荷）

凡动词"将"前有"录"字的，则此"将"亦应释为"牵"。如：

13. 桓玄时，牛大疫，有一人食死牛肉，因得病亡。死时见人执录，将至天上。（幽明录·卷三）

14. 齐王氏，名四娘，永明三年病死，……经二宿，肌体稍温，气息渐还，俄而能言，自说有二人录其将去。至一大门。（冥祥记·王四娘）

15. 晋程道惠……太元十五年病死，心下尚暖，家不殡殓，数日得稣。说初死时，见十许人缚录将去。（冥祥记·程道惠）

以上三例中"将"前皆有"录"字，"录"表示拘捕。干宝《搜神记》卷九："［贾］充帐下都督周勤时昼寝，梦见百余人录充，引入一径。"《三国志·吴志·严畯传》："［孙］权知其诈病，急驿收录。"又《陆抗传》："诚望陛下赦召［楼］玄出，而顷闻薛莹卒见逮录。"例中的"收录""逮录"是同义复合词，其义均为"拘捕"。被拘捕者则应被绑缚牵曳而行，《搜神记》例中"录"后的

“引”即牵曳。故例13、14、15中“录”后的“将”均应释为“牵”，而例15“将”前“缚”“录”同时出现，则此“将”更应释为“牵”。

相关词语的对比，可进一步证明动词“将”可用作牵、曳。如：

16. A. 时太原发冢破棺，棺中有一生妇人，将出与语，生人也。（三国志·魏志·明帝纪“以渊为大司马浪公”注引《傅子》）

B. 左右使人牵出……复见杀。（魏志·臧洪传）

17. A. 不杀此奴，沮乱朕心，朕殿何当成邪？将出斩之！（晋书·刘聪载记）

B. 飞怒，令左右牵去斫头。（三国志·蜀志·张飞传）

18. A. ［庾］蕴入，见狗眉眼分明，又身至长而弱，异于常狗，蕴甚怪之。将出共视，在众人前忽失所在。（晋书·郭璞传）

B. 又乱杖挝之，牵出复入，如是数四。（三国志·魏志·梁习传“封列侯”注引《魏略》）

19. A. 及至事觉，［隐］蕃亡走，捕得，考问党与，蕃无所言。吴主使将入，谓曰：“何乃以肌肉为人受毒乎？”（吴志·胡综传“事觉伏诛”注引《吴录》）

B. ［刘］类以为外之吏擅共饮食，不复征察，便使伍百曳五官掾孙弼入，顿头责之。（魏志·梁习传“封列侯”注引《魏略·苛吏传》）

以上例中相关词语的对比，亦可证明动词“将”可用如牵、曳。

动词“将”用如牵、拔，唐代仍有所见，如：

20. 五花马，千金裘，呼儿将出换美酒。（李白·将进酒）

此“将”以往多释为“持”，然千金裘可“持”而五花马不可“持”。古汉语中一个动词与两个名词相对应时，其中只有一个名词与该动词有承接关系，本例只有“五花马”与“将”有承接关系。此类例亦见于《後汉书》：

21. 朔前后各二日，皆牵羊酒至社下以祭日。（礼仪志上）

羊可牵而酒不可牵，故此例中只有“羊”与“牵”有承接关系而“酒”与“牵”无承接关系，由此可见例20中的“将”应释为“牵”。

22. 将牛何处去，耕彼故城东。（元结·将牛何处去·之一）

很明显，此例中“将”当释为“牵”。

23. 折戟沉沙铁未销，自将磨洗认前朝。（杜牧·赤壁）

此例中“将”以往多释为“取”，义虽可通，然此戟既是沉于河沙中之戟，则“将”释为“拔”似更为妥帖。

古汉语中的疑问副词“宁”

古汉语中的疑问副词“宁”有两种用法，一种用法表示反问，相当于现代的“难道”，这种用法起自先秦，其后亦沿用之。例如：

1. 十人而从一人者，宁力不胜、智不若耶？（战国策·赵策三）

2. 将军受诏击齐，而汉独发间使下齐，宁有诏止将军乎？（史记·淮阴侯列传）

另一种用法表示推度询问，约相当于“可”。这种用法起自汉代，尤以六朝古籍中居多，六朝以后就比较少见了。例如：

3. ［彭］娥仰天呼曰：“皇天宁有神不？我为何罪，而当如此！”（幽明录·卷二）

4. 太子今出，宁有乐不？（因果经，大正藏卷三）

以上对疑问副词“宁”的解释应该说是正确的，然似有可商榷之处，兹试探讨之。

一、表示推度询问的“宁”相当于表示疑问的“能”

文献显示，表示推度询问的“宁”应相当于表示疑问的“能”。例如：

5. ［鲍］永子昱从容问少君曰：“太夫人宁复识挽鹿车时不？”（後汉书·列女传）

6. 太祖问曰：“胡通达，长者也，宁有子孙不？”（三国志·魏志·胡质传）

7. ［孙］权尝问卫尉严畯：“宁念小时所闇书不？”（吴志·张昭传）

8. 豫章王［萧］嶷盛馔享宾，谓［虞］悰曰：“今日肴羞，宁有所遗不？”（南齐书·虞悰传）

9. ［崔］慰祖卖宅四十五万，买者云：“宁有减不？”（南齐书·文学列传）

10. ［严光］问［侯］子道曰：“君房素痴，今为三公，宁小差否？”（皇甫谧·高士传）

值得注意的是，上述“宁……不？”句式和“宁……否？”句式，在同时期文献中均有“能……不？”句式和“能……否？”句式与之相对应。例如：

11. ［曹］操因问曰：“闻夫人家先多坟籍。犹能忆识之不？”（後汉书·列女传）

12. ［杨］仪遣马岱追斩之，仪起，自踏之，曰：“庸奴，能复作恶不？”（三国志·蜀志·魏延传）

13. 妇即语言：“我今意思猕猴心食，汝能得不？”（佛本行集经·卷第三十一）

14. 咨询疑事，能对我不？（杂宝藏经·卷第九）

15. 吏问曰：“若是佛弟子，能经呗不？”（灵鬼志，古小说钩沉）

16. ［张］然祝曰：“养汝数年，吾当将死，汝能救我否？”（搜神后记）

以上例5至例9的“宁……不？”句式与例11至例15的“能……不”？句式相对应，例10的“宁……否？”句式与例16的“能……否？”句式相对应，而且两类句式都出自同一时期的文献，以此证明“宁”即“能”，颇具说服力。

在古代文献中，有个表示反问的词“胡宁”值得注意，此词首见于《诗经》：

17. 先祖匪人？胡宁忍予？（小雅·四月）

18. 父母先祖，胡宁忍予？（大雅·云汉）

胡宁忍予，意思是怎么能对我如此忍心呢？胡宁，义为“怎么能”。

《诗经》中又有“胡能”一词与“胡宁”同义，例如：

19. 胡能有定？宁不我顾！（邶风·日月）

胡能，其义亦为“怎么能”。

“胡宁”一词，古籍多见，其义均为“怎么能”。例如：

20. 礼乐废弛，大行张之……如何奄忽，摧身后土；俾我茕茕，靡瞻靡顾。嗟嗟皇穹，胡宁忍务？（三国志·魏志·文帝纪“皆以终制从事”注引《魏氏春秋》）

此是曹植为曹丕所作诔文，“胡宁忍务”是引《诗经·小雅·常棣》“兄弟阋于墙，外御其务（侮）”的典故，意在表明曹氏兄弟虽有嫌隙，然亦须同心以御外侮。今兄长亡故，此后我怎么能忍受外侮呢？

21. 二臣才堪王佐，理非曲私……岂与庸流之人含弘之泽者同年而语哉？预在有心，胡宁无感？（南齐书·王俭传）

胡宁无感，怎么能没有感触呢？

22. 天道难闻，犹或钻仰；文章可见，胡宁勿思？（文心雕龙·征圣）

本例“胡宁”，义至显明，释为“怎能”，最为适宜。

“胡宁”一词，郑玄及今人均有注释，然均未允当。而刘伯温对此词的运用却颇具启发性。其诗曰：

23. 与子为别，胡宁不悲？（春日送吴浩叔大）

24. 靡依靡归，胡能勿悲？（擢彼乔松）

“胡宁不悲”与“胡能勿悲”无论是结构还是意思，都是一样的。刘伯温虽未对“胡宁”一词作出解释，但两相比较，他显然认为“胡能”就是“胡宁”，只是写法不同而已。

可见，“宁……不？”句式即“能……不？”句式，表示推度询问的副词“宁”即表示疑问的助词“能”。

二、其他形式的表示推度询问的“宁”字句

有人认为，表示推度询问的“宁”字句，多用在“宁……不？”句中，但其

他形式的表示推度询问的“宁”字句也并非少见。这类句式大致有两种。

（一）“宁……乎？”式

以下例句中的“宁”亦应释为“能”。此类句式以往多被视为反问句，但其中很多都是一般询问句。

25. 帝东巡狩，还过鲁，幸阙里……大会孔氏男子二十以上者六十三人，命儒者讲《论语》。［孔］僖因自陈谢。帝曰：“今日之会，宁于卿宗有光荣乎？”（後汉书·儒林列传上）

本例的“宁”字句，是一般询问句而非反问句。如果看成反问句，答案就是相反的，那是不符合文义的。

26. 颍川荀淑至慎阳，遇［黄］宪于逆旅，时年十四，淑竦然异之，揖与语，移日不能去。谓宪曰：“子，吾之师表也。”既前至袁闳所，未及劳问，逆曰：“子国有颜子，宁识之乎？”闳曰：“见吾叔度（宪）邪？”（後汉书·黄宪传）

27. ［孙］权以［沈］珩有智谋，能专对，乃使至魏。魏文帝问曰……又问：“闻太子当来，宁然乎？”珩曰：“臣在东朝，朝不坐，宴不与，若此之议，无所闻也。”文帝善之。（三国志·吴志·吴主传“并献方物”注引《吴书》）

在十分融洽的外交氛围中，双方都不可能使用语气强烈的反问句，故本例的“宁”字句是一般询问句。

28. 有山阴朱育……仕郡门下书佐。太守濮阳兴正旦宴见掾吏，言次，问：“……钦闻国贤，思睹盛美有日矣，书佐宁识之乎？”育对曰：“往过习之。”……濮阳府君曰：“御史所云，既见其人，亚斯已下，书佐宁识之乎？”（三国志·吴志，虞翻传“归葬旧墓，妻子得还”注引《会稽典录》）

本例中“宁识之乎”凡两见，均是询问句；若视为反问句，那主人就太不礼貌了。

29. 范蠡数吴王曰：“王有过者五，宁知之乎？”（越绝书外传·吴王占梦）范蠡对吴王须执臣仆之礼，不能用反问句。

（二）“宁……邪？”式

30. ［太史慈］遂见囚执。［孙］策即解缚，捉其手曰：“宁识神亭时邪？若卿尔时得我云何？”（三国志·吴志·太史慈传）

此“宁”字句是询问句，若释为反问句则文义不通。

31. 至夜半时，忽有鬼来，狞目磋齿，形貌可恶。［宋］大贤鼓琴如故，鬼乃去。于市中取死人头来，还语大贤曰：“宁可少睡邪？”因以死人头投大贤前……鬼复去。良久乃还，曰：“宁可共手搏邪？”大贤曰：“善”。（张华·搜神记·卷十八）

此“宁”字句亦不能视为反问句，否则文义不通。

32. 上饵方士大丹……此天与贵妃大福，宁转侧俾帝就邪？（赵飞燕外传）

此例是宫中女官对贵妃有所请求，奴与主对话，不能用反问句。

33. 前至渭滨，帝复叹曰："此地宁复有吕望邪？"［郑］鲜之曰："……明公旰食待士，岂患海内无人？"帝称善者久之。(南史·郑鲜之传)

此"宁"字句是宋武帝所表达的愿望，应是推度询问句。

三、"宁……邪？""宁……乎？"又可作反问句

"宁……邪？"和"宁……乎？"句式不仅可以表示一般询问，还可以表示反问。也相当于"能……邪？"和"能……乎？"句式，译成现代话就是"能……吗？"句式，这种句式既可以表示询问，又可表示反问。例如"你能完成这项工作吗？"这句话，说时句中各词的语速比较平均，"吗"的声音略上扬，就是询问句；说时"能"的声音加重并拉长，"吗"的声音下沉，读作 mà，就是反问句。虽然我们现在已经无法从语句的读音上区分"宁……邪？"和"宁……乎？"句是询问句还是反问句，但我们仍可以根据语句的内容来判定它们是询问句还是反问句。询问句上文已述及，下面是反问句：

34. 后宫婢六人召入，出语［籍］武曰："昭仪言'女无过，宁自杀邪？'"(汉书·外戚传下)

35. 张俭知名天下，而亡非其罪，纵俭可得，宁忍执之乎？(後汉书·张俭传)

36. 昔乐平食子，李通覆家，经国之臣，宁怀妻孥邪？(三国志·魏志·阎温传)

37. 帝谓［郗］虑曰："郗公，天下宁有是邪？"(三国志·魏志·武帝纪"兄弟皆伏法"注引《曹瞒传》)

38. 是日吹埙击鼓，歌连臂踏地，歌《赤凤》曲。后谓昭仪曰："赤凤为谁来？"昭仪曰："赤凤自为姊来，宁为他人乎？"(赵飞燕外传)

39. 足下既无伍员之痛，苟怀贪啉，而有贼宋之心，吾宁捐申包之节邪？(南齐书·张敬儿传)

上述例句是反问句应无异议。本文想说明的是，其中的"宁"可译成"能"而不是如以往那样译为"难道"，同样可以表示反问，就象现代汉语的"能……吗？"句式一样。而且译成"能"可能更符合这类句式的本来面貌。从上文可知，现代汉语的"能……吗？"句式与"宁……邪？""宁……乎？"句式有着明显的继承关系，既然现代汉语能根据语音来区分其是询问句还是反问句，那么古代人也应当能根据语音去区分此类句式是询问句还是反问句。这恐怕就是此类句式中"宁"与"岂"的区别。现代人把这种"宁"与"岂"一样都译为"难道"，是为了给这类反问句一个明显的标志，因为它在形态上与询问句并无区别。但这是现代人的作法，古代人则应当跟现代人一样，是能够通过语音的不同去区分的。

四、表示反问或询问的其他"宁"字句

古汉语中还有一些略有不同的表示反问或询问的"宁"字句，例如：

40. 天下方有急，王孙宁可以让邪？（史记·魏其武安侯列传）

41. 涿郡太守王雄谓［崔］林别驾曰：“吴中郎将，上所亲重，国之贵臣也。仗节统事，州郡莫不奉笺致敬，而崔使君（林）初不与闻。［吴］若以边塞不修斩卿，使君宁能护卿邪？”别驾具以白［崔］林，林曰：“刺史（林）视去此州如脱屣，宁当（会）相累邪？”（三国志·魏志·崔林传）

42. 且吾受命讨贼，宁能以一将军之故而纵汝乎！（魏志·夏侯惇传）

43. 闻任陈文长，曹子丹辈，或文人诸生，或宗室戚臣，宁能御雄才虎将以制天下乎？（吴志·诸葛谨传）

44. 神便化作人，与大意相见。问言：“闻卿得琦异之物，宁可借视之乎？”（佛说大意经）

45. 太祖田于白登山，见熊将数子，顾谓栗磾曰：“卿勇干如此，宁能搏之乎？”（魏书·于栗磾传）

例 40 至例 43 是反问句，例 44、例 45 是询问句，其共同点是“宁”后都带有“可以”“可”“能”“当”等词。就反问句而言，因为“宁”后有“可以”“能”“当”等词，“宁”似乎必须要译成“难道”才行，而译作“能”就比较累赘。但是例 44 中的“可”与例 45 中的“能”，应当是与“宁”组成同义复合词“宁可”“宁能”，意思还是“能”；那么，反问句中的“宁可以”“宁能”“宁当”会不会也是同义复合词呢？应当说有这种可能。如果是这样，那么这类反问句，在当时也是通过它不同于询问句的语音特点来表达的了。当然，把这种反问句的“宁”译为“难道”，对于现代人顺利地理解文义，则是有利的。

“则”可用作代词“此”

在古汉语中，“则”可用作代词，相当于“此”。例如：

1. 及楚，楚子飨之，曰：“公子若反晋国，则何以报不穀？”对曰：“子、女、玉、帛，则君有之；羽、毛、齿、革，则君地生焉，……其何以报君？”（左传·僖公二十三年）

此例的两个“则”均用作“此”，分别指代“子、女、玉、帛”和“羽、毛、齿、革”。

2. 天下诸侯有相灭亡者，桓公不能救，则桓公耻之也。（公羊传·僖公二年）

则，相当于“此”，指代上文内容。

3. 荀息曰：“请以屈产之乘与垂棘之白璧往，必可得也。则宝出之内藏，藏之外府；马出之内厩，系之外厩尔，君何丧焉？”（公羊传·僖公二年）

则，相当于“此”，指代“以屈产之乘与垂棘之白璧往”一事。

4. 晋人问陈之罪，［子产］对曰：“昔虞阏父为周陶正以服事我先王，我先王赖其利器用也，与其神明之后也，庸以元女配胡公而封诸陈，以备三恪。则我周之自出，至于今是赖。”（左传·襄公二十五年）

则，相当于“此”，指代陈国。

5. 义则进，否则退，敢不唯子是从？废兴无以乱，则所愿也。（左传·哀公六年）

则，相当于“此”，指代“废兴无以乱”。

6. 盆成括仕于齐。孟子曰：“死矣盆成括。”盆成括见杀，门人问曰：“夫子何以知其见杀？”曰：“其为人也小有才，未闻君子之大道也，则足以杀其躯而已矣。”（孟子·尽心下）

则，相当于“此”，指代“其为人也小有才，未闻君子之大道”。

7. 能不龟手一也，或以封，或不免于洴澼絖，则所用之异也。（庄子·逍遥游）

8. 今子有五石之瓠，何不虑以为大樽而浮乎江湖，而忧其瓠落无所容，则子犹有蓬之心也夫！（庄子·逍遥游）

9. 今士之用身则不然，意之所欲则为之。厚者入刑罚，薄者被毁丑，则士之用身，不若商人用一布之慎也。（墨子·贵义）

以上三例的“则”都是“此”，均指代其上文内容。

10. 天地也，则曰上下；四时也，则曰阴阳；人情也，则曰男女；禽兽也，则曰牡牝雄雌也。（墨子·辞过）

则，相当于“此”，分别指代“天地”“四时”“人情”“禽兽”。

11. 楚得枳而国亡，齐得宋而国亡。齐楚不得以有枳、宋而事秦者，何也？则有功者，秦之深仇也。（史记·苏秦列传）

则，相当于“此”，指代齐、楚二国。

12. 朕闻太古有号无谥，中古有号，死而以行为谥，则子议父，臣议君也，甚无谓，朕弗取焉。（史记·秦始皇本纪）

则，相当于“此”，指代“死而以行为谥”。

通过以上文例，可知“则”在古汉语中可用作代词，相当于“此”。

此种用法在古汉语中并不罕见，然而却未能引起人们注意，主要是因为这类“则”极易被视为副词“就”而文义往往亦可通，这种现象在“则是……”句中表现得最为典型。例如：

13. 东道之不通，则是康公绝我好也。（左传·成公三年）

14. 今也滕有仓廪府库，则是厉民以自养也。（孟子·滕文公上）

15. 臣闻郊关之内，有囿方四十里，杀其麋鹿者如杀人之罪，则是方四十里为阱于国中。（孟子·梁惠王下）

16. 今尽王民之死，严下上之患，以争虚城，则是弃所不足而重有余也。（墨子·非攻中）

上述四例中的“则”释为“就”，于文义并无不通，然而将此解置于句中，则语气颇为生硬。古代士大夫与同等地位的人对话，用词往往十分委婉，而在与国君对话和外交辞令中尤其如此（如例 13、15）。将此类句中的“则”释为“此”，就文义而言亦甚顺畅，而就古代士大夫的言辞特点而言则更为妥当。

表示揣度义的副词“亦”“意”“抑”

副词“亦”“意”“抑”常与语气词“乎”“邪”“与（欤）”相呼应，用于揣度语气的问话。问者心中往往已有答案，只是希望对方予以证实，一般译为“莫非是”“是不是”。例如：

1. 陈亢问于伯鱼曰：“子亦有异闻乎？”对曰：“未也。”（论语·季氏）

2. 公作色不说（悦），曰：“古之及今，子亦尝闻葬人主之宫者乎？”（晏子春秋·内篇谏下）

3. 孔子行年五十有一而不闻道，乃南之沛见老聃。老聃曰：“子来乎？吾闻子北方之贤者也，子亦得［道］乎？”孔子曰：“未得也。“（庄子·天运）

4. 孟子见梁惠王，王曰：“叟不远千里而来，亦将有以利吾国乎？”① （孟子·梁惠王上）

5. 威后问使者曰：“岁亦无恙耶？民亦无恙耶？王亦无恙耶？”（战国策·齐策四）

6. 楚太子有疾，而吴客往问之，曰：“伏闻太子玉体不安，亦少间乎？”（枚乘·七发）

7. 宓子贱为单父宰，过于阳昼，曰：“子亦有以送仆乎？”（说苑·政理）

以上各例中的“亦”均是表示揣度义的副词，除例5、6外，均可译为“莫非是”或“是不是”，而例5、6则只能译为“是不是”，若译为“莫非是”就不合情理了。

“亦”又作“意”，用法与“亦”相同。例如：

8. 寡人出亡二十年，乃今得反国，咎犯闻之，不喜而哭，意不欲寡人反国邪？（韩非子·外储说左上）

9. 天之无烈风淫雨，意中国有圣人邪？（说苑·辨物）

“意”又作双音节词“意者”，用法与“意”相同。例如：

10. 今吾事先生久矣，而福不至，意者先生之言有不善乎？（墨子·公孟）

11. 意者臣愚而不阖于王心耶？（战国策·秦策三）

12. 意者朕之政有所失而行有过与？（汉书·文帝纪·议佐百姓诏）

13. 今君反国，行三赏而不及我也，意者君忘我与？（说苑·复恩）

14. 久矣，天之无烈风雷雨，意者中国有圣人乎？（後汉书·南蛮西南夷列传）

---

① 以，通“所”。《管子·法法》：“故列（位）尊禄重，无以不受也；势利官大，无以不从也。”

“亦”“意”又作“抑”，也是表示揣度义的副词，表示“是不是”，例如：

15. 王请度之——抑王兴甲兵，危士臣，构怨于诸侯，然后快于心与？（孟子·梁惠王上）

王请度之：大王，请允许我猜一猜您的心思。

16. 物极则反，抑斯之谓欤？（晋书·姚泓载记）

例 15、16 中的“抑”，均应译为“是不是”为佳。

“抑”也有作双音节词“抑者”的，用法与“意者”相同。例如：

17. 往者周亡，战国并争，天下分裂，数世然后乃定。其抑者纵横之事复起于今乎？（汉书·叙传）

从以上文例可以看出，表示揣度义的副词“亦”“意”“抑”应是同一词的异写；而“意者”与“抑者”亦应是同一词的异写而已。

疑问代词“所”和疑问句中的“所在”

古汉语中的“所”可以用作疑问代词，例如：

1. 长勺之役，曹刿问所以战于庄公。公曰：“余不爱衣食于民，不爱牲玉于神。”（国语·鲁语上）

2. 赵尧进请问曰：“陛下所为不乐？非为赵王年少而戚夫人与吕后有郤邪？”（史记·张丞相列传）

3. 王儒见执金吾［郭］广意，问帝崩所病，立者谁子，年几岁。（汉书·燕刺王旦传）

颜师古注：“因何病而崩。”

4. 高贵乡公之杀，司马文王会朝臣谋其故。太常陈泰不至……裴松之案：本传，泰不为太常，未详干宝所由知之。（三国志·魏志·陈泰传“追赠司空，谥曰穆侯”注引干宝《晋纪》）

以上例句中的“所”，都用作疑问代词，相当于“何”。

古汉语中有一种用在疑问句中的“所在”，这种“所在”都用于句末，其中的“所”均相当于疑问代词“何”。例如：

5. ［董］卓至，［李］肃等格卓。卓惊呼：“［吕］布所在？”（三国志·魏志·董卓传）

《後汉书》本传作“吕布何在？”“所在”即“何在”。

6. 其后太祖问［丁］斐曰：“文侯，印绶所在？”斐亦知见戏，对曰：“以（已）易饼耳。”（魏志·曹爽传“皆伏诛，夷三族”注引《魏略》）

7. 假令死而有灵，子脩若问：“我母所在？”我将何辞以答！（魏志·后妃传“太祖皆令后养之”注引《魏略》）

8. 太祖崩洛阳，［贾］逵典丧事。时鄢陵侯［曹］彰行越骑将军，从长安来赴，问逵：“先生玺绶所在？”逵正色曰：“太子在邺，国有储副，先王玺绶，非君侯所宜问也。”（魏志·贾逵传）

先生，当为“先王”。《魏志·任城王彰传》：“太祖崩，文帝即位，彰与诸侯就国。诏曰：‘先生之道，庸勋亲亲，并建母弟，开国承家，故能藩屏大宗，御侮厌难。’”亦有“先生”一词。

9. ［光武］帝见［鲍］永，问曰：“卿众所在？”（後汉书·鲍永传）

10. 建武中每腊，诏书赐博士一羊。羊有大小肥瘦……［甄］宇因先自取其最瘦者，由是不复有争讼。后召会，［帝］问：“瘦羊博士所在？”京师因以号

之。(後汉书·儒林列传下“征拜博士”注引《东观汉记》)

11. ［沈］景到国谒王，王不正服，箕踞殿上。侍郎赞拜，景峙不为礼，问："王所在?"虎贲曰："是非王邪?"景曰："王不［正］服，［与］常人何别!"(後汉书·章帝八王传)

以上疑问句中的“所在”，均相当于“何在”，其中“所”用作疑问代词，相当于“何”。还有一种“所在”与“不知”构成的否定句，例如：

12. ［王］莽拜［郭］宪郎中，赐以衣服。宪受衣焚之，逃于东海之滨。莽深忿恚，讨逐不知所在。(後汉书·方术列传上)

13. ［左］慈乃却入壁中，霍然不知所在。(後汉书·方术列传下)

14. 北单于复为右校尉耿夔所破，逃亡不知所在。(後汉书·南匈奴列传)

15. 后诏书征［逢］萌，托以老耄，迷路东西，语使者云："朝廷所以征我者，以其有益于政，尚不知方面(向)所在，安能济时乎?"(後汉书·逸民列传)

对于这种“所在”的解释，往往都与一般陈述句中的“所在”一样，释为“所处”或“所到之地”，并无不通。但是如果我们把这种“所在”与疑问句中的“所在”一样，也释为“何在”，即“在什么地方”或“到什么地方去了”，似乎更为允当。

《论语》二十则

一、子曰："参乎，吾道一以贯之。"曾子曰："唯。"子出，门人问曰："何谓也？"曾子曰："夫子之道，忠恕而已矣。"（里仁）

对于"唯"一词，一般都认为是应答之声，但更准确地说，应该是卑者对尊者的应答之声。本例中曾子是孔子的学生，因此应答孔子用"唯"。又如：

1. 既立，所宿庚宗之妇人献以雉。问其姓（子），对曰："余子长矣，能奉雉而从我矣。"召而见之，则所梦也。未问其名，号之曰："牛。"曰："唯"。（左传·昭公四年）

2. 楚襄王问于宋玉曰："先生其有遗行与？何士民众庶不誉之甚也！"宋玉对曰："唯，然，有之。"（宋玉·对楚王问）

例 1 中被号之为"牛"的孩子是穆子的私生子，故答其父用"唯"；例 2 中宋玉与楚襄王是君臣关系，因而答其问亦用"唯"。

古代卑者应答尊者用"唯"，而尊者应答卑者或地位平等者之间的应答则用"诺"。例如：

3. 荀息曰："请以屈产之乘与垂棘之白璧往，必可得也。"……献公曰："诺。"（公羊传·僖公二年）

4. 涛涂谓桓公曰："君既服南夷矣，何不还师滨海而东，服东夷且归。"桓公曰："诺。"（公羊传·僖公四年）

以上二例均是尊者应答卑者，故用"诺"。而地位平等者之间的应答亦用"诺"，例如：

5. 冉有曰："夫子为卫君乎？"子贡曰："诺，吾将问之。"（述而）

6. 孔子曰："诺！吾将仕矣。"（阳货）

例 5 中子贡与冉有是同窗，地位均等，故应对其问用"诺"；例 6 中孔子与阳货地位大致相等，故应对其问亦用"诺"。

"唯"与"诺"的区别古籍中亦有所描述，例如：

7. 父召无诺，唯而起。（礼记·曲礼上）

郑玄注："应辞，唯恭于诺。"

8. 父命呼，唯而不诺。（礼记·玉藻）

陈澔注："唯速而恭，诺缓而慢。"（礼记集说）

以上两例具体而生动地描述了应答词"唯"与"诺"的区别。

此外，从本章文字中还可以看出，《论语》编纂者对曾子的推崇以及由此而推论出《论语》是曾子的弟子或再传弟子所编纂。

孔子说“吾道一以贯之”，是说他的学说是以一种信念贯穿其中的。此信念当时在场的弟子中只有曾子知晓而其他人均不知晓，而且孔子的弟子大致可分为两代人，子路和曾子之父曾皙等一班人是前辈，而曾子、子张等一班人是晚辈。当时在场者之中应不乏曾子的前辈，其受学于孔子的时间大多长于曾子而对孔子学说的理解却不及曾子。以此可见《论语》编纂者对曾子的推崇，亦可从中推测出《论语》是曾子弟子或再传弟子所编纂。

又孔子的弟子在《论语》中被尊称为“子”的只有曾参和有若。有若和曾参一样，也是被孔子弟子及后人倍加推崇的贤德之人。《礼记·檀弓上》中就有“有子之言似夫子”的高度评价，而且在孔子去世之后，很多弟子要以侍奉孔子的态度师事有若，可见有若名望之高（见《孟子·滕文公上》）。即使如此，在《论语》编纂者的心目中，有若的地位仍不及曾参。曾经有人统计过，在《论语》中，编纂者提及曾参凡十七次，全部称其为“曾子”；而提及有若凡六次，其中四次称其为“有子”，而另外两次则直称其为“有若”。可见在《论语》编纂者心目中，有子的地位比起曾子来仍稍逊一筹。由此亦可见《论语》一书是由曾子弟子或再传弟子所编纂的观点是很有道理的。

二、宰予昼寝。子曰：“朽木不可雕也，粪土之墙不可杇也。于予与何诛！”子曰：“始吾于人也，听其言而信其行；今吾于人也，听其言而观其行。于予与改是。”（公冶长）

本章中的“与”，以往人们多认为是语气词，其实不然。此词在本文用作副词，义为“当，应当”。此种用法有其例，如：

9. 君子有徽猷，小人与属。（诗经·小雅·角弓）

徽猷，好主意，好计划。属，续，跟随。这两句话的意思是君子有了好主意，小人就应当跟随。

10. 今乃幸以天年，得复供养于高庙。朕之不明，与嘉之，其奚哀之有？（史记·孝文本纪）

本例后三句的意思是，我不贤明，［你们］应当为我的死高兴，有什么可悲哀的呢？

11. 郑大夫盟于伯有氏。裨谌曰：“是盟也，其与几何？《诗》曰：‘君子屡盟，乱是用长。’今是长乱之道也，祸未歇也，必三年而后能纾。”（左传·襄公二十九年）

其与几何，意思是应当能有多久呢。

本文中“于予与何诛”一句，意思是“对于宰予我应当责备他什么呢？”“于予与改是”一句，意思是“对于宰予我应当改变以前对他的看法”。

三、子曰："文，莫吾犹人也。躬行君子，则吾未之有得。"（述而）

前人均把"文莫"两字连读，当成一个双音节词，却又作不出恰当的解释。吴承仕在其《亡莫无虑同词说》① 一文中认为"文"是一个词，指孔子的所谓"文章"；"莫"是一个词，表示"大约"。朱熹《集注》也说："莫，疑辞"，可能是吴说所据。然而把"莫"释为"大约"，在先秦文献中仍缺乏有力的证据。

解释某些难懂的词，可以从分析句式入手。因此，我们可以找一些先秦古籍中与本例相似的句式，看一看在"莫"字的位置上，经常出现的是哪一个词。例如：

12. 舜往于田，则吾既得闻命矣。号泣于旻天、于父母，则吾不知也。（孟子·万章上）

13. 王公大人怠于听狱治政，卿大夫怠于治官府，则我以为天下必乱矣。农夫怠于耕稼树艺，妇人怠于纺织绩纴，则我以为天下衣食之财必不足矣。（墨子·非命下）

14. 彼来，则我与之来；彼往，则我与之往。（庄子·寓言）

本例的"文"，即孔子所谓的"文章"，这里指遵行礼仪制度。而上述三例的句式与本例的句式基本上是一样的，例 13 虽然两个"则"字句前的句子比较长，但并不影响其句式。

我们着重考察的是"莫"字位置上经常出现的词，下面我们只看与"文，莫吾犹人也"相似的句式。例如：

15. 若圣与仁，则吾岂敢？（论语·述而）

16. 若季氏，则吾不能。（论语·微子）

17. 圣，则吾不能。（孟子·公孙丑上）

18. 所以自为，则吾不知也。（孟子·公孙丑下）

19. 我无官守，我无言责也，则吾进退岂不绰绰然有馀裕哉？（同上）

20. 为其贤也，则吾未闻欲见贤而召之也。（孟子·万章下）

21. 若告我以鬼事，则我不能知也。（庄子·盗跖）

例 16 的"若季氏"是说"若以待季氏之礼待孔子"。

以上所举例句与本例都是"吾"（或"我"）字句中的"吾"与上句内容的关系，或表明自己的能力，或表示自己的态度，或表示自己当时的处境，其中在"吾"（或"我"）字前出现的均是"则"字。因此，本例的"莫"字很可能相当于"则"字。

从上古语音看，"莫"与"则"存在相通的可能。

从声母上看，"莫"属明母，"则"属精母，以今音言之，二者相差较大，

① 见前北京中国大学《国学丛编》第一期第一册。

但在上古仍有相通的情况。例如：

22.《诗·小雅·皇皇者华》："周爰咨诹"，《淮南子·脩务训》引作"咨谟"。

"诹"属精母，"谟"属明母，诹、谟相通是精、明相通。

23. 葬，《说文》从茻（mǎng）声，则浪切。茻，模朗切。精、明相通。

24. 疵，《类篇》："将支切，又袂懈切。"精、明相通。

25. 械，《类篇》："子六切，又緜批切。"精、明相通。

26. 嫢，《类篇》："弥遥切，又祖芮切。"明、精相通。

《类篇》虽是中古韵书，但其反切又音往往能反映上古的语音面貌。

从韵母上看，"莫"属铎韵，"则"属职韵，二者上古音可相通。例如：

27. 殷墟甲骨文《前》七·三八·一："我其祀宾，乍（作）帝降若；我勿祀宾，乍（作）帝降不若。"此条卜辞又见于《粹》一一一三。"作"通"则"。《尚书·多方》："唯圣罔念作狂，唯狂克念作圣。"《吕氏春秋·孟冬纪》："孟冬行春令则冻闭不密……行夏令则国多暴风……行秋令作霜雪不时。""作"与"则"互文。"作"属铎韵，"则"属职韵，作、则相通是铎、职相通。

28. 信阳楚简一·〇一号："周公戟然作色曰……"《说文》："戟读若棘。"《玺汇》二三七三："戟梁。""戟"作为姓氏通"棘"，《通志·氏族略三》："……棘氏，卫大夫棘子成之后。""戟"属铎韵，"棘"属职韵，戟、棘相通是铎、职相通。

29. 侯马盟书三二〇："明徆视之。"又作"明亟视之。"

徆，见《改并四声篇海》彳部引《搜真玉镜》："徆，居逆切。""徆"属铎韵，"亟"属职韵，徆、亟相通是铎、职相通。

30.《三代吉金文存》二〇·四〇·二有丕降棘矛："丕降棘，余子之贲金。"《诗·小雅·斯干》："如矢斯棘。"郑玄笺："棘，戟也。"《左传·隐公十一年》："子都拔棘逐之。"杜预注："棘，戟也。"职、铎相通。

可见，从声、韵两方面看，"莫"与"则"都存在相通的条件。

当然，在先秦古籍中，"莫"与"则"直接相通的例证目前尚未见到，不过，《诗经》中有一例值得注意：

31. 终风且霾，惠然肯来。莫往莫来，悠悠我思。（邶风·终风）

此例中"莫"后的"往""来"是反义词，因此，"莫"无论释为"没有谁""没有"还是释为"不""不要"，均不通。故《古书虚字集释》将"莫往莫来"释为"或往或来"，指诗中男子时来时往，行踪不定。此说较为妥当。不过，这种表示相反动作行为反复交替出现的句式在古籍中多作"载……载……"，表示："有时……有时……"或"忽而……忽而……"。例如：

32. 言念君子，载寝载兴。（诗·秦风·小戎）

33. 翩翩者鵻，载飞载止。（诗·小雅·四牡）

34. 泛泛杨舟，载沉载浮。（诗·小雅·菁菁者莪）

35. 我思弗及，载坐载起。（王粲·赠士孙文始）

36. 遣使之日，载生载死，形存气亡，魄爽恍惚。（三国志·吴志·周昉传）

例32~36的“载……载……”句式相当于例31的“莫……莫……”句式，其中的“莫”相当于“载”，而“载”又可通“则”。例如：

37. 载驰载驱，归唁卫侯。（诗·鄘风·载驰）

郑玄笺：“载之言则也。”此类例《诗经》中还有：

38. 乃生男子，载寝之床，载衣之裳，载弄之璋。（小雅·斯干）

39. 维南有箕，载翕其舌。（小雅·大东）

40. 二月初吉，载离寒暑。（小雅·小明）

41. 时靡有争，王心载宁。（大雅·江汉）

42. 式序在位，载戢干戈。（周颂·时迈）

以上例中的“载”均通“则”，二字上古音近而通。

因此，可以说“莫往莫来”中的“莫”可通“载”，亦即可通“则”。

综上所述，从句式和语音两方面看，《论语》中“文，莫吾犹人也”一句中的“莫”应相当于“则”。这样不仅文义通顺，而且与下文的“则”前后对应。

四、且予与其死于臣之手也，无宁死于二三子之手乎！（子罕）

何晏集解引马融曰：“无宁，宁也。二三子，门人也。就使我有臣而死其手，宁死于弟子之手乎！”

“无宁”又作“毋宁”，亦见于《左传》：

43. 天其（若）以礼悔祸于许，无宁兹许公复奉其社稷。（隐公十一年）

44. 恕思以明德，则令名载而行之，是以远至迩安。毋宁使人谓子，“子实生我”，而（又）谓“子浚我以生乎？”（襄公二十四年）

以上二例，杜预并注曰：“无宁，宁也。”

依据文义及马融、杜预注，后人认为这种“无”是发语词，无义。

此类例还有：

45. 且先君而（若）有知也，毋宁夫人，而焉用老臣？（襄公二十九年）

服虔云：“毋宁，宁也。”杨伯峻注：“谓先君若有知，宁使夫人自为之，何必用我为之。”

46. 宾至如归，无宁菑患；不畏寇盗，而亦不患燥湿。（襄公三十一年）

47. 《书》曰：“圣作则。”无宁以善人为则，而则人之辟乎？匹夫为善，民犹则之，况国君乎？（昭公六年）

以上例中的“无（毋）”均可视为发语词，但“宁”的词义则有所不同。本例及例45的“宁”读去声，表示“宁可”。例43、44、47的“宁”释为

“可”，《左传·昭公十六年》：“子宁以他事规我”，其中“宁”即释为“可”。例43的“宁兹”即“可使”。例46的“宁”释为“安”“平”，《国语·周语下》：“自后稷以来宁乱，及文、武、成、康、仅克安民。”韦昭注：“宁，安也。”“宁蓄患”即平灾患。

“无”在上古汉语中可用作发语词，这一观点应该是可以成立的。不过上述例中的“无（毋）”更准确地说应该是虚词，相当于“则”，《国语》和《左传》中有一种“无亦”结构值得注意，例如：

48. 彼无亦置其同类。（国语·鲁语下）

49. 无亦择其柔嘉。（国语·周语中）

50. 王无亦鉴于黎、苗之王，下及夏、商之季。（国语·周语下）

51. 若克有成，公子无亦晋之柔嘉，是以甘食。（国语·晋语四）

52. 女无亦谓我老耄而舍我，而又谤我。（国语·楚语上）

53. 两君相见，无亦唯是一矢以相加遗，焉用乐？（左传·成公十二年）

54. 德，国家之基也，有基无坏，无亦是务乎！（襄公二十四年）

55. 无亦鉴于若敖、蚡冒至于武、文。（昭公二十三年）

“无亦”在《左传》中又写作“则亦”。例如：

56. 冀之既病，则亦唯君故。（僖公二年）

57. 赴之以名，则亦书之。（僖公二十三年）

58. 若将亡之，则亦皆亡。（宣公四年）

59. 萧同叔子非他，寡君之母也。若以匹敌，则亦晋君之母也。（成公二年）

60. 我克则进，奔则亦视之，乃可以免。（襄公二十五年）

61. 若君身，则亦出入，饮食、哀乐之事也。（昭公元年）

62. 遂见文子，则亦授甲矣。（昭公十年）

例56~62的“则亦”均与例48~55的“无亦”相对应，其中“则”与“无”相对应。

若以“则”释本例及例43~55中的“无”，则文义皆畅通。本例及例43~47则更是如此。本例的“无宁死于二三子之手”即“则宁死于二三子之手”，例43的“无宁兹许公复其社稷”即“则可使许公复其社稷”，例44的“毋宁使人谓子”即“则可使人谓子”，例45的“毋宁［用］夫人”即“则宁［用］夫人”，例46的“无宁蓄患”即“则平灾患”，例47的“无宁以善人为则”即“则可以善人为则”，其文义均顺畅无碍。

五、子路率尔而对曰：“千乘之国，摄乎大国之间，加之以师旅，因之以饥馑，由也为之，比及三年，可使有勇，且知方也。”（先进）

朱熹注：“因，仍也。”后世据此多释为“继”，二者义近。

若依此说，则“加之以师旅”中的“之”指“千乘之国”，而“因之以饥馑”中的“之”却指“师旅”，二者不一致。而《论语》中两个或两个以上相连的“V之以n”句式中的“之”均指同一对象。例如：

63. 子曰：“道（导）之以政，齐之以刑，民免而无耻；道之以德，齐之以礼，有耻且格。”（论语·为政）

64. 樊迟御，子告之曰：“孟孙问孝于我，我对曰：‘无违。’”樊迟曰：“何谓也？”子曰：“生，事之以礼；死，葬之以礼，祭之以礼。”（论语·为政）

例63中的两组四个“V之以n”句中的“之”，所指代的均是同一对象，即“民”；例64中的三个“V之以n”句中的“之”，所指代的亦均是同一对象，即“父母”。

可见，若将“因之以饥馑”中的“因”释为“仍”“继”，将使其中的“之”与“加之以师旅”中的“之”所指代的对象不一致，这与《论语》中此类句式的规律不一致。

其实，“因之以饥馑”中的“因”也相当于“加”，而其中的“之”与“加之以师旅”中的“之”所指代的都是同一对象，即“千乘之国。”

“因”相当于“加”，古籍中有其例。如：

65. 若大人行淫暴于国家，进而谏，则谓之不逊；因左右而献谏，则谓之言议。此君子之所疑惑也。若大人为政，将因于国家之难，譬若机之将发也然，君子之（则）必以谏①。（墨子·公孟）

66. 太仓之粟，陈陈相因，充溢露积于外，至腐败不可食。（史记·平准书）

以上二例中的“因”，皆相当于“加”。

67. 张骞从大将军，以尝使大夏，留匈奴中久，导军，知善水草处，军得以无饥渴；因前使绝国功，封骞博望侯。（史记·卫将军骠骑列传）

本例中“因”，《词诠》释为：“介词，表原因，与‘以’义同。”《汉语大词典》释为“因为，由于”。若依此种解释，则“因”字句前的“从大将军，以尝使大夏，留匈奴中久，导军，知善水草处，军得以无饥渴”一段文字就变得与张骞封侯毫无关系，可以全部删去，只须作“张骞因前使绝国功，封为博望侯”就可以了。

其实，太史公此段关于张骞封侯的文字，意在表明张骞“从大将军……导军，知善水草处，军得以无饥渴”，是他此次随大军出征所立之功；加上“前使绝国功”，两次功劳合计，才得以封为侯。所以本例中的“因”亦应释为“加”，是动词。

因此，“因之以饥馑”即“加之以饥馑”，《论语》编纂者之所以写作“因之”，是为求语言的变化，使之不与上句的“加之”重复而已。

---

① 之，相当于“则”。《吕氏春秋·功名》：“故民无常处，见利之聚，无之去。”《吕氏春秋·圜道》：“其所欲者之远，而所知者之近也。”

六、公山弗扰以费畔，召，子欲往。子路不说，曰："末之也已，何必公山氏之之也？"（阳货）

末，相当于"勿""不要"。《礼记·文王世子》："食下，问所膳，命膳宰曰：'末有原。'"郑玄注："勿有所再进。为其失饪，臭味恶也。"

之，作动词，相当于"往"。

末之也已，意思是不要去了吧。

"何必公山氏之之"，第一个"之"相当于"则"。《阳货》："佛肸以中牟畔，子之往也，如之何？"又"迩之事父，远之事君。"《吕氏春秋·功名》："故民无常处，见利之聚，无之去。"此三例中加点的五个"之"均相当于"则"。

第二个"之"相当于"往"。

何必公山氏之之也，意思是何必公山氏召则往也。

子路所说的两句话可译为："不要去了吧！为什么一定要公山氏召唤您就前往呢？"

七、滔滔者，天下皆是也，而谁以易之？（微子）

谁以易之，以往多释为"与谁易之"，"易"依朱熹说释为"改变""改革"。此说虽可通，但却丢失了主语。

以，可释为"能"。例如：

68. 既明且哲，以保其身。（诗·大雅·烝民）

《汉书·司马迁传赞》引"以"作"能"。

69. 以知古始，是谓道纪。（马王堆帛书·老子·乙本）

通行本《老子·十四章》"以"作"能"。

70. 朕闲居三月，斋心服形，思有以养身治物之道。（列子·黄帝）

易，可释为"治"。例如：

71. 夫以百亩之不易为己忧者，农夫也。（孟子·滕文公上）

72. 易其田畴，薄其税敛。（孟子·尽心上）赵岐注："易，治也。"

谁以易之，即"谁能治之"。

在先秦古籍中，"谁能V之"句式并不罕见。例如：

73. 虽无有质，谁能间之？（左传·隐公三年）

74. 楚君子干涉五难以弑旧君，谁能济之？……有五利以去五难，谁能害之？（昭公十三年）

75. 若以水济水，谁能食之？若琴瑟之专一，谁能听之？（昭公二十年）

76. 民归之，由（犹）水之就下，沛然谁能御之？（孟子·梁惠王上）

77. 彼苟有人意焉，夫谁能忿之？（荀子·富国）

"谁能V之"又作"孰能V之"，例如：

78. 其如是，孰能御之？（孟子·梁惠王上）

又作“谁得V之”，例如：

79. 武、献以下，兼国多矣，谁得治之？（左传·襄公二十九年）

80. 其义止，谁得行之？其义行，谁得止之？（荀子·礼论）

以上例中的“谁能V之”“孰能V之”及“谁得V之”都与“谁以易之（谁能治之）”是同一句式，而例12的“谁得治之”，则不仅与“谁能治之”是同一句式，连意义都完全相同了。

八、君子尊贤而容众，嘉善而矜不能。我之大贤与，于人何所不容？我之不贤与，人将拒我，如之何其拒人也？（子张）

本段文字中加点的两个“之”字，以往不见于注释。此两“之”均用作表假设的连词，义为“若”“如果”。例如：

81. 楚之无恶，除备而盟，何损于好？若以恶来，有备不败。（左传·宣公十二年）

82. 皮之不存，毛将安傅？（左传·僖公十四年）

83. 凶之无有，备之何害？若其有凶，备之为瘳。（国语·晋语一）

84. 此五患者，人主之不知，则有劫杀之事。（韩非子·八经）

85. 天之亡我，我何渡为！（史记·项羽本纪）

以上例句中加点的“之”均用作表假设的连词“若”“如果”，其中例81、例83“之”与“若”互文。这样，《子张》中的这段文字可以译为：

君子既尊重贤人，又包容普通人；既赞美能人，又同情无能的人。我若是大贤人呢，那么对别人有什么不能容纳的呢？我若不贤呢，那么别人将会拒绝与我交往，我又怎么能拒绝别人呢？

九、朋友死，无所归，曰：“于我殡。”（乡党）

无所归，杨伯峻先生译为“没有负责收敛的人”，于我殡，译为“丧葬由我来料理”。殡，杨先生注：“停放灵柩叫殡，埋葬也可以叫殡，这里当指一切丧葬事务而言。”此观点值得商榷。

其一，“归”无“收敛”义。

其二，先秦时期，“殡”无“埋葬”义。

无所归，何晏集解引孔安国曰：“‘无所归’言无亲昵。”邢昺疏：“言朋友若死，更无亲昵可归。”

孔安国所释只是言其大义，邢昺疏则颇为草率，原文已明言“朋友死”，他却说“朋友若死”。不过“更无亲昵可归”一语，则比孔注更进一步。“更无亲昵可归”是说再无亲朋可送其灵柩归葬。归，在此指归葬。

归葬，指人死后由亲友将其灵柩运回故乡埋葬，此是旧时习俗。如：

86. 曾子问："女未庙见而死，则如之何?"孔子曰："……归葬于女氏之党，示未成妇也。"(礼记·曾子问)

87. 悼公死，归葬。(史记·管蔡世家)

88. 子胥、彭越不能避烹亡葅，独谓尹齐能归葬，失实之言，不验之语也。(论衡·死伪)

殡，指死者入殓后停柩待葬，先秦即有此习俗。如：

89. 夏后氏殡于东阶之上，则犹在阼也；殷人殡于两楹之间，则与宾主夹之也；周人殡于西阶之上，则犹宾之也。(礼记·檀弓上)

90. 冬，晋文公卒。庚辰，将殡于曲沃。(左传·僖公三十二年)

91. 秋，定姒薨，不殡于庙。(左传·襄公四年)

"殡"在先秦及以后很长的时期中，均指停柩待葬，至于泛指丧葬事务，则难见于汉代以前的文献记载。且归葬一事，在古代是一种极为艰辛之事，往往要携带灵柩，长途跋涉，而冒数千里风霜雨雪者，亦不少见。不仅要有忠人之事的亲人挚友，而且费用甚巨，若非家资丰厚，皆须亲友资助。韩愈《柳子厚墓志铭》一文，就记述了柳宗元灵柩由亲友资助护送，千里归葬长安万年县之事。孔子家境并不丰厚，他曾说："鲤也死，有棺而无椁，吾不徒行以为之椁。"(先进)邢昺疏："我子鲤也，死时但有棺，以家贫而无椁。吾不卖车以作椁。"以如此家境，若要为朋友承办费用甚钜的归葬之事，恐不切实际；若是办理停柩待葬，则应是力所能及的。

十、子曰："回也其庶乎！屡空。赐不受命而货殖焉，亿则屡中。"(先进)

赐不受命，杨伯峻先生译为"端木赐不安本分"。将"不受命"译为"不安本分"，似无据。其注曰："有把'命'解为'教命'的，则'不受命'为'不率教'，其为错误甚明显。"然而杨先生并未指出其错误何在。将"命"解为"教命"，见何晏注："赐不受教命唯财货是殖。"何晏之说不错，本例的"受命"即"受教"，亦即"接受教诲"。古籍中"受命"一词，可表示"接受教诲"，例如：

92. 悼子曰："吾受命于先人，不可以贰。"(左传·襄公二十六年)

93. 公曰："不幸有社稷之业，不择言而出之，请受命矣。"(晏子春秋·谏上六)

94. 今也小国师大国而耻受命焉，是犹弟子而耻受命于先师也。(孟子·离娄上)

95. 范雎至秦，王庭迎，谓范雎曰："今义渠之事已，寡人乃得以身受命。"(战国策·秦策三)

以上例中加点的"受命"均相当于"受教"，例94的第一个"受命"是接受命令，第二个"受命"相当于"受教"，即接受教诲。"受教"一词，亦见于古籍，如：

96. 信陵君曰："无忌谨受教。"

孔子一向鄙视谋求财利者，"君子喻于义，小人喻于利"（里仁），认为谋利是小人之事。冉有为季氏聚敛财货，孔子斥之曰："非吾徒也，小子鸣鼓而攻之可也!"（先进）又"子罕言命与利与仁"（子罕）。天命难知，故不愿言；"仁"博大精深且难行，故不轻言；求利乃小人之事，故不屑言。因此子贡囤积谋利自然会被孔子视为"不受命（教）"了。

十一、夫子之墙数仞，不得其门而入，不见宗庙之美，百官之富；得其门者或寡矣。（子张）

或，古人皆不释。今字典词书引此例多将其译为"或许""大概"等义。然而"得其门者或寡矣"一句，系用"矣"字结句的陈述句，其表示的结论是肯定的，并无委婉推测之意，故此"或"宜译为"又"。此种用法先秦及汉代古籍多见。如：

97. 既立之监，或佐之史。（诗·小雅·宾之初筵）

98. 今吴不如过，而越大于少康，或将丰之，不亦难乎？（左传·哀公元年）

《史记·吴世家》作"又将宽之"。

99. 羁也不佞，不能与二三子同心，而以为皆有罪，或欲通外内，且欲去君。（左传·昭公二十五年）

100. 道冲而用之，或不盈。（老子·第四章）

《淮南子·道应训》引作"道冲而用之，又弗盈"《文子·微明》作"又不满"。

101. 物有不可忘，或有不可不忘。（史记·信陵君列传）

以上例中的"或"均相当于"又"。

虚词其实很重要，因为它所表示的往往是词与词或句与句之间的逻辑关系。

十二、子曰："诵《诗》三百，授之以政，不达；使于四方，不能专对；虽多，亦奚以为?"（子路）

虽多，亦奚以为，杨伯峻先生译为："纵是读得多，有什么用处呢?"意思不错，只是不够准确。杨先生对"亦奚以为"亦有注释："'以'动词，用也。'为'表示疑问的语气词，但只跟'奚''何'连用，如'何以文为''何以伐为'。""何以文为""何以伐为"都在"以"与"为"之间加入了其他成分，因此与"奚以为"不是同一种结构。

"奚以为"即"奚能为"，亦即"何能为"；亦何能为，意思是"又能做什呢?""为"在此句中是动词而并非语气词。

"奚以为"中的"以"表示"能"，此种用法还有：

102. 民非后，无能胥以宁；后非民，无以辟（君）四方。（礼记·表记）

无能、无以，均是“不能”，“以”相当于“能”。

103. 愿以陈臣之陋忠，而未知王心也。（战国策·秦策三）

104. 正明法，陈严刑，将以救群生之乱，去天下之祸。（韩非子·奸劫弑臣）

将以，即“则能”“以”相当于“能”。

可见，“奚以为”即“奚能为”，亦即“何能为”。

“奚能为”“何能为”句式亦见于古籍，如：

105. 余发如此种种，余奚能为？（左传·昭公三年）

杜预注：“种种，短也。自言衰老不能复为害。”余奚以为，是说“我还能做什么呢？”

106. 郑伯请成于陈，陈侯不许……曰：“宋卫实难，郑何能为？”遂不许。（左传·隐公六年）

107. 时当职吏以蒙年小轻之，曰：“彼竖子，何能为！”（三国志·吴志·吕蒙传）

奚能为、何能为，用于反问句，用来表示自谦或对别人的轻视。

“何能为”句末也有带语气词的，如：

108. 上召诸将问曰：“布反，为之奈何？”皆曰：“发兵击之，坑竖子耳，何能为乎？”（史记·鲸布列传）

109. 灌将军孰视，笑曰：“人谓魏勃勇，妄庸人耳，何能为乎！”（汉书·高五王传）

从上述两例亦可知，此种句式中的“为”不是语气词而是动词。

十三、伯牛有疾，子问之，自牖执其手，曰：“亡之，命矣夫！”（雍也）

“亡之，命矣夫”一句，句式颇为怪异，其中“之”字也令人费解。对此，杨伯峻先生释曰：“这‘之’字不是代词，不是‘亡’（死亡之意）的宾语，因为‘亡’字在这里不应该有宾语，只是凑成一个音节罢了。”

以“亡之”二字为句始于汉代孔安国，何晏集解引孔安国曰：“亡，丧也。疾甚，故持其手曰‘丧之’”。邢昺疏：“曰‘亡之’者，亡，丧也。疾甚，故持其手曰：‘丧之，命矣夫！’”但二人均未指出此“之”在句中是何意。

细察文义，此句应连读为“亡之命矣夫”，其中“之”相当于“是”。

“之”相当于“是”，古籍中有其例，如：

110. 不知稼穑之艰难，不闻小人之劳，惟耽乐之从。（尚书·无逸）

《汉书·郑崇传》引作“唯耽乐是从”。

111. 窃人之财犹谓之盗，况贪天之功以为己功乎？（左传·僖公二十四年）

《史记·晋世家》作“犹曰是盗”。

112. 金玉之贱，人民是宝。（韩诗外传·卷十）

《新序·杂事四》作“金玉是贱，人为宝”。

113. 天命之谓性。（礼记·中庸）

114. 父母之于子，东西南北，唯命之从。（庄子·大宗师）

115. 审其所以从之，之谓孝，之谓贞也。（荀子·子道）

以上例中，例 110、例 111 中的“之”与“是”是异文；例 112 中的“之”与“是”是前后互文，而与《新序》中的“是”又是异文。而例 113～115 中的“之”也均相当于“是”。

《论语》中也有“之”用作“是”的文例，如：

116. 犹（均）之与人也，出纳之吝谓之有司。（尧曰）

可见，若将“亡之命矣夫”一句中的“之”释为“是”，不仅使句式变得简单平易，也使语义更为流畅易懂了。

十四、

（一）子曰：“默而识之，学而不厌，诲人不倦，何有于我哉？”（述而）

（二）子曰：“出则事公卿，入则事父兄，丧事不敢不勉，不为酒困，何有于我哉？”（子罕）

朱熹于例（一）注：“何有于我，言何者能有于我也。三者已非圣人之极至，而犹不敢当，则谦而又谦之辞也。”于例（二）注：“说见第七篇（述而），然而此则其事愈卑而意愈切矣。”

据此，杨伯峻先生将“何有于我哉”译为“这些事情我做了哪些呢”，并注曰：“‘何有’在古代是一常用语，在不同场合表示不同意义……也有人说，《论语》的‘何有’都是‘不难之辞’（刘宝楠《论语正义·里仁》），那么这句话便该译为‘这些事情对我有什么困难呢’。这种译法便不是孔子谦虚之词。”

其实，从《论语》中的相关内容看，上述两例中的“何有于我哉”，原本都是孔子的自许之辞而非谦虚之辞。

与例（一）相关的内容亦见于《述而》篇：

117. 子曰：“若圣与仁，则吾岂敢？抑为之不厌，诲人不倦，则可谓云尔已矣。”“为之不厌”即指“学之不厌”，与“学而不厌”同义。

例中加点的“则”相当于“其”，是表示委婉的语气词，义为“恐怕”“大概”。《礼记·表记》：“情疏而貌亲，在小人，则穿窬之盗与？”《阳货》作“譬诸小人，其犹穿窬之盗也与？”“则”相当于语气词“其”。

则（其）可谓云尔已矣，表示“恐怕可以说是如此而已吧”，言外之意是说学而不厌，诲人不倦我还是能做到的。表面看似谦虚之辞，其实是自许之辞。

与例（二）相关的内容见于《乡党》篇：

118. 食不厌精，脍不厌细……唯酒无量，不及乱。

唯酒无量，杨先生译为“只有酒不限量”。若依此译，则其他食物均限量，此意恐不合文义。此“唯”当通“虽”，表示虽然，即使。此类用法有：

119. 今以仁义法正为固无可知可能之理邪？然则唯禹不知仁义法正，不能仁义法正也。（荀子·性恶）

杨倞注：“唯，读为虽”。

120. 相如使时，蜀长老多言通西南夷不可为用，唯大臣亦以为然。（史记·司马相如列传）

121. 吾事夫子，国人之所知也，唯辱使者不可以已。（刘向《列女传·齐东郭姜》）

梁端校注：“唯读为‘虽’，古字通。”

因此，例118的“唯酒无量，不及乱”是说即使酒不限量，[可以随意饮]，我也不至于醉。言外之意是我对饮酒有自控能力。由此可证例（二）的“不为酒困，何有于我哉”是“我不会因为饮酒而失去理智，这对我有什么困难呢？这也是孔子的自许之辞”。

由于“何有于我哉”是承“出则事公卿，入则事父兄，丧事不敢不勉，不为酒困”四事而言，所以例（二）孔子所言四事，均是自许之辞而非谦虚之辞。

除例（一）、（二）之外，《论语》中还有孔子自许之辞。如：

122. 子曰：“十室之邑，必有忠信如丘者焉，不如丘之好学也。”（公冶长）

123. 子曰：“苟有用我者，期月而已可也，三年有成。”（子路）

124. 子曰：“莫我知也夫！”子贡曰：“何为其莫知子也？”子曰：“不怨天，不尤人，下学而上达。知我者其天乎！”（宪问）

皇侃《义疏》云：“下学，学人事；上达，达天命。”

以上三例，均是孔子自许之辞，而例122更可作为例（一）的注脚。

由此亦可见，例（一）、例（二）中的“何有”都是“不难之辞”。

“何有”一词在《论语》中共出现七次，除例（一）、（二）外，还有五次，其中有三次出现在同一例中：

（三）子曰：“能以礼让为国乎？何有？”（里仁）

朱熹注：“何有，言不难也。”

（四）季康子问：“仲由可使从政也与？”子曰：“由也果，于从政乎何有？”曰：“赐也可使从政也与？”曰：“赐也达，于从政乎何有？”曰：“求也可使从政也与？”曰：“求也艺，于从政乎何有？”（雍也）

（五）苟正其身矣，于从政乎何有？（子路）

邢昺疏：“何有，言不难也。”

上述三例中的五个“何有”，其义均为“有何难”，均是“不难之辞”。

可见，说《论语》中的“何有”是“不难之辞”，是正确无误的。

十五、原思为之宰，与之粟九百[①]，辞。子曰：“毋！以与尔邻里乡党乎！”（雍也）

“毋！以与尔邻里乡党乎”一句，文义虽可通，然而句式罕见。以“毋”一字为句源于何晏集解，他于“毋”后绝句并引孔安国注：“禄，法所得，当受无（毋）让。”如此断句颇为怪异。其实可换一种断句法，即删去“毋”后的叹号与下文连读为“毋以与尔邻里乡党乎？”意思是“就不能［把这些粮食］送给你的邻里同乡吗？”“毋以”即“无以”，表示“不能”。例如：

125. 今惟毋以尚贤为政其国家百姓，使国为善者劝，为暴者沮。（墨子·尚贤下）

126. 诸侯初破，燕、齐、荆地远，不为置王，毋以填（镇）之。（史记·秦始皇本纪）

127. 此一事也……不复言师，则无以知其为一事也。（公羊传·僖公元年）

128. 叔孙武叔毁仲尼。子贡曰：“无以为也！仲尼不可毁也。”（论语·子张）

129. 孔子曰：“不知命，无以为君子也；不知礼，无以立也；不知言，无以知人也。”（论语·尧曰）

130. 幼不能强学，老无以教之，吾耻之。（荀子·宥坐）

131. 匮乏无以举礼，羸弱不能奔远，不能任也。（论衡·定贤）

132. 富者不得自保，贫者无以自存。（汉书·食货志）

以上例中的“毋以”“无以”均相当于“不能”，例 130、131、132 中的“无以”还与“不能”“不得（不能）”互文。

从句式上看，将“毋！以与尔邻里乡党乎！”重新标点为“毋以与尔邻里乡党乎？”则句式更为简单。从语气上看，前者表示祈使，语气比较生硬；后者表示商榷，语气比较委婉。这也许更符合孔子的修养和性格吧。

十六、子张问崇德辨惑。子曰：“主忠信，徙义，崇德也。爱之欲其生，恶之欲其死。既欲其生，又欲其死，是惑也。‘诚不以富，亦祇以异。’”（颜渊）

诚不以富，亦祇以异，朱熹注：“此《诗·小雅·我行其野》之辞也……如此诗所言，不足以致富而适足以取异也。”

朱熹注是说，“诚不以富，亦祇以异”在《诗经》中的原意是“不足以致富而适足以取异”，但并未说明孔子于此引此诗是何意。

---

① 何晏集解引包咸曰：“孔子为鲁司寇，以原宪为家邑宰。”又引孔安国曰：“九百，九百斗。”

杨伯峻先生注：“《诗·小雅·我行其野》诗句，引在这里，很难解释。程颐说是错简，但无证据。”

先秦人引《诗》以明己意，其欲表明之意，有时与《诗》原意并不完全相同。所引诗见《诗·小雅·我行其野》第三章：

我行其野，言采其葍。不思旧姻，求尔新特。诚不以富，亦祇以异。

末两句的意思是：［看来］我的确不能成为富人，［至多］也只能是一个与众不同之人。① 但此意与《论语》本例文义不相连属，可知其并非孔子所欲表明之意。

若能参考子张言行以及孔子及子张同门对其评价，也许可知孔子引此诗所欲表明之意。

《论语》中子张有关言行如下：

133. 子张学干禄。（为政）

134. 子张问：“士何如斯可谓之达矣？”子曰：“何哉？尔所谓达者？”子张对曰：“在邦必闻，在家必闻。”（先进）

135. 子张问于孔子曰：“何如斯可以从政矣？”（尧曰）

从上述例中可知，子张是一位看重自己功业和名望之人。

《论语》中也有孔子及子张同门对子张的评价：

136. 子贡问曰：“师（子张）与商（子夏）也孰贤？”子曰：“师也过，商也不及。”曰：“然则师愈与？”子曰：“过犹不及。”（先进）

137. 柴也愚，参也鲁，师也辟，由也喭。（先进）

黄式三《论语后案》云：“辟读若《左传》‘阙西辟’之辟，偏也。以其志过高而流于一偏也。”例 136 的“过”是“超过”，超过中正也是“偏”，此“偏”很像是“不得中行”的“狂狷”。孔子称子张“辟”，并非全是批评，其中亦有褒许。

子张同门对其亦有评价：

138. 子游曰：“吾友张也为难能也，然而未仁。”（子张）

朱熹注：“子张行过高，而少诚实恻怛之意。”

139. 曾子曰：“堂堂乎张也，难与并为仁矣。”（子张）

何晏集解引郑玄曰：“言子张容仪盛而仁道薄也。”

朱熹注：“堂堂，容貌之盛。言其务外自高，不可辅而为仁，亦不能有以辅人之仁也。”子游、曾子对子张是赞誉之中亦有微词。

从上述评价可以看出，子张是一位容貌壮伟，才气过人，勇于进取，而于内在修养上却未达到“仁”的高度的青年才俊。

由此，我们大致可知，孔子引“诚不以富，亦祇以异”之语，意在暗示子张：［看来］你实在还不能算是仁人，［至多］也只是一位容仪才气俱盛的俊异之士。

---

① 以，表示“能”。例见本文第十二、十五则。

十七、叔孙武叔毁仲尼。子贡曰："无以为也！仲尼不可毁也。"（子张）

无以为，邢昺疏："言无用为此毁訾。"朱熹注："犹言无用为此。"杨伯峻先生译为："不要这样做"，并注曰："以，此也，这里作副词用"。

邢昺疏与朱熹注将"无以为"释为"无用为"是不对的，但却补出了"为"的宾语；杨先生译为"不要这样做"是正确的，但释"以"为"此"，并说"作副词用"，则欠妥。

将"以"释为"此"是杨树达《词诠》，所引八例，分为两类：前三例定为指示代名词，后五例定为指示形容词。按较近的说法，此两类均属指示代词，前三例在句中作主语而后五例在句中作定语。其中无一例是副词作状语的。

在先秦古籍中，"无以为"一语并未见有表示"无此为"且其中"此"作副词的，而几乎均表示"不能为"。例如：

140. 不知命，无以为君子也。（论语·尧曰）

141. 凡察车之道，欲其朴属而微至[①]。不朴属，无以为完久也；不微至，无以为戚（疾）速也。（周礼·冬官·考工记·总叙）

142. 若苟贫，是无以为积委也。（墨子·节葬下）

143. 坏其墙，无以为客菌[②]。（墨子·迎敌祠）

144. 非背法专制，无以为威。（韩非子·南面）

145. 布帛尽则无以为蔽，林木尽则无以为守备。（韩非子·内储说上七术·说二）

146. 故曰："上仁为之而无以为也。"（韩非子·解老）

上述例中的"无以为"均是"不能为"，而此类语词多带宾语，惟例146与本例一样是不带宾语的。然而细察文义，此两例中"无以为"的宾语均是承上省。例146中"无以为"的宾语"之"承上文的"之"而省，而本例中"无以为"的宾语"此"是承上文的"毁仲尼"一语而省。故本例的"无以为"即"无以为此"，亦即"不能做这样的事"。

十八、叶公语孔子曰："吾党有直躬者，其父攘羊，而子证之。"孔子曰："吾党之直者异于是：父为子隐，子为父隐，直在其中矣。"（子路）

何晏集解引孔安国曰："直躬，直身而行。"邢昺疏："子苟有过，父为隐

① 郑玄注："朴属，犹附著坚固貌也。"又引郑司农云："微至，谓轮至地者少，言其圆甚，著地者（面积）微，则易转。"

② 孙诒让注："菌，犹言翳也。"并引苏时学云："菌疑与梱义通，意言城外有墙，是令敌人得障蔽以避矢，宜急坏之。"

之，则慈也；父苟有过，子为隐之，则孝也。慈孝则忠，忠则直也。”故言直在其中矣。

如何解释本文的“直”，应是理解本文的关键。

杨伯峻先生将“直”译为“坦白直率”“直率”，恐非孔子本意。

孔安国将“直躬”释为“直身而行”是正确的，直身，是使自己正直。直，即“正”，表示公正、正直。《尚书·舜典》：“夙夜惟寅，直哉惟清。”《韩非子·解老》：“所谓直者，义必公正，公心不偏党也。”《论语·为政》：“举直错（措）诸枉，则民服；举枉错诸直，则民不服。”例中的“直”均表示公正，正直，后一例的“直”用作名词，表示“正直者”。

直躬，即直身，亦即正身，表示自己正直无私。如：

147. 其治无为，正身共（恭）己而阴阳自和。（论衡·自然）

148. 熹内典宿卫，外干宰职，正身立朝，未尝懈惰。（东观汉记·赵熹传）

149. 据今光禄大夫李喜，秉节高亮，正身在朝。（羊祜·让开府表）

“直在其中矣”中的“直”，表示“直道”，指正确的道理，准则。例如：

150. 子曰：“斯民也，三代之所以直道而行也。”（论语·卫灵公）

151. 直道而事人，焉往而不三黜？（论语·微子）

152. 其馀则直道而行之是也。（礼记·杂记）

153. 然则端言直道之人不得见，而忠直日疏。（韩非子·三守）

直道，又作正道，如：

154. 上必明正道以道民，民道之而有功。（礼记·燕义）

155. 正道捐弃，而邪事日长。（管子·立政）

156. 天下正道，伏羲、文王象以治世。（论衡·难岁）

“父为子隐，子为父隐，直在其中矣”几句话是说，父亲为儿子容隐过错，体现的是“慈”；儿子为父亲容隐过错，体现的是“孝”，而正道就体现在这父慈子孝之中了。父为子隐，子为父隐，看起来是自私甚至触犯刑法，但却体现了更高的道德准则，也体现了儒家崇礼贬刑的政治主张。

十九、子曰：“富与贵，是人之所欲也；不以其道得之，不处也。贫与贱，是人之所恶也；不以其道得之，不去也。”（里仁）

“贫与贱，是人之所恶也；不以其道得之，不去也。”这几句话，令人费解。杨伯峻先生注：“‘富与贵’可以说‘得之’，‘贫与贱’却不是人人想‘得之’的。这里也讲‘不以其道得之’，‘得之’应该改为‘去之’。”

杨先生认为此“得之”应该改为“去之”是正确的，不过他并未说明为什么此“得”可以改为“去”，只是说：“这里为什么也讲‘得之’，可能是古人的不经意处，我们不必再在这上面做文章了。”

按：此“得”可通“德”，而“德”又可通“置”，置，可释为免除，抛掉，抛弃。

首先，“得”可通“德”。例如：

157. 为宫室之美，妻妾之奉，所识穷乏者得我与？（孟子·告子上）

158. 舜授禹以天下，尚得推贤不失序。（荀子·成相）

159. 今乃罹法如斯，此吾得薄不能化民证也。（吴越春秋·越王无馀外传）

出土文献亦有此种文例，如：

160. 马王堆帛书《六十四卦·小畜》上九：“既雨既处，尚得载，女厉贞。”通行本《易》“得”作“德”。

161. 上海博物馆楚竹书《民之父母》简一一～一二：“屯得同明。”“屯得”，《礼记·孔子闲居》作“纯德”。“得”通“德”。

其次，“德”可通“置”。例如：

162. 所谓君子者，言忠信而心不德，仁义在身而色不伐。（荀子·哀公）

《大戴礼记·哀公问五义》：“躬行忠信而心不置。”是“德”通“置”。

置，亦可通“德”，如：

163. 功被天下而不私置与！（荀子·赋）

王念孙《读书杂志·荀子八》：“置读为德，言功被天下无私德也。”置，通“德”。

其实，说“得”可直接通“置”亦未尝不可，因为“得”“置”上古音皆在职部、端母，是同音字。音近字尚可通假，何况同音字？之所以列举数例，证明“得”可通“德”，而“德”又可通“置”，是为了表明“得”可通“置”并非偶然。

置，可释为免除，抛掉，抛弃。如：

164. 齐桓公置射钩，而使管仲相。（左传·僖公二十四年）

置射钩，是指齐桓公免除了管仲曾射中其带钩几致其死之罪。

165. 置其杖而耘[①]。（论语·微子）

166. 今以小忿弃之，是以小怨置大德也。（国语·周语中）

本例中“弃”与“置”互文见义。

167. 置大立少，乱之本也。（晏子春秋·谏上十一）

例 164 的“置”表示免除，例 165 的“置”表示抛掉、丢开，例 166、167 的“置”表示抛弃。

因此，本例中的第二个“不以其道得之”即“不以其道置之”，意思是“不用正当的方法免除（或抛掉、抛弃）贫贱；而其中的“得之”，可能就是孔门弟子在“不经意”间[②]将孔子口述的“置之”误记为同音的“得之”了。

---

① 此例文字从汉熹平石经。

② 杨伯峻语。见上文所引。

二十、子曰：“道之以政，齐之以刑，民免而无耻；道之以德，齐之以礼，有耻且格。”（为政）

何晏注：“格，正也。”这是目前所能见到的对此词的最早注释。

朱熹注：“格，至也。而又有以至于善也。”这可以说是对此词影响最大的注释。

黄式三注：“格、革音义并同，当训为革。”程树德：“愚谓黄说是也……即革面洗心之义。”

杨伯竣先生注为“归服，向往”，译为“人心归服”。

以上注解，虽义皆可通，然而本段文字，汉代有异文，当引起注意：

有耻且格，汉祝睦碑作“有耻且恪”。程树德：“汉碑作‘恪’，当出《齐》《古》（即《齐论语》《古文论语》）。”

《汉书·货殖传》：“道之以德，齐之以礼，故民有耻而且敬。”

《尔雅·释诂》：“恪，敬也。”“恪”与“敬”同义，故上述异文可互相印证。

有耻且格，即有耻且敬，“且”表示其后的理念更深一层，这更深一层的理念就是“敬”。

敬，是“礼”的核心精神，对此，古代文献多有阐述。如：

168.《曲礼》曰：“毋不敬。”（礼记·曲礼上）

这是《礼记》开宗明义的第一句话，郑玄注：“礼主于敬。”郑玄此语是说，“礼”是以“敬”为其核心精神的。

169. 安上治民，莫善于礼。礼者，敬而已矣。（孝经·广要道章）

李隆基注：“敬者，礼之本也。”李隆基的话是说，“敬”是“礼”的根本精神。

邢昺疏：“言‘礼者，敬而已矣’，谓礼主于敬也。又明敬功至广，是要道也。”邢昺疏的后两句话是说，“敬”的功用极其广大，是最重要的道理。

170. 古之为政，爱人为大；所以爱人，礼为大；所以治礼，敬为大。（礼记·经解）

本例的最后两句话是说，要推行礼制，“敬”是最根本的精神。

上述的“敬”，大致相当于“敬让之道”。《礼记·经解》：“是故隆礼由礼，谓之有方（道）之士；不隆礼，不由礼，谓之无方（道）之民，敬让之道也。”

从以上论述可以看出，古人是把“敬”作为“礼”的核心精神的。“有耻”是有知耻之心，这是知礼的一般标准；“格”是“有格心”（见《礼记·缁衣》），即有知敬之心，这是知礼的最高标准。孔子认为，以礼治国不仅可以使人民有知耻之心，而且可以使人民有知敬之心，即上升到奉公守礼的高度自觉的层次。这恐怕才是孔子“有耻且格（恪）”的深意所在。

《孟子》十九则

一、填然鼓之

《梁惠王上》："填然鼓之，兵刃既接，弃甲曳兵而走，或百步而后止，或五十步而后止。"

填，是象声词，形容鼓声。然以今音读之，则不象鼓声；若以古音读之，则象鼓声。兹试探求"填"的上古读音。

填，在上古属定母，真韵，据此可拟音为［den］，如此则接近鼓声了，然而仍不太象。

在上古音中，真韵常与耕韵相通，例如：

1. 马王堆帛书《老子》乙本卷前古佚书《十六经·成法》："唯余一人兼有天下，猾民将生，年辩用智。""五邪乃逃，年辩乃止。"《左传·襄公三十年》："天王杀其弟佞夫。"《公羊传》"佞夫"作"年夫"。年、佞相通是真、耕合韵。

2. 郭店楚简《老子》乙简一六："修之身，其德乃贞"。贞，马王堆帛书《老子》乙本及王弼本皆作"真"。贞、真相通是耕、真合韵。

3. 《小雅·小宛》：题彼脊令，载飞载鸣　真、耕合韵。

4. 《小雅·桑扈》：有莺其领｜万邦之屏　真、耕合韵。

5. 《离骚》：肇锡余以嘉名｜字余曰灵均　耕、真合韵。

6. 《哀郢》：瞭杳杳而薄天｜被以不慈之伪名　真、耕合韵。

7. 《远游》：丽桂树之冬荣｜野寂漠其无人　耕、真合韵。

8. 《卜居》：以力耕乎？以危身乎？
以偷生乎？以保真乎？　耕、真合韵。

真韵［en］既然常与耕韵［eŋ］合韵，那么其读音应比［en］更接近于［eŋ］。在保留上古音很多的闽东话中，"填"读作［teiŋ］，由此可以推论，"填"在上古可能读作后鼻音。若把"填"的上古音拟为［deŋ］，就很象鼓声了。

二、王请度之——抑王兴甲兵……

《梁惠王上》："权，然后知轻重；度，然后知长短。物皆然，心为甚。王请度之——抑王兴甲兵，危士臣，构怨于诸侯，然后快于心与？"

对文中的"请"，历来皆释为"请你"；而对"抑"的解释，则是众说纷纭。

"请"在这里表示"请你允许我"。"王请度之"是"大王请你允许我推测一下你的心思”。此话是承上文而言。上文说通过称重和测量，就可以知道物品的轻重长短。物品都是这样，而人的心思更可以通过推测而知之。因此孟子紧接着说：“大王请你允许我推测一下你的心思。”

“抑”在此用作表示揣度的副词，义为“是不是”“莫非是”，此类例还有：

9. 物极则反，抑斯之谓欤？（晋书·姚泓载记）

“抑”又作“抑者”，用法与“抑”相同。例如：

10. 往者周亡，战国并争，天下分裂，数世然后乃定。其抑者纵横之事复起于今乎？（汉书·叙传）

这种用作表示揣度义的副词，古籍中多写作“亦”或“意”，如：

11. 陈亢问于伯鱼曰：“子亦有异闻乎？”对曰：“未也。”（论语·季氏）

12. 威后问使者曰：“岁亦无恙耶？民亦无恙耶？王亦无恙耶？”（战国策·齐策四）

13. 寡人出亡二十年，乃今得反国，咎犯闻之，不喜而哭，意不欲寡人反国邪？（韩非子·外储说左上）

14. 天之无烈风淫雨，意中国有圣人邪？（说苑·辨物）

15. 意者臣愚而不阖于王心耶？（战国策·秦策三）

以上例中的抑、亦、意、抑者、意者均用作表示揣度的副词，其义皆为“是不是”“莫非是”。

三、将以求吾所大欲

《梁惠王上》：“吾何快于是，将以求吾所大欲也。”

“以”在此相当于“为”，读去声，作介词。此用法《左传》有其例：

16. 所以事君，封疆社稷是以。（左传·宣公十年）

杜预注：“以犹为也。”

四、抚四夷

《梁惠王上》：“欲辟土地，朝秦楚，莅中国而抚四夷也。”

抚，人多释为“安抚”，不确。抚，当释为“操”，这里指“操控”。“抚”释“操”，本书有其例：

17. 夫抚剑疾视曰：“彼恶敢当我哉！”（梁惠王下）

其他古籍亦有其例：

18. 持带，遂超乘。右抚剑，左援带，命驱之出。（左传·襄公二十三年）

19. 抚长剑兮玉珥，璆锵鸣兮琳琅。（楚辞·九歌·东皇太一）

王逸注：“抚，持也。”“持”即“操”。

20. 公怫然怒，抚兵而授谒者曰：“杀之！”（韩非子·外储说右上）

21. 今夫盲者不能别昼夜、分黑白，然搏琴抚弦……不失一弦。（淮南子·

修务训）

例21的"抚弦"即"操弦"，刘禹锡《德宗皇帝挽歌》："操弦调六气，挥翰动三辰。"

22. 奋袂攘衽，抚剑东顾。而心已驰于吴会矣。（曹植·求自试表）

23. 于是我皇乃降灵坛，抚御耦[①]……三推而舍，庶人终亩。（潘岳·藉田赋）

24. 禹亲自操橐耜。（庄子·天下）

例23的"抚御耦"与例24的"操橐耜"基本同义，"抚"与"操"同义。

由此可见，"抚"有"操""持"义，这里指"操控"。"莅中国而抚四夷"是说统治中国并操控四夷。统治者不是慈善家，不会耗费大量财力，主动地去安抚远方四夷。

五、天下之欲疾其君者

《梁惠王上》："天下之欲疾其君者，皆欲赴愬于王。"

之，用作假设连词，相当于"若"。此种用法，上古有其例：

25. 楚之无恶，除备而盟，何损于好？若以恶来，有备不败。（左传·宣公十三年）

26. 行之克也，将以害之；若其不克，其因以罪之。（国语·晋语一）

以上二侧，皆"之"与"若"互文。

27. 我之大贤与，于人何所不容？我之不贤与，人将拒我，如之何其拒人也？（论语·子张）

28. 此五患者，人主之不知，则有劫杀之事。（韩非子·八经）

29. 假之得幸，庸必为我用乎？（战国策·魏策四）

以上五例的"之"，皆为"若"。

"之"后的"欲"相当于"有"。此类例有：

30. 蠋欲类蚕，鳝欲类蛇。（说苑·说丛）

31. 周公东征，后世追思；召公甘棠，人不忍伐。见爱如此，岂欲私害之者哉？（潜夫论·忠实）

"欲私害之者"与"欲疾其君者"是同一句式。

"天下之欲疾其君者"即"天下若有疾其君者"，若释"欲"为"要"，则文义不通。

六、此惟救死而恐不赡

《梁惠王上》："此惟救死而恐不赡，奚暇治礼义哉？"

---

① "耦"的本义应指一种农具。《周礼·地官·里宰》："以岁时合耦于耡，以治稼穑。"郑玄注："三耜为耦。"本例中"抚御耦"一句，"御耦"是"抚"的宾语，是御用农具。

惟，乃。用于本例表示肯定，相当于“是”“就是”。此类例有：

32. 非予自荒兹德，惟女含德，不惕予一人。（尚书·盘庚）

33. 今予惟不尔杀，予惟时（是）命有申。（尚书·多士）

34. ［子路］对曰：“……击钟鼓者，上闻于天；旌旗，翩翻，下蟠于地。使将攻之，惟由为能。”（韩诗外传·卷九）

例34之“惟”若释为“只有”，则子路为一目空一切之狂人。子路虽直率，亦当不至于此。故释“乃”为妥。

七、以齐王，由反手也

《公孙丑上》：“曰：‘管仲以其君霸，晏子以其君显，管仲、晏子犹不足为与？’”“曰：‘以齐王，由（犹）反手也！’”

本例中有三个“以”，前两个“以”，有人释为“凭借”，有人释为“使”，当以后者为是；而第三个“以”，古今人皆释为“凭借”。

第三个“以”亦应释为“使”。因为“以齐王，由反手也”是承上文而言。上文公孙丑问：“管仲以（使）其君霸，晏子以（使）其君显，管仲晏子犹不足为与？”孟子即答曰：“以（使）齐王，由（犹）反手也！”意谓管仲、晏子所为不足仰慕、效法。此话承上文而言，其中的“以”应与上文的两个“以”同义。

八、何许子之不惮烦

《滕文公上》：“且许子何不为陶冶，舍（何）① 皆取诸其宫中而用之？何为纷纷然与百工交易，何许子之不惮烦？”

“何许子之不惮烦”一句，其中“之”字无注。“之”在此应释为“则”，相当于“就”，起加强语气的作用。此种用法，《孟子》中还有其例：

35. 颜色之戚，哭泣之哀。（滕文公上）

36. 君子深造之以道，欲其自得之也。（离娄下）

其他古籍中亦有其例：

37. 鹑之奔奔，鹊之强强。（诗·鄘风·鹑之奔奔）

毛传：“鹑则奔奔，鹊则强强然。”

38. 礼之以和为贵。（礼记·儒行）

39. 故民无常处，见利之聚，无之去。（吕氏春秋·功名）

40. 其所欲者之远，而所知者之近也。（吕氏春秋·圜道）

何许子之不惮烦，是说为什么许子就不怕麻烦呢？如果没有“之（则）”字，虽不影响文义，但语气就差得多了。

---

① “舍”释为“何”见王显《谈谈虚词“舍”“舒”“余”》，载于《古汉语研究论文集》（二），北京出版社，1984年9月。

九、率天下而路

《滕文公上》：“且一人之身而百工之所为备，如必自为而后用之，是率天下而路也。”

是率天下而路，杨伯峻先生译为：这是率领天下的人疲于奔命。所译合乎情理，只是与注释不甚相合。其注引《管子·四时篇》：“国家乃路”，《庄子·渔父》：“田荒室露”，《方言》：“露，败也。”是“路”通“露”，义为“败”“衰败”。但译文的“疲于奔命”与注释的“衰败”并非同一概念。

“率天下”即“普天下”“率”与“普”同义。《诗·小雅·北山》中的“率土之滨”，唐代初年以前的古籍多引作“率土之宾”，例如：

41.《汉书·王莽传·中》、班固《白虎通·封公侯篇》引《诗》：“普天之下，莫非王土；率土之宾，莫非王臣。”

42. 梁释僧佑《弘明集》载何尚之答宋文帝赞扬佛事、李善注《文选·答客难》、李贤注班固《明堂诗》引《诗》均作“率土之宾，莫非王臣”。

43. 梁周兴嗣《千字文》中有“遐迩一体，率宾归王”之语，“率宾归王”即“率土之宾，莫非王臣”的缩写。

由此可知，“率土之滨”一语，在唐初以前的《诗经》文本中，多作“率土之宾”。

宾，即民。《吕氏春秋·高义》中的“宾萌”即《韩非子》中的“民萌”，《初见秦》《八奸》《难一》中皆有此词①。

在古音甚多的闽方言中，“民”仍读作［bin］。

“率土之宾”即“率土之民”，《三国志·武帝纪》《後汉书·左雄传》中皆有“率土之民”一语。

可见，“率土之滨”本应作“率土之宾”，义为“率土之民”，与“普天之下”的语法结构是完全一致的。

在唐以前的古籍中，“率土”与“普天”一样，历来都是偏正词组。例如：

44. 普天率土，各以其职。(班固·明堂诗)

45. 普天率土，遐迩洽同。(後汉书·桓帝纪)

46. 普天率土，莫不来庭。(晋书·乐志下)

47. 普天弛绝，率土分崩。(宋书·礼志三)

48. 率土哀号，普天如丧。(陈书·世祖纪)

以上例中，“率土”与“普天”互文，均是偏正词组。

“普天”义为“整个昊天”“率土”义为“整个大地”“率”与“普”同义。“率天下”即“普天下”。

---

① 详见本书《“率土之滨”解》。

又古籍中有“率天”一词，《南齐书·乐志·南郊乐歌》：“率天奉贽，罄地来宾。”“率天”即“率天下”，亦即“普天下”；“率天下而路”即“普天下而路”，意思是整个天下都要衰败了。

十、命之矣

《滕文公上》：“徐子以告夷子。夷子怃然为间，曰：‘命之矣。’”

命之，朱熹《集注》云：“命，犹教也，言孟子已教我矣。”

朱熹《孟子集注》在其身后数百年无人能撼动，然而此言却毫无道理。在徐子将孟子所论转告夷子之前，孟子何曾教过夷子？夷子又何由言“孟子已教我矣”？

“命”于此通“名”，作动词。此类例有：

49. 听之而弗闻，命之曰希。括之而弗得，命之曰夷。（马王堆帛书·老子·乙本·道经）“命”甲本及通行本作“名”。

50. 乃命三后。（尚书·吕刑）“命”《墨子·尚贤中》引作“名”。

51. 晋穆侯之夫人姜氏，以条之役生太子，命之曰仇。（左传·桓公二年）

52. 韩太子亦生子，命曰婴。（史记·韩信卢绾列传）

以上例仅证“命”可通“名”。

“名”作动词可以表示“明白”“弄明白”，例如：

53. 名，明也，名实使分明也。（释名·释言语）

54. 蓍龟神物，而居博奕之中；衡斛嘉量，而在杵臼之末。曾名品之未暇，何事理之能闲（娴）哉！（文心雕龙·铭箴）

名品，是指弄明白事物的类别。名，表示明白，弄明白。

“命之矣”一语，是说夷子听到徐子转述孟子的话后，其信仰大受挫折，因此茫然自失，有顷无语之后才说：“我明白孟子的意思了。”

十一、圣人且有过与

《公孙丑下》：“然则圣人且有过与？”曰：“周公，弟也；管叔，兄也。周公之过，不亦宜乎？”

且，于此表示“宜”“当”“应当”。此类例有：

55. 上之所赏，命固且赏，非贤故赏也；上之所罚，命固且罚，不暴故罚也。（墨子·非命上）

于省吾《双剑誃诸子新证·墨子二》：“且、宜古字通……言赏罚乃命之宜然，非以贤与暴之故而得赏罚也。”

56. 夫爱民且利之也，爱而不利，则非慈母之德也；好士且知之也，好而弗知，则众而无用也。（尸子·发蒙）

57. 以为非臣之力也，且不以管仲为（而）霸；以为非君之力也，且不以竖刁为（而）乱。（韩非子·难二）

上述三例中的“且”皆释为“宜”。本例“然则圣人且有过与”中的“且”与下文的“周公之过，不亦宜乎”中的“宜”恰好前后呼应，其义当为“宜”无疑。

十二、人亦谁不欲富贵

《公孙丑下》：“人亦孰不欲富贵？而独于富贵之中有（又）私龙（垄）断焉。”

“亦”于此当释为“有”。此类例有：

58. 仆以口语遇此祸，重为乡党所笑，以污辱先人，亦何面目复上父母丘墓乎？（司马迁·报任安书）

59. 高祖已从［陈］豨军来，至，见信死，且喜且怜之，问信死亦何言。吕后曰：“信言恨不用蒯通计。”（史记·淮阴侯列传）

60. 虽尧舜犹亦困，而又况乎俗主哉！（说苑·尊贤）

以上三例中的“亦”皆释为“有”。本例中的“亦孰”即“有谁”。

十三、所恶勿施，尔也

《离娄上》：“得其心有道：所欲与之聚之，所恶勿施，尔也”。

赵岐注：“欲得民心，聚所欲而与之。尔，近也。勿施行其所恶，使民近，则民心可得矣。”

焦循《正义》引赵佑《温故录》云：“读‘尔也’，自为句。”

赵岐释“尔”为“近”，若单就词义而言可通；然而置于句中则迂曲难通。

赵佑以“尔也”为句，则“所恶勿施，尔也”句式怪异，恐非孟子原意。

其实，“所恶勿施尔也”即“所恶勿施而已”，全句连读，“尔也”通“而已”。

首先，在上古文献中，“尔”可通“而”。例如

61. 初九，舍尔灵龟，观我朵颐，凶。（周易·颐）

马王堆帛书《六十四卦·颐》作“初九，舍而灵龟，观我朵颐，凶。”

62. 在今尔安百姓。（尚书·吕刑）

《墨子·尚贤下》引“尔”作“而”。

63. 故化成俗定，则为人臣者，主尔忘身，国尔忘家，公尔忘私。（贾子·阶级）

64. 藐尔不应，感而不动。（文子·自然）

例63中的三个“尔”皆通“而”，例64中的“尔”与“而”互文，亦相通。

《孟子》中有一“尔”字，亦应与“而”相通：

65. 富岁子弟多赖，凶岁子弟多暴，非天之降才尔殊也，其所以陷溺其心者

然也。（告子上）

尔，赵岐不注，其意当以“尔”为助词，即通“而”。而王引之《经传释词》云：“尔，如此也。‘非天之降才尔殊也’，言非天之降才如此其异也。凡后人言‘不尔’‘乃尔’‘果尔’‘聊复尔耳’者，并与此同义。”王氏之言貌似有理，其实不然。如释“尔”为“如此”，则“尔”在此句中作“殊”的状语。然而其所列四例之“尔”虽皆是“如此”之义，但均作谓语，并无一例作状语者。故此“尔”亦应通“而”，作连词。

又出土文献中亦有“而”通“尔”者，例如：

66. 上海博物馆楚竹书《鲁邦大旱》简三：“赐，而闻巷路之言……”《子羔》简九：“善，而问之也。”

此两例中“而”皆通“尔”。

其次，“也”可通“已”。例如：

67. 今臣闻秦太后、穰侯用事，高陵、华阳、泾阳佐之，卒无秦王，此亦淖齿、李兑之类也。（史记·范雎蔡泽列传）

此例末句《战国策·秦策三》作“此亦淖齿、李兑之类已。”

68. 夫浅知之所争者，末矣！白公不得也，故死于浴室。（淮南子·道应训）

此例后两句《列子·说符》作“白公不得已，遂死于浴室。”

69. 适得而几矣，因是已……名实未亏而喜怒为用，亦因是也。（庄子·齐物论）

本例“因是已”与“亦因是也”前后互文，“已”通“也”。

70. 此王綦者，亦以人之情为不欲乎？曰：人之情欲是已。（荀子·正论）

“人之情欲是已”是典型的判断句，其句尾语气词“已”与判断句的标志性句尾语气词“也”相通。

由此可见，“尔也”可通“而已”。

“所恶勿施尔也”即“所恶勿施而已”，全句连读，不仅语义简明顺畅，而且与孟子的一贯思想相符。所恶勿施而已，是说百姓厌恶的事不要做就行了，也就是说，得民心不难，只要做到这一点就足够了。这与孟子一贯所宣扬的“是心（仁慈之心）足以王矣”（梁惠王上），“万乘之国行仁政……事半古之人，功必倍之”（公孙丑上）的观点是完全一致的。

十四、恶可已

《离娄上》：“［乐］生则恶可已也，恶可已，则不知足之蹈之手之舞之。”

此“恶”以往均释为“何”“安”“焉”，用作疑问代词。然此义于前一“恶”字可通而于后一“恶”字则不通。

此“恶”当通“乌”。《公孙丑下》：“夫尹士恶知予哉？”《风俗通义·穷通》作“夫尹士乌知予哉？”“乌”又可释为“无”，《汉书·司马相如传》：“乌有先生者，乌有此事也。”“乌有此事”即“无有此事”。

“恶可已”亦可写作“乌可已”，义为“无可已”，亦即“不可已”。如此，则本例中前后两“恶”字均可通矣。

十五、将以反说约也

《离娄下》：“博学而详说之，将以反说约也。”

古人注释，于实词、名物往往广征博引，惟恐其不详尽；然而于虚词则经常无解，尽管很多虚词于文义至关重要。本例中“将”“以”二词便是如此。

“将”应释为“则”，此类例有：

71. 其所善者，吾将行之；其所恶者，吾将改之。（新序·杂事四）

《左传·襄公三十一年》此文“将”皆作“则”。

72. 且王攻楚，将恶出兵？（史记·春申君列传）

《战国策·秦策四》此文“将”作“则”。

以上二例“将”与“则”互为异文。

73. 于是王使使谓（伍）奢，能致二子则生，不能将死。（史记·楚世家）

74. 期（若）得之，则可；不得，将死之。（吕氏春秋·离俗）

以上二例，“则”与“将”为互文。

75. 晋能骤来，楚将不能。（左传·襄公十一年）

76. 譬如群兽然，一个负矢，将百群皆奔。（国语·吴语）

例75是前后句对比，“将”应释为“则”；例76韦昭释“将”为“则”。

“以”应释为“能”，《孟子》中即有其例：

77. 不见诸侯，宜若小然；今一见之，大则以王，小则以霸。（滕文公下）

78. 非其义也，非其道也，一介不以与人，一介不以取诸人。（万章上）

“将”“以”二词合用就是“则能”。

《孟子》中还有“将”“以”连用者，例如：

79. 古之为关也，将以御暴；今之为关也，将以为暴。（尽心下）

《韩非子》中亦有此种用法，例如：

80. 正明法，陈严刑，将以救群生之乱，去天下之祸。（奸劫弑臣）

81. 三年不翅，将以长羽翼；不飞不鸣，将以观民则。（喻老）

此三例中的“将以”，亦均可释为“则能”。

十六、往救之……虽闭户可也

《离娄下》：“今有同室之人斗者，救之，虽被发缨冠而救之，可也；乡邻有斗者，被发缨冠而往救之，则惑也；虽闭户可也。”

本例中“救”字三见，古人无注。杨伯峻先生译“救之”为“救他”，欠妥。因为无论是“同室之人斗”还是“乡邻斗”，都应是两人或两人以上，不可能是一人。若只改为“救他们”，仍有问题：是救所有相斗之人呢，还是只救吃亏的一方呢？可见将“救之”译为“救他”不妥。

“救之”应释为“阻止他们［斗殴］”“救”在此表示“阻止”“制止”。此类例有：

82. 司救掌万民之邪恶过失而诛让之，以礼防禁而救之。（周礼·地官·司救）

83. 季氏旅于泰山。子谓冉有曰：“女弗能救与？”（论语·八佾）

何晏《集解》引马融曰：“救，犹止也。”

84. 赵氏杀守堤之吏而决其水灌知伯军，知伯军救水而乱。（韩非子·十过）

85. 故其治国也，正明法，陈严刑，将以救群生之乱，去天下之祸。（韩非子·奸劫弑臣）

86. 原先王之造刑也……所以救奸，所以当罪。（晋书·刑法志）

以上例中的“救”皆释为“制止”“阻止”。

“虽闭户可也”中的“虽”，杨先生译为“纵使”。按上文“虽被发缨冠而救之，可也”的“虽”译为“纵使”是对的，但“虽闭户可也”的“虽”译为“纵使”就不通了。此“虽”应通“唯”，此类例有：

87. 女虽湛乐从，弗念厥绍。（诗·大雅·抑）

马瑞辰《通释》：“‘虽’与‘唯’二字古通用”。

88. 故民迂则流之，民流则迂之。决之则行，塞之则止。虽有明君能决之，又能塞之。（管子·君臣下）

89. 见利使之，虽恐后言。（墨子·非儒下）

孙贻让《间诂》引俞樾曰：“‘虽’当作‘唯’，古字通也。盖言利之所在，唯恐后言也。”

“乡邻有斗者……虽闭户可也”，是说如果乡邻有互相斗殴的事，只要关闭自家的门（少管闲事）就行了。

十七、懦夫有立志

《万章下》：“故闻伯夷之风者，顽夫廉，懦夫有立志。”

“有”字赵岐无注。焦循以六七百字疏解“顽”字，然于“有”字却无解。

“有”于此通“又”，其义为“亦”。“又”用作“亦”之例，《韩非子》中颇多。例如：

90. 是我一举二国（赵、齐）有亡形，则荆、魏又必自服矣。（存韩）

91. 凡说之难：非吾知之有以说之之难也，又非吾辩之能明吾意之难也，又非吾敢横失而能尽之难也。（说难）

92. 夫一匡天下，九合诸侯，美之大者也，非专君之力也，又非专臣之力也。（难二）

93. 当涂者之于人主也，希（稀）不信爱也，又且习故。（孤愤）

94. 离于群臣，则必危汝身矣。非徒危己也，又且危父也。（外储说左下·说六）

“又且”即“亦且”，其义均为“而且”，《荀子·王制》：“人有气有生有知，亦且有义，故最为天下贵也。”《文心雕龙·檄移》：“非唯致果为毅，亦且厉辞为武。”

其他古籍中亦有所见，例如：

95. 正不率天，又不由人，则凡事易坏而难成矣。（史记·历书）

又不由人，《索隐》引《大戴礼》作“亦不由人”。

96. 昔者颜叔子独处于室，邻之釐妇又独处于室。（诗·小雅·巷伯“哆兮侈兮，成是南箕”毛传）

97. 崔子归，见库厩皆焚，妻子皆死，又自经而死。（列女传·孽嬖传）

可见，“懦夫有立志”即“懦夫亦立志”。

十八、则足以杀其躯

《尽心下》：“其为人也小有才，未闻君子之大道也，则足以杀其躯已矣。”

“则”在此用作代词，相当于“此”，指代上文的内容。此种用法还有：

98. 有囿方四十里，杀其麋鹿者如杀人之罪，则是方四十里为阱于国中。（梁惠王下）

99. 有仕（士）于此，而子悦之，不告于王而私与之吾子之禄爵；夫士也，亦无王命而私受之于子，则可乎？（公孙丑下）

以上两例的“则”都是“此”，均指代上文的内容。

100. 不识王之不可以为汤武，则是不明也；识其不可，然且至，则是干泽也。（同上）

101. 楚子问于公子曰：“子若克复晋国，何以报我？”公子再拜稽首对曰：“子女玉帛，则君有之；羽旄齿革，则君地生焉……又何以报？”（国语·晋语四）

以上两例中的“则”，均指代其上一句的内容。

102. 天下诸侯有相灭亡者，桓公不能救，则桓公耻之也。（公羊传·僖公三年）

“则”指代上文的内容。

103. 荀息曰：“请以屈产之乘与垂棘之白璧往，必可得也。则宝出之内藏，藏之外府；马出之内厩，系之外厩尔，君何丧焉？”（公羊传·僖公三年）

“则”指代“以屈产之乘与垂棘之璧往”，可译为“这［等于］……”。

104. 天地也，则曰上下；四时也，则曰阴阳；人情也，则曰男女；禽兽也，则曰牡牝雄雌也。（墨子·辞过）

此例中的四个“则”均是“此”，分别指代“天地、四时、男女、禽兽”。

又杨伯峻先生将“杀其躯”译为“杀害自己的身体”，似不妥。此语赵岐注为“害其身”“身”在此并非直指身体，而是指“自己”。例如：

105. 吾谊先君而后身兮，羌众人之所仇。（楚辞·九章·惜诵）

106. 就师学问无方，心志不通，身之罪也。（穀梁传·昭公十九年）

此类例颇多，不赘举。

十九、夷考其行而不掩焉者

《尽心下》：万章问曰："何以谓之狂也？"曰："其志嘐嘐然，曰'古之人，古之人'。夷考其行而不掩焉者也。"

赵岐注："嘐嘐，志大言大者也。重言古之人，欲慕之也。夷，平也。考察其行，不能掩覆其言，是其狂也。"

焦循《正义》曰："夷考即是考察。"

杨伯峻注："夷，此字不可解，前人有疑其为语首助词而无义者。"

对"夷考其行而不掩焉者"一句，杨译："可是一考察他们的行为，却不和言语相吻合。"

按"其志嘐嘐然，曰'古之人，古之人'。夷考其行而不掩焉者也。"一段话，是孟子对孔子"狂者进取"一语的解释。孔子对其所谓"狂者"是肯定甚至称赞的，孟子对此的解释也应该是持此种态度。但上述注释及译文，把孔、孟所肯定的"狂者"说成志大才疏甚至言行不一的人，恐非孔、孟原意。

夷，于此通"弟"。例如：

107. 《易·涣》："匪夷所思"，《释文》："'夷'荀作'弟'。"《汉书·封禅书》载汉武帝时人上书所言神祇有"武夷君"，湖北武昌出土齐永明三年刘凯买地券所记神祇有"武夷王"。此神祇即马王堆汉墓帛书《太一辟兵图》所绘神祇"武弟子"。"夷"通"弟"。

108. 《易·涣·六四》："匪夷所思。"马王堆帛书《六十四卦·涣》六四"夷"作"娣"。"夷"通"娣"。

109. 《易·归妹·初九》："归妹以娣"。马王堆帛书《六十四卦·归妹》初九："归妹以弟"。"娣"通"弟"。

"弟"可用作副词，义为"但""只""只是""只管"。例如：

110. 予观《春秋》《国语》，其发明《五帝德》《帝系姓》章矣。顾弟弗深考，其所表见皆不虚。（史记·五帝本纪）

111. 捐之复短石显，［杨］兴曰："显鼎贵，上信用之，弟从我计，且与合意，即得入矣。"（汉书·贾捐之传）

考，于此义为"成""成就""完成"。此类例有：

112. 以著其义，以考其信。（礼记·礼运）

113. 礼义以为器，故事行有考也。（礼记·礼运）

郑玄注："考，成也；器利则事成。"

114. 各修平乃守，考乃职事。（逸周书·职方）

孔晁注："考，成也。"

115. 考仲子之宫，初献六羽。(春秋·隐公五年)

杜预注："成仲子宫，安其主而祭之。"

116. 诸侯……昼考其国（职），夕省其典刑。(刘向·列女传·鲁季敬姜)

通过上述考证，我们可以把"夷考其行而不掩焉者"译为："只是［一意］成就自己的品行而并不［为表谦逊就］掩盖自己的远大志向。"这样也许能符合孟子对所谓"狂者"的解释了。

《尚书》二则

一、庶有格命

《尚书·吕刑》："王曰：'呜呼！念之哉！伯父、伯兄、仲叔、季弟、幼子、童孙，皆听朕言，庶有格命。'"

格命，孔颖达疏引郑玄云："格，登也。登命谓寿考者。"

若依郑玄所说，则"庶有格命"一句，与上下文义全不相干。庶有格命，即庶有恪命，亦即庶能敬命，意思是希望你们能遵奉我的命令。

庶，于此作动词，义为希望，但愿。例如：

1. 虫飞薨薨，甘与子同梦。会（当）且归矣，庶无予子憎。（诗·齐风·鸡鸣）

2. 庶有达者，理而董之。（许冲·说文解字·后序）

3. 庶竭驽钝，攘除奸凶，兴复汉室，还于旧都。（诸葛亮·前出师表）

4. 故聊赋焉，庶使百世少有寤云。（陆云·豪士赋·序）

例1的"庶无予子憎"，原作"无庶予子憎"，依高亨《诗经今注》改。会且归矣，庶无予子憎，是说你应当早点回来，但愿不要让我［因为你回来晚］恨你。

有，于此表示"能"，例如：

5. 先人有夺人之心，军之善谋也。（左传·文公七年）

6. 处人之家，不戒之慎之，而有处人之国乎？（墨子·天志下）

7. 知止而后有定，定而后能静，静而后能安，安而后能虑，虑而后能得。（礼记·大学）

例5的"先人"即在人之先，指先下手为强；例7的"有"与"能"互文。

格，可通"恪"。例如：

8. 道之以德，齐之以礼，有耻且格。（论语·为政）

有耻且格，汉祝睦碑作"有耻且恪"。程树德注："汉碑作'恪'，当出《齐》《古》（《齐论语》《古文论语》）。"

9. 于是在民上者道之以德，齐之以礼，故民有耻而且敬。（汉书·货殖传）

《尔雅·释诂》："恪，敬也。"《汉书》的"有耻而且敬"即祝睦碑的"有耻且恪"，亦即《论语》的"有耻且格"。

因此，《尚书》的"格命"即"恪命"，亦即"敬命"。

敬命，犹言遵奉命令，如：

10. 其维天命，王其敬命！（逸周书·大开武）

11. 鲁虽有罪，其执事不辟难，畏威而敬命矣。（左传·昭公元年）

由此可见，庶有格命即“庶有恪命”，亦即“庶能敬命”，意思是希望你们能遵奉我的命令。

二、格尔众庶

《尚书·汤誓》：“王曰：‘格尔众庶，悉听朕言。’”

孔颖达疏：“来，汝在军之众庶，悉听我之誓言。”

孔疏释“格”为“来”，当本于《尔雅·释言》：“格，来也。”此解虽可通，但《史记·殷本纪》引《今文尚书》[①] 作：“格女众庶，来，女悉听朕言。”因两句话之间已有“来”，故句首之“格”不宜释为“来”，而是另有其义。从文字通假及同类句式对比来看，此“格”当通“恪”，义为“敬”“慎”。

“格”可通“恪”，见上文。

“格尔众庶”即“敬尔众庶”，古代文献中有类似的句式：

12. 慎尔出话，敬尔威仪。（诗·大雅·抑）

13. 嗟嗟臣工，敬尔在公。（诗·周颂·臣工）

14. 戒尔车乘，敬尔君事。（左传·僖公二十八年）

15. 敬尔有官，乱（治）尔有政。（尚书·周官）

16. 式敬尔由狱，以长我王国。（尚书·立政）

例16的“式敬尔由狱”中的“式”是虚词，不妨碍句式对比。例13的“在公”指办理的公事，是名词；例15的“有官”同“有政”，指政事，也是名词；例16的“由狱”，孔安国[②]释为“所用之狱”，指审理和判处的案件，也是名词。

因此，上述例中的“敬尔……”句，均与“格（敬）尔众庶”句式相同。

古代汉语的“敬”往往与“慎”同义。如：

17. 《书》曰：“慎始而敬终，终以不困。”（左传·襄公二十五年）

18. 慎终追远，民德归厚矣。（论语·学而）

19. 敬慎威仪，维民之则。（诗·大雅·抑）

例17的“慎”与“敬”是前后互文；例17的“敬终”与例18的“慎终”是同义词，其中“敬”与“慎”同义；例19的“敬慎”是同义复合词。

可见，“格尔众庶”亦可释为“慎尔众庶”，古籍中亦有与后者相同的句式：

20. 慎尔优游，勉尔遁思。（诗·小雅·白驹）

---

① 见皮锡瑞《今文尚书考证》，中华书局1989年12月。

② 此孔安国系东晋人，与西汉的孔安国同名。

21. 慎尔言也，谓尔不信。（诗 · 小雅 · 巷伯）

例 21 的“也”也是语气词，不影响句式对比；又例 12 的“慎尔出话”亦是此类句式。

因此，“格尔众庶”其义应为“慎尔众庶”。“慎尔众庶，悉听朕言”两句，用白话说就是：你们这些人要郑重、严肃，[莫喧哗]，都来听我训话。

《滕王阁序》二则

一、舸舰迷津

闾阎扑地，钟鸣鼎食之家；舸舰迷津，青雀黄龙之舳。

“迷津”一词，以往多释为迷乱了渡口，或使渡口迷乱。迷乱，是迷茫混乱，用这种词语去描述豫章郡貌，显然与本段文字赞颂神州壮美、国家兴盛的主旨相悖。

迷，在这里应通“弥”。表示满、布满，与上文“闾阎扑地”的“扑”同义。例如：

1. 槲叶晓迷路，枳花春满庭。（温庭筠·送洛南李主簿）

2. 宿霭迷空，腻云笼日，昼景渐长。（秦观·沁园春·雪）

3. 你女儿做下迷天大罪，到来我府前叫屈！（京本通俗小说·菩萨蛮）

以上句中的“迷”都通“弥”，“弥”即满，布满。例如：

4. 离宫别馆，弥山跨谷。（汉书·司马相如传·子虚赋）

颜师古注：“弥，满也。”

《滕王阁序》是骈文，讲究词语对偶。“闾阎扑地”与“舸舰迷津”对偶，其中“扑”与“弥”是同义对偶。

二、遥襟甫畅

遥襟甫畅，逸兴遄飞。爽籁发而清风生，纤歌凝而白云遏。

“遥襟甫畅”一句，颇为费解。有人把“遥襟甫畅，逸兴遄飞”两句诗译为“远望的胸襟刚感到舒畅，超逸的兴致立即飞扬开去”，这种感受，令人难以体会。

遥襟甫畅，又作遥吟俯畅。

遥，通摇。例如：

5. 漂翻翻其上下兮，翼遥遥其左右。（楚辞·九章·悲回风）

姜亮夫校注：“遥，犹摇；翼分左右，言其心如两翼之摇摇然，左右不定也。”

6. 匪时运其焉行兮，垂太虚而遥曳。（挚虞·思游赋）

遥曳，《晋书·挚虞传》作“摇曳”。

7. 舟遥遥以轻扬，风飘飘而吹衣。（陶潜·归去来兮辞）

此例与例5同，“遥遥”即“摇摇”。

8. 径涉者，浮梁振动，无不遥心眩目也。（郦道元·水经注·沔水）

遥心，即摇心，义为惊心。

畅，通“唱”。例如：

9. 惊北风之复起，惨（忧）南歌之不畅。（颜之推·观我生赋）

名词“南歌”与动词“畅”相对应，“畅”当通“唱”。

10. 大通不明，天地沦精，俟圣畅教，乃出先生。（皮日休·文中子碑）

畅教，即“倡教”，倡导教化，语出《汉书·地理志下》：“繇文翁倡其教，相如为之师，故孔子曰：‘有教无类。’”

“倡”作动词与“唱”同。《汉书·陈胜传》：“今诚以吾众为天下倡，宜多应者。”颜师古注：“倡读曰唱，谓首号令也。”颜注是说，“倡导”的“倡”本应作“唱”，而“为天下倡”在《史记·陈涉世家》中正作“为天下唱”。

故“畅教”即“倡教”，亦即“唱教”，“畅”通“唱”。

11. 今王道行矣，王籍修矣，神功帝业，焕其有光，宜畅颂声，以播乐府。（王禹偁·籍田赋序）

畅颂声，即唱颂歌。“畅”通“唱”。

“畅”通“唱”，后代仍有所见：

12. 俺哥哥除死无大灾，何须你畅叫厮花白。（马致远·黄梁梦·第二折）

畅叫，义为吵闹、叫喊，又作唱叫。例如：

13. 巡捕官并令兵士高声唱叫。（苏轼·奏劾巡捕官内臣陈慥）

14. 似这等唱叫，几时是了，不如将女儿嫁与马员外去罢！（李行道·灰阑记·楔子）

从上文已知“遥襟甫畅”又作“遥吟俯畅”，而此后又证明了“遥吟俯畅”即“摇吟俯唱”，是文人们吟唱诗赋时的情景。不仅文义简明生动，也与下文的“逸兴遄飞”一气贯通了。

词语琐记

纯孝

《左传·隐公元年》：

君子曰："颍考叔，纯孝也。爱其母，施及庄公。"

杜预注："纯，犹笃也。"后人因此多释为纯一、纯正，意思虽不错，然尚欠准确。纯孝，即大孝。纯，在古代文献、尤其是先秦文献中多用如"大"。例如：

1. 文王之德纯。（诗经·周颂·维天之命）

毛传："纯，大也。"

2. 时纯熙矣，是用大介。（周颂·酌）

郑笺："纯，大。"马瑞辰《通释》："纯熙，谓大光明也。"

3. 锡尔纯嘏，子孙其湛。（小雅·宾之初筵）

4. 惟朕皇祖文、武……实有纯德遗训。（中山王方壶）

5. 殄资泽于下民，侵戎我国家纯。（尚书·文侯之命）

孔传："侵兵伤我国及卿大夫之家，祸甚大。"

6. 既畏兹威，惟慕纯德。（汉书·礼乐志）

颜师古注："纯，大也。"

以上例1、2、5古注"纯"皆为"大"；例3纯嘏即大福，例4、6纯德即大德。

因此，纯孝，即大孝。颍考叔，纯孝也，是说颍考叔是个大孝子，原是一句很通俗的话。

用作名词的"偪（逼）"

《左传·僖公五年》：

桓庄之族何罪，而以为戮？不唯偪乎？亲以宠偪，犹尚害之，况以国乎？

对于"偪"这个词，传统的解释是逼迫、威胁。杜预注："献公患其（桓庄之族）偪，尽杀之。"杨伯峻注："两族人多势大，晋君易受侵逼。"

按照这种解释，是桓庄之族逼迫、威胁了晋献公，晋献公才杀了桓庄之族。这不仅与上文的"桓庄之族何罪？而以为戮"相矛盾，而且与下文的"犹尚害之”一句的文义完全连接不上，可见这种解释是有问题的。

其实，本段文字中的两个“偪”都是形容词用作名词，义为“近亲”。此种用法在《晏子春秋》中亦有所见，例如：

7. 晏子对曰：“君之所尊举而富贵，入所以与图身，出所与图国，及左右偪迩，皆同于君之心者也……夫偪迩于君之侧者，距本朝之势，国之所以治也；左右谗谀，相与塞善，行之所以衰也。”（晏子春秋・内篇问下・第十三章）

距本朝之势：孙星衍注：“言近臣能距（拒）一朝之有势者。”

8. 勇力之士，无忌于国，贵戚不荐善，逼迩不引过。同上（内篇谏上・第一章）

吴则虞注：“偪（逼）迩者，近臣也。不引过，谓见过恶而不敢谏。”偪（逼）、迩是同义复合词，其义均为“近”，在上述两例中都是形容词用作名词，义为“近臣”，即君主身边之臣。

本段文字中的两处“偪”用法同上，也是形容词用作名词，义为“近亲”。“不唯偪乎”的意思是：“［桓庄之族］不是晋献公的近亲吗？”① “亲以宠偪，犹尚害之，况以国乎”的意思是：“［不但是］近亲，而且是尊贵的近亲，［献公］还是杀害了他们，何况对于别的国家（虞）呢？”其中“亲以宠偪”的“以”是“而”，“况以国乎”的“以”是“于”。②

如此，则本段文字的文义就贯通无滞了。

翳桑

《左传・宣公二年》：

初，宣子田于首山，舍于翳桑。见灵辄饿。

杜预注：“翳桑，桑之多荫翳者。”

在先秦和汉初的古籍中，与此内容相关的记载有好几种，例如：

9. 然而宫中甲鼓起，有起于甲中者，抱赵盾而乘之。赵盾顾曰：“吾何以得此于子？”曰：“子某时所食活我于暴桑下者也。”（公羊传・宣公六年）

10. 昔赵宣孟将上之绛，见骩桑之下有饿人，卧不能起者。（吕氏春秋・报更）

11. 初，盾常田首山，见桑下有饿人……盾问其故，曰：“我，桑下饿人。”（史记・赵世家）

12. 赵宣孟活饥人于委桑之下。（淮南子・人间训）

以上古籍所记，赵盾救活灵辄都是在桑树之下。

以先秦及汉初多种古籍中相关内容的互相印证，已经足以证明杜预对“翳

① 唯，通惟，是。《尚书・多方》：“非我有周秉德不康宁，乃惟尔自速辜。”

② 以，于。《大戴礼记・卫将军文子》：“克笃恭以天下。”

桑”的注释是正确的。但是到了清代，有几个学者却认为“翳桑”是地名，其中最有代表性的是王引之，其主要观点是：在《左传》中，凡是跟在“舍于”后面的词都是地名，并列举了《左传》中多条“舍于……”句的例证：

①僖公二十九年：舍于昌衍之上。 ②成公十五年：出舍于睢上。

③成公十六年：退舍于夫渠。 ④襄公二十六年：宁子出舍于郊。

⑤定公八年：舍于五父之衢。 ⑥哀公八年：舍于蚕室。

⑦哀公八年：舍于庚宗。 ⑧哀公十四年：成子出舍于库。（经义述闻·卷十八）

王引之所引例证虽然有八条之多，但仍未做到竭泽而渔。《左传》中还有一条“舍于……”句，“舍于”后的词就不是地名。例如：

13. 子行舍于公宫。（哀公十四年）

公宫，就是国君的宫室，显然不是地名。

此外，《左传》中还有多条“V 于公宫”的句子，其中的“公宫”都不是地名。例如：

14. 将死，疾于公宫，辇而归。（昭公十年）

15. 赵鞅入于绛，盟于公宫。（定公十三年）

16. 皆执利兵，无者执斤，使拳弥入于公宫。（哀公二十五年）

即使是王引之所举例证中，“舍于”后的名词也不见得都是地名。如例④：“宁子出舍于郊”，说“郊”是地名，并无确证。相反，在《左传》及其他先秦文献中，有颇多例证显示“郊”不是地名。例如：

17. 卫侯欲叛晋，而患诸大夫。王孙贾使次于郊。（左传·宣公八年）

杨伯峻注：“卫侯驻郊不入城。”

18. 遂行，舍于郊。（仪礼·聘礼）

贾公彦疏：“不宿于家也。”

19. 及郊，请反命。（仪礼·聘礼）

郑玄注：“郊，近郊也。”

20. 及郊，又展如初。（仪礼·聘礼）

郑玄注：“郊，远郊也。”

21. 反舍于郊，（公羊传·定公八年）

以上例 17 至例 20 均显示“郊”非地名，例 21 于“郊”无注，恰恰说明其非地名。

再者，王引之所引例证⑧“成子出舍于库”中的“库”也不能说是地名，因为并无确证。而且《左传》中出现的其他“库”字也都不是地名。例如：

22. 介于其库。（襄公二十六年）

杨伯峻注：“入高鱼之兵器库，取其甲以介士卒。”

23. 库廐缮修。（襄公三十一年）

24. 梓慎登大庭氏之库以望之。（昭公十八年）

25. 焚库弑王……焚库无聚。（哀公十六年）

以上几例中的“库”均指仓库，无一地名。

综上所述，可知王引之等清代学者的观点不能成立。“翳桑”一词的定义，仍应以杜预所注为是。

星言

《诗·鄘风·定之方中》：

灵雨既零，命彼倌人，星言夙驾，说于桑田。

郑玄笺：“星，雨止星现。”

郑玄的意思是“星”用作动词，表示星星出现。不过他并未对“言”作出解释，可能是把“言”当成虚词了。后人多认为此“言”是连词，相当于“而”。

汉代以后，人们对“星言”的理解，基本上都遵循郑笺，只是他们似乎是把“星言”当作一个实词，表示“夜间”，多用于连夜赶路。例如：

26. 星言奔驰，归骨陛下。（宋书·谢灵运传）

27. 今练勒所部，星言进迈。（宋书·吴喜传）

28. 宜分遣锐师，星言救援。（北史·令狐整传）

29. 星言赴命，注望帷幄。（柳宗元·为安南杨侍御祭张都护文）

值得注意的是，古籍中的“星夜”一词，极似上述例中的“星言”。例如：

30. 岱自表辄行，星夜兼路。（三国志·吴志·吕岱传）

31. 星夜驰赴，肤容亏损。（魏书·恩倖列传）

32. 公宜率貔虎，星夜就路，倍道兼行，赴倒悬也。（梁元帝·别敕王僧辩）

上述“星言”与“星夜”的例句大多是同时代的，把例中的“星言”“星夜”加以对比，我们看不出二者有何区别。

古代虽无名儒硕学把“星言”释为“星夜”，但在语言的实际应用中，人们就是把“星言”当作“星夜”来使用的。从语言实际应用的角度看，“星言”应该就是“星夜”。

上帝居歆

《诗·大雅·生民》：“卬盛于豆，于豆于登。其香始升，上帝居歆。”

上帝居歆，郑玄笺：“上帝则安而歆享之。”是释“居”为“安”。孔颖达疏：“上帝则安居而飨之。既为上帝所歆，故反言以美之何有芳臭之诚得其时若此者乎？”孔疏释“居”为“安居”，对其中心词“居”并未加解释，反不如郑笺明确。王引之《经传释词》曰："……其香始升，上帝居歆。居，亦语助。"在主语"上帝"与谓语"歆"之间插入一个颇为罕见的语助词"居"，此句式颇为怪异。

其实，对"上帝居歆"一语中的"居"，孔颖达虽未作出明确的解释，却在下句说："既为上帝所歆"，把"上帝居歆"译为"上帝所歆"，无意中反而做出了正确的解释。

《尚书·无逸》："呜呼！君子所其无逸！"《正义》引郑玄云："君子，止谓在官长者。所，犹处也，君子处位为政，其无自逸豫也。"

《广雅·释诂》："处，所，居也。"是"君子所其无逸"之"所"亦可释为"居"。郑玄释"所"为"处""处位"，固然不错，但"处位"一词在古籍中多作"居位"，如：

33. 行事甚忠敬，居位甚安佚。（史记·司马相如列传）

34. 外家及故人可厚以财，不宜居位。（汉书·王吉传）

35. 若此之徒……宜以时废退，不当得居位。（汉书·李寻传）

36. 其居位贪鄙，志节污卑者，皆以为军吏。（三国志·吴志·张温传）

37. 自司徒居位，阴阳多谬，久无虚己进贤之策。（後汉书·郎顗传）

可见，"君子所其无逸"之"所"释为"居""居位"似更胜一筹。

处、所、居三字上古均属鱼部，语音相近，往往可互通。

从上文已知"所"可通"居"，因语音相近，故"居"亦可通"所""上帝居歆"即"上帝所歆"。

就韵而言，居、所同属鱼部。

就声而言，居属见母，所属生母，见、生可互为谐声。例如：

38. 攫，见《庄子·让王》，《释文》："攫，俱碧、俱缚二反，又史虢反。"见、生谐声。

39. 哈，《类篇》："葛合切，又色洽切。"见、生谐声。

40. 擐，《类篇》："古患切，又师还切。"见、生谐声。

又据现代学者研究，庄、初、崇、生四类声母，应出自精、清、从、心四类声母，庄、初、崇、生应并入精、清、从、心，其中生母应并入与之相对应的心母①。如此，则见、心谐声的例证就更多了。（参见《素其位》一文）。

居、所二字，上古同韵、谐声，可互通。

因此，"上帝居歆"即"上帝所歆"，且《诗经》中此类句式颇多：

41. 蔽芾甘棠……召伯所憩。（召南·甘棠）

42. 君子所依，小人所腓。（小雅·采薇）

43. 君子所履，小人所视。（小雅·大东）

---

① 杨春霖《试论上古声母的通转问题》，见《语言文字研究专辑·下》，上海古籍出版社1986年6月。

44. 载骖载驷，君子所届。（小雅·采菽）

45. 彼都人士……万民所望。（小雅·都人士）

46. 维此惠君，民人所瞻。（大雅·桑柔）

47. 薄彼韩城，燕师所完。（大雅·韩奕）

48. 泰山岩岩，鲁邦所詹（瞻）。（鲁颂·闷官）

可见，把“上帝居歆”释为“上帝所歆”，既有训诂及语音的根据，也有相同句式的例证；从文义上看，“其香始升，上帝所歆”，语言逻辑清晰，明白晓畅，于义为安。

寝门

《左传·宣公二年》：“晨往，寝门闢矣。盛服将朝，尚早，坐而假寐。”

寝门，古人无注，可能是认为此词义显明，无须注释。现代有的古汉语教材注为“卧室的门”，不准确。若注为“古代寝室的门”，就比较准确了，因为上古的寝室与现代的卧室并非是同一概念。

上古的寝室并不全是卧室，当时君主、贵族的寝室分为外寝和内寝，如：

49. 適子、庶子见于外寝。（礼记·内则）

50. 子生，三月之末，漱浣夙齐（斋）见于内寝。（礼记·内则）

外寝又称路寝、正寝：

51. 松桷有舄，路寝孔硕。（诗·鲁颂·闷宫）

52. 八月癸亥，公薨于路寝。路寝者何？正寝也。（公羊传·庄公三十二年）

路寝，其义为大寝。路寝、正寝是外寝，是上古君主、贵族的治事之室，《汉书》载：

53. 今年正月初幸路寝，临朝贺，置酒以飨万方。（匡衡传）

能在路寝中“临朝贺，置酒以飨万方”，可见路寝不是一般的治事之室，而是恢宏宽广的治事厅堂，决非卧室。

内寝又称小寝、燕寝：

54. 君日出视之（朝），退适路寝，听政，使人视大夫。大夫退，然后适小寝。（礼记·玉藻）

郑玄注：“小寝，燕寝也。”

55. 妻遂适寝。（礼记·内则）

郑玄注：“复夫之燕寝。”

郑玄此注其意在申明君主、贵族的妻妾是不能到正寝去的，因为正寝是君主、贵族的治事之处。

小寝、燕寝是内寝，是君主、贵族的卧室。

《左传》中赵盾清晨“盛服将朝”所在之处应是外寝，因为先秦时贵族朝见君主的前一天夜晚要暂住在外寝，而且还要斋戒、沐浴。《玉藻》载："将适公所，宿齐（斋）戒，居外寝，沐浴。"依照这种礼制，赵盾准备朝见灵公的前一天夜晚应是在外寝暂住，而且不能与妻妾同房。正是因为赵盾上朝前居于外寝，而且早早穿好了繁重的朝服，恭坐（即今跪）待朝，才使得鉏麑深为感动，赞叹他"不忘恭敬，民之主也"了。可见赵盾朝见灵公前是在外寝暂住的。然而外寝虽可暂住，但仍属治事之所而非卧室。

有弗学

《礼记·中庸》：

有弗学，学之弗能，弗措也。有弗问，问之弗知，弗措也。有弗思，思之弗得，弗措也。有弗辨，辨之弗明，弗措也。有弗行，行之弗笃，弗措也。

以上这段文字中有五个"有弗V"句，义甚费解，而以往所释，均非惬当。今试探求之。

此五个"有弗V"句中之"有"，其义皆为"谁"。此种用法，《尚书》中有其例：

56. 帝曰："咨！四岳……有能俾乂？"（尧典）

俾、乂，皆训"治"，有能俾乂，意谓"谁能治理洪水？"

57. 帝曰："咨！四岳，有能典朕三礼？"（尧典）

58. 舜曰："咨！四岳，有能奋，庸熙帝之载？"（尧典）

奋，明；庸，用，以；熙，广；载，事。

以上三例中之"有"，义皆为"谁"。《史记》中亦有此种用法，例如：

59. 先人有言："自周公卒五百岁有孔子，孔子卒后至于今五百岁，有能绍明世，正《易传》，继《春秋》，本《诗》《书》《礼》《乐》之际？"（太史公自序）

有，也作"又"，义亦为"谁"。例如：

60. 公宴于五梧，武伯为祝，恶郭重，曰："何肥也？"季孙曰："请饮彘也！以鲁国之密迩仇雠，臣是以不获从君，克免于大行，又谓重也肥？"（左传·哀公二十五年）

彘，武伯名，季孙以武伯失言，欲罚酒。又谓重也肥，杜预注："言重随君远行劬劳，不宜称肥。"

"又谓重也肥？"即"谁说郭重肥？"是反问句，意谓不应言郭重肥。有，又作"或"，义亦为"谁"。例如：

61. 《孟子·公孙丑上》引《诗》曰："今此下民，或敢侮予？"又引孔子释《诗》之言曰："能治其国家，谁敢侮之？"

例中的"或"与"谁"互为异文即"有"与"谁"互为异文，因为"或"可通"有"，《汉书·元帝纪》："关东郡国十一大水，饥，或人相食"，《後汉书·郭太传》："或劝［郭］林宗仕进者。"两例中"或"皆通"有"。又司马迁名言"人固有一死，或重于泰山，或轻于鸿毛"，裴松之《三国志》注引作"死有重于太山，有轻于鸿毛"（魏志·梁习传）。此二例是"或""有"互为异文。因"或"与"有"古音相近，故二者相通可视为同词异写。

《史记》中还有一段与上述《尧典》例相近的文字值得注意，例如：

62. 舜谓四岳曰："有能奋庸美尧之事者，使居官相事？"……舜曰："谁能驯予工？"……舜曰："谁能驯予上下草木鸟兽？"……舜曰："嗟！四岳，有能典朕三礼？"（五帝本纪）

本例中"有"与"谁"互文见义，表明"有"即"谁"。

由此可知，古汉语中"有"可释为"谁"，因而《中庸》里的五个"有弗V"句即五个"谁弗V"句。又此五个"谁弗V"句均是反问句，故此段文字可以写作：

谁弗学？学之弗能，弗措也。谁弗问？问之弗知，弗措也。谁弗思？思之弗得，弗措也。谁弗辨，辨之弗明，弗措也。谁弗行？行之弗笃，弗措也。

如果把本例中的反问句改写为陈述句，则"谁弗学"可改写为"无人不学"，另外四个"谁弗V"句可以此类推。如此，我们可将此段文字释为：

没有人不学习，但学了未能掌握，就不要放弃。没有人不请教，但请教了还不明白，就不要放弃。没有人不思考，但思考后，没有答案，就不要放弃。没有人不分析问题，但分析后还不清楚，就不要放弃。没有人不做事，但做事不够完善，就不要放弃。

如此，则《中庸》中此段文字庶几可贯通无滞了。

彼为善之

《大学》："长国家而务财用者，必自小人矣。彼为善之，小人之使为国家，菑害并至。虽有善者，亦无如之何矣！"

"被为善之"一句，义甚费解，朱熹注云："彼为善之，此句上下，疑有阙文误字。"

按，此句可删去"善之"后的逗号，与下句连读为"彼为善之小人之使为国家"。

第一个"之"可释为"而"。此类例有：

63. 故君子顷步之不敢忘也。（大戴礼记·曾子大孝）

《礼记·祭义》作"故君子顷步而弗敢忘孝也"。

64. 用万乘之国，则举错而定，一朝之白。（韩诗外传·卷五）

《荀子·儒效》作"一朝而伯"。

65. 故焚身为其难为也然后为，之越王说（悦）之。（墨子·兼爱下）

66. 彼民之所以为我用者，非以吾爱之为我用也，以吾势之为我用者也。（韩非子·外储说右下）

67. 思蹇产之不释兮。（楚辞·抽思）

《哀郢》作“思蹇产而不释”。

68. 追悔过之无及兮。（楚辞·沈江）

王逸注：“之一作而。”

69. 虽重介之何益？（楚辞·九辩）

70. 徐风至而徘徊兮，疾风过之汤汤。（楚辞·七谏）

71. 待而后生，莫之知德；待之后死，莫之能怨。（淮南子·原道训）

以上加点的“之”字皆释为“而”，其中例63、64、67、68是异文，例70、71是前后互文。

第二个“之”可释为“若”。此类例有：

72. 尔之许我，我其以璧与珪，归俟尔命！（尚书·金滕）

73. 大夫之许，寡人之愿也；若其不许，亦将见也。（左传·成公二年）

74. 君之视臣如手足，则臣视君如腹心；君之视臣如犬马，则臣视君如国人；君之视臣如土芥，则臣视君如寇仇。（孟子·离娄下）

以上例中加点的“之”皆释为“若”，例73是前后互文。

“彼为善之小人之使为国家，菑害并至。”第一个“之”可释为“而”，表示转折；第二个“之”可释为“若”，表示假设。彼，指国君。郑玄注“彼，君也。”

外户

《礼记·礼运》：“是故谋闭而不兴，盗窃乱贼而不作，故外户而不闭，是谓大同。”

外户，孔颖达疏：“扉从外阖也。”今人据此释为“从外面把门扇合上。”此说不合情理。一般说来，门只能由门内的人来关，而门内的人只能从里面把门扇合上。孔氏之所以作此解释，是因为“外户”与“不闭”之间有一个连词“而”，因此将“外”释为动词“从外阖”。

其实，“外户”应是名词，其后的“而”是一个连接主语“外户”与谓语“不闭”的连词，无义。此类用法还有：

75. 相鼠有皮，人而无仪。（诗·鄘风·相鼠）

76. 王室而既卑矣，周之子孙日失其序。（左传·隐公十一年）

77. 人而无信，不知其可也。（论语·为政）

78. 假令晏子而在，余虽为之执鞭，所忻慕焉。（史记·管晏列传）

79. 朋而不心，面朋也；友而不心，面友也。（法言·学行）

上述例中的“而”都是连接主语与谓语的连词，只起一种语法作用，无实义。而下面例中的“外户”与“不闭”之间就没有这种连词“而”：

80. 故明堂外户不闭，示天下不藏也。(吕氏春秋·慎大)

81. 边城之下，外户不闭。(宋书·索虏传)

可见“外户”一词是名词。外户即外门，古籍中“外门”一词也都是名词。例如：

82. 宾如主人服，赞者玄端从之，立于外门之外。(仪礼·士冠礼)

83. 土楼百步一，外门发楼，左右渠之。(墨子·备城门)

84. 万石君徙居陵里，内史庆醉归，入外门不下车。(史记·万石张叔列传)

85. ［袁］谭然之，遂引兵攻［袁］尚，战于外门。(後汉书·袁绍传)

上述例中的“外户”“外门”，例81、例85指外城门，其余均指大门，“外城门”之义应是从“大门”义引申而来的。

总之，外户而不闭，即“外户不闭”，就是大门不用把门闩插上，言外之意是只要把大门虚掩上就行了。

负杖入保者

《礼记·檀弓下》：

战于郎。公叔禺人遇负杖入保（堡）者息。

负杖入堡者，以往被看作是逃避齐军的百姓，但有迹象表明这些人很可能是从战场上撤下来的战士。是百姓还是战士，关键在于对“杖”的理解。以往人们之所以认为负杖入堡者是百姓，是因为他们认为此处的“杖”是指扁担之类的工具。然而“杖”在古代也可以表示兵器，例如：

86. 操铁杖以战，而所击无不碎。(吕氏春秋·贵卒)

87. ［乌弋］以金银饰杖。(汉书·西域传上)

颜师古注：“杖谓所持兵器也。”杖，又作“仗”，例如：

88. 兵交，帝曰：“放仗!”大将军士皆放仗。［成］济兄弟因前刺帝，帝倒车下。(三国志·三少帝纪·注引魏末传)

89. 远近贩鬻米粟者……其以仗自防，悉忽禁。(宋书·孝武帝纪)

90. 孙腾带仗入省，擅杀御史。(北齐书·神武帝纪下)

仗，本指长武器，后来泛指所有兵器。例如：

91. 仗亦弓、矟、杵、棒之总也。(玄应·一切经音义·摄大乘论·四·刀仗)

92. 上问琛库中仗犹有几许，琛诡辞答有十万人仗。(南史·顾琛传)

例91中的矟、杵、棒都是长武器，其中矟更有一丈八尺之长（约合今一丈三尺，骑兵所用。见《释名·释兵》）；因弓箭可御敌于百步之外，故亦在仗之列；刀与仗分列，可见短兵器刀不在仗之列。而例92中的仗则显然是指所有兵器了。

由此可见，负杖入堡者很可能是从战场上撤下来的战士。

再者，从公叔禺人看到负杖入堡者后悲恸、奋激的言行来看，负杖者亦应是战士。《左传·哀公十一年》亦载此事：

93. 公叔务人（即公叔禺人）见［入］保者泣。曰：“事充（杜预注：“徭役烦。”），政重（杜预注：“赋税多。”），上不能谋，士不能死，何以治民？吾既言之矣，敢不勉乎！（杜预注：“既言人不能死，己不敢不死。”）

从战场上撤下来的战士多是征调来的百姓，其中不乏负伤者甚至身负重伤者，而他们又都承受着繁重的徭役和赋税。这才使得有良心的贵族公叔禺人悲恸落泪并以身赴死。如果负杖入堡者只是一些因逃避敌军而疲惫的百姓，那么公叔禺人恐怕就不会悲恸落泪并以身赴死了。

偪臣

“偪臣”一词，见于《墨子·亲士》：

是故偪臣伤君，谄下伤上。君必有弗弗之臣，上必有詻詻之下……臣下重其爵位而不言，近臣则喑，远臣则唫，怨结于民心，谄谀在侧，善议障塞，则国危矣。

孙诒让注：“偪臣，谓贵臣权重迫君。”《汉语大词典》据此释为“权重逼君的贵臣。”《汉语大词典》的解释与孙注有明显的差异，“权重逼君的贵臣”是一个名词性的词组而“贵臣权重迫君”则是一句完整的话。之所以如此，是因为孙注有所不妥。孙诒让自己也意识到此注尚未妥当，故紧接上文云：“然此与‘谄下’同举，而对‘弗弗之臣’为文，则不当云偪臣。‘偪’，疑‘佞’之讹。”

孙诒让认为“偪”可能是“佞”的讹文，“偪臣”可能就是“佞臣”，其思路是对的。不过，“偪”并非讹文，“偪”义为“近”，“偪臣”即“近臣”，亦即君主左右的亲近之臣，此类人多是佞臣。

“偪”义为“近”，古有其例：

94. 郑子皮授子产政。辞曰：“国小而偪，族大宠多，不可为也。”（左传·昭公二十年）

杜预注：“偪近大国。”

“偪近”是同义复合词，义为“接近”。

95. 近者以偪近亲爱，有求其主，主因离法而听之。（管子·任法）

近者以偪近亲爱，是说君主的近臣因为能接近国君而受到宠爱。此例的“偪近”也是同义复合词。

96. 夫偪迩于君之侧者，距本朝之势，国之所以殆也。（晏子春秋·问下十三）

“偪迩”在这里是形容词用作名词，义为“近臣”；从结构上讲，“偪迩”也是同义复合词，“偪”“迩”义皆为“近”。“偪迩”又作“逼迩”，如：

97. 贵戚不荐善，逼迩不引过，故晏子见公。（晏子春秋·谏上一）

张纯一校注引苏舆曰：“逼迩，近臣也。”

98. 观上之所欲，而微为之偶，求君逼迩，而阴为之与。（晏子春秋·问上二一）

“逼”与“偪”是异体字，古代“逼”义为“近”的词例多见，如：

99. 君悬军深入，置陈逼水，此持久之计，岂欲战乎？（晋书·苻坚载记下）

100. 逼火偏炙一面，色白便割。（齐民要术·炙法）

101. 若逼暮不获禽，则宿昔围守，须晓自出。（宋书·沈攸之传）

102. 人马逼战，刀不如棒。（魏书·尔朱荣传）

103. 写虹便欲饮，图星逼似真。（梁简文帝·石桥）

以上例中的“逼”，义皆为“近”。

因此，《墨子》中的“偪臣”即“近臣”，指君主左右的亲近之臣。

苟富贵，无相忘

《史记·陈涉世家》：

陈涉少时，尝与人佣耕，辍耕之垄上，怅恨久之，曰：“苟富贵，无相忘！”庸者笑而应曰：“若为庸耕，何富贵也？”

“苟富贵，无相忘”一句，《史记》于此无注。《汉书·陈胜传》颜师古注：“但一人富贵，不问彼此，皆不相忘也。”颜注的意思是，咱们中间，如果将来有谁富贵了，互相不要忘记。

按照这种解释，将来有谁富贵了，就包括了所有与陈胜一起耕地的人，并不单指陈胜，那么其他的庸耕者就不会嘲笑他了。可见，把“无相忘”释为“互相不要忘记”是不合情理的。

其实，“苟富贵，无相忘”是说，如果将来我富贵了，不会忘记你们。因此才引来了同伴的嘲笑。“无相忘”的“相”不表示“互相”。

古汉语中的副词“相”往往不表示“互相”，而是指代接受动作的一方。例如：

104. ［吕］布缚急（紧），谓刘备曰：“玄德，卿为坐客，我为执虏，不能一言以相宽乎？”太祖笑曰：“何不相语，而诉明使君乎？”意欲活之，命使宽缚。主簿王必进曰：“布，勍虏也。其众近在外，不可宽也。”太祖曰：“本欲相缓，主薄复不听，如之何？”（三国志·魏志·吕布传·注引献帝春秋）

本例中副词“相”指代接受动作一方的例子出现三次，相宽，即宽我，意思是不要把我绑得太紧。相语，即语我，亦即告诉我。相缓，即缓你，意思是不

把你绑得太紧或为你松绑。又如曹植《七步诗》:

105. 萁在釜下燃，豆在釜中泣。本自同根生，相煎何太急！（世说新语·文学）

相煎，并非互相煎熬，而是煎熬我（豆）。因为萁可以煎熬豆，而豆却不能煎熬萁。本例中的“相”亦是指代接受动作的一方而非“互相”。

古汉语中的“无相忘”（又作“毋相忘”）句一般都是表示“不要忘了我”或“不会忘了你”“不会忘了你们”，尚未见到有表示“互相不要忘记”的。例如：

106. ［卫］子夫为平阳主讴（歌）者……武帝袚霸上还，因过平阳主。主见（现）所侍美人，上弗说（悦）。既饮，讴者进，上望见，独说子夫……主因奏子夫奉送入宫。子夫上车，主拊其背曰：“行矣，强饭，勉之！即（若）贵，无相忘！”（史记·外戚世家）

107. ［羊祜］为儿时，游汶滨，有行父止而观焉，叹息曰：“处士好相，善为之，未六十，当有重功于天下。即富贵，无相忘！”（世说新语·言语·注引晋诸公赞）

108. 时当大比，某君行囊羞涩，不愿行，妓劝之，且助金二百。临别谓曰：“苟富贵，毋相忘！”（孽海花·小说林本·第一回）

以上三例中的“无相忘”句，均表示“不要忘了我”。《史记》中还有一例与陈胜所言一样的表示“不会忘了你们”的“无相忘”句：

109. 始［薄］姬少时，与管夫人、赵子儿相爱，约曰：“先贵，无相忘。”已而管夫人、赵子儿先幸汉王。汉王坐河南宫成皋台，此两美人相与笑薄姬初时约。汉王闻之，问其故，两人具以实告汉王。（史记·外戚世家）

先贵，无相忘，是说“如果我先富贵了，不会忘了你们。”若释为“如果谁先富贵了，互相不要忘记”，那么管、赵两美人就不会嘲笑薄姬了。

同样，陈胜所说的“苟富贵，无相忘”，意思也是“如果我富贵了，不会忘记你们”，因此也与薄姬一样，招来了同伴的嘲笑。

同命

《史记·项羽本纪》：

［樊］哙曰：“此迫矣，臣请入，与之同命！”

对于本例中的“同命”一词，字典辞书多释为“同生死”，因而“与之同命”就被释为“与刘邦同生死”。这种解释并无不通，但却缺乏文献佐证，因为在秦汉魏晋文献中，“同命”一词均表示“同死”而非“同生死”。例如：

110. 大夫［文］种受书读之，太息而叹曰：“杀之，越与吴同命。”（韩非子·内储说下·六微篇）

“杀之，越与吴同命”，是说越王杀戮谋臣，则越与吴同亡。

111. 夫历阳之都，一夕反而为湖，勇、力、圣、知与罢怯、不肖者同命。(淮南子·俶真训)

高诱注：“勇怯同命，无遗脱也。”无遗脱，即一同死。

112. ［建武］九年，有劫杀［光武帝］后母邓氏及弟［阴］䜣，帝甚伤之，乃诏大司空曰：“……朕嘉其（邓氏）义让，许封诸弟，未及爵士，而遭患逢祸，母子同命，愍伤于怀。”(後汉书·皇后纪上)

母子同遭劫杀，故曰“母子同命”。

113. ［马］超搥胸吐血曰：“阖门百口，一旦同命。”(三国志·蜀志·马超传·注引典略)

马超全家百口同被抄斩，故曰“一旦同命”。

114. 一历阳之都，一长平之坑，同命俱死，未可怪也。(论衡·命义)

此例很典型，“同命俱死”是同义复合结构，“同命”即“俱死”。

在古汉语中，“命”也可以表示“死”，例如：

115. 帝怒，乃下郡县收捕诸王宾客，更相牵引，死者以千数。吕种亦豫其祸，临命叹曰：“马将军诚神人也！”(後汉书·马援传)

116. ［王］宏临命诟曰：“宋翼竖儒，不足议大计！”(後汉书·王充传)

117. 临命忘身，顾恋慈母。(潘岳·杨仲武诔)

从上述秦汉魏晋文献来看，“同命”一词只能释为“一同死”，而“同生死”之说缺乏文献佐证，难以成立。

那么，樊哙所说的“与之同命”中的“之”是指谁呢？从情理上说，应该是指项羽。与项羽同命，就是跟项羽拼命，这就樊哙而言是有意义的；若与刘邦同命，多死一人而已，毫无意义。

再者，下文说樊哙“即带剑拥盾入军门……瞋目视项王，头发上指，目眥尽裂”，也完全是一副拼命的架式。

可见，樊哙所说的“与之同命”就是要跟项羽一同死，也就是要跟项羽拼命。

不仰视天而俯画地

《史记·魏其武安侯列传》：

魏其、灌夫日夜招聚天下豪杰壮士与论议，腹非而心谤，不仰视天而俯画地，辟倪（睥睨）两宫间，幸天下有变，而欲有大功。

“不仰视天而俯画地”一句，其义颇为费解，而此句《汉书·田蚡传》作“卬（仰）视天，俛画地”，文义顺畅，后人据此认为“不仰视天而俯画地”一语中的“不”字是衍文。

其实，《汉书》此句固然不错，而《史记》此句亦无错，“不”字不仅不是衍文，反而使此文更为生动。其关键是对句中“而”字的理解。

“而”在这里应释为“则”，“不……而……”即“不……则……”，相当于现代的“不是……就是……”句式。

“而”释为“则”在古籍中有其例，如：

118. 越四封之内，亲吾君也，犹父母也。子而思报父母之仇，臣而思报君之仇，其敢不尽力者乎？（国语·越语上）

有人认为此段话中的两个“而”是有表假设作用的连词，可译为“如果”，此说不妥。古代子报父母之仇，臣报君主之仇都是必须的，不存在什么如果想报仇或不想报仇的选择。“而”即“则”，表示“就要”。

119. 晋之守祀，必公子也。若复而修其德，镇抚其民，必获诸侯，以讨无礼。君弗蚤图，卫而在讨。（国语·晋语四）

“君”指卫国君，“而”即“则”。卫而在讨，是说卫国就在被讨伐之列。

120. 民人痛疾，而或燠休之。（左传·昭公三年）

“而”即“则”，“或”通“有”。这两句话是说，百姓有了疾病、痛苦，就会有人慰问关怀他们。

121. 德厚而受禄，德薄则辞禄。（晏子春秋·内篇杂下·第二十八章）

此例中“而”与“则”互文。苏舆注：“而”同“则”，故古书多“而”“则”对举。

122. 蜩与学鸠笑之曰：“我决起而飞，抢榆枋，时则（若）不至，而控于地而已矣。”（庄子·逍遥游）

此例先用“则”字表示连词“若”，后又用“而”字表示副词“则”。

123. 可以速而速，可以久而久，可以处而处，可以仕而仕。（孟子·万章下）

此例中“而”，《公孙丑上》皆作“则”。

《史记》中亦有此类例证，如：

124. 先生饮一斗而醉，恶能饮一石哉？（滑稽列传）

125. 魏豹、彭越……怀畔逆之意，及败，不死而虏囚，身被刑戮，何哉？（魏豹彭越列传）

“虏囚”用作动词，义为“当囚犯”。此例不仅“而”用如“则”，而且与“不仰视天而俯画地”是相同的句式。

从以上文例可知，“而”可用如“则”，且在《史记》中又有相同句式。因此，“不仰视天而俯画地”即“不仰视天则俯画地”，亦即“不是仰视天就是俯画地”。“不”字不仅不是衍文，反而使这句话比《汉书》的“印视天，俛画地”生动得多了。

搴下

《穆天子传》："癸丑，天子大朝于燕［然］之山，河水之阿。乃命井利梁固聿将六师。天子命吉日戊午，天子大服冕祎，搢曶，夹佩，奉璧南面立于搴下。"（卷一）

郭璞注："搴下，未详。"

按"搴"当通"轩"，搴下，即轩下，亦即车下。

《穆天子传》曾两次言及穆天子驱车上山：

126. 庚辰，至于□，觞天子于盘石之上。天子乃奏广乐，载立不舍，至于钘山之下。（卷一）

127. 天子遂驱升于弇山。（卷三）

可见，穆天子曾驱车登上钘山、弇山。

"立于搴下"即立于轩下，亦即立于车下。而例126的"载立不舍"，郭璞注："言在车上立，不下车也。""载立"即"在车上立"，亦即立于车上。穆天子在燕然山及钘山上的两次活动，一次立于车下，一次立于车上，"立于车下"与"立于车上"前后呼应。

"搴"与"轩"古音相近，可相通。

从韵上看，搴、轩二字上古同属元部。

从声上看，轩属晓母，搴属匣母，是同一发音部位，二者仅有清浊之分。

上古音的声母系统基本上是后人从中古的声母系统推测出来的，有些情况未必符合上古音的实际情况，从形声字及古音通假的情况看，上古音的声母未必有清浊之分。

赵诚先生曾撰文详细地论证了清声和浊声在甲骨文里不分。①

周祖谟先生也论证了清声和浊声在临沂汉简及马王堆帛书中不分。②

本文仅以形声字中部分晓母与匣母的元部字为例。说明上古晓、匣不分。

128. 轩　犴　鼾　罕，晓母。　汗　扞　邗　旱，匣母。

129. 嬛　翾，晓母。　還　繯，匣母。

130. 宣　喧　烜，晓母。　洹　桓　狟，匣母。

131. 谖　煖，晓母。　缓，匣母。

132. 奂　涣　焕，晓母。　换，匣母。

从以上形声字看，上古晓母与匣母不分。

古代文献中还有一些与例132相关的通假例，如：

---

① 《商代音系探索》，见《音韵学研究》第一辑，中华书局1984年3月。

② 《汉代竹书和帛书中的通假字与古音的考订》，《音韵学研究》第一辑，中华书局1984年3月。

133. 而敢或变改助及奂……（侯马盟书三二三）

奂通换，晓、匣谐声。

134. 项氏畔换，黜我巴汉。（汉书·叙传下）

畔换，又作畔涣：

135. ［度］及陛见，始陈二贼畔涣，受命无功。（新唐书·裴度传）

涣通换，晓、匣谐声。从此例亦可见，晓、匣唐代仍不分。

136. 主人焕耳而笑，欣然而言。（晋书·曹毗传）

焕耳，即莞尔，焕通莞，晓、匣谐声。

从以上四例可知，晓、匣不仅上古不分，中古也有不分的现象。

总之，从文章内容及古音两方面看，“寒”应通“轩”，义为“车”，“立于寒下”即“立于轩下”，亦即“立于车下”。

毒素

《潜夫论·衰制》：“夫法令者，人君之衔辔箠策也；而民者，君之舆马也。若使人臣废君法禁，而施己政令，则是夺君之辔策，而己独御之也……是故陈恒执简公于徐州，李兑害主父于沙丘，皆以其毒素夺君之辔策也。”

“毒素”一词，义颇难解，王铎注：“毒、蓄古音同部，例得借用。”

按毒、蓄二字虽韵在同部，但一在定母，一在晓母，相差颇大；即使二字可借用，“蓄素”一词仍文义难明。

在“以其毒素夺君之辔策”一语中，“辔策”一词是用来比喻权力的，是比喻之词。因此，“毒素”一词也应该是比喻之词，它应该是一个在词义上与“辔策”有关而在读音上与“毒素”相同或相近的词。“辔策”是国君驾车出行所执的两种物品，那么“毒素”则应该是臣仆随国君驾车出行所执的两种物品，此两种物品的名称还应与“毒素”一词音同或音近，而“殳索”一词庶几近之。

殳是古代一种杖类兵器，以竹或木制成，有的顶端带矛，多用作仪仗，臣仆于君主驾车出行时执之以为先驱。例如：

137. 伯也执殳，为王前驱。（诗·卫风·伯兮）

毛传：“殳，长丈二而无刃。”

138. 殳以积竹，八觚，长丈二尺，建于兵车，旅贲以先驱。（说文·殳部）

伯以卫人入仕于周王朝，居旅贲之官，执殳先驱是旅贲之职。[①]

索，指羁絷，也是古代臣仆随君驾车出行所执之物：

139. 夫负羁絷，执铁锧，从君东南西北，则是臣仆庶孽之事也。（公羊传·襄公二十七年）

---

① 见马瑞辰《毛诗传笺通释·伯兮》。

何休注："縶，马绊也。"

140. 昔卫献公出走，反国及郊，将班邑于从者而后入。太史柳庄曰："如皆守社稷，则孰负羁縶而从？如皆从，则孰守社稷？君反国有私也，无乃不可乎？"于是不班也。(韩诗外传·卷七·二十一章)

可见，殳、索二物，都是随国君驾车出行时臣仆所当执之物，与国君所执的辔策是同类物品。

从字音上看，"毒"与"殳"古音近，"素"与"索"古音同。

从韵上看，"毒"古属觉韵，"殳"属侯韵，二韵可相通。例如：

141. 马王堆帛书《春秋事语·鲁文公卒章》："……其宰公襄目人曰……"此章事见《左传·文公十八年》及《史记·鲁世家》。此宰名《左传》作"公冉务人"。"目"通"务"。又"目"与"瞀"通，《吕氏春秋·介主》："东方有士焉曰爰旌目。"《後汉书·张衡传》"旌目"作"旌瞀"。

目，觉韵；务，瞀，侯韵。目与务、瞀通假是觉、侯二韵相通。

从声上看，"毒"属定母，"殳"属禅母，定、禅同是舌音，禅母上古应归定母。黄侃曾论证禅母应并入定母①，此观点已为众多学者所认同。可证明此观点的材料甚多，本文仅列有关形声字以明之。

定：弹　惮　僤　　禅：蝉　婵　禅

定：提　题　禔　　禅：是　湜　禔

定：涛　捣　　　　禅：寿　郜

定：髫　苕　韶　　禅：绍　劭　邵

因此，"毒""殳"上古均属定母。可见，"毒"与"殳"的古音是很近的。

"素"与"索"古同音，可通假。"素隐行怪"(中庸)即"索隐行怪"(汉书·艺文志)。因此，"毒素"可与"殳索"相通有其语音根据。

本文中陈恒、李兑"以其毒素夺君之辔策"即"以其殳索夺君之辔策"，比喻二人以其所掌之权势篡夺了国君之权。

各国其前

《潜夫论·考绩》："群僚师尹，咸有典司，各居其职，以责其效；百郡千县，各国其前，以谋其后；辞言应对，各缘其文，以覈其实。则奉职不解，而陈言者不得诬也。"

"各国其前"一句，义甚费解。察本段文字，有三个"各……"句，其中"各居其职""各缘其文"中的"居""缘"均是动词，以此类推，则"各国其前"中的"国"亦应是动词。以文意度之，"国"似应通"革"，意为"改"。

① 见中华书局《黄侃论学杂著·音略》。

“国”“革”二字上古同属职韵、见母，是同音字，可以通假。若直接将“国”释为“改”亦未尝不可，因二字分属职、之两韵，而职、之是对转关系。

“各国其前”即“各革其前”“革其前”即古人所谓“革心易行”“革旧从新”“革旧图新”“改政移风”等，例如：

142. 于是革心易行……昼学道而夕讲之。（新书·先醒）

143. 今革旧从新，为里党之法。（魏书·食货志）

144. 革旧图新，以回天意。（刘克庄·宝学颜尚书神道碑）

145. 夫改政移风，必有其本。（东观汉记·马廖传）

“各革其前，以谋其后”即本书《述赦篇》所谓“改往修来”之意。“改往修来”是汉魏时习用语，除本例外，还有：

146. 愿改往修来，自求多福。（後汉书·方术传下·公沙穆）

147. 是后又望将军改往修来，克己复礼。（三国志·魏志·袁绍传“十月至黎阳”裴注引汉晋春秋）

因此，本文中“国”通“革”“改”，于音、义两方面皆可通。

慎言衍文，慎改原文

读《五蠹》有感

偶读《五蠹》，见注释者言此文多有衍文并屡改原文，其删“衍”改“误”者有以下几条：

148. 今人臣之言衡者，皆曰：“不事大，则遇敌受祸矣！”事大未必有实，则举图而委，效玺而请兵矣……人臣之言从（纵）者，皆曰：“不救小而伐大，则失天下，失天下则国危，国危而主卑。”救小未必有实，则起兵而敌大矣。

俞樾认为，“事大未必有实”“救小未必有实”两句中的“未”字以及“效玺而请兵矣”的“兵”字都是衍文。（见《诸子平议》）短短一段文字，竟然有三个衍文，令人生疑。俞樾之所以出此论，乃未深察文义所致。

“事大未必有实，则举图而委，效玺而请兵”，是说事奉大国还不一定有效果时，却已经捧着地图交付［土地］，献上印玺请求救兵了。“救小未必有实，则起兵而敌大矣”，是说救助小国还不一定有效果时，却已经出兵与大国为敌了。关键在于对“则”的理解。“则”在此表示“却已经”。《论语·微子》：“使子路反见之。至，则行矣。”《左传·僖公三十二年》：“公使阳处父追之，及诸河，则在舟中矣。”《孟子·公孙丑上》：“其子趋而往视之，苗则槁矣。”皆其例。“请兵”就是请求救兵保护自己。因上文有“不事大，则遇敌受祸矣”，则“请兵”自保就完全符合情理。可见两“未”字及“兵”字皆非衍文。

149. 夫明王治国之政，使其工商游食之民少而名卑，以寡趣本务而趋末作。

蒲阪圆认为“寡”字是衍文（见《韩非子纂闻》），王先慎认为“趋”当作“外”（见《韩非子集解》），均不妥。

此段文字是说，圣明的君主治理国政，要使那些工商游食之民少而且名位卑下，因为他们很少去从事农业而是去从事工商业。依原文解之，文义畅通无碍，何来衍文及误字？

150. 其言古者，为设诈称，借于外力，以成其私，而遗社稷之利。

顾广圻认为“古”当为“谈”（见《韩非子识误》），此言不妥。“言古者”即称言先王之教者，亦即韩非子所说的“以文乱法”的儒生，与“言谈者”同指一类人，故“古”字不误。

可见，阅读古文，应深察文义，慎言衍文，慎改原文。

《史记》标点琐议

《史记》是二十四史之首，也是中华书局点校本二十四史中最先面世的。其标点系顾颉刚先生等诸多专家所作，其精准自不待言。然而白璧微瑕，亦有个别语句的标点、断句似有可商榷之处。笔者虽不学，亦愿为前辈诸公拾遗补阙。兹简述之。

1. 封爵之誓曰：“使河如带，泰山若厉。国以（能）永宁，爰及苗裔。”（高祖功臣侯者年表）

“厉”后的句号宜改为逗号。“使河如带，泰山若厉，国以永宁，爰及苗裔”几句义为“即使黄河变得如衣带一般窄，泰山变得如砺石一般小，只要国家能永久安宁，受封者的爵禄就能永远延及后代。”“使河如带，泰山若厉”是假设复句的偏句，只是提出假设的前提，意思未完，其后不宜用句号。句中“以”表示“能”，如《列子·黄帝》：“朕闲居三月，斋心服形，思有以养身治物之道，弗获其术。”

2. 天下初定，故大城名都散亡，户口可得十二三。（高祖功臣侯者年表）

“散亡”后的逗号应移至“户口”之后。“故大城名都散亡”是“户口”的定语，其间不宜点断。

3. 臣主若此，欲毋显得乎！（越王勾践世家）

“显”后宜逗断。在“欲毋显，得乎？”这种句式中，“得乎”（或“可得乎”）前一般都会有一个较为明显的停顿，故两句间宜逗断。又此句式是反问句，句末感叹号宜改为问号。《孟子·滕文公上》：“禹八年于外，三过其门而不入，虽欲耕，得乎？”《告子下》：“与谗谄面谀之人居，国欲治，可得乎？”《庄子·则阳》：“欲无至此，得乎？”可见此类反问句式中间均宜点断而句末均宜用问号。

4. 商君喟然叹曰：“为法之敝一至此哉！”（商君列传）

5. 王曰：“寡人之过一至此乎！”（滑稽列传）

以上两例中“一”之前均宜逗断。在此类语气强烈的感叹句中，“一至……”句前均有较为明显的停顿，故其前宜逗断。《吕氏春秋·知士》：“静郭君之于寡人，一至此乎！”《南史·梁元帝纪》：“帝……抽剑击阖曰：萧世诚，一至此乎！”李白《与韩荆州书》：“何令人之景慕，一至此耶！”均是此类句式。

6. 今死生荣辱，贵贱尊卑，此时不再至，愿详计而无与俗同。（鲁仲连邹阳列传）

“此时”是“死生荣辱，贵贱尊卑”的谓语，意谓“就在此时”，其后宜逗断。否则易使人误解为“不再至”的状语。又“卑”后的逗号亦应删去。

7. 宗室非有军功论，不得为属籍。(商君列传)

宜于“军功”后逗断，删去“论”后的逗号，与下句连读。论，在此义为衡量，评定。《高祖本纪》：“乃论功，与诸列侯剖符行封。”《韩非子·八奸》：“功劳之臣不论，官职之迁失谬。”《论衡·定贤》：“高祖论功，比猎者之纵狗也。”

8. 桓公与庄公既盟于坛上，曹沫执匕首劫桓公……曰：“齐强鲁弱，而大国侵鲁亦太甚矣。今鲁城坏即压齐境，君其图之。”(刺客列传)

例文末“图之”后句号应改为感叹号。从内容上讲，曹沫执匕首威胁、命令齐桓公，其言辞语气必然强烈；从词语上讲，“君其图之”中的“其”即是表示强烈希望或命令的语气词。《尚书·无逸》：“君子所（居）其无逸!”《李斯列传》：“君其勿复言！将令斯得罪。”例中“其”均是表示强烈希望或命令的语气词。《蒙恬列传》：“今丞相以卿为不忠，罪及其宗。朕不忍，乃赐卿死，亦甚幸矣。卿其图之!”标点不误。又“亦太甚矣”一句亦带有强烈语气，其后亦应改用感叹号。

9. 今日之事，臣固伏诛，然愿请君之衣而击之，焉以致报仇之意，则虽死不恨。(刺客列传)

“焉以致报仇之意”一句，句式怪异，文义难明。如此断句，乃据王念孙之说：“‘焉’犹‘于’也，于以志报仇之意也。”[①] 王念孙把本来简明易懂的语言搞得迂曲险怪，实为蛇足。应将“击之”后的逗号移至“焉”后，“请君之衣而击之焉”，是说请您（赵襄子）脱下外衣让我当场刺击它。“焉”用于句末，是指代词兼语气词，表示“于是”，这里指“当场”“当众”。正是要当众击之，方能“致报仇之意”，足见太史公于此句末用“焉”字之妙。又古籍中“击之焉”一类的句式并非罕见，如《孟子·万章上》：“帝将胥天下而迁之焉”，《墨子·尚贤中》：“故爱其色而使之焉”，《天志中》：“聚敛天下之美名而加之焉……聚敛天下之丑名而加之焉”，《荀子·王霸》：“说无以取之焉”，《韩非子·内储说上七术·说一》：“乃为坛场大水之上，而与王立之焉”。由此可见，应删去“击之”后的逗号而于“焉”后逗断。

10. 荆轲虽游于酒人乎，然其为人沈深好书；其所游诸侯，尽与其贤豪长者相结。(刺客列传)

“乎”字颇难懂。《集解》引徐广曰：“饮酒之人”，意谓此“乎”乃饮酒人之名。此说无据，故本书不从，因而于“乎”字不加表示人名的直线。本文欲就此“乎”字作一粗浅探讨。

---

① 见中华书局版《史记·点校后记·二》。

此“乎”通“许”，亦即“所”。“酒人乎”即“酒人许”，亦即“酒人所”。“许”与“乎”均属鱼部，上古同音。虽然据今人所拟上古音系，二字声母分属晓、匣，有清浊之分，但上古音并无清浊之分①，“呼”从“乎”得声，金文中又可相通，即是晓、匣不分。故“许”与“乎”上古同音，可通假。又“许”可通“所”，表示处所。如《墨子·非乐上》：“古者圣王亦尝厚措敛于万民，以为舟车，既以成矣，曰：‘吾将恶许用之？’”“吾将恶许用之”，王引之云：“言吾将何所用之也。”“许”通“所”，“恶许”即“何所”，亦即“何处”。《世说新语·文学》：“孙安国往殷中军许共论，往反精苦，客主无间。”又《品藻》：“刘尹至王长史许清言”。例中“许”皆通“所”，表示处所。游于酒人乎，即游于酒人许，亦即游于酒人所，是说往来于饮酒的处所。《史记》中有与“酒人所”结构相同的词语，如《田叔列传》：“叔喜剑，学黄老术于乐巨公所。”《袁盎朝错列传》：“太常遣错受《尚书》伏生所。”《季布栾书列传》：“迺髡钳季布……之鲁朱家所卖之。”

11. 丹之私计愚，以为诚得天下之勇士使于秦，窥以重利，秦王贪，其势必得所愿矣。(刺客列传)

宜于“计”后逗断，删去“愚”后的逗号，与下句连读。“愚以为”是一个固定结构，不宜拆开。此例《战国策·燕策三》即标点为“丹之私计，愚以为诚得天下之勇士，使于秦……”② 又本书《刘敬叔孙通列传》：“此必欲见短，伏奇兵以争利，愚以为不可击也。”标点不误。

12. 于是上贤张王诸客，以钳奴从张王入关，无不为诸侯相、郡守者。(张耳陈馀列传)

宜删去“客”后的逗号，与下句连读。高帝所贤的是“张王诸客以钳奴从张王入关”的这种行为，而不仅是“张王诸客”，故“张王诸客以钳奴从张王入关”一句，不宜点断为两句。

13. 上赐之剑。[卫] 绾曰：“先帝赐臣剑凡六，剑不敢奉诏。”(万石张叔列传)

“剑不敢奉诏”一句，句式怪异。宜于后两“剑”字后均逗断，删去“六”后的逗号，使“凡六剑”连读。古籍中有与“赐臣剑，凡六剑”相同的句式，如《三国志·魏志·乌丸鲜卑东夷传》：“有爰襄国、牟水国……凡五十余国。”又《魏志·袁绍传》：“杀绍卒凡八万人”(“尽坑之”注引张璠《汉纪》)。

14. 敝国虽贫，寡人节衣食之用，积金钱，聚谷食，夜以继日，三十余年矣。凡为此，愿诸王勉用之。(吴王濞列传)

“凡为此”一句，其前的句号宜改为逗号，其后的逗号宜改为句号。“凡”

---

① 详见《寒下》一文及其注释。

② 上海古籍出版社 1985 年 3 月校注本。

此处义为“皆”，《公羊传·襄公二十七年》：“黜我者，非宁氏与孙氏，凡在尔。”《汉书·王莽传上》：“晨夜屑屑，寒暑勤勤，无时休息，孳孳不已者，凡以为天下，厚刘氏也。”《三国志·魏志·华佗传》：“佗之绝技，凡此类也。”“凡为此”是上文“三十余年”中一系列行为的目的，紧承上文而言，其前不宜用句号；其后是又一层意思，宜用句号。

15. 秦时已并天下，略定杨越，置桂林、南海、象郡，以谪徙民，与越杂处三十年。(南越列传)

宜删去“民”后的逗号与下句连读。“谪徙民”是因罪过而被迁徙者，“以谪徙民”是一个介宾词组而不是一句话，故其后不宜点断。

16. 太后……取自脱一时之利，无顾赵氏社稷，为万世虑计之意。(南越列传)

“社稷”后的逗号宜改为顿号。“顾赵氏社稷、为万世虑计”是“意”的定语，其间用顿号，可使语句更为连贯。若用逗号，易使人将“无顾赵氏社稷”误解为完整的一句话。

17. 后张汤果败，上闻黯与［李］息言，抵息罪。今（令）黯以诸侯相居淮阳，七岁而卒。(汲黯郑当时列传)

“今”《汉书》作“令”。“罪”后的句号宜改为逗号。武帝得知汲黯与李息所说的一番话后，做了一件事。先是判处李息有罪，这是惩罚；然后是让汲黯拿诸侯相的俸禄继续任淮阳郡守，即给汲黯提高俸禄，这是奖励。“令黯以诸侯相居淮阳”与“抵息罪”是同时发生的有密切关系的一件事，而不是后来又发生的另一件事，故其前不宜用句号。又“淮阳”后的逗号宜改为句号，因为其后的“七岁而卒”是与上文关系不大的另一件事。

18. 后会五铢钱白金起，民为奸，京师尤甚，乃以［义］纵为右内史，王温舒为中尉。温舒至恶，其所为不先言纵，纵必以气凌之，败坏其功。(酷吏列传)

宜于“至”后逗断，删去“恶”后的逗号，使之与下文连读。“恶”在此是动词，表示“畏惧”，例如《吕氏春秋·振乱》：“凡人之所以恶为无通不义者，为其罚也。”高诱注：“恶犹畏。”《韩非子·八说》：“使人不衣不食，而不饥不寒，又不恶死，则无事上之意。”《潜夫论·考绩》：“曲木恶直绳，重罚恶明证。”又“甚”后的逗号亦应改为句号。

19. 乌孙恐，使使献马，愿得尚汉女翁主为昆弟。(大宛列传)

宜于“翁主”后逗断。“愿得尚汉女翁主”是方式，“为昆弟”是愿与汉结为兄弟之邦，是目的。二者有别，故“翁主”后应点断，否则易生歧义。《辞源》“翁主”条引此文标点不误。

20. 康居闻汉已破宛，乃出郁成王予［上官］桀，桀令四骑缚守诣大将军。四人相谓曰：“郁成王汉国所毒，卒失大事。”欲杀，莫敢先击。(大宛列传)

宜于“失”后逗断。“卒失，大事”是说若仓猝之中郁成王逃逸，将是重大事故。是两句话，其间宜点断。失，通“逸”，指逃跑。《淮南子·人间训》：

“马失，食农夫之稼。”失，王念孙《读书杂志·淮南子十八》：“按《吕氏春秋·必已》作逸。”

21. 汉已伐宛，立昧蔡为宛王而去。岁余，宛贵人以为昧蔡善谀，使我国遇屠，乃相与杀昧蔡。(大宛列传)

宛贵人在“昧蔡善谀，使我国遇屠”一语中称大宛为“我国”，则其所言当是直接引语，宜加冒号、引号。若是间接引语，则应称大宛为“其国”。又“屠”后逗号应随之改为句号。

22. 江都王怒，为皇太后泣曰：“请得归国入宿卫，比韩嫣。”(佞幸列传)

《索隐》曰：“谓还爵封于天子，而请入宿卫。”依《索隐》所释，“请得归国”与“入宿卫”是两句话；而事实上此句话之间亦应有所停顿，故其间宜逗断。

23. 出［关］如食顷，秦追果至关，已后孟尝君出，乃还。(孟尝君列传)

宜于“已后”之后加句号。“秦追果至关，已后”，说的是秦追兵的情况，下两句说的是孟尝君一行人的情况，其间宜点断。

《後汉书》标点琐议

中华书局校点本《後汉书》系专家校点，兼有诸多学者审阅，其标点、校勘均勘称允当。然而卷帙浩繁，其标点、断句难免有个别可商榷之处。今简述如下。

1. 六月己卯，光武遂与营部俱进，自将步骑千余，前去大军四五里而陈。［王］寻、［王］邑亦遣兵数千合战。光武奔之，斩首数十级。诸部喜曰："刘将军平生见小敌怯，今见大敌勇，甚可怪也，且复居前。请助将军！"（光武帝纪上）

应删去"千余"后的逗号，于"前"后逗断，"前"与上句连读。"自将步骑千余前"，是说光武帝亲自率步兵、骑兵一千余人为前锋；"去大军四五里而陈，"是说光武帝距自己身后的大军四五里列阵迎敌。下文说诸部将称赞光武帝"见大敌勇……且复居前"，即指其亲为前锋，居前迎敌之事。

2. 甲寅，诏吏人遭饥乱及为青、徐贼所略为奴婢下妻，欲去留者，恣听之。（光武帝纪下）

"为青、徐贼所略为奴婢下妻欲去留者"是一个"者"字词组，中间不宜点断，故应删去"妻"后的逗号。

3. 其赐天下男子爵，人二级；三老、孝悌、力田人三级；爵过公乘，得移与子若同产、同产子；及流人无名数欲自占者人一级。（显宗孝明帝纪）

应于"力田""欲自占者"后逗断。又，应删去"同产子"后的分号，使之与下句连读，因为连词"及"前后的两类人均受爵一级。又"公乘"后的逗号改为顿号更好。

4. 其弛刑及郡国徒，在中元元年四月己卯前所犯而后捕系者，悉免其刑。又边人遭乱为内郡人妻，在己卯赦前，一切遣还边，恣其所乐。中二千石下至黄绶，贬秩赎论者，悉皆复秩还赎。（显宗孝明帝纪）

"边人遭乱为内郡人妻，在己卯赦前"即"边人遭乱在己卯赦前为内郡人妻者"，是一个无"者"字的名词性词组，故应删去"妻"后的逗号，前后连读。又"中二千石至黄绶，贬秩赎论者"是一个"者"字词组，中间也不宜点断。

5. 元和三年，肃宗北巡狩，过真定，会诸郭，朝见上寿，引入倡饮甚欢。（皇后纪上）

"引入"后宜逗断。"朝见上寿"是正礼，当在前殿；而"倡饮"是肃宗与外戚亲属设歌乐宴饮，当在后堂，故曰"引入"。又"上寿"后的逗号宜改为分号。

6. 后无宠而居正位，后宫幸姬众，共谮毁。(皇后纪下)

宜于“姬”后逗断，“众”与下句连读。《彭宠传》：“众多疑惑，欲从之。”“众多疑惑”与“众共谮毁”是同一句式。

7. 宜急立高庙，称臣奉祠……削地开兆，茅茨土阶，以致其肃敬。虽未备物，神明其舍诸。(隗嚣传)

“神明其舍诸”是反问句，“诸”是“之乎”的合音字，也是疑问句的标志，故其后须用问号。若用句号，则文义难明。

8. 汉兵起，[冯] 异以郡椽监五县，与父城长苗萌共城守，为王莽拒汉……异间出行属县，为汉兵所执。(冯异传)

宜于“出”后逗断。“间出”是秘密出城，“行”指巡视，是两种行为，中间宜点断。若连读，则易将“出行”误解为一种行为。本传下文即有“其后蜀复数遣将间出，异辄摧挫之”之语，可知“间出”是一固定结构。

9. 其条二十八将无嗣绝世，若犯罪夺国，其子孙当统后者，分别署状上。(冯异传)

从“二十八将”至“当统后者”是一个名词性的“者”字词组，其间宜尽量少断句，以使文义紧凑。宜删去“世”后的逗号，与下句连读。又“国”后的逗号改为顿号更好。“若”相当于“或”，《左传·襄公十一年》：“孟氏使半为臣，若子若弟。”《仪礼·燕礼》：“幂用绤若锡。”《贾子·修政语下》：“凡人者，若贱若贵，若老若幼。”

10. [马] 武为人嗜酒，阔达敢言，时醉在御前面折同列，言其短长，无所避忌。(马武传)

“时醉在御前面折同列”一句，宜点断为两句，有两种标点法：其一，时醉在御前，面折同列。其二，时醉，在御前面折同列。应以后者为佳。

11. [马] 防兄弟贵盛，奴婢各千人已上，资产巨亿……岁时赈给乡间，故人莫不周洽。(马援列传)

首先应于“赈给”后逗断，然后将“乡间”后的逗号移至“故人”后，“乡间故人”连读。若按原标点，赈给周洽者只是马防兄弟之故人，而其他乡间之人则不周洽，与文义不合。

12. [马严] 乃言于帝曰：“昔显亲侯窦固误先帝出兵西域，置伊吾卢屯，烦费无益。”(马援列传)

宜于“先帝”后逗断。若按原标点，易使人误解为窦固误导先帝亲征西域。文中“先帝”系明帝，《窦融列传》载，窦固永平十六年与耿忠率兵征西域，明帝并未亲征。

13. [韦] 彪孝行纯至，父母卒，哀毁三年，不出庐寝。服竟，羸瘠骨立异形，医疗数年乃起。(韦彪传)

宜删去“竟”后的逗号，于“瘠”后逗断。虽然于“服竟”之后一般都应逗断，但有时也要依具体情况而定。如本例“服竟”后是一个由三个两字词组组成的六字句，与古文句式不合，故“服竟”宜与“羸瘠”连读，与“骨立异形”形成两个四字句。这样不仅与古文句式相合，而且文义畅通。又“数年”之后亦宜有一逗。

14. 是时陈事者，多言郡国贡举率非功次，故守职益懈而吏事渐疏。（韦彪传）

宜于“举”后逗断，使“郡国贡举、率非功次、守职益懈、吏事渐疏”成为四个四字句。

15. 光武特诏御史中丞与司隶校尉、尚书会同并专席而坐，故京师号曰：“三独坐”。（宣秉传）

“并”于此不是连词“并且”而是副词“皆”，是说诏命三人皆专席而坐以示褒崇。故宜于“会同”后逗断。

16. ［桓］谭进说曰：“……今董贤至爱而女弟尤幸，殆将有子夫之变，可不忧哉！”［傅］晏惊动，曰：“然，为之奈何？”（桓谭传）

应删去“然”后的逗号，与下文连读。“然”于此与“然则”同，意为“既然如此，那么……”《宦者列传·序》：“《月令》：‘仲冬，命阉尹审门闾，谨房室。’《诗》之《小雅》，亦有《巷伯》刺谗之篇。然宦人之在王朝者，其来旧矣。”《论衡·感虚篇》：“夫草木水火，与土无异；然杞梁之妻不能崩城，明矣。”此皆“然”同“然则”例。又《袁绍传》：“荀谌等说［韩］馥曰：‘……袁车骑引军东向，其意未可量也。窃为将军危之。’馥惧，曰：‘然则为之奈何？’”此“然则为之奈何”与“然为之奈何”同。

17. 光武遣小黄门问［鲍］昱有所怪不？对曰：“臣闻故事通官文书不著姓，又当司徒露布，怪使司隶下书而著姓也。”（鲍永传）

“有所怪不”是直接引语，应加冒号、引号。又“通官文书不著姓，又当司徒露布”是“故事”的具体内容，故应于“故事”后加冒号。

18. ［窦］宪怒，陷［郅］寿以买公田诽谤，下吏当诛。（郅恽传）

“买公田”是指郅寿曾上书请买公田，“诽谤”是指郅寿因朝会讥刺窦宪，是两件事，其间宜以顿号点断。

19. 具瑗敕吏收［张］恽，以辄从外入，欲图不轨。（梁冀传）

“以辄从外入，欲图不轨”是“敕吏收恽”的补语，应与“敕吏收恽”连读。全文意为：具瑗敕吏以辄从外入、欲图不轨收恽。故应删去“恽”后的逗号，与下句连读。又“入”后的逗号也宜改为顿号。

20. ［钟离］意视事五年……以久病卒官。遗言上书陈升平之世，难以急化，宜少宽假。（钟离意传）

“上书”后宜逗断。又“升平之世难以急化”是一句很短的话，主谓之间宜连读。

21. 使司空持节护丧事，大鸿胪副，宗正、将作大匠视丧事……帝追惟

［刘］强深执谦俭，不欲厚葬以违其意，于是特诏中常侍及东海傅相曰："王恭谦好礼，以德自终，遣送之物，务从约省，衣足敛形，茅车瓦器，物减于制，以彰王卓尔独行之志。将作大匠留起陵庙。"（光武十王传·东海恭王强）

"将作大匠留起陵庙"一句，系作者记述之文而非诏书之语，应在诏书引语之外。首先，"将作大匠留起陵庙"一语，与此诏书全文内容无关。其二，明帝在颁此诏书之前，就已经使"将作大匠视（治）丧事"了。将作大匠掌管宫室、宗庙及陵园的土木营建，使其治理丧事，必然有建造陵庙一事，明帝于其后的诏书中没必要再重复此事。其三，《後汉书》中所载诏书，凡临结束前有"以"用作连词、表示目的的"……，以……"的语句，均是此类诏书的最后一句话。如本传："诏报曰：'……其还赎，以助蒲塞桑门之馔。'"《陈龟传》："帝觉悟……下诏：'为陈将军除并、凉一年租赋，以赐吏民。'"《章帝八王传·济北王次》："梁太后下诏曰：'……今增［刘］次封五千户，广其土宇，以慰孝子恻隐之劳。'"《周举传》："乃诏告光禄勋、汝南太守曰：'……加赐钱十万，以旌委蛇素丝之节焉。'"由此可见，"将作大匠留起陵庙"一句，系作者于东海恭王丧事之末的一句结束语而非诏书之语。

22. 初，安帝时河间人尹次、颖川人史玉皆坐杀人当死，次兄初及玉母军并诣官曹求代其命，因缢而物故。尚书陈忠以罪疑从轻，议活次、玉。［应］劭后追驳之："……此为求生，非谓代死可以生也。败法乱政，悔其可追。"（应奉传）

"悔其可追"是反问句，其后宜用问号，义为"后悔难道来得及吗?"若用句号，其义则为"后悔恐怕还来得及。"那意思就完全相反了。

23. 建武中，应司徒侯霸之辟。既至，霸不及政事，徒劳苦而已。仲叔恨曰："始蒙嘉命，且喜且惧；今见明公，喜惧皆去。以仲叔为不足问邪，不当辟也。辟而不问，是失人也。"（周黄徐姜申屠列传）

"以仲叔为不足问邪，不当辟也"二句是表示选择的疑问句，义为"您是把我当成不值得询问政事的人呢？还是本不应当征辟的人呢?"故"不当辟也"后的句号宜改为问号。

24. 中常侍曹节等专执朝事，新诛太傅陈蕃，大将军窦武，欲借宠贤德，以释众望，乃白征肱为太守。（姜肱传）

"乃白"的主语是曹节等，"征肱为太守"的主语是朝廷，其间主语变换，宜逗断。

25. 缑氏女玉为父报仇，杀夫氏之党，吏执玉以告外黄令梁配，配欲论杀玉。［申屠］蟠时年十五，为诸生，进谏……配善其言，乃为谳得减死论。（申屠蟠传）

"乃为谳"的主语是梁配，"得减死论"的主语是缑玉，其间主语变换，故"谳"后宜逗断。

26. ［沈］景到国谒王，王不正服，箕踞殿上。侍郎赞拜，景峙不为礼。问

王所在，虎贲曰：“是非王邪?”景曰：“王不服，［与］常人何别!”（章帝八王传·河间王）

“王所在”是直接引语，应加冒号、引号，句末宜用问号。“所在”即“何在”。《三国志·魏志·董卓传》：“卓惊呼：‘［吕］布所在?’”《後汉书·董卓传》作“吕布何在?”《後汉书·鲍永传》：“帝见永，问曰：‘卿众所在?’”《三国志·魏志·曹爽传》“夷三族”注引《魏略》：“其后太祖问［丁］斐曰：‘文侯，印绶所在?’”又“不为礼”与其后的发问几乎是同时发生的行为，故“礼”后的句号宜改为逗号。

27. 特进胡广……等，咸称［梁］冀之勋德，其制度赉赏，亦宜比周公，锡之山川、土田、附庸。（黄琼传）

“锡之山川，土田附庸”是引《诗·鲁颂·閟宫》之诗句，“土田附庸”不宜点断。又“川”后顿号亦应改为逗号。

28. ［黄］琼首居公位，举奏州郡素行贪污至死徙者十余人，海内由是翕然望之。（黄琼传）

被举奏者是“州郡素行贪污”者，“至死徙者”只是其中一部分，被举奏者并非仅此十余人。故宜于“贪污”后逗断。

29. ［董］卓议迁都长安，［黄］琬与司徒杨彪同谏不从。（黄琼传）

“同谏”的主语是黄琬、杨彪，“不从”的主语是董卓，其间主语变换，宜逗断。

30. 观其逊言迁都之议，以救杨、黄之祸。及后潛图董氏，几振国命，所谓“大直若屈”，道固逶迤也。（荀淑传）

从“其逊言迁都之议”至“几振国命”，都是“观”的宾语，故应将“祸”后的句号改为逗号；又“议”后的逗号亦应删去，与下句连读。

31. 郡人周璆，高絜之士。前后郡守招命莫肯至，唯蕃能致焉。字而不名，特为置一榻，去则县之。（陈蕃传）

“郡人周璆，高絜之士”，意思与下文紧密相连，“士”后的句号宜改为逗号。下文的内容都是紧接上文展示其如何高洁的。

32. 袁绍地广兵强，田丰、许攸智计之士为其谋，审配、逢纪尽忠之臣任其事，颜良、文醜勇冠三军，统其兵，殆难克乎?（荀彧传）

宜删去“军”后的逗号，使“颜良、文醜勇冠三军统其兵”与上两句话句式相当。

33. 若虚造不冀之动，以速朝夕之祸，孰与委忠本朝，守其臣节。（皇甫嵩传）

本段文字是一个表示比较的询问句，“……，孰与……?”相当于现代的“……，比……怎么样?”故文末宜改用问号。《袁绍传》：“君自料宽仁容众，为天下所附，孰与袁氏?……临危吐决，智勇迈于人，又孰与袁氏?……世布恩德，天下家受其惠，又孰与袁氏?”一连三个“……，孰与……?”句式，标点皆不误。

34. ［刘］备大怒，还兵击［刘］璋，所在战尅。十九年，进围城都，数十日，城中有精兵三万人，谷支一年，吏民咸欲拒战。（刘焉传）

宜删去“成都”后的逗号，与下句连读。“进围成都数十日”，言刘备久攻不下，而下文的“城中有精兵三万人，谷支一年”与此相呼应。

35. 帝笑曰：“天子不与白衣同。”因敕强项令出。（酷吏列传·董宣）

“因敕强项令出”一句，语义不明。此句应断为两句，有两种断句法：其一，因敕“强项令”，出。其二，因敕“强项”，令出。以前一种断句法，则“令”是名词；以后一种断句法，则“令”就是动词。李贤注引谢承《後汉书》：“敕令诣太官赐食。”以此观之，“令”应为动词。可依谢承书将此句补足为：“因敕‘强项’，令出诣太官赐食。”而范晔书据此简写为“因敕‘强项’，令出。”

36. 及规卒时，妻年犹盛，而容色美。（列女传·皇甫规妻）

宜将“时”后的逗号移至“时”前，“时”与下文连读。又“盛”后的逗号亦可删去。于“时”后断句，虽文义亦通，却不合古文句法。

37. ［乐］羊子尝行路，得遗金一饼，还以与妻。（列女传·乐羊子妻）

“尝行路”与尝呼吸、尝睡眠一样，不合情理。应删去“行路”后的逗号，与下句连读。“行路”是名词性的同义复合词，用作状语，表示“在路上”。《独行列传》：“［范冉］与弟共辩论于路，［王］奂识其声，即下车与相揖对。奂曰：‘行路仓卒，非陈［契］阔之所，可共到前亭宿息，以叙分隔。’”《三国志·魏志·管宁传》注引《先贤行状》：“间年之中，行路老父担重，人代担数十里。”段成式《酉阳杂俎·壶史》：“南中有百姓，行路遇风雨，与一老人同庇树阴。”

38. ［华］佗尝行道，见有病咽塞者。（方术列传下·华佗）

“尝行道”与上例的“尝行路”一样不合情理，宜删去“行道”后的逗号，与下句连读。“行道”的词性、结构、用法与“行路”一样，也表示“在路上”。《光武十王列传》：“帝以亲亲不忍，乃废［刘］英，徙丹阳泾县……行道射猎，极意自娱。”《独行列传》：“后有老父遗剑于路，行道一人见而守之。至暮，老父还，寻得剑。”《史记·淮阴侯列传》：“至南郑，诸将行道亡者数十人。”

39. 又有一生来学，积年，自谓略究要术，辞归乡里。（方术列传上·段翳）

应删去“积年”前的逗号，与上句连读。“积年”即“多年”。《方术列传下》：“乃著《针经》《诊脉法》传于世。弟子程高寻求积年，翁乃授之。”《南史·何尚之传》：“因患劳痛积年，饮妇人乳乃得差。”《贺玚传》：“俄遭母忧……［贺］琛哀毁积年。”“来学积年”与“寻求积年”“患劳痛积年”及“哀毁积年”均是同样句式。

40. ［袁］术从兄绍因［孙］坚讨［董］卓未反，远，遣其将会稽周昕夺坚豫州。（袁术传）

应删去“远”后的逗号，与下句连读。“远”是“遣”的状语，表示“向远方”“从远方”。《祭祀志上》：“若郡县远遣吏上寿，盛称虚美，必髡，兼令屯田。”《南匈奴列传》：“今北匈奴……又远驱牛马与汉合市。”“远遣吏上寿”“远驱牛马与汉合市”与“远遣其将周昕夺坚豫州”是同样的句式。又，与“远遣其将会稽周昕”相同的句式则更多，如“复远遣船”（三国志·魏志·公孙度传“往来赂遗”注引《魏略》）、“卓远见火起”（董卓列传）、“遂远窜塞外”（公孙瓒传）、“远窜辽东塞外”（乌桓鲜卑列传）等。可见此类句式的“远”均是状语，应与其后的动词连读。

《三国志》及裴注标点琐议

中华书局点校本《三国志》以其标点准确，校勘详审著称。问世五十多年来，获得广大读者好评。然而亦有个别文句的标点、断句尚有可商榷之处。兹简述如下。

一、魏志

1. 卓至，［李］肃等格卓。卓惊呼［吕］布所在。(董卓传)

“布所在”是直接引语，宜加冒号、引号，句末句号改为问号。“所在”即“何在”，“所”通“何”，表示疑问。《国语·鲁语上》：“长勺之役，曹刿问所以战于庄公。公曰“余不爱衣食于民，不爱牲玉于神。”《史记·张丞相列传》：“陛下所为不乐?”《汉书·燕剌王旦传》：“王儒见执金吾［郭］广意，问：‘帝崩所病，立者谁子，年几岁?’”“布所在”一句，《後汉书·董卓传》正作“吕布何在?”

2. 假令死而有灵，子脩若问“我母所在”，我将何辞以答！（后妃传“太祖皆令后养之”注引《魏略》）

子脩的问话虽已加引号，但仍须补冒号，并改句末逗号为问号。此种句式，本书亦有标点不误者，如《曹爽传》“夷三族”注引《魏略》：“其后太祖问［丁］斐曰：‘印绶所在?’”《吴志·妃嫔传》“立者何氏子”注引《江表传》：“［孙］晧以张布女为美人，有宠，晧问曰：‘汝父所在?’答曰：‘贼以杀之。’”

3. 太祖崩洛阳，逵典丧事。时鄢陵侯［曹］彰行越骑将军，从长安来赴，问逵先生玺绶所在。逵正色曰：“太子在邺，国有储副，先王玺绶，非君侯所宜问也。”(贾逵传)

曹彰的问话，亦是直接引语，应加冒号、引号，句末改用问号。若是间接引语，则应称曹操为“太祖”而非“先生”。又本例中“先生”一词，疑是“先王”之误。而下文贾逵即称曹操为“先王”。

4. 朕惟率土莫非王臣，师之所处，荆棘生焉。（明帝纪“行幸长安”注引《魏略》）

此段文字系由四个整齐的四字句组成，故“率土”后宜逗断。

5. 后太祖就见之，夫人方织。外人传云：“公至”，夫人踞机如故。太祖到，抚其背曰：“顾我共载归乎!”夫人不顾，又不应。(后妃传“太祖皆令养之”注

引《魏略》）

宜于“顾我”后逗断，下文“夫人不顾”与此对应。

6. ［王］畅为南阳太守，行过乎俭，表时年十七，进谏……畅答曰：“以约，失之者鲜矣。”（刘表传“少知名，号八俊”注引谢承《後汉书》）

以约失之者，鲜矣，是说因为俭朴而犯错误的人是很少见的。“以约失之者”是主语，“鲜矣”是谓语，故“以约失之者”应连读而于其后逗断。

7. ［曹］植妻衣绣，太祖登台见之，以违制命，还家赐死。（崔琰传“喟然叹息”注引《世语》）

宜于“制”后逗断；删去“命”后的逗号，于“家”后逗断，使“命还家”连读。“命”是动词，命还家，是勒令曹植之妻返回娘家，即休掉她，这是因为违制所受的惩罚；赐死，是追加的惩罚。

8. ［孙］策新并江东，所诛皆英豪雄杰，能得人死力者也。然策轻而无备，虽有百万之众，无异于独行中原也。若刺客伏起，一人之敌耳。（郭嘉传）

“英豪雄杰能得人死力者”是一个“者”字词组，宜连读，不应断为两句。能得人死力，是说能有人为他们拼死效力，下文的“刺客”指的就是这类人。

9. 遂前军显美。（张既传）

“遂前”与“军显美”是两件事，中间宜逗断。

10. ［夏侯］渊救火，从他道与［刘］备相遇，交战，短兵接刃。渊遂没，郃还阳平。（张郃传）

“短兵接刃”与“渊遂没”有因果关系，故“刃”后的句号宜改为逗号。“郃还阳平”是另一件事，故其前的逗号宜改为句号。

11. 今天下大乱，英雄并起，必有命世，能息天下乱者，此智者所详择也。（程昱传）

宜删去“命世”后的逗号。“必有命世能息天下乱者”也是一个“者”字词组，故应连读为一句。命世，著名于当世，多用以称誉有治国之才者。《武帝纪》：“天下将乱，非命世之才不能济也。”《汉书·楚元王传赞》：“圣人不出，其间必有命世者焉。”

12. 三年秋，［曹］衮得疾病，诏遣太医视疾，殿中、虎贲赍手诏、赐珍膳相属。（中山恭王衮传）

殿中虎贲，三国时官名，中间不宜点断。《魏志·曹爽传》：“今大将军爽背弃顾命……殿中宿卫，历世旧人皆复斥出，欲置新人以树私计。”又“又使爽所信殿中校尉尹大目谓爽：“唯免官而已。”（“乃通宣王奏事”注引干宝《晋书》）《三少帝纪》：“帝……遂拔剑升辇，帅殿中宿卫、苍头、官僮击战鼓，出云龙门”（“高贵乡公卒，年二十”注引《魏氏春秋》）。《蜀志·后主传》：“尚书令樊建……殿中督张通并封为列侯。”《吴志·三嗣主传·孙休》：“又铸铜人数十枚……皆刻铜人背后石壁，言殿中将军，或言侍郎、常侍。”（“谥曰景帝”

注引葛洪《抱朴子》）上述例中的官名，其前皆冠以“殿中”字样，标明其履职的地点在殿中，可见“殿中虎贲”亦应是官名。其中第一、三例中的“殿中宿卫”应该就是“殿中虎贲”的别称。《後汉书·百官志二》：“虎贲中郎将，比二千石……主虎贲宿卫。”可见当时宿卫皆是由骁勇之士虎贲郎充当的，而殿中宿卫乃宿卫之中坚，则更应如此了。又“手诏”后的顿号亦应改为逗号。

13. 当此之时，忽然不自知乐也。谓百年已分，长共相保，何图数年之间，零落略尽，言之伤心。（魏志·王粲传附吴质“封列侯”注引《魏略》）

“何图……”句式多用来表示事先完全没有预料到的结果，往往带有很强烈的语气，故其后宜用感叹号。《魏志·臧洪传》：“匡困补乏，以悦天下，何图筑室反耕哉！”《蜀志·李俨传》：“吾与君父子戮力以奖汉室……何图中乖乎！”（“徙梓潼郡”注引《诸葛亮教》）《後汉书·李固传》“固受国厚恩，是以竭其股肱，不顾死亡……何图一朝梁氏迷谬，公等曲从，以吉为凶，成事为败乎！”“何图……！”句是反问感叹句，若作陈述感叹句则作“不图……！”句式虽略有不同但可表相同的意义和语气。《後汉书·光武帝纪上》：“老吏或垂涕曰：不图今日复见汉官威仪！”《袁绍传上》：“［曹］操见［沮］授，谓曰：‘分野殊异，遂用圮绝，不图今日乃相得也！’”

14. ①加侍中光禄大夫，迁司徒。（陈矫传）

②帝遂以［徐］宣为左仆射，后加侍中光禄大夫。（徐宣传）

“侍中”与“光禄大夫”是两个官名，中间应以顿号点断。《卫臻传》：“明帝即位，进封康乡侯，后转为右仆射，典选举，如前加侍中……到长安，［诸葛］亮退。还，复职，加光禄大夫。”由此可知“侍中”未必皆与“光禄大夫”相连。

15. 大司农常林与［仲长］统共在上党，为臣道统性倜傥，敢直言，不矜小节，每列郡命召，辄称疾不就。（刘劭传“词佳可观省”注引《昌言》）

“为臣道统性倜傥”一句，语句结构怪异并且文义迂曲难通。应把“上党”后的逗号移至“为臣”之后，“道”是动词，乃“言”“说”“介绍”之义。又“小节”后的逗号宜改为句号，因下文内容应非常林所言。

16. 先时国家始制九品，各使诸郡选置中正，差叙自公卿以下，至于郎吏，功德材行所任。（常林传注引《晋书》）

“自公卿以下至于郎吏功德材行所任”一句，是指自公卿以下至于郎吏中的那些功德材行所能胜任者，是一个很长的名词性结构，应连读，中间两处，皆不应点断。差，分别等级。《荀子·大略》：“列官职，差爵禄。”杨倞注：“差，谓制等级也。”叙，叙用，依次第录用。《文昭甄皇后传》：“［明帝］又尝梦见后，于是差次舅氏亲疏高下，叙用各有差，赏赐累钜万。”差叙，分别等级，依次录用。任，胜任。《杜袭传》：“袭乃悉召吏民任拒守者五十余人。”

17. ［田］豫乃进军，去虏十余里结屯营，多聚牛马粪然之，从他道引去。

胡见烟火不绝，以为尚在，去，行数十里乃知之。(田豫传)

“去行数十里”应连读。“去行数十里”者是田豫军，“乃知之”者是胡虏军，故“里”后亦应点断。

18. ［田豫］将步骑从南门出，胡人皆属目往赴之。(田豫传)

“皆属目”与“往赴之”是两种行为，中间宜点断。

19. 时科禁酒，而［徐］邈私饮至于沈醉……竟坐得免刑。(徐邈传)

“竟坐得免刑”是说最终被判违法，然而获得免于刑事处罚。“得免刑”与“竟坐”是转折关系，中间应点断。

20. ［尹］大目心实欲曹氏安，谬言：“君侯何苦若不可复忍数日中也!”(毌丘俭传“乃引还”注引《魏氏春秋》)

“君侯何苦”是反问句，其后应加问号。“若不可复忍数日中也”意思是“你不能再忍几天吗?”其后宜用问号。“若”是人称代词，相当于“你”。“也”通“邪”。

21. 夫竭节而赴义者我也，成之与败者时也，我苟无时，成何可必乎?(同上“夷俭三族”注引《世语》)

前两句是两个“……者，……也”的判断句式，两个“者”字后均宜加逗号；又两句间的逗号改用分号为佳，“时也”后改用句号。

22. 累迁御史中丞尚书，与夏侯玄、邓飏等相善……明帝恶之，免诞官。会帝崩，正始初，玄等并在职，复以诞为御史中丞尚书。(诸葛诞传)

御史中丞和尚书是两个职位，中间应以顿号点断。魏置尚书台，设尚书令一人，左右尚书仆射各一人；尚书五人，分别为吏部、左民、客曹、五兵、度支尚书。置御史台，设御史中丞一人。又本传“免诞官”注引《世语》曰：“是时，当世俊士散骑常侍夏侯玄、尚书诸葛诞、邓飏之徒，共相题表。”

23. 及壮，有才数技艺，而博学精练名理，以夜续昼，由是获声誉。正始中，以为秘书郎，迁尚书中书侍郎。(钟会传)

应删去“技艺”后的逗号而于“博学”后逗断，使“有才数技艺而博学”为句。《世说新语·巧艺》载：“［钟］会善书，学荀［勗］手迹”；又本传“文王以事已施行，不复追改”裴注“十五使入太学，问四方奇文异训……雅好书籍，涉历众书”等内容，本传以“有才数技艺而博学”一句概括之。“名理”是魏晋玄学之精髓，尤为当时名士所重，故本传以“精练名理”单独为句，以表重视。又魏置中书省，设中书监、令各一人，中书侍郎四人。尚书与中书侍郎是两个职位，中间应点断。

24. 贵妾孙氏，摄嫡专家，心害其贤，数谗毁无所不至……［成侯］遂讯侍者具服，孙氏由是得罪出。(钟会传“少敏惠夙成”注)

数谗毁，是指谗毁的次数；无所不至，是指谗毁的方式和内容。两句之间应逗断。“讯侍者”的是成侯，“具服”的是侍者，中间主语变换，应逗断。“得罪”与“出”虽有关系，但系两事，应逗断。

25. 常言人谁能皆体自然，但力行不倦。抑亦其次。(钟会传“不复追改”注)

“常言”后系引谚语，宜加冒号；“人谁能体自然”是反问句，宜用问号。

26. 初［王］肃善贾、马之学而不好郑氏……及撰定父朗所作《易传》，皆列于学官。其所论驳朝廷典制、郊祀、宗庙、丧纪、轻重，凡百余篇。(王肃传)

应删去“丧纪”后的顿号，使之与“轻重”连读。最后一句是说王肃论述及批评朝廷典制、郊祀、宗庙、丧纪等各项制度、礼仪的轻重得失，共百余篇。“轻重”一词，虽在“丧纪”之后，实上承典制，郊祀、宗庙、丧纪四事。

27. ［李］通亲戚部曲流涕曰：“今孤危独守，以失大援，亡可立待也，不如亟从［袁］绍。”(李通传)

应删去“独守”后的逗号，使与下句连读。以，同“而”。下文“通按剑以叱之”，其“以”同此。

28. 高贵乡公入学，以［王］祥为三老，迁司空太尉。(吕虔传“世多其能任贤”注引王隐《晋书》)

司空、太尉是两个职位，中间应点断。

29. ［孙］宾硕遂载［赵］岐驱归。住车门外，先入白母，言：“今日出，得死，友在外，当来入拜。”(阎温传“父子著称于西州”注引《世语》)

“死”字后的逗号应移至“友”字后。死友，指交情深厚，至死不相负的朋友。《後汉书·独行列传》：“范式与张劭为友，劭病笃，同郡郅君章、殷子徵晨夜省视之。元伯（张劭）临尽叹曰：‘恨不见吾死友！’子徵曰：‘吾与君章尽心于子，是非死友，复欲谁求？’元伯曰：‘若二子者，吾生友也。山阳范巨卿（范式），所谓死友也。’”又《赵岐传》亦载此事：“嵩（宾硕）先入白母曰：‘出行，乃得死友。’”

二、蜀志

30. 前后宰府十辟，公车三征，再举贤良方正、博士、有道皆不就，名称尤重。(刘焉传“俱随焉”注引陈寿《益部耆旧传》)

应于“有道”之后逗断。有道，汉代选举科目之一。《後汉书·桓荣传》：“后举孝廉、有道、方正、茂才，三公并辟，皆不应。”又《徐稺传》：“［陈］蕃在郡不接宾客，唯稺来特设一榻，去则县之。后举有道，家拜太原太守，皆不就。”

31. 先主遗诏敕后主曰：“朕……年已六十有余，何所复恨，不复自伤，但以卿兄弟为念。射君到，说丞相叹卿智量，甚大增修，过于所望，审能如此，吾复何忧！”(先主传“时年六十三”注引《诸葛亮传》)

“甚大增修”一句，语义难通。应把“智量”后的逗号移至“甚大”之后，使“说丞相叹卿智量甚大”连读；“增修”后的逗号删去，使“增修过于所望”

连读。“增修”是“增修德”的简写，《左传·襄公十三年》：“先王卜征五年，而岁习其祥，祥习则行。不习，则增修德而改卜。”杨伯峻注：“增修德，即今语更加修德。”又“所望”后宜改用句号。

32. 丞相［诸葛］亮时，有言公惜赦者，亮答曰：“治世以大德，不以小惠，故匡衡吴汉不愿为赦。先帝亦言吾周旋陈元方、郑康成间，每见啟告，治乱之道悉矣，曾不语赦也。若刘景升、季玉父子，岁岁赦宥，何益于治！”（后主传“优劣著矣”注引《华阳国志》）

从“吾周旋”至“曾不语赦也”一段文字，是诸葛亮引述刘备所说的话，应加冒号、引号。《先主传》载刘备“年十五，母使行学，与同宗刘德然，辽西公孙瓒俱事故九江太守同郡卢植。”《後汉书·卢植传》载卢植“少与郑玄俱事马融，能通古今学。”陈元方即陈纪，郑康成即郑玄，均是汉末大儒。按史书所记，郑玄应是刘备师叔，故刘备曾周旋于郑玄、陈纪之间是完全有可能的。而史籍中从未见诸葛亮与郑玄有何往来。故“吾周旋……曾不语赦也”一段话，应是诸葛亮引述刘备的话。

33. ［刘巴］与交阯太守士燮计议不合，乃由牂牁道。去为益州郡所拘留。（刘巴传“巴复从交阯至蜀”注引《零陵先贤传》）

“乃由牂牁道”仅是一个介宾词组，不能单独成句。应删去“道”后的句号，于“去”后逗断。“乃由牂牁道去”是说刘巴于是从牂牁道离开交阯。

34. 刘焉在汉灵帝时已经宗正太常，出为益州牧。（刘巴传，裴注）

宗正、太常是两个职务，中间应以顿号点断。《刘焉传》：“历洛阳令、冀州刺史、南阳太守、宗正、太常。”标点不误。

35. 愚以为君侯，不宜计官号之高下，爵禄之多少为意也。（费诗传）

应删去“君侯”后的逗号，使之与下文连读。“君侯”是当时对有较高地位的人的一种尊称，略相当于“您”。又“高下”后的逗号宜改为顿号。

36. 是故惠公朝虏而子圉夕立，更始尚存而光武举号，夫岂忘主邀利，社稷之故也。（费诗传“左迁部永昌从事”注引习凿齿曰）

后两句是自问自答，上句是反问句，句末应改用问号，这样既符合本句的语气，也便于与下句语气上的连接。

37. ［尹默］从司马德操、宋仲子等受古学，皆通诸经史，又专精于左氏《春秋》。（尹默传）

《左氏春秋》是书名，应把“左氏”二字纳入书名号中，《吴志·张昭传》：“从白侯子安受《左氏春秋》。”《後汉书·郑兴传》：“［郑］众字仲师，年十二，从父受《左氏春秋》。”标点不误。

38. 前太守往，辄多请兵，及［张］纲受拜，诏问当得兵马几何，纲对曰无用兵马，遂单车之官。（张翼传“皆有名迹”注引《续汉书》）

“当得兵马几何”与“无用兵马”都是直接引语，均应加冒号、引号；“几何”后改用问号，“无用兵马”后改用句号。因为“对曰”后面的文字，一般都是直接引语。

39. 前后二千石，多非其人，杜塞国恩，肆其私求。乡郡远，天子不能朝夕闻也，故民人相聚以避害。（张翼传）

应把“远”后的逗号移至“天子”后，使“乡郡远”与“天子”连读。“乡郡远天子，不能朝夕闻”，是说乡郡百姓远离皇帝，不能及时得知国家对百姓的恩德。此是承上文地方官“多非其人，杜塞国恩”而言。

40. 举孝廉茂才，太尉载辟，除博士，公车征，皆称疾不就。（秦宓传“贪陈所见”注引《益部耆旧传》）

孝廉、茂才是察举的两种名目，中间应点断。茂才即秀才，东汉时避光武帝讳改“秀”为“茂”。李密《陈情表》：“前太守臣逵，察臣孝廉；后刺史臣荣，举臣秀才。”是郡察孝廉而州举秀才（茂才），二者有别，故应点断。

41. 晋文废礼行权，以济其业，故子犯曰，有求于人，必先从之，将夺其国，何有于妻，非无故而违礼教者也。（二主妃子传“于是纳后为夫人”注引习凿齿曰）

“有求于人”至“何有于妻”是直接引语，应加冒号、引号；“从之”后逗号宜改为分号，“何有于妻”是反问句，句末宜用问号。“非”是动词，批评。子犯所言见《国语·晋语四》，文字与本文略有出入，但“将夺其国，何有于妻”八字则全同。韦昭注：“言将夺其国，何辞于妻。”

42. 行法严而国人悦服……及其兵出入如宾，行不寇，刍荛者不猎，如在国中。（诸葛亮传“非其所长欤”注引《袁子》）

“其兵出入如宾”一句，不合情理。应于“出入”后逗断，“如宾行不寇”连读。如，用作“则”。《诗·小雅·车攻》：“不失其驰，舍矢如破。”应劭《风俗通义·穷通》：“昔子夏心战则癯，道胜如肥。”宾，列。《逸周书·度邑》：“不宾在高祖，维天不嘉。”朱右曾校释：“宾，列也。”“宾行不寇”是说军队行列整齐，不侵扰百姓；“刍荛不猎，如在国中”是说士兵在国外打柴割草时不准打猎，如在国内一样。三句话极言诸葛亮治军严明。

43. 虽功由是隆，宜大伤其败，譬断手全躯，何乐之有？（庞统传“宴乐如初”注引习凿齿曰）

“宜大伤其败”一句，语义难通。应于“伤”后逗断，“其败”与“譬断手全躯”连读。宜，殆，恐怕。《左传·成公二年》：“异哉！夫子有三军之惧，而又有桑中之喜，宜将窃妻以逃者也。”王引之《经传释词》卷五：“宜，犹殆也。”《孟子·公孙丑下》：“固将朝也，闻王而遂不果，宜与夫礼若不相似然。”败，弊，弊病。《史记·苏秦列传》：“夫列在万乘而寄质于齐，名卑而权轻；奉万乘助齐伐宋，民劳而实费；夫破宋，残楚淮北，肥大齐，仇强而国害：此三者皆国之大败也。”

44. 许靖羁客会稽，闾阎之士，孙策之来，与靖何为？（许靖传“岂可具陈哉”裴注）

“闾阎之士”一句，与上下文皆不相关。应删去“会稽”后的逗号，使与“闾阎之士”连读。本传上文载许靖“依扬州刺史陈祎，祎死，吴郡都尉许贡、会稽太守王朗素与靖有旧，故往保焉”。“许靖羁客会稽闾阎之士”，即指其曾寄居于会稽太守王朗处。闾阎，高大的房屋，多用来指有地位的人家。《史记·平准书》：“守闾阎者食粱肉，为吏者长子孙，居官者为姓号。”《梁书·何胤传》：“顷者学业沦废，儒术将尽，闾阎搢绅，鲜闻好事。”

45. ①治《尚书》，兼通诸经及图、纬。（谯周传）

②后援引图、谶，劝先主即尊号。（杨戏传·附何彦英）

图纬、图谶是固定词组，中间不宜点断。《後汉书·张衡传》：“自中兴之后，儒者争学图纬，兼复附以妖言。”蔡邕《郭有道碑文》：“遂考览六经，探综图纬。”《汉书·王莽传上》：“征天下通一艺教授十一人以上，及有……天文、图谶、钟律、月令、兵法、《史篇》文字，通知其意者，皆诣公车。”《後汉书·光武帝纪上》：“宛人李通等以图谶说光武云：‘刘氏复起，李氏为辅。’”蔡邕文以“六经”对“图纬”，《汉书》以图谶与天文、钟律、月令等词并举，亦可见图纬、图谶是固定词组。

三、吴志

46. ［祖］茂困迫，下马，以帻冠冢间绕柱，因伏草中。［董］卓骑望见，围绕数重，定近觉是柱，乃去。（孙坚传）

应于“近”后逗断。定：及，等到。《陆逊传》：“［孙］桓后见陆逊曰：‘前实怨不见救，定至今日，乃知调度自有方耳。’”《华覈传》：“长吏畏罪，昼夜催民，委舍佃事，遑赴会日，定送到都，或蕴积不用，而徒使百姓消力失时。”

47. 伏见故徵士北海郑玄所注《尚书》，以《顾命》康王执瑁，古“月”似“同”，从误作“同”，既不觉定，复训为杯，谓之酒杯。（虞翻传“皆传于世”注引《虞翻别传》）

应于“觉”后以句号点断。删去“定”后的逗号，与下文连读。定：及，等到。“既不觉。定复训为杯，谓之酒杯”，是说已未觉有误，等到再释为“杯”，就说“瑁”是酒杯。

48. 孙策骁雄，与项籍相似，宜加贵宠，召还京邑。若被召不得不还，若放于外必作世患。（孙策传“客击伤策”注引《江表传》）

“若被召不得不还，若放于外必作世患”是两个复句，应分别于“召”和“外”后逗断；“还”后的逗号也应改为分号。

49. 故［孙］权卑辞上书，求自改厉，“若罪在难除，必不见置，当奉还土地人民，乞寄命交州，以终余年。”（吴主传）

“改历”后的逗号宜改为冒号，因为下文是直接引语。

50. ［孙］休曰：“将相诸侯咸推寡人，寡人敢不承受玺符。”（三嗣主传）

“寡人敢不承受玺符”是反问句，意谓不敢不承受玺符，句末宜用问号。若用句号，意思是相反的。

51. ［孙］权愎谏违众，信渊意了，非有攻伐之规，重复之虑。（吴主传“乘海授渊”注引《江表传》）

渊，公孙渊。“信渊意了”一句，文义不明。应于“意”后逗断，删去“了”后的逗号，与下句连读。“了非有攻伐之规”是说完全没有攻伐的谋划。了，副词，与否定词连用，表示“完全”“皆”。王羲之《子卿帖》：“顷日了不得食，至于虚劣。”《世说新语·任诞》：“［罗友］尝伺人祠，欲乞食。往太蚤，门未开……遂隐门侧。至晓，得食便退，了无怍容。”皆其例。

52. 邵畴字伯温，时为［郭］诞功曹。诞被收，惶遽无以自明。畴进曰：“畴今自在，畴之事，明府何忧?”遂诣吏自列，云不白妖言，事由于己，非府君罪。（三嗣主传“送付建安作船”注引《会稽邵氏家传》）

“云”以下三句，是直接引语，应加冒号、引号。因邵畴在句中称郭诞为“府君”，故此三句为直接引语无疑。

53. ［孙］策谓［祖］郎曰：“尔昔袭击孤，斫孤马鞍，今创军立事，除弃宿恨，惟取能用，与天下通耳。非但汝，汝莫恐怖。”（宗室传·孙辅“生得祖郎等”注引《江表传》）

本例内容可分为三个层次。一，前两句是追述往事，故“马鞍”后逗号应改为句号；二，从“今创军立事”至“非但汝”是阐述欲创大事须不计前嫌、唯才是用的观点，“耳”后的句号应改为逗号，而“非但汝”后的逗号则应改为句号；三，最后一句是安慰祖郎。

54. 建安二十年，［孙］权遣［诸葛］谨使蜀通好刘备。（诸葛谨传）

宜于“蜀”后逗断，连读则语句累赘。

55. ［张］昭与孙绍、滕胤、郑礼等，采周、汉，撰定朝仪。（张昭传“封由拳侯”注引《吴录》）

“采周汉，撰定朝仪”二句，不似汉魏句式。宜于“郑礼”后逗断，“等”与下句连读。等，动词，义为“比较”“衡量”。《孟子·公孙丑上》：“见其礼而知其政，闻其乐而知其德，由百世之后，等百世之王，莫之能违也。”《史记·夏本纪》：“四岳曰：‘等之未有贤于鲧者，愿帝试之。’”等采周、汉，是说比较、衡量周、汉两代的礼仪并择善采纳之。

56. 臣闻太子国之本根，雅性仁孝，天下归心。（朱据传“守之以死”注引殷基《通语》）

应于“太子”后逗断，此四句是整齐的四字句，且“根”的古韵为［ən］，“心”的古韵为［əm］，其主要元音相同，韵尾相近，可以押韵。

57. 太子尝嘲［诸葛］恪：“诸葛元逊可食马矢。”恪曰：“愿太子食鸡卵。”［孙］权曰：“人令卿食马矢，卿使人食鸡卵何也？”恪曰：“所出同耳。”权大笑。（诸葛恪传“恪之才捷，皆此类也”注引《诸葛恪别传》）

“何也”问的是“人令卿食马矢，卿使人食鸡卵”两种情况的原因，而并非只问后者。故“何也”前应逗断。

58. 饮酒数行，［赵］达起取素书两卷，大如手指，达曰：“当写读此，则自解也。吾久废，不复省之，今欲思论一过，数日当以相与。”［公孙］滕如期往，至乃阳求索书，惊言失之，云：“女婿昨来，必是渠所窃。”（赵达传）

“至”的主语是公孙滕，“乃阳求索书”的主语是赵达，中间主语变换，应逗断。求索，寻找。《楚辞·离骚》：“路漫漫其修远兮，吾将上下而求索。”荀悦《汉纪·成帝纪三》：“议者常欲求索九河故迹而穿之。”又“起”后亦应逗断。

59. 孙权统事，闻［顾］徽有才辩，召署主簿。尝近出行，见营军将一男子至市行刑，问之何罪，云盗百钱，徽语使住。（顾雍传“以明著旧勋”注引《吴书》）

应把“行”后的逗号前移至“出”后，“行”与下句连读。“近出”是一个固定词组，《魏志·梁习传》：“［王］思因直日白事，失太祖指，太祖大怒，教召主者，将加重辟，时思近出，习代往对。”《高柔传》：“护军营士窦礼近出不还。营以为亡，表言逐捕。”《阮瑀传》注引《典略》：“时太祖适近出，瑀随从，因于马上具草，书成呈之。”《蜀志·马超传》注引《典略》：“时［马］腾近出，无备，遂破走，西上。”近出，就是外出到近处，其反义词是“远出”，《吴志·吴主传》：“是时蜀相诸葛亮出武功，［孙］权谓魏明帝不能远出，而帝遣兵助司马宣王拒亮，自率水军东征。”“行”是名词作状语，表示“在路上”。《吴志·孙晧传》：“［孙晧］从牛渚陆道西上，云青盖入洛阳，以顺天命。行遇大雪，道路陷坏。”《後汉书·方术列传下》：“［许曼］自云少尝笃病，三年不愈，乃谒太山请命，行遇道士张巨君，授以方术。”“尝近出，行见营军将一男子至市行刑”，是说顾徽曾外出到近处去，在路上看到军营士兵押解一男子到市上执行死刑。

60. ［孙］权谓［朱］异从父骠骑将军据曰：“本知季文（憎）［胆］定，见之复过所闻。”（吴志·朱桓传）

胆定，从卢弼说。（见《三国志集解》）卢弼既不明“憎”义，又不晓“定”义，遂据《朱然传》“临急胆定”一语，先将“憎”校改为“胆”，又将“胆”与下文的“定”连读。憎、胆二字，无论其字形还是读音，都相去甚远，无由致误，将“憎”校改为“胆”不足据。故“憎”宜仍旧，“定”属下句，作“本知季文憎，定见之，复过所闻。”“憎”通“快”，《乐府诗集·横吹曲辞·琅玡王歌辞》：“憎马高缠鬃，遥知身是龙。”“本知季文憎”，是孙权称赞朱异为人豪爽，“憺”通“快”，于此表示豪爽，《颜氏家训·勉学》：“人见邻里亲戚有佳快者，使子弟慕而学之。”卢文绍补注：“佳快，言佳人快士，异乎庸流者也。”《三国志》中有“快士”一词：“宣王与诸葛亮书曰：‘黄公衡，快士也。’”（蜀志·黄权传）“快士”指豪爽之人，又作“快人”，《魏志·明帝纪》：“卿乡里乃有尔曹快人，为将灼如此，朕复何忧乎?”（“曹真遣将军费曜等拒之”注引《魏略》）《景德传灯录·道明禅师》：“快马一鞭，快人一言。”又“定”表示“及”“等到”，详上文。

61. 诸葛恪为丹阳太守，讨山越，以［徐］平威重思虑，可与效力，请平为丞，稍迁武昌左部督。(吴志·虞翻传“终成显名”注引《会稽典录》)

“威重思虑”连读，文义难通。宜于“威重”后逗断，删去“思虑”后的逗号，与下文连读。威重，威严持重。《後汉书·李恂传》：“［李恂］迁张掖太守，有威重名。”《魏志·王毋丘诸葛邓钟传评》：“诸葛诞严毅威重，钟会精练策数，咸以显名，致兹荣任。”《吴志·三嗣主传》：“施绩、范慎以威重显，丁奉、钟离斐以武毅称。”（“评曰”注引陆机《辨亡论》上篇）思虑，是同义复合词，即“思”。可与效力即可以效力，“与”相当于“以”，《荀子·荣辱》：“短绠不可以汲深井之泉，知不几者，不可与及圣人之言。”《史记·酷吏列传》：“始［张］汤为小吏时，与钱通。”《集解》引徐广曰：“以利交。”与钱通即以钱通。

62. 今者恪等偻偻欲为大王除危殆于萌芽，广福庆之基原。（吴志·吴主五子传)

偻偻，恳切貌，作谓语时应单独为句，故其后宜逗断。《魏志·杜恕传》：“是以愚臣偻偻，实愿四州之牧守，独修务本之业，以堪四支之重。”《吴志·韦曜传》：“愚情偻偻，窃有所怀，贪令上闻。”又“然臣偻偻，见曜自少勤学，虽老不倦。”《吴志·华覈传》：“臣闻君明臣忠，主圣臣直，是以偻偻，昧犯天威，乞垂哀省。”标点皆不误。

63. 每正朔朝贺脩勤，在位大臣见者，无不叹赏。（吴志·滕胤传“少有节操，美容仪”注引《吴书》)

每正朔朝贺，是说每当正朔滕胤都去朝贺，从不缺勤。故应于“朝贺”后逗断。其次，宜将“脩勤”后逗号移至“在位”后。“脩勤在位”即“在位脩勤”，脩勤，谨慎、勤勉；脩，谨慎。《魏志·徐邈传》：“邈性脩慎，偶醉言耳。”脩慎，系同义复合词。《汉书·酷吏传》：“武帝即位，吏治尚脩谨。”《陈书·袁泌传》：“清正有幹局，容体魁岸，志行脩谨。”脩谨，亦是同义复合词，脩慎与脩谨同。本传“所在见称”注引《吴书》曰：“胤每听辞讼，断罪法，察言观色，务尽情理。”此言其在位谨慎；又本传亦言：“胤白日接宾客，夜省文书，或通晓不寐。”此言其在位勤勉。

64. ［孙］权为吴王，及称尊号，畯尝为卫尉。(严畯传)

此例是说孙权做吴王和称帝后，严畯都曾经当过卫尉。因此，宜删去“吴王”后的逗号，与下句连读。“及”在此是连词“和”而非介词“等到”。若依原标点，则“权为吴王”一句与本例内容无关。《妃嫔传》：“权为吴王及即尊号，［孙］登为太子。”标点不误。

65. 权征合肥还，为张辽所掩袭于津北，几至危殆。（贺齐传“齐引兵拒击，得盛所失”注引《江表传》）

宜于“合肥”后逗断；删去“还”后的逗号，与下句连读。还，在此表示“在返回的路上”，此类例还有：《魏志·陈思王传》：“六年，帝东征，还过雍丘，幸植宫，增户五百。”《吴志·吕范传》：“五凤二年，假节，与［孙］峻等袭寿春，还遇魏将曹珍，破之于高亭。”《诸葛恪传》：“自新城出住东兴，有白虹见其船；还拜蒋陵，白虹复绕其车。”此三例标点均不误。

66. ［葛仙公］曾从吴主别，到洌州，还遇大风，百官船多没，仙公船亦沉沦。（赵达传“舍彼而求此也”注引《抱朴子》）

“曾从吴主别”一句，文义不通。宜删去“别”后的逗号，与下文连读。“别”在此是副词，表示“另外”。《魏志·张辽传》：“还邺，太祖自出迎辽，引共载，以辽为荡寇将军，复别击荆州，定江夏诸县，还屯临颍。”《贾逵传》：“［审］配从其计，乃复夜简，别得数千人，皆使持白幡，从三门并出降。”（“充，咸熙为中护军”注引《魏略列传》）《杜恕传》：“［乐］详学既精悉，又善推步三五，别受诏与太史典定律历”（“诏封恕子预丰乐亭侯，邑百户”注引《魏略》）。皆其例。

《晋书》标点琐议

《晋书》虽系唐人所作，然其中颇多晋代口语，有些词语易使人误解，致使点校本个别语句的标点、断句有可商榷之处，兹录如下。

1. 宣帝初辞魏武之命，托以风痹，尝暴书，遇暴雨，不觉自起收之。家惟有一婢见之，后乃恐事泄致祸，遂手杀之以灭口，而亲自执爨。（后妃传上）

宜于“婢”后逗断，“见之”后逗号亦应随之改为句号。若依原标点“家惟有一婢见之”，易使人误解为家中尚有其他婢女，惟未见宣帝自起收书耳。然下文记宣帝后杀婢之後“亲自执爨”，可知家中惟有此婢。故应于“婢”后逗断，方合文义。

2. 其后柏夫人有宠，后罕得进见。帝尝卧疾，后往省病，帝曰：“老物可憎，何烦出也！”（后妃传上）

“烦”后宜逗断。何烦，意谓“何其烦人”，与“出也”是两句话，其间宜点断。“何其”可简言为“何”，表示感叹。《汉书·东方朔》：“受赐不待诏，何无礼也！拔剑割肉，一何壮也！割之不多，又何廉也！”例中加点“何”均是“何其”的省略。

3. 贵为帝王，而妻子辱于凡庶之手。遣妾尔时实不思生，何图复有今日。（后妃传上）

例末句号宜改为感叹号。“何图……”句式是语气强烈的感叹句，其后宜用感叹号。李陵《答苏武书》：“然陵不死，有所为也……何图志未立而怨已成，计未从而骨肉受刑！”《三国志·蜀志·李严传注》：“吾与君父子戮力以奖汉室……谓至心感动，终始可保，何图中乖乎！”（“徙梓潼郡”注引《诸葛亮集》）又《魏志·曹爽传注》：“曹子丹佳人，生汝兄弟，犊耳！何图今日坐汝等族灭矣！”（“乃通宣王奏事”注引《魏氏春秋》）又“尔时”后亦应有一逗，尔，亦可指“彼”“那个”。

4. 今道路行通，方隅多事，乞留前恩，使臣得速还屯。不尔留连，必于外虞有阙。（羊祜传）

宜于“尔”后逗断；删去“留连”后的逗号，与下句连读。若依原标点，则与文义相反。“不尔”一语，可单独为句，《三国志·吴志·吴主传》：“不尔，何缘乃至此乎？”《甘宁传》：“属城长吏，接待隆厚者乃与交欢；不尔，即放所将夺其资货。”《孙策传注》：“令人缚［于吉］置地上暴之，使请雨。若能感天日中雨者，当原赦；不尔，行诛。”（“迎汉帝”注引《搜神记》）本书《慕容德载记》："汝既无子，何不早立［慕容］超为太子？不尔，恶人生心。"皆其例。

5. 高贵乡公欲为变时，大将军掾孙佑等守阊阖门。（荀勖传）

宜将"时"后的逗号移至"时"前，使"时"与下句连读。"时"属上句，虽于文义无碍，然不合古文句法。本例下文"时将发使聘吴"，《王衍传》："衍年十四，时在京师，造仆射羊祜"，标点不误。

6. 时亭长李含有俊才，而门寒为豪族所排。（郭奕传）

宜删去"才"后的逗号而于"寒"后逗断。"有俊才""门寒"是李含情况的两方面，应连读。

7. 诏曰："谥所以旌德表行，按谥法一德不懈曰简。奕忠毅清直，立德不渝。"（郭奕传）

"一德不懈曰简"是谥法的条文之一。"谥法"后宜加冒号。又"所以"前亦宜有一逗。

8. 事与世变，礼随时宜，谅暗之不行尚矣。（傅玄传）

"尚矣"是"谅暗之不行"的谓语，此类主谓句之间有明显的停顿，故其间宜逗断。

9. 须臾中宫遣陈舞见语："闻汝表陛下为道文乞王，不得王是成国耳。"（愍怀太子传）

"不得王是成国耳"一句，语义不明。宜删去"乞王"后的逗号，而于"不得"后逗断，使"不得"属上句。本例上文言"道文疾病困笃，父子之情，实相怜愍。于时［我］表国家（陛下）乞加徽号，不见听许。""汝表陛下为道文乞王不得"，即指此事。"王是成国耳"意谓诸侯王封国是大国，非一求便可得者。成国，指大国，《左传·襄公十四年》："成国不过半天子之军，周为六军，诸侯之大者，三军可也。"杜注："成国，大国。"孔疏："方四百里以上为成国。"又"国家"一词晋代常用以指"陛下"，《陶侃传》："侃厉色曰：'国家年小，不出胸怀。'"

10. 颖曰："我死之后，天下安乎不安乎？"（成都王颖传）

第一个"乎"字后亦应加问号。"天下安乎？不安乎？"是两问，其间宜点断。

11. 昔郑人斫子家之棺，汉明追讨史迁，经传褒贬，皆追书先世数百年，非徒区区欲厘当时，亦将作法于来世，当朝亡夕没便无善恶也。（刘隗传）

例文末的句号宜改为问号。"当朝亡夕没便无善恶也？"是反问句，若用陈述句就是"不当朝亡夕没便无善恶也。"此例文末句后用句号，其文义完全颠倒了。

12. 南中郎将王含以族强显贵，骄傲自恣……隗劾奏文致甚苦，事虽被寝，王氏深忌疾之。（刘隗传）

"奏"后宜逗断。"文致甚苦"是本例文的核心内容，且主谓俱全，宜单独成句。又"苦"后逗号亦应改为句号。

13. ［庾］蕴入，见狗眉眼分明，又身至长而弱，异于常狗，蕴甚怪之。将出，共视在众人前，忽失所在。(郭琰传)

宜删去"将出"后的逗号，于"共视"后逗断；删去"前"后的逗号，与下文连读。"将出共视"是说从妾内室中牵出狗大家一起观看。"将"是动词，表示"牵""拉"，《论衡·道虚》："有仙人数人将我上天，离月数里而止。"王琰《冥祥记》："僧规因顿卧恍然，五人便以赤绳缚将去。"元结《将牛何处去》诗之一："将牛何处去，耕彼故城东。"李白《将进酒》："五花马，千金裘，呼儿将出换美酒。"此"将"对"五花马"而言，即"牵"。"将出"一词，本书中也有相同用法，《刘聪载记》："不杀此奴，沮乱朕心，朕殿何当成邪？将出斩之！"此"将出"亦是"牵出"。又《三国志》中有三例恰可与本例对照，《魏志·臧洪传》："左右使人牵出……复见杀。"《梁习传》："又乱杖挝之，牵出复入，如是数四。"（"封列侯"注引魏略）《蜀志·张飞传》："飞怒，令左右牵去斫头。"此三例中的"牵出""牵去"与《刘聪载记》中的"将出"是相同语境中的同义词，足见"将出"即"牵出"。

14. 初，长民富贵之后，常一月中辄十数夜眠中惊起，跳踉，如与人相打。毛脩之尝与同宿，见之骇愕，问其故。长民答曰："正（止）见一物，甚黑而有毛，脚不分明，奇健，非我无以制之。"其后来转数。屋中柱及椽桷间，悉见有蛇头……于壁见有巨手，长七八丈，臂大数围，令斫之，豁然不见。未几伏诛。(诸葛长民传)

本例中从"正见一物"到"豁然不见"一段话，均是诸葛长民述其梦中所见。其中"甚黑而有毛"的怪物、"屋中柱及椽桷间"的蛇以及壁上的"巨手"，都是诸葛长民梦游中相打的对手。故宜将"制之"后的引号移至"不见"之后。

15. 裒重陈前所遣前锋督护王颐之等径造彭城，示以威信，后遣督护麋嶷进军下邳，贼即奔溃，嶷率所领据其城池，今宜速发，以成声势，于是除征讨大都督青、扬、徐、兖、豫五州诸军事。(外戚传·褚裒)

本例中"前所遣前锋督护……以成声势"一段文字是直接引语，宜加冒号、引号，而"声势"后逗号亦应改为句号。若是作者陈述之语，例中"今"则宜作"当"，而"于是"一词亦是直接引语结束的标志。又"威信"后逗号宜改为分号，"奔溃"后逗号宜改为句号。

16. 属郡荒人饥，辄开仓赡卹。主簿执谏，请先列表上待报。(外戚传·王蕴)

"列表上"是说撰写表章上报灾情，"待报"是说等待朝廷回文，是两件事，其间宜点断。

17. 其著述为世人所称，遭乱遗失，惟注《墨辩》，存其叙曰："……"(隐逸传·鲁胜)

"存其叙曰"一句，既不合古文句法，又与文义不合。宜将"墨辩"后的逗号移至"存"后，方合古文句法，亦与其文义相合。

18. ［姚］兴尝谓罗什曰"大师聪明超悟，天下莫二，何可使法种少嗣。"（隐逸传·鸠摩罗什）

"何可使法种少嗣"是询问句，其后的句号宜改为问号。何，在此相当于"如何"，《王徽之传》："或问其故，徽之但啸咏，指竹曰：'何可一日无此君邪？'"又"少"通"稍"。

19. 聪曰："卿家骨肉相残，何其甚也？"（刘聪载记）

"何其……"句式是表示强烈感叹的句式，故其后的问号宜改为感叹号。《石勒载记上》："公获苟晞而赦之，何其神也！"又"将军何其怯乎！"标点皆不误。

20. ［赵］彭至，入泣而辞曰："臣往策名晋室，食其禄矣。犬马恋主，切不敢忘。"（石勒载记上）

宜删去"恋主"后的逗号而于"切"后逗断。"犬马恋主切"是说犬马恋主情深。"切"在此是形容词，义为"深"。《论衡·问孔》："此说激而深切，触而著明也。""深切""著明"都是同义复合词。《三国志·魏志·文帝纪》："早世潜神，哀悼伤切。"（"嗣位为丞相、魏王"注引袁宏《汉记》）《曹爽传》："又著书三篇，陈骄淫盈溢之祸败，辞旨甚切，不敢斥爽，托戒诸弟以示爽。"《王肃传》："司马迁以受刑之故，内怀隐切，著《史记》非贬孝武。"例中"切"义皆为"深"。若将"切"置于"不敢忘"前，则表示"务必""一定"，虽文义亦可通，然赵彭此时身为俘虏，又承新主信任，当不会以此种语气回话。

21. 李寿将李宏自晋奔于季龙，寿致书请之，题曰赵王石君。季龙不悦，付外议之，多有异同。中书监王波议曰："今宏以死自誓，若得反魂蜀汉，当鸠率宗族，混同王化。若遣而果也，则不烦一旅之师而坐定梁、益，就有进退，岂在逃命一夫。寿既号并日月，跨僭一方，今若制诏，或敢酬反，则取诮戎裔。"（石季龙载记上）

宜于"逃命"后以问号断句；删去"一夫"后的句号，与下句连读。"就有进退，岂在逃命？"是说既使事情有损益变化，我们岂能听凭李寿逃命？言外之意是即使李宏此行不能使李寿归顺，我们日后也将会征服其蜀汉政权。下文的"宜书答之，并赠以楛矢，使寿知我遐荒必臻也"也表明了此意。"进退"一词在此表示损益变化，《周礼·秋官·小司寇》："冬祀司民，献民数于王。王拜受之，以图国用而进退之。"《颜氏家训·归心》："国有增减，星无进退。""在"于此表示听凭，任由。《史记·苏秦列传》："大王诚能听臣，臣请命山东之国奉四时之献，以承大王之明诏，委社稷，奉宗庙，练士厉兵，在大王之所用之。""一夫"在此犹言独夫，指众叛亲离的暴君。《孟子·梁惠王下》："残贼之人，谓之一夫。闻诛一夫纣矣，未闻弑君也。""一夫寿"与"一夫纣"是相同的词语，王波称在蜀汉一隅的敌国君主李寿为“一夫寿”也是合乎情理的。又“梁、益”后的逗号亦应改为分号为宜。

22.（1）今相授侍中、持节、车骑大将军……将军其受之，副远近之望也。（石勒载记）

（2）用兵制胜之权，防微杜贰之略，委之于卿，卿其勉之。（慕容垂载记）

“……其V之”是语气很强的祈使句，故例（1）的“将军其受之”和例（2）的“卿其勉之”后均宜改用感叹号。《苻坚载记上》：“成败之机，在斯一举，将军其勉之！”《苻登载记》：“朕以龙骧建业，卿其勉之！”标点不误。

23. 慕舆根自恃勋旧，骄傲有无上之心。（慕容暐载记）

“骄傲有无上之心”一句，不合古文句法。从文义看，“自恃勋旧”导致“骄傲”，而“骄傲”导致“有无上之心”。宜删去“勋旧”后的逗号，于“骄傲”后逗断，既可使其逻辑关系清楚，又合于古文句法。

24.［苻］洪曰：“汝为尔不已，吾将以汝为奴。”生曰：“可不如石勒也。”（苻生载记）

宜将例文末的句号改为问号。“可不如石勒也？”是反问句，句中“可”义为“岂”。《论衡·寒温》：“齐鲁接境，赏罚同时。设齐赏鲁罚，所致宜殊，当时可齐国温，鲁地寒乎？”《世说新语·贤媛》：“赵母嫁女，女临去，敕之曰：‘慎勿为好！’女曰：‘不为好，可为恶邪？’”《颜氏家训·教子》：“又宜思勤督训者，可愿苛虐于骨肉乎？诚不得已也！”王利器《颜氏家训集解》：“‘可愿’，一本作‘岂愿’。”《苻登载记·索泮》：“泮厉色责［吕］光曰：‘将军受诏讨叛胡，可受诏乱凉州邪？’”标点不误。“可不如石勒也？”是说你若以我为奴，难道我就不如石勒吗？石勒曾为奴，后称帝，故苻生出此言。

25.［姚］文祖曰：“［王］尚在南台，禁止不与宾客交通。”（姚兴载记上）

宜删去“南台”后的逗号而于“禁止”后逗断。禁止，义为禁锢，囚禁。《北齐书·慕容绍宗传》：“［尔朱兆］便禁止绍宗，数日方释。”《梁书·侯景传》：“是月，百济使至，见城邑丘墟，于端门外号泣……景闻之大怒，送小庄严寺禁止，不听出入。”又本例上文言“［王］尚既至长安，坐匿吕氏宫人，擅杀逃人薄禾等，禁止南台。”“禁止南台”即“禁止于南台”，亦即“在南台禁止”。

26. 初，［赫连］勃勃攻彭双方于石堡，方力战距守，积年不能克。（姚兴载记下）

宜先于“力战”后逗断，再将“距守”后的逗号移至“积年”后，使“距守积年”连读。“积年”一词，多在句尾，如上文“广平公［姚］弼怀奸积年，谋祸有岁。”《隐逸传·霍原》：“原山居积年，门徒百数。”均其例。

27. 岂必殉忠于国家，亦昧利于其间也。（慕容垂载记）

此例是设问自答句，前句设问，后句自答，设问句后宜用问号。

28. 武王封比干之墓，汉祖祭信陵之坟……陛下慈深二主，泽被九泉，若使彼而有知，宁不衔荷矣。(慕容德载记)

宜将例文末的句号改为问号。“宁不衔荷矣？”是反问句，意谓难道不感恩戴德吗？（衔，指黄雀衔环，表示感恩。）若用句号，则文义相反。“矣”通“乎”，《韩诗外传》卷三：“宋国其庶几矣？”《说苑·君臣》作“宋国其庶几乎？”《左传·成公二年》：“其是之谓矣？”《隐公元年》作：“其是之谓乎？”《说苑·贵德》：“不亦小矣？”《庄子·秋水》作：“不亦小乎？”均其例。

29. ［姚兴］谓［韩］范曰：“燕王（慕容超）在此，朕亦见之，风表乃可，于机辩未也。”范曰：“大辩若讷，圣人美之，况尔（彼）日龙潜凤戢，和光同尘，若使负日月而行，则无继天之业矣。”(慕容超载记)

宜将例文末的句号改为问号。“则无继天之业矣？”是反问句，“矣”同“乎”，见上条；“则”在此义为“岂”，《庄子·天地》：“世俗之所谓然而然之，所谓善而善之，则不谓之道（谄）谀之人也？”“则无继天之业矣？”即“岂无继天之业乎？”是韩范对其主慕容超的称赞。若依原标点，则是对其主的贬损了。

《南史》标点琐议

中华书局点校本二十四史是很有影响的版本，不过，其中某些文句的标点亦有可商榷之处。今仅取《南史》中断句、标点欠妥较为明显的三十余条，作一简要的分析。

一、文义不明而致误

《南史》中断句、标点之误多由文义不明所致，例如：

1. 后伐获新洲，见大蛇长数丈，射之，伤。明日复至洲，里闻有杵臼声。(卷一·宋本纪上)

"里闻有杵臼声"一句，文义不通。"里"字应属上。下以本书两例为证。卷一三《宋宗室及诸王上》："既有国哀，义真与灵运、延之、慧琳等坐视部伍，因宴舫里。""上先遣豫州刺史王玄谟舟师顿梁山洲内。"上例的"里"作为方位名词，在名词"舫"后；下例的"洲内"即"洲里"。

2. 甲辰，帝至石头，前遣勇士自城北逾入。(卷九·陈本纪上)

"前"字应属上。《陈书》卷一《高祖纪上》："甲辰，高祖步军至石头前，遣勇士自城北逾入。"标点不误。

3. 以刀头穿岸，劣容脚指径上，随之者稍多。(卷一七·胡藩传)

"脚指"后应逗断。"以刀头穿岸，劣容脚指"，是说用刀尖在崖岸上挖的小坑仅能容下脚指。"劣"通"略"。

4. [赵] 伯符字润远，少好弓马，为宁远将军，总领义徒，以居宫城北。每火起及有劫盗，辄身贯甲胄，助郡县赴讨。武帝甚嘉之。(卷一八·赵伦之传)

"义徒"后逗号应为句号，"宫城北"后句号应为逗号。本段文字从开头到"总领义徒"是一层意思，后面的文字又是一层意思。前者是说赵伯符的名字和职务；后者是说他因为住处离宫城近，所以爱管皇宫的闲事。"居宫城北"和"救火"等行为有因果关系。"以"在这里是连词，相当于"因为"。

5. 明帝定乱得出，使为赦诏，[谢] 庄夜出署门方坐，命酒酌之，已微醉，传诏停待诏成，其文甚工。(卷二〇·谢弘微传)

"定乱""署门""停待"后都应逗断。"明帝定乱得出"，是说宋明帝平定祸乱之后，谢庄得以出狱。中间主语变换，应当点断。"传诏停待诏成"和"传诏停待，诏成"的意思是不一样的，前者是说传送诏命的人停下来等待赦诏写成(就是说赦诏还没有写成)；后者是说传送诏命的人停下来等待，一会儿赦诏就写成了。前者显然是不对的，因为赦诏还没有写成，怎么能“其文甚工”呢？“传诏”是指传送诏命的使者。《南齐书·桓康传》：“及齐受禅……传诏惧，乃使称疾，欲取兼人。”

6. ［王弘］自领选及当朝总录，将加荣爵于人者，每先呵责谴辱之，然后施行；若美相盼接语欣欢者，必无所谐。（卷二一·王弘传）

应于“盼接”后逗断。盼：看顾、重视。接：接待。本书卷二〇《谢朏传》：“司徒公赐预士林，安陆王曲垂盼接。”

7. ［王莹］累迁义兴太守，代谢超宗。超宗去郡，与莹交恶，还都就［王］懋求书属莹求一吏。（卷二三·王诞传）

王懋是王莹的父亲。这段文字从开头到“与莹交恶”是一层意思，说的是王、谢交恶的由来，所以“交恶”后的逗号应改为句号。“还都”后应逗断。“就懋求书属莹求一吏”是说谢超宗到王懋那儿，求他写一封信，嘱咐王莹给自己一个小官。所以，“求书”后也应逗断。

8. 上疾笃，遣使送药赐［王］景文死……敕至之夜，景文政与客棋，扣函看，复还封置局下，神色怡然不变。方与客棋思行争劫竟，敛子内奁毕，徐谓客曰：“奉敕见赐以死。”（卷二三·王彧传）

“神色怡然不变”后当用逗号，因为王景文观看敕书后的一系列行为是互相关联的，不应以句号截断。“方与客棋”后应逗断，“方”是“仍然”“仍旧”之义，《世说新语·政事》：“我今故与林公来相看，望卿摆拨常务，应对玄言，那得方低头看此耶？”《资治通鉴·晋纪·太元八年》：“今大敌垂至，方游谈不暇。”“竟”后应改为句号，因为棋下完了，应到此结句。

9. 武帝尝于乐寿殿内宴，［张］稷醉后言多怨形于色。帝时亦酣，谓曰：“卿兄杀郡守，弟杀其君，袖提帝首，衣染天血，如卿兄弟，有何名称。”稷曰：“臣乃无名称，至于陛下不得言无勋。”（卷三一·张裕传）

“言多”“陛下”后都应逗断，“有何名称”后应改用问号。“如卿兄弟，有何名称”是反问句，意思是：象你们弟兄几个，还能有什么好名誉呢？

10. ［沈攸之］诣领军刘遵考求补白丁队主。遵考以为形陋不堪。（卷三七·沈庆之传）

“刘遵考”和“形陋”后均应逗断。“遵考以为形陋，不堪”，是说刘遵考认为沈攸之相貌丑陋，不能担当白丁队主的职务。如果把“形陋不堪”连读，那么只能表示刘遵考认为沈攸之的相貌丑陋得不得了，而他是否同意沈攸之担任队主呢？那就无从得知了。《宋书·沈攸之传》对此事就记载得很清楚：“［攸之］诣领军将军刘遵考，求补白丁队主。遵考谓之曰：‘君形陋，不堪队主。’”

11. ［沈攸之］乃率诸军主诣［江］方兴推重，并慰勉之，方兴甚悦。（卷三七·沈庆之传）

“诣方兴推重”一句，文义不通。第一个“方兴”后应逗断，“推重并慰勉之”应连续。《宋书·沈攸之传》对此事是这样记载的：“[攸之]乃率诸军主诣方兴，谓之曰：‘……诘朝之事，诸人咸谓吾应统之，自卜懦薄，干略不办（半）及卿，今辄相推为统，但当相与戮力尔。’方兴甚悦。”很明显，“推重并慰勉之”一句，是《南史》作者对《宋书》中沈攸之的这段话的概括，不应从中截断。

12. 孝武镇襄阳，[鲁]轨遣亲人程整奉书规欲归南致诚，以杀刘康祖徐湛之父不敢归。（卷四〇·鲁爽传）

“奉书”和“父”后都应逗断。规：谋。《国语·周语上》：“近臣尽规”。另外，“刘康祖”后也应以顿号点断。《宋书·鲁爽传》此段文字作“世祖镇襄阳，[鲁]轨遣亲人程整奉书，规欲归顺，自拔致诚，以昔杀刘康祖、徐湛之父，故不归。”可资参考。

13. 上诏[吴喜]入内殿，与言谑酬接甚款，赐以名馔并金银御器。敕将命者勿使食器宿喜家。上素多忌讳，不欲令食器停凶祸之室故也。（卷四〇·吴喜传）

“谑”后应逗断。“与言谑”是具体描写，“酬接甚款”是概括描写，不能读成一句。“赐以名馔并金银御器”一句，是说皇帝赐给吴喜很多名菜，都是御用的金银食器装着的，而不是说赐给吴喜很多名菜和金银御器。下文两言“食器”，即可证明。所以，“名馔”后也应逗断。

14. 又复我于时已年二岁，彼岂知我应有今日。（卷四二·齐高帝诸子传上）

“我”后宜有一逗。“彼岂知我应有今日”一句，是明显的反问句，句尾的句号应改为问号。这段文字是说：再说我吧，在那时已经两岁了，他们难道知道我能有今天吗？

15. [王]俭在尚书省出巾箱几案杂服饰，令学士隶事事多者与之。（卷四八·陆澄传）

“尚书省”和“隶事”后都应逗断。“巾箱”“几案”后也应以顿号点断。巾箱是古代用以放置头巾或文件、书卷的小箱子，几案是一种矮而小的桌子，古人也用以馈赠。卷四九《王谌传》：“高帝……饷[孔]灵产白羽扇、素隐几”。“隶事”是指拿出一些物品，让人说出与这些物品相关的典故。《王谌传》：“尚书令王俭尝集才学之士，总校虚实，类物隶之，谓之隶事。”

16. 竟陵王子良得古器，小口方腹，而底平可容七八升。（卷四八·陆澄传）

“方腹”后的逗号应移至“底平”后。“小口方腹而底平”，说的是古器的形状；“可容七八升”，说的是古器的容积。底平与否，与形状有关而与容积无关。

17. 每对东宫及诸王辞色不恭逊……问讯临川王宏，出至中阁，登宏车次遗粪而出。居都下所为多如此者。（卷五三·梁武帝诸子传）

“诸王”“车次”“都下”后都应逗断。车次：车中。《庄子·田子方》：“喜怒哀乐，不入于胸次。”注：“次，中也。”本传下文：“后梁人盗其柩来奔，武帝犹以子礼祔葬陵次。”

18. ［张］弘策为人宽厚通率，笃故旧。及居隆重，不以贵地自高，故人宾客接之如布衣。(卷五六 · 张弘策传)

“宾客”后应逗断。“故人宾客接之如布衣”与“故人宾客，接之如布衣”的意思是相反的。前者表示故人宾客接待张弘策，后者表示张弘策接待故人宾客。后者显然是正确的。

19. 是时梁兴四十七年，境内无事，公卿在位，及闾里士大夫莫见兵甲。(卷六三 · 羊侃传)

“及闾里士大夫莫见兵甲”一句，文义不通；而且公卿在位与否，也与“境内无事”“莫见兵甲”无关。其实“公卿在位”是“公卿在位者”的省略。例如《後汉书 · 方术列传》：“［郭宪］从驾南郊，宪在位，忽回向东北，含酒三潠。执法奏为不敬。”这里的“执法”是“执法者”的省略。本书卷六八《韩子高传》：“［陈］宣帝在尚书省，因召文武在位议立皇太子，子高预焉”。这里的“在位”也是“在位者”的省略。总之，这里用在位的公卿和不在位的闾里士大夫来代替整个统治阶级，说他们在梁朝建立四十七年后，已经很少有人见过战争了。所以，“公卿在位及閭里士大夫”应连读，“在位”后的逗号应移至“士大夫”后。

20. 子高……于淮渚附部伍寄载欲还乡里。(卷六八 · 韩子高传)

“寄载”后应逗断。“寄载”相当于现代的搭乘车、船。本书卷七六《隐逸传下》：“［庚诜］乘舟从沮中山舍还，载米一百五十石，有人寄载三十石。”

21. 《丧服 · 小功章》所以不直言慈母，而云“庶母慈己”者，明异于三年之慈母也。(卷七一 · 儒林传)

“庶母慈己者”是一个名词性的固定词组，“者”字应在引号之内。这段话是对上文的“又《丧服经》云：‘君子子为庶母慈己者’”的解释，《丧服 · 小功章》即指《丧服经》，标点者未加注意，把“庶母慈己者”这个词组拆开了。

22. 年十六，父丧不服棉纩，虽蔬菜有味亦吐之。(卷七六 · 隐逸传下)

“蔬菜”后应逗断。“虽蔬菜，有味亦吐之”是说阮孝绪在服丧期间即使吃的是蔬菜，有一点滋味也要吐掉，以表示他“至孝”。若按原标点连读，一则文义不明，二则容易使人误解为“虽蔬菜有味，亦吐之”，那文义就完全相反了。

23. 有西河离石县人刘萨何遇疾暴亡，而心犹暖，其家未敢便殡，经七日更苏。说云：“……至十八地狱，随报重轻，受诸楚毒。观世音云：‘汝缘未尽，若得活可作沙门……若寿终则不堕地狱。’”语竟如坠高岩，忽然醒寤。因此出家名慧达。(卷七八 · 夷貊传上)

“语竟”是观世音“语竟”而不是刘萨何“语竟”；“如坠高岩，忽然醒寤”是刘萨何自述临苏醒前的感觉。而且刘萨何是在“更苏”后说这番话的，不可能在说完话后再“醒寤”一次。所以，“语竟如坠高岩，忽然醒寤”两句应在第一层引号之内。此外，“得活”“语竟”“出家”后也应逗断。

二、专名不明而致误

《南史》中有的标点之误是由书名、谥号、官名等专名不明所造成的，例如：

24. 侍中、领国子博士萧子显表置制旨《孝经》助教一人，生十人，专通帝所释《孝经》义。（卷七·梁本纪中）

“制旨孝经”是书名，是《制旨孝经义》的简称，“制旨”二字是书名的一部分，也应在书名号内。如本书卷七二《文学传》：“［梁武帝］撰《通史》六百卷，《金海》三十卷，《制旨孝经义》《周易讲疏》……凡二百余卷。”卷七《梁本纪中》：“策《春秋左氏》《制旨孝经义》，擢高第。”

25. A. 少帝诛颜师伯、柳元景等，狂悖滋甚，以领军征玄谟……及至，屡表谏诤，又流涕请缓刑去杀，以安元元之意。少帝大怒。（卷一六·王玄谟传）

B. 隆昌元年，追录坦之父勋，封临汝县男。少帝微闻外有异谋，惮明帝在台内，敕移西洲。（卷四一·齐宗室传）

C. ［齐］武帝崩，坦之率太孙文武度上台，除射声校尉、令如故……少帝以坦之文惠旧人，亲信不离，得入内见皇后。（卷四一·齐宗室传）

D. 时明帝谋废杀，既与萧谌及坦之定谋，少帝腹心直阁将军曹道刚，疑外间有异，密有处分，谌未能发。（卷四一·齐宗室传）

E. 元徽五年七月六日夜，少帝微行至领军府。（卷四六·桓康传）

以上五条中的“少帝”，A 条中的指宋前废帝，B、C、D 条中的指齐郁林王，E 条中的指宋后废帝。而南朝宋、齐两代以“少帝”为专名的，只有宋少帝刘义符一人。而以上各条中的所谓“少帝”，只表示“年少的皇帝”，相当于“少主”（“少主”一词，见《南齐书·江祏传》），不是专名，不能加表示专名的直线。《宋书》《南齐书》于此皆误。但《南齐书·桓康传》：“元徽五年七月六日夜，少帝微行至领军府”。其中的“少帝”未加表示专名的直线，不误。

26. ［张］宝积永元中为湘州行事萧颖胄于江陵，乘腰舆诣颖胄，举动自若。（卷三二·张邵传）

“宝积永元中为湘州行事萧颖胄于江陵”一句，文义不通。应于“湘州”后逗断。“为湘州”是指任湘州郡守。湘州即今湖南长沙，当时隶属于荆州。萧颖胄当时是荆州行事，即荆州的行政长官，而江陵是宋、齐两代荆州州治所在。《梁书·武帝纪上》：“东昏以刘山阳为巴西太守，配精兵三千，使过荆州就行事萧颖胄，以袭襄阳。”

27. 又案古本《叙传》号为中篇，今本称为《叙传》。（卷五〇·刘虬传）

“中篇”既然是古本《汉书》中《叙传》的原名，就应加书名号。

28. 纪僧真，丹阳建康人也。少随逐征西将军，萧思话及子惠开，皆被赏遇。（卷七七·恩倖传）

按照原标点，这段文字是说纪僧真年轻时追随一位征西将军（这位将军不知是何许人)，萧思话及其子萧惠开都受到某人的赏遇（此某人也不知是何许人)，上下文义，全不相干。如果删去“将军”后的逗号，文义就畅通了。“征西将军”是萧思话死后的赠衔，本书卷一八《萧思话传》：“［思话］卒，赠征西将军，开府仪同三司。”

三、记言之辞与记事之辞不明而致误

《南史》中某些标点之误是由于记言之辞与记事之辞不明而致，或记言之辞误为记事之辞，或记事之辞误为记言之辞。例如：

29. ［王］懋后往［谢］超宗处，［超宗］设精白鲍、美鲊、獐肶。懋问那得佳味，超宗诡言义兴始见饷；阳惊曰：“丈人岂应不得邪?”懋大忿，言于朝廷，称［王］莹供养不足。(卷二三·王诞传)

“义兴始见饷”一句，不是记事之辞而是记言之辞，应加引号。“义兴”是义兴郡太守，是谢超宗对王莹的尊称；“见饷”是“饷我”，这些都是记言之辞的标志。如果是记事之辞，那么《南史》作者在行文中应称王莹为“莹”，而不应称他为“义兴”。

30. 郡遭暴水，人欲移于杞城。庆远曰：“吾闻江河长不过三日，命筑土而已。”俄而水退，百姓服之。(卷三八·柳元景传)

“命筑土而已”是记事之辞而非记言之辞，误入于引号之内。另外，“三日”后的逗号也应改为句号。

31. 永明九年，魏使李道固及蒋少游至。［崔］元祖言臣甥少游有班、倕之功，今来必模写宫掖，未可令返。上不从。少游果图画而归。(卷四七·苏侃传)

“臣甥”是催元祖在皇帝面前对蒋少游的称呼。“臣甥少游……未可令返”一段文字，是记言之辞，应加冒号、引号。如果是记事之辞，那么《南史》作者在行文中应称蒋少游为“其甥”而非“臣甥”。

四、句式不明而致误

《南史》某些标点失误是由于对当时句式不明所致，例如：

32. ［王］华时年十三在军中，与［王］廞相失，随沙门释昙冰逃。(卷二三·王华传)

“华时年十三在军中”连为一句，不合古代句式。“十三”后应逗断，“在军中”应与下句连读。“在军中与廞相失”是说王华在乱军中与父亲王廞失散了。

33. ［王锡］谓亲友曰：“吾以外戚谬被时知，兼比羸病，庶务难拥。”(卷二三·王彧传)

王锡的话是骈偶句，“外戚”后应逗断，“知”后的逗号改为分号更好。

34. 仲德随后得济……复为翟辽所留，使为将帅。积年仲德欲南归，乃弃辽奔泰山。(卷二五·王懿传)

“积年”应与上句连读，“帅”后的句号移至“年”后。“积年”即“多年”，本书卷三〇《何尚之传》：“因患劳痛积年，饮妇人乳乃得差。”卷六二《贺玚传》：“俄遭母忧……［贺］琛哀毁积年。”“为将帅积年”与“劳痛积年”“哀毁积年”都是同样的句式。

35. 齐明帝辅政……乃敕［垣］憘伯解郡。还为寅军所蹑，束手就害。（卷二五·垣获之传）

“还”应属上句，后面用逗号，“郡”后的句号删去。“乃敕憘伯解郡还”是说命令垣憘伯解除郡守的职务回京。本书卷二八《褚裕之传》：“罢江夏郡还，得钱十七万，于石头并分与亲族。”卷二九《蔡廓传》：“廓罢豫章郡还，起二宅，先成东宅以与兄轨。轨罢长沙郡还，送钱五十万以裨宅直。”上述几例中的“罢江夏郡还”“罢豫章郡还”“罢长沙郡还”与“解郡还”都是同样的句式，可见“还”应属上句。

36. 颙、捨父子，文雅不坠，弘正兄弟义业，几乎德门者焉。（卷三四·周朗传）

“颙、捨父子”与“弘正兄弟”相对应，所以“兄弟”后宜有一逗；“义业”后的逗号应删去，与下文连读。另外，“不坠”后的逗号改为分号更好。

《韩诗外传》《说苑》及《新序》标点拾零

本文所讨论的《韩诗外传》《说苑》及《新序》三种书的版本分别是许维遹《韩诗外传集释》、向宗鲁《说苑校证》及赵仲邑《新序评注》，均系中华书局出版。本文试就其文中的个别断句、标点作一粗浅的分析。

一、《韩诗外传》

1. 盍胥对曰："夫鸿鹄一举千里，所恃者六翮尔。背上之毛，腹下之毳，益一把，飞不为加高，损一把，飞不为加下。今君之食客门左门右各千人，亦有六翮在其中矣。将背上之毛腹下之毳耶？"（卷六·第二十七章）

"亦有六翮在其中矣"是询问句，其后的句号宜改为问号。亦，表示询问，相当于"是不是"。《论语·季氏》："陈元问于伯鱼曰：'子亦有异闻乎？'对曰：'未也。'"《说苑·善说》："孟尝君曰：'先生鼓琴，亦能令文悲乎？'"又"张禄掌门见孟尝君曰：'衣新而不旧，仓庾盈而不虚，为之有道，君亦知之乎？'"《新序·杂事二》："今夫人不容乡里布衣，而欲干万乘之主，亦有奇能乎？"

句末的"矣"可释为"乎"。《诗·小雅·六月》："侯谁在矣？张仲孝友。"《论语·宪问》："克伐愿欲，不行焉，可以为仁矣？"《史记·孔子世家》作："可以为仁乎？"

本例的后三句《新序·杂事一》作："不知君之食客，六翮耶？将背腹之毳也？"亦可证"亦有六翮在其中矣"是询问句。又"飞不为加高"后的逗号宜改为分号，"将皆背上之毛"后亦应以顿号点断。

2. 惜乎不齐所为者小也。为之大功，乃与尧舜参矣。（卷八·第十章）

"惜乎"后宜加感叹号，否则"乎"可能会被误认为是介词"于"。本句《说苑·政理》作："惜乎！不齐所治者小也！"标点不误。

3. 寡人问此五者于此，一一以为不足者何也？（卷八·第二十九章）

"何也"前宜逗断。在古汉语中，"何也"一般都单独成句，若其前句句尾是"者"字的，则更应如此。《说苑·善说》："季文子三穷三通，何也？"又"大风至，则苕折卵破子死者，何也？""失而不得者，何也？"标点皆不误。

4. 孔子出行，闻哭声甚悲。（卷九·第三章）

宜于“出”后逗断，并删去“行”后的逗号，使之与下句连读。“行”在此是名词用作状语，表示“在路上”。《礼记·檀弓下》：“文伯之丧……朋友诸臣未有出涕者，而内人皆行哭失声。”《史记·高祖本纪》：“汉王之败彭城而西，行使人求家室。”又《孝文本纪》：“［刘］长未到处所，行病死。”

本例内容亦见于《孔子家语·致思》：“孔子适齐，中路闻哭者之声，其音甚哀。”中路，即“路中”亦即“在路上”。

5. 夫子处齐之时，冠带而立，俨然有伯夷之廉，今居楚而（则）善盗，意土地之化使然尔。王又何怪乎？（卷十·第十七章）

“意土地之化使然尔”是推度询问句，其后宜用问号。“意”在此表示询问，表示“是不是”。《韩非子·外储说左上》：“咎犯闻之不喜而哭，意不欲寡人反国邪？”《说苑·辩物》：“久矣，天之无烈风淫雨，意中国有圣人耶？”又“三苗同秀为一，意天下其合而为一乎？”

本例内容《说苑·奉使》作：“今齐人居齐不盗，来之荆而（则）盗，得无土地使之然乎？”“得无”亦即“是不是”。

二、《说苑》

6. 今君不爱万夫之命，而伤一人之死，奚其过也？（君道）

“奚其过也”是感叹句而非询问句，其后的问号宜改为感叹号。“奚其”多作“何其”，“何其……也”句式虽然亦可表示询问，但多表示感叹，本例即如此。此类用法多见，如《礼记·哀公问》：“君子之言何其尊也！”《战国策·齐策四》：“悲夫！士何其易得而难用也！”《吕氏春秋·顺说》：“先生之衣何其恶也！”《史记·鲁周公世家》：“观庆父及叔牙、闵公之际，何其乱也！”均其例。

7. 晏子侍于景公，公曰“朝寒，请进热食。”对曰：“婴非厨养臣也，敢辞。”公曰：“请进服裘。”对曰：“婴非茵席之臣也[①]，敢辞。”公曰：“然。夫子于寡人奚为者也？”（臣术）

依原标点，景公于晏子所言称“然”，是赞同晏子所言。既然如此，就不应有下文之问。故宜删去“然”后的句号，与下文连读。然，于此与“然则”同，表示“既然如此，那么……”如《韩诗外传》卷二：“介子推曰：‘推闻君子之道，为人子而不能承其父者，则不敢当其后；为人臣而不见察于其君者，则不敢立于其朝。然推亦无索于天下矣。”（二十三章）《三国志·陈群传》：“故少府杨阜岂非忠臣哉？见人主之非，则勃然怒而触之；与人言，未尝不道也。岂非所谓‘王臣謇謇，非躬之故’者欤？”答曰：“然可谓直士，忠则吾不知也。”（“封一子列侯”注引《魏书》）以上两例中的“然”，均相当于“然则”。

8. 陈成子谓鸱夷子皮曰：“何与［田］常也？”对曰：“君死吾不死，君亡

① 茵席，原作“田泽”，据《晏子春秋·内篇杂上》校改。

吾不亡。”陈成子曰：“然。子何以与常?”（臣术）

宜删去“然”后的句号，与下文连读。本例的“然”亦相当于“然则”，参见上例。又本例的“何以”即“何能”，《穀梁传·僖公二十三年》：“人之所以为人者，言也。人而不能言，何以为人?”《左传·文公七年》：“叛而不讨，何以示威？服而不柔，何以示怀？非威非怀，何以示德？无德何以主盟?”

9. 兵革不完，战车不修，此臣之罪也。若夫敝车驽马以朝，意者非臣之罪也[①]！（臣术）

“意者非臣之罪也”是推测询问句，句末感叹号宜改为问号。“意者”是表示推测的询问词，其义亦为“是不是”。《墨子·公孟》：“今吾事先生久矣，而福不至，意者先生之言有不善乎?”《战国策·秦策三》：“意者臣愚而不阖于王心耶?”本书《君道》：“桑谷者，野草也，而生于朝，意者国亡乎?”《复恩》：“今君反国，行三赏而不及我也，意者君忘我与?”均其例。

“意者非臣之罪也”，《晏子春秋·内篇杂下》作：“意者非臣之罪乎?”标点不误[②]。

10. 生而尊者骄，生而富者傲，生而富贵，又无鉴而又自得者鲜矣。（建本）

“生而富贵又无鉴”是一个层次，“而自得”是又一个层次，故宜删去“富贵”后的逗号而于“无鉴”后逗断。“生而富贵又无鉴，而又自得者”是一个名词性的结构，是“鲜矣”的主语，故其后亦应逗断。《论语·学而》：“其为人也孝悌，而好犯上者，鲜矣。”即其例。

11. 顾臣愚窃闻昔者，虞不用宫之奇而晋并之。（正谏）

“顾臣愚”与下文是两句话，其后宜逗断。又时间状语“昔者”一般均应与下文连读，故其后不宜逗断。《论语·泰伯》：“昔者吾友尝从事于斯矣。”《季氏》：“夫颛臾，昔者先王以为东蒙主。”《庄子·达生》：“昔者有鸟止于鲁郊”，《田子方》：“昔者寡人梦见良人”，《墨子·亲士》：“昔者文公出走而正天下”，《兼爱中》：“昔者楚灵王好细要（腰）”。均其例。

12. 公曰：“昔者，寡人有罪，被发，乘六马以出正闺。”（正谏）

宜删去“昔者”后的逗号，与下文连读。详见上例。

13. 智襄子为室美，士茁夕焉。智伯曰：“室美矣夫！”对曰：“美则美矣，抑臣亦有惧也。”（贵德）

“室美矣夫”是询问句而非感叹句，其后的“对曰”即可证明。故宜将其后的感叹号改为问号。语气词“夫”可通“乎”，如《新序·刺奢》：“仁人亦乐此夫?”此句《韩诗外传·卷九·第八章》作“仁人亦乐此乎?”“夫”通“乎”。《礼记·中庸》：“夫微之显，诚之不可掩，如此夫?”《战国策·齐策一》：“子，

---

① 意，原作“主”，据《晏子春秋·内篇杂下》校改。

② 吴则虞《晏子春秋集释》。

靖郭君之所听爱夫?"《吕氏春秋·应言》："路说应之曰：'然则公欲秦之利夫?'周颇曰：'欲之。'"《史记·孔子世家》："孔子曰：'吾歌，可夫?'"均其例。

14. 臣终不敢以荫蔽之德，而不显报王也。常愿肝脑涂地，用颈血溅敌，久矣。(复恩)

宜删去"久矣"前的逗号，与下文连读。"久矣"在句后，一般均与上文连读。如《论语·八佾》："天下之无道也久矣"，《述而》："子曰：'丘之祷久矣'"，《子张》："上失其祷，民散久矣"。《孟子·公孙丑上》："天下归殷久矣"，《滕文公下》："天下之生久矣"。《庄子·人间世》："且予无所可用久矣"，《大宗师》："且夫物不胜天久矣"，《田子方》："吾子欲见温伯雪子久矣"。又"涂地"后的逗号改为顿号似更佳。

15. 智伯欲袭卫，乃佯亡其太子颜，使奔卫。南文子曰："太子颜之为其君子也，甚爱，非有大罪也，而亡，之必有故。"(权谋)

向宗鲁注："之"犹"此"也，属下读。

宜将"而亡"后的逗号移至"之"后，使"而亡之"连读。因为"之"虽可释为"此"，但处于句首的"之"均作定语，未见有作主语者。如《诗·周南·汉广》："之子于归，言秣其马。"《小雅·白华》："之子无良，二三其德。"《庄子·逍遥游》："之二虫又何知?"《吕氏春秋·慎势》："陈成常与宰予，之二臣者甚相憎也，臣恐惧其相攻也。"《举难》："桓公闻之，抚其仆之手曰：'异哉！之歌者非常人也。'"《墨子·兼爱下》："若之二士者，言相非而行相反与?"以上例中的"之"释"此"，在句中均作定语。

本例中的"亡"义为"驱逐"。此类例还有《左传·成公十一年》："郤犨来聘，求妇于声伯。声伯夺施氏妇以与之。妇人曰'鸟兽犹不失其俪，子（指其夫施孝叔）将若何?'曰：'吾不能死亡。'妇人遂行。"杨伯峻注："孝叔恐得罪郤犨而被杀害或驱逐。"《宣公四年》："襄公将去（逐）穆氏，而舍子良（去疾）。子良不可，曰：穆氏宜存，则国愿也。若将（欲）亡之，则亦皆亡，去疾何为?"《昭公二十一年》："公曰：'司马（华费遂）以吾故，亡其良子。死亡有命，吾不可以再亡之。'"良子，指华登，昭公二十年出奔吴。再亡之，指驱逐他第二个儿子。上述三例中加点的"亡"均表示"驱逐"或"被驱逐"。

16. 田单为齐上将军，兴师十万，将以攻翟。往见鲁仲连子。仲连子曰："将军之攻翟，必不能下矣。"田将军曰："单以五里之城，十里之郭，复齐之国，何为攻翟不能下?"去，上车，不与言。决攻翟。三月不能下。(指武)

"决攻翟"一语，文义难通。决，于此通"诀"，表示辞别，告别。《史记·外戚世家》："姊去我西时，与我决于传舍中。"《汉书·苏武传》："［李陵］因泣下沾衿，与武决去。"颜师古注："决，别也。""言"有"告"义，《韩非子·内储说上》："赵令人因申子于韩请兵，将以攻魏，申子欲言之君。"《史记·郦生陆贾列传》："郦生瞋目案剑叱使者曰：'走！复入言沛公，吾高阳酒徒也，非儒人也。’”由此可见，“言决”即“告别”。因此，宜将“言”后的句号移至“决”后，使“不与言决”连读。“不与言决”即“不与［之］告别”。又“三月”前的句号亦应改为逗号。

17. 公明宣学于曾子，三年，不读书。曾子曰：“宣而居参之门，三年不学，何也？”（反质）

例中“而”通“尔”，故宜于“而”前逗断。《太平御览》六百七引此文“而”作“汝”。又“不读书”前的逗号亦应删去。

18. 石奢，楚人，事亲孝，昭王时为令尹，行道，遥见有杀人者。（佚文补辑）

宜删去“行道”后的逗号，与下文连读。“行道”是名词，相当于“道路”，在此作状语，表示“在路上”。如《史记·高祖本纪》：“高祖击［英］布时，为流矢所中，行道病。”《汉书·张良传》：“景驹自立为楚假王，在留。［张良］欲往从之，行道遇沛公。”本书《奉使》：“魏文侯使舍人毋择献鹄于齐侯，毋择行道失之，徒献空笼。”标点不误。又“行道遥见有杀人者”一句，《韩诗外传·卷二·第十四章》作“于是（时）道有杀人者”，亦可为证。

三、《新序》

19. 孟尝君曰：“先生老矣，春秋高矣，何以教之？”楚丘先生曰：“噫！将我而老乎？噫！将使我追车而赴马乎……噫！将使我出正辞而当诸侯乎？”（杂事五）

宜删去三个“噫”后的感叹号，使之与下文连读。噫，当通“意”，是询问词，表示“是不是”。“噫使我追车而赴马乎”，《韩诗外传》卷十作“意者将使我投石超距乎？追车赴马乎？（第十章）”。前者显然对后者作了删减。“意”与询问词“意者”同。

第一个“将”相当于“以”，《战国策·赵策一》：“赵襄子最怨智伯，而将其头以为饮器。”《乐府诗·上山采蘼芜》：“将缣来比素，新人不如故。”“而”相当于“为”，《吕氏春秋·举难》：“以王孙苟端而不肖，翟璜进之。”本书《杂事四》“而”作“为”。《史记·周勃世家》：“君后三岁而侯，八岁为将相。”此“而”与“为”互文见义。“噫，将我而老乎”即“是不是认为我老呀”。

后两个“将”均相当于“欲”，此例甚多，不赘举。

20. 意者有他诡妙，可以擒之，则臣不知。（善谋）

“意者有他诡妙，可以擒之”是推度揣测句，故其后的逗号宜改为问号。又“诡妙”后的逗号亦可删去，与下文连读。“意者有他诡妙可以擒之？则臣不知”是设问自答句，其中的“则”相当于“此”，作用是复指前面设问的内容。“则”相当于“此”，古有其其例。《左传·僖公二十三年》：“及楚，楚子飨之，曰：‘公子若反晋国，则何以报不穀？’对曰：‘子、女、玉、帛，则君有之；羽、毛、齿、革，则君地生焉……其何以报君？’”《哀公六年》：“废兴无以乱，则所愿也。”《墨子·辞过》：“天地也，则曰上下；四时也，则曰阴阳；人情也，则曰男女；禽兽也，则曰牡牝雄雌也。”以上三例中加点的“则”均相当于“此”，复指上句的内容。

21. 张胥鄙有罪，拘将死。(节士)

宜将“罪”后的逗号移至“拘”后，“拘”属上句。古文“有罪”词组后紧跟一个动词时，此动词多与“有罪”连读，组成“有罪V”句式。《汉书·萧望之传》：“望之有罪死。”《景武昭宣元成功臣表》：“侯覇……有罪免。”《後汉书·孝顺孝冲孝质帝纪》：“中常侍张逵、蘧政、杨定等有罪诛。”《孝灵帝纪》：“安平王续有罪诛，国除。”也有动词前有一个单音节副词的，但并不影响其基本结构，如《史记·孝文本纪》：“齐太仓令淳于公有罪当刑。”《汉书·百官公卿表》：“丞相［李］蔡有罪自杀。”也有“罪”前有一个单音节形容词的，如《汉书·楚元王传》：“孝武帝时，皃宽有重罪系。”此例中的动词“系”与“拘”同义。《汉书·成帝纪》：“一人有辜，举宗拘系。”《平帝纪》：“惟苛暴吏多拘系犯法者亲属。”“拘系”是同义复合词，“有罪系”即“有罪拘”。

古籍标点拾零

本文所讨论的例句，除见于《汉书》者较多外，其余多散见于各书。其中《汉书》《宋书》系中华书局点校本。

1. 秦将诈称二世使使遗［李］良书，不封，曰："良尝事我，得显幸，诚能反赵为秦，赦良罪，贵良。"良得书，疑不信。之邯郸益请兵。（汉书·张耳陈馀传）

应于"使使"后逗断，因为诈称的只是"二世使使"，而"遗良书"之事却是真的。又"益请兵"即"请益兵"，其前亦应逗断。

2. 臣窃观皇太子材智高奇，驭射伎艺过人绝远。（晁错传）

"皇太子"以下皆四字句，故应于"伎艺"后逗断。

3. 大将军［卫］青出塞……令［李］广并于右将军军，出东道。东道少回远，大军行，水草少，其势不屯行。（李广传）

"大军行"后的逗号应删去，与下句连读。"大军行水草少"，是说大军一路上缺乏水草。行，这里是名词用作状语，表示一路上，在路上。上文"及出击胡，而广行无部曲行陈"。颜师古注："今广尚于简易，故行道之中而不立部曲也。"行道之中，即在路上，一路上。

4. ［公孙弘］书奏，天子以册书答曰："问：弘称周公之治，弘之材能自视孰与周公贤？"（公孙弘传）

"问：弘称周公之治……"这种句式不合古文句法。"问"在这里通"闻"，故其后的冒号应删去，与下句连读。睡虎地秦简《日书》乙《生》："壬申生，问邦。"甲本作"壬申生子，闻"。临沂汉简《尉缭子佚》："其人民至死不得相问见也。"《礼记·檀弓上》："问丧于夫子乎？"《经典释文》："问或作闻。"例中"问"皆通"闻"。

5. 然李陵一呼劳军，士无不起，躬流涕，沬血饮泣，张空拳，冒白刃，北首争死敌。（司马迁传）

"躬流涕"一语，不通。应删去句前的逗号，与上句连读，士无不起躬流涕，是说疲惫已极和受伤的战士没有不起身流泪的。"躬"即"身"。《史记·司马相如列传》："心烦于虑而身亲其劳，躬胝无胈，肤不生毛。"司马贞《索引》引张揖曰："躬，体也。""体"即"身"。《汉书·王嘉传》："括发关械，裸躬就笞。""躬"即"身"。

此段文字王力《古代汉语》作："然陵一呼劳军，士无不起，躬自流涕，沬血饮泣，更张空拳，冒白刃，北向争死敌者。”此文与《汉书》有几处异文，主要是衍一“自”字，文末多一“者”字。“自”有可能是后人对“躬”的注文，误入正文之中，故应删去；而句末有“者”字则优于《汉书》。“躬自流涕”删去“自”后也应与上文连读为“士无不起躬流涕”。又文中“无不”以下语句，均是其宾语，在王力《古代汉语》中是一个“无不……者”的长句，比《汉书》的“无不……”句更为典型。

6. 故昌邑王居故宫，奴婢在中者百八十三人，闭大门，开小门，廉吏一人为领钱物市买，朝内食物，它不得出入。（武五子传·昌邑王贺）

应于“钱物”后逗断，“市买”后的逗号删去，与下句连读。“朝内食物”是“市买”的宾语，故应与“市买”连读。《史记·魏其武安侯列传》：“田园极膏腴，而市买郡县器物相属于道。”“市买朝内食物”与“市买郡县器物”是完全相同的句式。

7. ［冯］奉世具上地形部众多少之计，愿益三万六千人乃足以决事。（冯奉世传）

“愿”的宾语只是“益三万六千人”“乃足以决事”是请朝廷增兵的理由，不是“愿”的宾语，故“人”后应逗断。

8. 又［师］丹使吏书奏，吏私写其草，丁、傅子弟闻之，使人上书告丹上封事行道人偏持其书。（师丹传）

“使人上书告丹上封事行道人偏持其书”一句，过于累赘，宜分别于“上书”“封事”后逗断，一分为三，则语句更为通畅。

9. 女医淳于衍者，霍氏所爱，尝入宫侍皇后疾。衍夫赏为掖庭户卫，谓衍曰：“可过辞霍夫人行，为我求安池监。”（外戚传上）

“可过辞霍夫人行”一句，不合古文句法。应将“行”后的逗号移至“行”前，“行”与下句连读。“可过辞霍夫人，行为我求安池监”的意思是：你去拜访和辞别霍夫人时，顺便为我谋求安池监的职位。“行”可以表示“在路上”（见例3），引申为“顺路”“顺便”。《扬雄传》：“其三月，将祭后土，上乃帅群臣横大河，湊（趋）汾阴。既祭，行游介山，回（绕过）安邑，顾龙门，览盐池。”本例中皇帝此行的目的是“祭后土”，而“游介山，回安邑，顾龙门，览盐池”都是顺路、顺便为之，故此例中的“行”应释为“顺便”。又《史记·封禅书》：“于是始皇遂东游海上，行礼祠名山大川及八神，求仙人羡门之属……自威、宣、燕昭使人入海求蓬莱、方丈、瀛洲……盖尝有至者，诸仙人及不死之药皆在焉。”秦始皇东游海上的目的是寻求仙人及不死之药，“礼祠名山大川及八神”也是顺路而为之，故此例中的“行”亦可释为“顺便”。

10. 父子一体而分，无相离之法。班固《白虎通·谏诤》（中华书局校点本）

应以“父子一体”为句，“而分”二字与下句连读。分，fèn，名分。《荀子·强国》：“礼乐则修，分义则明。”杨倞注：“分谓上下之分。”《礼记·礼运》："礼达而分定"。孔颖达疏："分谓尊卑之分"。"分无相离之法"是说从名分上讲，父子没有互相分离的道理。分，在这里是名词用作状语，表示"从名分上讲"或"依照名分"。又下文曰："君不为臣隐，父独为子隐何？此为（因为）父子一体，荣耻相及"。陈立注引《丧服传》："父子一体也。"亦可见"父子一体"应单独为句。

11. 彼，其于世，未数数然也。（庄子·逍遥游）

此例引自王力《古代汉语》1999年5月第3版。原注："彼，指宋荣子。其于世，他对于人世。"

从文义上讲，此解似可通。但"彼，其于世"这种句式不合古文句法。"彼其"是一个固定结构，不能拆开，表示"那""那个""他"。《诗·王风·扬之水》："彼其之子，不与我戍申。"郑玄笺："其或作记，或作己，读音相似。"可见"其"是语气词。《三国志·魏志·陈思王植传》："若此终年无益国朝，将挂风人彼其之讥。"刘禹锡《苏州加章服谢宰相状》："有黩陟明之典，诚招彼己之讥。"可见"彼，其于世"一句宜连读，删去"彼"后的逗号。

12. 若是者，交疏也。已，一说而立为太师，载与俱归者，其言深也。（战国策·秦策三）

此例引自郭锡良《古代汉语》1996年2月第2版。原注："已，随后。"

"已，一说而立为太师"，上海古籍出版社校注本《战国策》作"已一说而立为太师"，全句连读。这样断句是正确的。"已"通"以"，表示依靠，凭借。《左传·襄公三十一年》："叔向曰：'辞不可以已也如是夫！子产有辞，诸侯赖之，若之何其释（舍弃）辞也？'"这段话的意思是说，言辞是不可以依靠的。以前子产对大事都有言辞，诸侯就依赖他的言辞。现在他不再有言辞了，诸侯就无所依靠了。《荀子·非相》："人之所以为人者，何已也？以其有辨也。""何已"即"已何"，"已"表示"凭借""依靠"。"已一说而立为太师"，是说吕尚凭借与周文王交谈一次就被立为太师了。

13. ［刘义恭］奢侈无度，不爱财宝，左右亲幸者，一日乞与，或至一二百万，小有忤意，辄追夺之。（宋书·武三王传）

应删去"者"和"与"后的逗号，在"乞"后逗断。"左右亲幸者一日乞，与或至一二百万"二句，是说左右亲近的人一旦乞求财物，刘义恭的赠与有时多达一二百万。"一日"即"一旦"。《韩非子·五蠹》："今之县令，一日身死，子孙累世絜驾，故人重之"。《史记·孟尝君列传》："客见文一日废，皆背文而去，无顾文者。"又"万"后的逗号宜改为句号，因为前面是说刘义恭挥霍无度，而后面是说他喜怒无常，前后所说的是他性格的两个方面，故"万"后宜改用句号。

14. ［刘道锡］乘舆出城行，与阿尼同载，为有司所纠。（刘道产传）

应把"行"后的逗号移至"行"前，"行"与下句连读。行与阿尼同载，是说刘道锡一路上与尼姑同乘一车。行，名词用作状语，一路上。用法同例3。

15. 臣殃咎之馀，遭蒙逾忝，宠私罔已，兼复今授，岂其愚迷，所能上答。(申恬传)

应删去“迷”后的逗号。“岂其愚迷所能上答”一句，是一个“岂其……所能……”结构，中间不宜点断。本段文字原标点过于注重四字句，故将后面的一个反问句点断。本文的前四句（“臣”字不算）是两两相对的四字句，而后面则是一个不宜点断的反问句。

16［卫朴］大乘除皆不下，照位运筹如飞，人眼不能逐。(梦溪笔谈·技艺)

本例引自《汉语大词典》。

“大乘除皆不下”，文义不明，“照位运筹如飞”又不合古文句法。应删去“不下”后的逗号，于“照位”后逗断。“照位”与上句连读。“照位”是古人运算时用来对位的器具；“下”表示“用”“使用”。《三国志·吴志·顾雍传》：“［雍谭］每省簿书，未尝下筹，徒屈指心计，尽发疑谬，下吏以此服之。”“下筹”与“下照位”是在相同的语言环境中相同的句式。大乘除皆不下照位，是说卫朴在多位数的乘除运算中从来不使用照位，极言其运算能力之强。

17. 日渐暮，遂前其足，手向后据地，坐而下脱；至险绝处，澄源并肩手相接。(徐宏祖《游天都》)

本例引自郭锡良《古代汉语》1996年2月第2版。

应于“下”后断句，“脱”与下句连读。脱，假使，如果。《吴子·励士》：“君试发无功者五万人，臣请率以当之。脱其不胜，取笑于诸侯，失权于天下矣。”《宋书·沈庆之传》：“脱有伤挫，为损不少。”欧阳修《读李翱文》：“脱有一人能如翱忧者，又皆疏远与翱无异。”

《三国志》及裴注校勘记补正

中华书局点校本《三国志》校勘精当审慎，堪称典范，然而亦有少许可以补充，商榷之处。述之于下，以就正于方家。

一、失校

1. 太祖自征吕布，至其城下，遣布书，为陈祸福。（魏志 · 吕布传）

按："遣"当作"遗"（wèi）表示"送交"。《诗 · 豳风 · 鸱鸮序》："成王未知周公之志，公乃为诗以遗王。"《西京杂记》卷一："赵飞燕为皇后，其女弟在昭阳殿遗飞燕书。""遗……书"句《三国志》多见，《魏志 · 武帝纪》："公遗［袁］谭书"，《袁绍传》："刘表遗［袁］谭书……又遗［袁］尚书"（"十月至黎阳"注引《魏氏春秋》），《蜀志 · 庞统传》："吴将鲁肃遗先主书"，《吴志 · 刘繇传》："王朗遗［孙］策书"，《张纮传》："孔融遗纮书"（"出纮为会稽东部都尉"注引《吴书》），《三嗣主传 · 孙晧》："晧又遗群臣书"（"以济元元"注引《江表传》），皆其例。

2. ［许］允心甚悦，与台中相闻，欲易其鼓吹旌旗。其兄子素颇闻众人说允前见嫌意，戒允"但当趣耳，用是为邪！"（魏志 · 夏侯玄传附许允"徙乐浪，道死"注引《魏略》）

按："用是为邪"一句，文义不明。当作"用是何为邪！义为用这些东西干什么"，"为"前脱一"何"字，当校补。何为（wéi），干什么，做什么。《论衡 · 谢短》："人问之曰：'居宅几年，祖先何为？'"《纪妖》："当道者曰：'日者主君之病，臣在帝侧。'［赵］简子曰：'然，有之。子见我何为？'"《魏志 · 庞德传》："卿兄在汉中，我欲以卿为将，不早降何为？'"《吴志 · 胡综传》："寻惟事势，去亦宜也。死而非义，不去何为！"《蜀志 · 秦宓传》："李权从宓借《战国策》，宓曰：'战国从（纵）横，用之何为？"《吴志 · 陆逊传》："时建昌侯［孙］虑于堂前作斗鸭栏，颇施小巧，逊正言曰：'君侯宜勤览经典以自新益，用此何为？'"以上例中，"何为"均表示干什么，做什么，其中《秦宓传》的"用之何为"、《陆逊传》的"用此何为"与"用是［何］为"句式、文义皆相同。故当据上述文例为"用是为邪"一句校补"何"。

3. ［夏侯］儒字俊林，夏侯尚徒弟。（魏志 · 张既传"置烽侯、邸阁以备胡"注引《魏略》）

按："徒"当作"從"，形近而误。

4.（1）太祖崩洛阳，逵典丧事。时鄢陵侯［曹］彰行越骑将军，从长安来赴，问："先生玺绶所在？"①逵正色曰："太子在邺，国有储副，先王玺绶，非君侯所宜问也。"（贾逵传）

（2）文帝即王位，彰与诸侯就国。诏曰："先生之道，庸勋亲亲，并建母弟，开国承家，故能藩屏大宗，御侮厌难。"（任城王彰传）

按：以上两例中的"先生"疑是"先王"之误。例（1）中的"先王"是指前辈君王，这里指曹操。曹丕称帝之前，魏人称死去的曹操为"先王"，例（1）中贾逵即称其为"先王"。又《任城王彰传》："彰至，谓临菑侯植曰：先王召我者，欲立汝也"，（"黄须儿竟大奇也"注引《魏略》）。例（2）中的"先王"是指古代圣君，此类例甚多，不赘举。

5. 智果别族于太史氏为輔氏，乃智氏亡，惟辅果在焉。（蜀志·刘封传"违难背祸，犹皆如斯"注引《国语》）

按："乃"当作"及"，形近而误。应是录书者写"及"时少写一捺所致。《国语·晋语九》此句正作"及智氏之亡也，唯辅果在。"

6. 卿能办之者诚快，邂逅不如意，便还就孤，孤当与孟德决之。（吴志·周瑜传"此天以君授孤也"注引《江表传》）

按："快"当作"决"，形近而误。决，指决战。诚，在此表示心志专一，一心一意。《吕氏春秋·精通》："伯乐学相马，所见无非马者，诚乎马也。"贾谊《新书·通术》："志操精果谓之诚，反之为殆。"皆其例。《资治通鉴》卷六五引此文"快"正作"决"。

7.［孙］皓又使黄门备行州郡，科取将吏家女……后宫千数，而采择无已。（妃嫔传"佩皇后玺绂者多矣"注引《江表传》）

（1）科，当作"料"，义为"挑选"。《吴志·陆逊传》："逊料得精兵八千馀人。"《吕蒙传》："［孙］权统事，料诸小将兵少而用薄者，欲并合之。"《陈武传》："［孙］策破刘勋，多得庐江人，料其精锐，乃以武为督。"科取，当作"料取"，《陈表传》："表乃称曰：'今除国贼，报父之仇，以人为本。空枉此劲锐以为僮仆，非表志也。'皆料取以充部伍。"而《资治通鉴》引此二句正作"吴主使黄门遍行州郡，料取将吏家女"。（晋武帝泰始二年）

（2）千数，当作"数千"。后宫千数（一千余人），不合史实。《吴志·三嗣主传·孙皓》："［王］濬收其图籍，领州四，郡四十三，县三百一十三，户五十二万三千……后宫五千余人。"（"延请相见"注引《晋阳秋》）《晋书·后妃传·胡贵嫔》："时帝多内宠，平吴之后复纳吴宫人数千，自此掖庭殆将万人。"而《孙皓传》此二句正作"后宫数千，而采择无已。"

① 这句话的标点与点校本不同。详见《三国志及裴注标点琐议》。

二、误删

8. 会有司奏［许］允前擅以厨钱谷乞诸俳及其官属，故遂收送廷尉，考问竟，（故）减死徙边。（魏志·夏侯玄传附许允“徙乐浪，道死”注引《魏略》）

校勘记：“故，从何焯说删。”

按：“故”于此并非“因此”而是另有其义，不可删。

故，于此作副词，表示特地，特意。《吕氏春秋·制乐》：“今故兴事动众以增国城，是重吾罪也。”陈奇猷校释引松皋圆曰：“故者，特为之也。”《世说新语·政事》：“我今故与林公来相看，望卿摆拨常务，应对玄言。”故减死徙边，是说特地减死徙边，《吴志·三嗣主传》：“及闻母亡，犯禁委官……特为减死一等，复使为官，盖优之也”（“司空孟仁卒”注引《吴录》）。“减死”之所以言“特”，是因为“减死”往往是君主法外施恩。《魏志·孙礼传》：“［温］恢嘉之，具白太祖，各减死一等。”《杨俊传》：“时［王］象见诏文，知俊必不免。乃当帝前叩头，流血竟面，请俊减死一等”（“众冤痛之”注引《世语》）。《吴志·张纮传》：“尚书岑昏率公卿以下百余人，诣宫叩头，［张］尚罪得减死”（“皆追以此为诰”注引《吴纪》）。当然，“减死”也有法外加罪的，《魏志·文帝纪》：“是岁，长水校尉戴陵谏，不宜数行弋猎，帝大怒，陵减死罪一等。”戴陵所谏，皆是正言，此减死是法外加罪。可见，本例中的“故”另有其义，宜复原，不可删。

9. ［孟］康字公休，安平人。黄初中，以于郭后有外属，并受九亲赐拜，遂转为散骑侍郎。是时，散骑皆以高才英儒充其选，而康独缘妃嫱杂在其间，故于时皆共轻之，号为阿九。康既（无）才敏，因在冗官，博读书传，后遂有所弹驳。（魏志·杜恕传“数岁转赵相”注引《魏略》）

校勘记：“无，何焯据《太平御览》删。”

按：“无”字不应删，宜复原。

康既无才敏，是说孟康在“博读书传”之前没有才能，只是因为与皇后有亲属关系，才得以选为散骑侍郎的，因此当时为众人所轻视，甚至被蔑称为“阿九”。所谓阿九，就是今天的“倒数第一名”。九，在古代常用来表示数之极，《孙子·形篇》：“善攻者，动于九天之上。”梅尧臣注：“九天，言高不可测。”《楚辞·离骚》：“亦余心之所善兮，虽九死其犹未悔。”刘良注：“九，数之极也。”故被人称为“阿九”，当是倒数第一名。而倒数第一名被称为“无才敏”，是完全合乎情理的。

10. 昔贾谊弱冠，求试属国，请系单于之颈而制其命；终军以妙年使越，欲得长缨缨其主，羁致北阙。此二臣，岂好夸主而耀世哉？志或郁结，欲逞其才力，输能于明君也。昔汉武为霍去病治第，辞曰：“匈奴未灭，臣无以家为！”（固）夫忧国忘家，捐躯济难，忠臣之志也。（魏志·陈思王传·求自试疏）

校勘记："固，据《文选》三七'五臣注'删。"

按：当留"固"而删"夫"。

"固忧国忘家，捐躯济难，忠臣之志也"一段话是曹植对霍去病"匈奴未灭，臣无以家为"一语的评价而并非是曹植自己泛泛地发议论；又上文先对贾谊、终军的壮志作了评价，因而此处亦应对霍去病有所评价，以前后照应。且古文"固……也"句，表示"当然是……呀"，是所言者对某人、某事或某种道理的表态或评价而并非泛泛地发议论。《孟子·公孙丑下》："王就见孟子，曰：'前日愿见而不可得……不识可以继此而得见乎？'对曰：'不敢请耳，固所愿也。'"《墨子·尚同中》："天子者，固天下之仁人也。"《庄子·渔父》："同类相从，同声相应，固天之理也。"《三国志》中亦颇多此类句式，《魏志·二公孙陶四张传评》："陶谦昏乱而忧死，张扬授首于臣下，皆拥据州郡，曾匹夫之不若，固无可论者也。"《吴志·步骘传》："吾等贫贱，是以主人以贫贱遇之，固其宜也，当何所耻？"《吴主五子传评》："［孙］霸以庶干適，［孙］奋不遵轨度，固取危亡之道也。"以上六例，均是表态或评价而非泛泛地发议论，故"固夫忧国忘家"句当删"夫"而留"固"。

11. 吏望见［周］瑜船，驰往白备，备曰："何以知（之）非青徐军邪？"（蜀志·先主传"与先主并力"注引《江表传》）

校勘记："之，从何焯说删。"

按："之"既是"知"的宾语，又是"非青徐军"的主语，是兼语，不应删。

"之"作兼语的用法本例下文即有："备虽深异瑜，而心未许之能必破北军也。"此种用法并非少见，《礼记·檀弓下》："有臣柳庄也者，非寡人之臣，社稷之臣也。闻之死，请往。"《荀子·君道》："上贤，使之为三公；次贤，使之为诸侯；下贤，使之为士大夫。"《汉书·曹参传》："［曹参］日夜饮酒……至者，参辄饮以醇酒，度之欲有言，复饮酒，醉而后去，终莫得开说，以为常。"《论衡·实知》："使一人立于墙东，令之出声。"《三国志》此类例还有《魏志·刘表传》："魏讽以才智闻，［傅］巽谓之必反，卒如其言"（"备奔走夏口"注引《傅子》）。《蜀志·先主传》："刘豫州……善用兵，若使之讨鲁，鲁必破。"《谯周传》："敬贤任才，使之尽力。"《吴志·胡综传》："其和协彼此，使之无隙。"

附误增例一条：

12. 臣松之案《英雄记》云："袁绍使张景明、郭公则、高元才等说韩馥，使让冀州。"然［则］馥之让位，景明亦有其功。（魏志·臧洪传"而夷灭之祸"注）

校勘记："则，据《後汉书·臧洪传》注增。"

按："然"本有"然则"义，不须校补"则"。《论衡·感虚》："夫草木水火，与土无异；然杞梁之妻不能崩城，明矣。"《後汉书·宦者列传序》："《月令》：'仲冬，命阉尹审门闾，谨房室。'《诗》之《小雅》，亦有巷伯刺谗之篇。然宦人之在王朝者，其来旧矣。"《桓谭传》："谭进说曰：'……今董贤至爱而女弟尤幸，殆将有子夫之变，可不忧哉！'［傅］晏惊动曰：'然为之奈何？'"以上三例中的"然"皆相当于"然则"。《袁绍传》："荀谌等说［韩］馥曰：'……袁车骑引军东向，其意未可量也。窃为将军危之。'馥惧，曰：'然则为之奈何？'"此"然则为之奈何"与《桓谭传》的"然为之奈何"同。由此可知"然"本有"然则"义，不必据他书为本例校补"则"。

三、误改

13. 军中豪右曹洪、刘勋等畏沛名，遣家（驰骑）［骑驰］告子弟，使各自检敕。（魏志·贾逵传"充，咸熙中为中护军"注引《魏略列传》）

校勘记："骑驰，从何焯说改。"

按：驰骑，是固定词组，义为驱马疾驰，汉魏时多见，不宜拆开颠倒。张衡《西京赋》："膳夫驰骑，察贰廉空。"《後汉书·耿纯传》："驰骑白世祖。"《段颎传》："颎驰骑于傍，突而击之。"《公孙瓒传》："乃画作瓒形，驰骑射之。"本书《蜀志·张翼传》："会被征，当还，群下咸以为宜便驰骑即罪。"例中"家"相当于"人"，《东观汉记·王常载记》："上于大会中，指王常谓群臣曰：'此家举率下江诸将，辅翼汉室，心如金石，真忠臣也。'"《後汉书·皇后纪上·明德马皇后》："帝在濯龙中，并召诸才人，下邳王以下皆在侧，请呼皇后。帝笑曰：'是家不好乐，虽来无欢。'"王先谦集解引惠栋曰："是家犹是人也。"《论衡·龙虚》："彼短书之家，世俗之人也。"短书之家，即撰写短书之人。以上三例中的"家"皆相当于"人"。又《耿纯传》"驰骑白世祖"与本例"驰骑告子弟"是同一句式。

14. 是岁，孙权称尊号，其群臣以并尊二帝来告。议者咸以为交之无益，而名体弗顺，宜显明正义，绝其盟好。亮曰："权有僭逆之心久矣，国家所以略其情者，求犄角之援也……先帝优与吴盟，皆应权通变，弘思远益，非匹夫之为（分）［忿］者也。"（蜀志·诸葛亮传"今复君丞相，君其勿辞"注引《汉晋春秋》）

校勘记："忿，据《资治通鉴》七一改。"

按："分"字不误，不宜据《通鉴》改为"忿"。

分，于此表示"名分"。为分，是追求名分，为，于此表示"求取""追求"。《韩非子·存韩》："非之来也，未必不以其能存韩也，为重于韩也。"高亨《诸子新笺·韩非子一》："为，犹求也。"曾巩《太子宾客致仕陈公神道碑铭》："公少长闾巷，能自感发，强志力学为进士，一出遂收其科。"例中蜀群臣认为孙权称帝是"名体弗顺"应"显明正义，绝其盟好"即是不顾大局、追求名分之论，故诸葛亮称其为“匹夫之为分者”。

15. 策拊掌大笑，(仍)［乃］有兼并之志矣。顷之，遂定豫章。(吴志·太史慈传“果如期而反”注引《江表传》)

校勘记：“乃，何焯据《册府元龟》改”。

按：“仍”自有“乃”义，不须据他书校改。《史记·淮南衡山列传赞》：“淮南衡山……专挟邪僻之计，谋为畔逆，仍父子再亡国，各不终其身。”魏晋南北朝时“乃”常作“仍”，《世说新语·忿狷》：“王蓝田性急。尝食鸡子，以筋刺之，不得，便大怒，举以掷地。鸡子于地圆转未止，仍下地，以屐齿蹍之。”《南史·宋武帝纪》：“初，帝平齐，仍有定关、洛意”。《北史·念贤传》：“以大家子戍武川镇，仍家焉。”以上诸例中，《南史》例与本例尤为相似。又《三国志》中此类例亦多见，《魏志·崔琰传》：“太祖征并州，留琰傅文帝于邺。世子仍出田猎，变易服乘，志在驱逐。”《钟繇传》：“先帝圣德，固天所纵，坟典之业，一以贯之。是以继世，仍发明诏，思复古刑，为一代法。”《吴志·薛综传》：“南海黄盖为日南太守，下车以供设不丰，挝杀主簿，仍见驱逐。”《三嗣主传·孙皓》：“自居宫室，仍抱笃疾，计有不足，思虑失中，多所荒替”(“以济元元”注引《江表传》)。以上例中，“仍”皆为“乃”义。

16. 权与张昭论及神仙，翻指昭曰：“彼皆死人，而语神仙，世岂有仙人(也)［邪］!”(吴志·虞翻传)

校勘记：“邪，据古写本改。”

按：若底本不错，不必据别本校改。“也”自可用如“邪”，此种用法古籍中甚多，而《三国志》中尤多，仅于《吴志》中即可见一斑。《孙策传》：“兵人好叛，当共疾之，何为谢也?”《诸葛恪传》：“今军旅之事，将军在后，酒食之事，将军在先，何谓不养老也?”又“马未至而谢，何也?”《陆逊传》：“关羽接境，如何远下，后不当可忧也?《吴主传》：“空相守，俱死于穷谷之中，何益也?”(“皆不克还”注引《吴书》)此类例甚多，不赘举。以上例中的“也”皆与“邪”同，而《魏志》中有一例尤为典型，《毛玠传》：“玠之吐言，以为宽邪，以为急也?”例中的“邪”“也”前后互文，是以两字同写一词的好例证。

17. ［孙晧］出登来山，使亲近将(跳)［掷］蕃首，作虎跳狼争咋啮之，头皆碎坏，欲以示威，使众不敢犯也。(吴志·王蕃传“不能得”注引《江表传》)

校勘记：“掷，据《资治通鉴》七九改。”

按：“跳”字不误，不宜据《通鉴》改为“掷”。

跳，表示抛接。张衡《西京赋》：“跳丸剑之挥霍，走索上而相逢。”张铣注：“跳，弄也。丸，铃也。挥霍，铃、剑上下貌。”弄，耍弄，其具体动作是向上抛起铃、剑等，待其下落时接住。古代百戏跳丸，其动作是表演者两手快速地连续抛接若干圆球。汉画像砖“跳丸”中表演者抛接的是三个圆球。《魏志·王粲传》："［曹植］遂科头拍袒，胡舞五椎锻，跳丸击剑，诵俳优小说数千言讫。"（"颍州邯郸淳"注引《魏略》）又《乌丸鲜卑东夷传·倭人》："俗多奇幻，口中出火，自缚自解，跳十二丸巧妙。"（"记述随事，岂常也哉"注引《魏略西戎传·大秦国》）跳刀，是向高处抛刀然后接住。《南史·王敬则传》："宋前废帝使敬则跳刀，高出白虎幢五六尺，接无不中。"例文中"使亲近将跳蕃首"，是说孙晧命令右左亲近将领互相抛接王蕃的首级。由此可见，原文"跳"表示"抛接"是汉魏南北朝时的习用语，本不误，而校勘记据《通鉴》改为"掷"，反而欠妥。

中学语文古诗文注释商榷

人民教育出版社编著的语文教材，是一部很有影响的教材，数十年来，可谓典范。然而白璧微瑕，亦有可商榷之处。今仅就其中学古诗文中的某些注释作一粗浅的探讨，以就教于语文教学界同仁。

一、七年级　上册

1.《世说新语》两则

（1）题解："《世说新语》中记载了很多魏晋时代早慧儿童的故事。"

按：题解亦应属于注释。《世说新语》所记早慧儿童，不都是魏晋时代人。孔融卒于公元208年，在魏代汉之前，应是东汉人。陈元方（陈纪）生卒年虽史无明文，但据《后汉书》推算，亦应卒于魏代汉之前。《後汉书·陈纪传》："建安初，袁绍为太尉，让于纪；纪不受，拜大鸿胪。年七十一，卒于官。"《袁绍传》载："建安元年，曹操迎天子都许，乃下诏书于绍，责以地广兵多而专自树党，不闻勤王之师而擅相讨伐。绍上书……于是以绍为太尉，封邺侯。"由此可见陈纪不受太尉之职在建安元年（196年），其卒年应在此后不久。故陈纪亦应是东汉人。

（2）陈太丘与友期

客问元方："尊君在不？"

[尊君在不] 你爸爸在吗？……不，通"否"，句末语气词，表询问。

按：这种用于句末的"不"，不都是表示询问的。《韩非子·内储说上》："昭侯以此察左右之诚不。"这里的"不"就不表示询问。其实，这种"不"也可以读bù，现代仍有这种用法，例如："我看你能完成这项工作不。""你能来不？"这种"不"应视为副词而不是语气词。"尊君在不"译成"你爸爸在家不？"就更准确。

2.《论语》十二章

（3）子曰："学而时习之，不亦说乎？"《学而》

[不亦说乎] 不也是很愉快吗？不亦……乎，表示委婉的反问语气。

按：不亦……乎，又作不亦……邪，往往表示语气强烈的反问语，一般译为"难道不是……吗？"例如《左传·僖公二十四年》："主晋祀者，非子而谁？天实置之，而二三子以为己力，不亦诬乎！"马司迁《报任安书》："今已亏形，为扫除之隶，在阘茸之中，乃欲仰首伸眉，论列是非，不亦轻朝廷，羞当世之士邪！”“夫人不能早自裁绳墨之外，以稍陵迟，至于鞭箠之间，乃欲引节，斯不亦远乎！”这些都是语气强烈的反问语。

(4) 曾子曰：“吾日三省吾身：为人谋不忠乎？与朋友交不信乎？传不习乎？”《学而》

[三省] 多次进行自我检查。三，泛指多次。

按：三省，从三方面反省。下文的“为人谋不忠乎？与朋友交不信乎？传不习乎？”即指此三方面。三，在这里是实指。

(5) 子曰：“学而不思则罔，思而不学则殆。”《为政》

[殆] 有害。

按：殆，这里应指疲惫、困乏。《庄子·养生主》：“吾生也有涯而知也无涯，以有涯随无涯，殆已！”陆德明《经典释文》引向秀曰：“殆，疲困之谓。”《荀子·劝学》：“吾尝终日而思矣，不如须臾之所学也。”此例是说，终日而思，劳累而乏功；须臾所学，则事半功倍。可谓是对“思而不学则殆”的好注脚。

3. 河中石兽

(6) 沧州南一寺临河干。

[河干] 河边。

按：河干，指河岸。《诗·魏风·伐檀》：“坎坎伐檀兮，寘之河之干兮。”毛传：“干，厓也。”厓是崖的古字，多用来指水边的高岸。虽然“河边”与“河岸”意思差不多，但“边”不等于“岸”，释义应力求准确。

(7) 是非木柿，岂能为暴涨携之去……沿河求之，不亦颠乎？

[颠] 通“癫”，疯狂。

按：众人只是“不能究物理”，不至于“疯狂”。颠，指颠倒，倒置。《易·杂卦》：“大过，颠也。”韩康伯注：“本末弱也。”刘向《九叹·愍命》：“今反表以为里兮，颠裳以为衣。”王逸注：“颠，倒也。”本文的“颠”是指本末倒置。

4. 古代诗歌四首·观沧海

(8) 东临碣石，以观沧海。

[临] 到达。

按：“临”在这里仍是其本义“居高临下”之义。东临碣石，即东临于碣石，意思是在碣石山上居高临下面对大海。“碣石”前省略了介词“于”。古文中省略介词“于”的现象多见。例如《史记·项羽本纪》：“将军战河北，臣战河南。”《吕后本纪》：“元年，号令一出太后。”例中“河北”“河南”“太后”前的介词“于”均省略。

5. 课外古诗词背诵·龟虽寿

(9) 养怡之福，可得永年。

[养怡] 指调养身心。怡，愉快、和乐。

按：对“养怡”的解释是对的，但对“怡”的解释就不对了。“怡”在这里用作动词，义同“养”“保养”。“养怡”是同义复合词，古文中多作“怡养”，乃保养之义。例如：何逊《入西塞示南府同僚》：“情游乃落魄，得性随怡养。”《旧唐书·丘和传》：“和时年已衰老，乃拜稷州刺史，以是本乡，令自怡养。”“怡养”又作“颐养”，亦是保养之义。《汉书·食货志下》：“酒者，天下之美禄，帝王所以颐养天下，享祀祈福，扶衰养疾。”薛调《无双传》：“姊宜安静自颐养，无以他事自挠。”“颐养”亦作“养颐”，《旧唐书·萧俛传》：“近以师傅之崇，畴于旧德，俾从优逸，冀保养颐。”范纯仁《酬安之罢赴真率会》：“朋旧难疏间，年龄合养颐。”此“养颐”与“养怡之福”的“养怡”亦是同词异写。

二、七年级　下册

1. 木兰诗

（10）唧唧复唧唧，木兰当户织。不闻机杼声，惟闻女叹息。

［唧唧］织布机的声音。

按：唧唧，叹息声。下文有“不闻机杼声”，说得很明确，何来“织布机的声音”。白居易《琵琶行》：“我闻琵琶已叹息，又闻此语重唧唧。”重唧唧，再一次叹息。王若虚《滹南诗话》卷二：“夫笑而呵呵，叹而唧唧，皆天籁也。”有人认为“唧唧”是象声词，如何能是叹息声？此古今音变之故。唧唧，古读如“啧啧”，是叹息时舌尖发出的声音。杨衒之《洛阳伽蓝记·开善寺》：“绿萍浮水，飞梁跨阁，高树出云，咸皆唧唧。”周祖谟校释：“唧唧，嗟叹声。”范祥雍校注：“照旷阁本‘唧唧’作‘啧啧’。”《飞燕外传》：“音词舒闲清切，左右嗟赏之啧啧。”“唧唧”与“啧啧”在古代是同词异写。

2. 口技

（11）妇抚儿乳，儿含乳啼，妇拍而呜之。

［抚］抚摸，安慰。

按：抚，亦是“拍”，这里指轻轻地拍，与下文的“拍”同义。又上文“抚尺”的“抚”，也是“拍”的意思。《仪礼·乡射礼》：“左右抚矢而乘之。”郑玄注：“抚，拊之也。”贾公彦疏：“言抚者，抚拍之意。”潘岳《金谷集作诗》：“扬桴抚灵鼓，箫管清且悲。”李善注引《楚辞》：“扬桴兮抚鼓。”今本《楚辞·九歌·东皇太一》作“扬枹兮拊鼓。”《战国策·赵策三》：“郑同因抚手仰天而笑。”《南史·王琨传》：“坐上莫不抚手嗤笑，琨容色自若。”抚手，即拍手；抚尺，即拍尺，用以拍桌作响，使众人肃静。

三、八年级　上册

1. 短文两篇·陋室铭

（12）山不在高，有仙则名。水不在深，有龙则灵。斯是陋室，惟吾德馨。

［斯是陋室，惟吾德馨］这是简陋的屋子，只是我的品德好（就不感到简陋了）。斯，这……馨，香气，这里指品德高尚。

按：斯，用如连词“则”，可译为“那么”。是，代词，同“此”。斯，用如连词“则”，古有其例。《论语·述而》：“仁远乎哉？我欲仁，斯仁至矣。”《孟子·梁惠王上》：“王无罪岁，斯天下之民至矣。”《梁惠下》：“君行仁政，斯民亲其上，死其长矣。”《论衡·雷虚》：“王欲群臣之畏也，不若毋辨其善与不善而时罪之，斯群臣畏矣。”连词“则”“斯”的作用，往往是用来连接两部分在逻辑上紧紧相连的句子。“山不在高，有仙则名。水不在深，有龙则灵。斯是陋室，惟吾德馨。”是说山有了仙人就成了名山，水有了龙就成了灵水。那么我的这间陋室（有什么呢？既没有仙也没有龙），只有我的高尚品德。“斯是陋室，惟吾德馨”两句，与上文在逻辑上紧紧相连，用连词“斯”（则）来连接，使前后两部分逻辑清晰，内容连贯。

2. 核舟记

(13) 东坡现右足，鲁直现左足，其两膝相比者，各隐卷底衣褶中。

［其两膝相比者］他们互相靠近的两膝……比，靠近。

按：比，并，并列。“其两膝相比者”，指东坡与鲁直并列的两膝。比，表示并列，排列，古有其例，《尚书·牧誓》：“称尔戈，比尔干。”孔传：“干，楯也。”孔颖达疏：“楯并以捍敌，故言比。”《史记·汲黯列传》：“河内失火，延烧千馀家，上使黯往视之。还报曰：‘家人失火，屋比延烧，不足忧也。’”左思《魏都赋》：“竦峭双碣，方驾比轮。”原注释“比”为“靠近”并不算错，但这是间接的引申义而非“比”的本义。

(14) 佛印绝类弥勒，袒胸露乳，矫首昂视，神情与苏、黄不属。

［不属］不相类似。

按：不属，不相关连。属，读 zhǔ，表示“连”“连接”。《史记·魏其武安侯列传》：“田园极膏腴，而市买郡县器物相属于道。”王充《论衡·说日》：“临大泽之滨，望四边之地与天属，其实不属，远若属矣。”邹浩《二月十五朝拜建隆桥上偶作》：“柳密行人看不见，轮蹄相属但闻声。”佛印“神情与苏、黄不属”，是说佛印的神情与苏东坡、黄鲁直不相关连。虽然“不相关连”与“不相类似”的意思差不多，但“属”只有作名词时才有“类”的意思，而用作动词时就没有“类似”的意思了。

3. 三峡

(15) 绝巘多生怪柏，悬泉瀑布，飞漱其间。

［绝巘］极高的山峰。　［飞漱］急流冲荡。

按：把“绝巘”释为“极高的山峰”是传统的解释，按照这种解释，下文的“悬泉瀑布，飞漱其间”就难以解释了。“其间”是指什么与什么之间呢？若依原注只能是极高的山峰与怪柏之间。怪柏生长在极高的山峰之上，“悬泉瀑布”从山顶急速冲下，是不可能触及山顶的怪柏的，也就不可能在极高的山峰和怪柏之间“飞漱”。因此，将“绝𪩘”释为“极高的山峰”是不妥的。

绝𪩘即绝岩，指极其陡峭的山崖。陶潜《搜神后记》：“忽二女出行……曳履于绝岩上行，琅琅然。”唐无名氏《补江总白猿传》：“绝岩翠竹之间，时见红采，闻笑语音。”绝岩又称绝壁，是三峡风景的第一特色，历代文人描述三峡，无不述及。《世说新语·言语》：“桓公入峡，绝壁天悬，腾波迅急。”李白《蜀道难》：“连峰去天不盈尺，枯松倒挂倚绝壁。”“枯松倒挂倚绝壁”正是“绝𪩘多生怪柏”的准确写照。“绝𪩘多生怪柏，悬泉瀑布，飞漱其间”，极其准确、生动地展示了三峡的险峻之美。将“绝𪩘”释为“极高的山峰”，不仅有失准确，也使三峡险峻之美尽失。

再者，将“飞漱”释为“急流冲荡”也欠准确。“飞漱其间”是说悬泉瀑布从崖上急泻而下，在绝壁与怪柏之间撞击飞溅。

四、八年级　下册

1. 马说

(16) 是马也，虽有千里之能，食不饱，力不足，才美不外见，且欲与常马等不可得，安求其能千里也？

[且] 犹，尚且。

按：此处的“且”是表示限止的副词，可译为“仅仅”“只”“只是”等。杜甫《送高三十五书札》：“崆峒小麦熟，且愿休王师。”白居易《舟行阻风》：“且愁江郡何时到，敢望京都几岁还？”苏轼《虞美人》：“持杯更复劝花枝，且愿花枝常在莫披离。”

(17) 其真无马邪？其真不知马也。

[其真无马邪] 真的没有（千里）马吗？

按：此例是选择复句，应译为“是真的没有千里马呢？还是真的不知道什么是千里马呢？”“其……其……”是一种表示选择的结构，相当于现代的“是……还是……”结构。《庄子·徐无鬼》：“其欲干酒肉之味邪？其寡人亦有社稷之福邪？”而韩愈文章中此种句式尤多，除本例外，又有《答李翊书》：“其亦足乐乎？其无足乐也？”（亦：有。司马迁《报任安书》：“亦何面目复上父母丘墓乎？”）《祭十二郎文》：“呜呼！其信然耶？其梦耶？其传之非真实邪？”均是此类句式。此外，句末的句号亦应改为问号。

2. 岳阳楼记

(18) 嗟夫！予尝求古仁人之心，或异二者之为，何哉？不以物喜，不以己悲；居庙堂之高，则忧其民；处江湖之远，则忧其君。

[或异二者之为] 或许不同于（以上）两种心情。或，近于“或许”“也许”的意思，表示委婉口气。为，这里指心理活动（即两种心情）。

按："或"在这里用作动词，通"有"。《尚书·五子之歌》："有一于此，未或不亡。"《史记·匈奴列传》："冒顿以鸣镝自射其善马，左右或不敢射者，冒顿立斩不射善马者。"《汲黯列传》："丞相［公孙］弘燕见，上或时不冠。至如黯见，上不冠不见。"《旧唐书·杜甫传》："严武过之（杜甫），有时不冠。""或"与"有"古代音近相通。《汲黯列传》中的"或时不冠"与《杜甫传》中的"有时不冠"就是很好的对比。"或异二者之为"即"有异［于］二者之为"，亦即"于二者之为有异"，是说古仁人的思想境界就与以上自己的两种心情有所不同。作者的这一观点是确定的，并无揣测之意。故释"或"为"或许"欠妥。

五、九年级　上册

1. 陈涉世家

(19) 卒买鱼烹食，得鱼腹中书，固以怪之矣，又间令吴广之次所旁丛祠中，夜篝火，狐鸣呼曰："大楚兴，陈胜王。"

［固以怪之矣］自然就诧怪这事了。以，通"已"

按："固……又……"是一个表递进关系的句式，相当于现代的"本来就……又……"句式，"固"释为"本来"为佳。又"诧怪"一词颇怪，拟改为常见的"诧异"。

(20) 旦日，卒中往往语，皆指目陈胜。

［指目］指指点点，互相以目示意。

按：此译文脱离了原文。"陈胜"是"指目"的宾语，"指目陈胜"是说士卒们都指点、注视陈胜。

(21) 尉果笞广。尉剑挺，广起，夺而杀尉。

［剑挺］剑拔出鞘。

按："挺"是"脱""脱出"之义，这里的"剑挺"是说剑从鞘中脱落。《汉书·梁丘贺传》："先驱旄头剑挺堕地，首垂泥中。"《刘屈氂传》："其秋，戾太子为江充所谮，杀充，发兵入丞相府，屈氂挺身逃，亡其印绶。"

2. 唐雎不辱使命

(22) 秦王使人谓安陵君曰："寡人欲以五百里之地易安陵，安陵君其许寡人！"

［其］句中用来加重语气的助词。

按：这种"其"，一般有两种看法，一种认为是句中语气词，一种认为是副词，但其作用并不仅仅是"加重语气"，而是多用来表示命令或祈使。《尚书·洛诰》："汝其敬识百辟享！"《诗·豳风·七月》："昼尔于茅，宵尔索绹，亟其乘屋，其始播百谷。"鲍照《咏采桑》："君其且调弦，桂酒妾行酌。"《新五代史·伶官传序》："与尔三矢，尔其无忘乃父之志！"此四例中的"其"，除《咏采桑》中的“其”表示祈使。另外三例中的“其”都表示命令。本例中的“其”也是表示命令，充分显示了秦王盛气凌人的态度。

（23）秦王曰：“布衣之怒，亦免冠徒跣，以头抢地耳。”

［亦免冠徒跣，以头抢地耳］也不过是摘掉帽子，光着脚，把头往地上撞罢了。

按：此译文显然是把原文的“亦”看成“也”了。此“亦”用如“惟”，《大戴礼记·卫将军文子》：“若吾子之言，审茂，则一诸侯之相也，亦未逢明君也。”《孟子·梁惠王上》：“王何必曰利？亦有仁义而已矣。”《滕文公上》：“尧舜之治天下也，岂无所用其心哉？亦不用于耕耳。”此三例中的“亦”与原文例中的“亦”均用如“惟”，而《孟子》中的两例，连句式都与原文例一样，都相当于现代的“只是……而已”。

3. 隆中对

（23）诸葛孔明者，卧龙也，将军岂愿见之乎？

（24）此殆天所以资将军，将军岂有意乎？

按：此两例中的“岂”，教材均无注，可能注释者认为此“岂”即常见的表示反问的“难道”，无须注释。但仔细读之，此两例中的“岂”若释为“难道”，则与文义不符。其实此两例中的“岂”并非表示反问，而是表示推度询问的一般的疑问副词，相当于“可”，即现代的“是不是”。此种用法，从先秦到魏晋皆有所见，例如《庄子·列御寇》：“子岂治其痔邪？何得车之多也？”《墨子·明鬼》：“岂女为之与？意（抑）鲍为之与？”《史记·魏公子列传》：“公子行数里，心中不快，曰：‘……今吾且死而侯生曾无一言半辞送我，我岂有所失哉？’复引车还，问侯生。”《搜神后记·卷四》：“卿归，岂能为我说此耶？”《世说新语·言语》注引《孔融别传》：“即如所言，君之幼时，岂实慧乎？”《世说新语·贤媛》注引《晋阳秋》：“逵曰：‘岂欲仕乎？’侃曰：‘有仕郡意。’”以上例中的“岂”，均是表示推度询问的疑问副词，此种用法，虽然算不上罕见，但比起它表示反问的用法就少得多了。而且一般讲虚词的字典辞书只注意到“岂”做反问副词的用法，而很少注意到它又可以表示推度询问。“岂”的这种用法毕竟比较少见，而且很容易被误解为反问副词“难道”，故应作注释。

4. 出师表

（25）先帝不以臣卑鄙……咨臣以当世之事，由是感激，遂许先帝以驱驰。

（26）深追先帝遗诏，臣不胜受恩感激。

按：以上两例中的“感激”，教材无注。此“感激”并非“感谢”，而是“感动奋发”之义，是古代用法。刘向《说苑·修文》：“感激憔悴之音作而民忧思。”《後汉书·列女传·许升妻》：“升感激自厉，乃寻师远学，遂以成名。”韩愈《张中丞传后叙》：“一座大惊，皆感激为［南霁］云泣下。”吴曾《能改斋漫录·议论》："天下之事，多成于贫贱感激之中，或败于富贵安乐之际，理无可疑也。"课文及上述例中的"感激"均是"感动奋发"而非"感谢"。为避免读者误解，应出注。

六、九年级　下册

1. 公输

(27) 公输曰："吾义固不杀人。"

按：固，教材无注。此"固"用作副词，表示"从来""向来"，又写作"故"。《史记·淮阴侯列传》："兵固有先声而后实者，此之谓也。"《魏公子列传》："公子数往请之，朱亥故不复谢，公子怪之。"《汉书·高五王传》："［刘泽］乃说齐王曰：'……今诸大臣狐疑未有所定，而泽于刘氏最为长年，大臣固待臣决计。'"程大昌《演繁露·佛牙》："予固不尝见佛，亦不尝见其指骨。"本课及上述例中的"固""故"均是"从来""向来"之义，此种用法，字典辞书多不载，为避免误解，应出注。

2. 《孟子》两章·得道多助，失道寡助

(28) 故君子有不战，战必胜矣。

按：有，教材无注。此"有"用作连词，义为"虽"。《尚书·康诰》："有厥罪小，乃（却）不可不杀。"《左传·宣公十五年》："城下之盟，有以（使）国毙，不能从也。"（以：使。《孟子·公孙丑上》："管仲以其君霸，晏子以其君显。"）《左传·哀公十六年》："王孙若安靖楚国，匡正王室，而后庇焉，启之愿也，敢不听从？若将专利以倾王室，不顾楚国，有死不能！""有死不能"，《新序·义勇》作："吾虽死不子从也！""有"的此种用法，颇为少见，辞书多不载，为避免误解，应出注。

3. 愚公移山

(29) 山不加增，何苦而不平？

［苦］愁。

按："何苦"是固定结构，将其释为"何愁"，于文献无据。"何苦"在此表示"有何苦衷"或"有什么不得已的理由"。《史记·黥布列传》："［上］与布相望见，遥谓布曰：'何苦而反？'"苏轼《上神宗皇帝书》："罢之而天下悦，人心安，兴利除害，无所不可，则何苦而不罢！"

七、高中　第1册

1. 荆轲刺秦王

(30) 左右乃曰："王负剑！王负剑！"

［负剑］负剑于背。

按：负剑于背，即把剑背（bēi）到背上。此解欠妥。剑悬挂于腰间，仓猝之中，如何能“负剑于背”？此动作连想象都难，何况实施？其实古人对此词有很好的解释，《史记》中亦有此文，司马贞《索隐》引王劭曰：“古者带剑上长，拔之不出室，欲王推之于背，令前短易拔，故云‘王负剑’。”这段话是说，古人佩带剑其前柄部伸出过长，不利于拔剑出鞘。因此秦王左右让秦王把悬挂于腰间的剑向背后的方向推，使剑的前柄部伸出的长度缩短（即伸出的部分向后移），从而易于拔出。因此说“王负剑”。总之，剑的前柄部伸出过长，不利于拔剑发力；而把剑向背后推，则有利于拔剑发力。负剑，就是把剑向背后的方向推。负，即背。

（31）荆轲废，乃引其匕首提秦王，不中，中柱。

［引］举起。

按：“引”无“举起”之义。引其匕首，指手持匕首向后引臂以利于发力，类似于现代投掷标枪出手前的向后的引臂动作。

2. 鸿门宴

（32）今人有大功而击之，不义也。不如因善遇之。

［因］趁着。

按：此“因”释为“趁着”是对的，不过应把“因”后省略的宾语“此时”补出，否则文义不连贯。介词“因”表示“趁”“乘”时，其宾语往往省略，下文的“项王即日因留沛公与饮”“因击沛公于坐”二句，介词“因”后分别省略了“此时”“机”等宾语。又《李将军列传》：“［李］广暂腾而上胡儿马，因推堕儿。”此“因”是“乘［势］”，即乘着腾起的惯性，其后的宾语“势”也省略了。也有不省的，如《项羽本纪》：“此天亡楚之时也，不如因其机而遂取之。”“因”的宾语“其机”不省略。

（33）此迫矣！臣请入，与之同命！

［与之同命］跟他同生共死。意思是要守卫在刘邦身旁，竭力保护他。之，指刘邦。

按：与之同命，是说要跟项羽拼命。之：指项羽。教材上的说法是传统的说法，虽然并无不通且因袭日久，但却缺乏文献佐证。因为在秦汉魏晋文献中，“同命”一词均表示“同死”而非“同生共死”。《韩非子·内储说下·六微》：“大夫［文］种受书读之，太息而叹曰：‘杀之，越与吴同命。’”《淮南子·俶真训》：“夫历阳之都，一夕反而为湖，勇、力、圣、知与罢怯、不肖同命。”《论衡·命义》：“一历阳之都，一长平之坑，同命俱死，未可怪也。”《三国志·蜀志·马超传》注引《典略》：“超搥胸吐血曰：‘阖门百口，一旦同命。’”其中《论衡》例中的“同命俱死”一语，尤为典型，“同命俱死”是同义复合结构，“同命”即“俱死”。又“与之同命”中的“之”应指项羽。与项羽同命，就是跟项羽拼命，这就樊哙而言是有意义的；若与刘邦同命，多死一人而已，毫无意义。详见本书《词语琐记·同命》。

（34）范增起，出，召项庄……庄则入为寿。

按：则，课文无注。但此“则”并非“就”，而是“即”“立即”。《荀子·荣辱》：“粮食大侈，不顾其后，俄则屈安穷矣。”《项羽本纪》：“于是至则围王离，与秦军遇。”王引之《经传释词》卷八：“则与即古同声而通用。”本例的“则”释为“即”，显示了项庄在范增对其开导之后，意识到须立即除去刘邦的重要性和紧迫性。

（35）沛公则置车骑，脱身独骑，与樊哙、夏侯婴、靳强、纪信等四人持剑盾步走。

按：与，教材无注。此“与”并非介词“跟”“和”，而是用作动词，表示“带”“带领”。《诗·召南·江有汜》：“之子于归，不我以……之子于归，不我与。”这里的“与”跟“以”一样，都用作动词，表示“带”。在上古文献中，“与”表示动词“带”的用法比较少见，而“以”的这种用法相对多一些。《左传·僖公五年》：“官之奇以其族行。”《史记·晋世家》：“里克、邳郑欲内重耳，以三公子之徒作乱。”“与”“以”古音近相通。《周易·系辞上》：“可与酬酢。”《说文·酉部》引作“可以酬醋。”《国语·越语下》：“持盈者与天，定倾者与人，节事者与地。”《史记·越王勾践世家》“与”均作“以”。课文中的“与”若释为介词“跟”，则前后矛盾，因为沛公是“独骑”，不可能又跟樊哙等“步走”。这段内容在《樊哙列传》中就记述得更为明确：“既出，沛公留车骑，独骑一马，与樊哙等四人步从。”这里的“与”只能释为“带领”，若释为介词“跟”，就完全不通了。

（36）从郦山下，道芷阳间行。

按：此句标点欠妥。应删去“下”后的逗号，全句连读作“从郦山下道芷阳间行”，“下”是方位名词而非动词。《樊哙列传》此句作“从间道下归走霸上军。”由此可知“下”是方位名词而非动词。

（37）夺项王天下者必沛公也。吾属今为之虏矣！

按：今，教材无注。此“今”并非表示“今天”“现在”，而是表示“将”“即将”。《尚书·召诰》：“王厥有成命治民，今休。”《史记·高祖本纪》：“诸侯并起，今屠沛。”《战国策·韩策一》：“十日之内，数万之众今涉魏境。”例中“今”均表示“将”“即将”。为避免误解，于“今”字应出注。

八、高中　第2册

1.《诗经》两首

（38）既见复关，载笑载言。《卫风·氓》

［载］动词词头，无义。

按：“载”于此并非无义。“载……载……”是一种固定格式，表示两种情况同时存在，或两个动作交替进行，可译为“又……又……”或“一边……一边……”。《诗经》中这种句式很多：《鄘风·载驰》：“载驰载驱，归唁卫侯。”《小雅·小宛》：“题彼脊令，载飞载鸣。”《大雅·生民》：“载谋载惟，取萧祭脂。”后人亦仿用这种句式，吴质《答东阿王笺》：“载欢载笑，欲罢不能。”陶潜《答庞参军》：“载弹载咏，爰得我娱。”这种句式在现代汉语中仍然存在，如“载歌载舞”。又下文《采薇》中的“载饥载渴”“载渴载饥”也是相同句式。

“载”与“又”在上古应属同音相通。“载”与“又”同属“之”部，是同韵母。在声母方面，“载”属“精”母，“又”属“匣”母，这两种声母在上古可互通。《诗·小雅·吉日》：“既张我弓，又挟我矢。”《经典释文》：“挟，子洽反；又户頬反。”《左传·哀公八年》：“何故使吾水滋。”《经典释文》：“滋音玄。”《汉书·贾谊传》：“窃恐陛下接王淮南诸子，曾不与如臣者孰计之也。”颜师古注引孟康曰：“接音挟。”以上三例是精、匣二声母相通例。《仪礼·乡射礼》：“取弓于阶西，兼挟乘矢。”《仪礼·大射》：“挟乘矢。”此二例，郑玄均注：“古文挟皆作接。”是匣、精二声母相通例。此二声母相通例，古代字书中时有所见，而尤以《类篇》中为多。由此可知，“载”与“又”上古韵母相同，声母可通，应是同音字；由此又可推论，上古时并非没有“又……又……”句式，只是这种句式被写作了“载……载……”而已。

(39) 夙兴夜寐，靡有朝矣。言既遂矣，至于暴矣。

[言既遂矣，至于暴矣]……言，助词，没有实义。

按：“言”在此相当于“然”，是转折连词。“言”可与“然”相通，《诗·小雅·大东》：“睠言顾之，潸焉出涕。”《後汉书·刘陶传》引作“睠然顾之”。《战国策·魏策》：“楚虽有富大之名，其实空虚；其卒虽众多，言而轻走易北。”言而，即“然而”。《氓》中的这几句是说，我早起晚睡，没日没夜地干活儿，然而你满足了心意以后，竟至于暴虐。

(40) 静言思之，躬自悼矣。

[静言思之，躬自悼矣]……言，助词，无实义。

按：“言”在此相当于连词“而”。此种用法，《诗经》中多见。《邶风·泉水》：“驾言出游，以写（解）我忧。”《小雅·车攻》：“四牡庞庞，驾言徂东。”《小雅·瓠叶》：“君子有酒，酌言尝之。”《小雅·彤弓》：“彤弓弨兮，受言载之。”《左传·僖公二十三年》：“稽首受而载之。”“受而载之”与“受言载之”是很好的对比。“静言思之”即“静而思之”，“言”相当于连词“而”，连接状语“静”与中心词“思”。

2. 孔雀东南飞

(41) 阿女含泪答：“兰芝初还时，府吏见丁宁，结誓不别离。”

按：见，教材无注。“见”在这里不是表示被动，而是表示指代，即指代“见”后面动词的宾语“我”，“见丁宁”就是“丁宁我”。这种语言现象起自东汉，盛行于魏晋南北朝。例如：嵇康《与山巨源绝交书》："加少孤露，母兄见骄，不涉经学，性复疏懒。"见骄：骄惯我。《世说新语·贤媛》："汝为吏以官物见饷，非唯不益，乃增吾忧也。"见饷：饷我，馈赠我。陶潜《与子俨等疏》："疾患以来，渐就衰损。亲旧不遗，每以药石见救，自恐大分将有限也。"见救：救我。《北史·于什门传》："吾自以宾主致敬，何须苦见逼也。"见逼：逼我。王安石《答司马谏议书》："故今具道所以，冀君实或见恕也。"见恕：恕我，谅解我。这种用法，往往会被误认为是表示被动，曾有一种语文教材就把"府吏见丁宁"释为"府吏被叮咛"了。为避免误解，应出注。

九、高中　第3册

1. 琵琶行

(42) 序：年长色衰，委身为贾人妇。

[委身] 托身。这里是嫁的意思。

按：把本文的"委身"释为"嫁"是对的，但释为"托身"则欠妥。虽然"委身"又有"托身"义，但"托身"一词，是指栖身，寄身，安身，并无"嫁"义。《淮南子·主术训》："然民有掘穴狭庐，所以托身者，明主弗乐也。"谢朓《蒲生行》："蒲生广湖边，托身洪波侧。"刘长卿《小鸟篇上裴尹》："衔花纵有报恩时，择木谁容托身处。"宋濂《瑞安吴门三贞母墓版文》："为汝之计，莫若托身势家而心存吴氏。"以上例中"托身"一词，均无"嫁"义。"委身"一词若指女子嫁人，其词义应为"女子将身体交给男人"而不应为"托身"。元稹《莺莺传》："后岁余，崔已委身于人，张亦有所娶。"《剪虹新话附录·秋香亭记》："欲终守前盟，则鳞鸿永绝……不幸委身从人，延命度日。"如将例中"委身"释为"托身"，显然不妥。

2. 劝学

(43) 故不积跬步，无以至千里；不积小流，无以成江海。

[无以] 没有用来……的（办法）。

按：教材对"无以"一词的解释，并无不通，但颇嫌累赘。若释为"不能"，则简明得多。从构词的角度看，"无"可释为"不"，而"以"又有"能"义，则"无以"正好转换为"不能"。"以"可释为"能"，古籍中并不少见，例如《诗·大雅·烝民》："既明且哲，以保其身。"《汉书·司马迁传赞》引"以"作"能"。《论语·微子》："滔滔者，天下皆是也，而谁以易之？"《孟子·万章上》："非其义也，非其道也，一介不以与人，一介不以取诸人。"马王堆帛书《老子·乙本》："以知古始，是谓道纪。"通行本《老子·十四章》"以"作"能"。《战国策·秦策三》："愿以陈臣之陋忠，而未知王心也。"以上例中的"以"，皆释为"能"。再者，"无以"一词，还可与"无能""不得""不能"互文，例如《礼记·表记》："民非后，无能胥以宁；后非民，无以辟四方。”《汉书·食货志》：“富者不得自保，贫者无以自存。”《论衡·定贤》：“匮乏无以举礼，羸弱不能奔远。”又与“弗能”互为异文，如《史记·樗里子甘茂列传》：“魏亡西河之外而无以取者，兵弱也。”《战国策·宋卫策》“无以”作“弗能”。“无能”“不得”“弗能”与“不能”同义。由此可见，把“无以”释为“不能”，既简明扼要又有构词方面的依据，于理为长。

3. 过秦论

(44) 于是废先王之道，焚百家之言，以愚黔首。

［黔首］秦朝对百姓的称呼。黔：黑色。

按：注释未将问题说透。“黔”为“黑”，则“黔首”即为“黑头”，“黑头”与“百姓”有何关系？《礼记·祭义》：“明命鬼神，以为黔首则。”郑玄注：“黔首，谓民也。”孔颖达疏：“黔首谓万民也。黔，谓黑也。凡人以黑巾覆头，故谓之黔首。”孔颖达就说得很明白：普通百姓用黑头巾裹头，所以称之为黔首。

(45) 然而陈涉瓮牖绳枢之子，氓隶之人，而迁徙之徒也。

［氓隶］下层人民。氓，民。隶，奴隶。

按：释“氓隶”为“下层人民”是对的，但释“隶”为“奴隶”就不对了。我国古代的下层人民，也不包括奴隶。“氓隶”一词中的“隶”并非指奴隶，而是指低贱的人，即庶人。庶人并非奴隶。班固《述韩英彭卢吴传》：“信（韩信）惟饿隶，布（英布）实黥徒。”韩愈《送灵师》：“耕桑日失隶，朝署时遗贤。”岳飞《中司进兵状》：“窃念飞以行伍贱隶辱知朝廷，蒙被厚恩，殒殁难报。”以上例中的“隶”均非奴隶。又“氓隶”一词是同义复合词，在此词中，“隶”与“氓”同义。鲍照《征北世子诞育上疏》：“凡在氓隶，莫不忭悦。”柳贯《送马伯庸御史出使河陇》：“入关先见父老喜，出节始与氓隶逆。”何景明《何子·上作》：“正之与邪，公之与私，氓隶之人能辨其所好恶。”例中“氓隶”均指百姓，绝无“奴隶”之义。

十、高中　第4册

1. 辛弃疾词两首

(46) 四十三年，望中犹记，烽火扬州路。《永遇乐·京口北固亭怀古》

［烽火扬州路］指当年扬州路上，到处是金兵南侵的战火烽烟。

按：“扬州路”的“路”，并非指“道路”，而是宋、元时的行政区域名。宋时的路，相当于明清的省。曾巩《吴居厚京东转运副使吕孝廉转运判官制》：“朕进拔能吏，以督视一路。”《续资治通鉴·宋哲宗元祐元年》：“大害莫如青苗、免役之法，阴困生民；茶盐之法，流毒数路。”扬州路，指宋的淮南东路，辖今江苏省北部、安徽省北部一带，扬州是其首府，故称扬州路。作者南归之前，曾在烽火弥漫的扬州以北地区参加抗金战争，故云：“四十三年，望中犹记，烽火扬州路。”

2. 张衡传

(47) 员径八尺，合盖隆起，形似酒尊。

［合盖隆起］上下两部分相合盖住，中央凸起。

按："员径八尺，合盖隆起，形似酒尊"三句，都是描述地动仪的外形。其中第一句描述的是地动仪的直径，第三句描述的是形状，这两句都是主谓结构。而第二句按教材的解释，描述的却是一种动作及其后果，而且没有主语。"合盖"就"隆起"，若不"合盖"是否就不"隆起"了呢？这种解释很容易让人感觉地动仪的盖子是有弹性的。其实第二句应该跟一、三句一样，也是主谓结构，"合盖"即"盒盖"。"盒"字在早期多写作"合"，马王堆一号墓遣策一·二三二："布检（奁）五菜（彩）夂一合。"《汉书·货殖传》："蘖、麴、盐、豉千合。"贾思勰《齐民要术·种槐柳楸梓梧柞》："［梓］……十年后……车、板、盘、合、乐器，所在任用。"石声汉注："'合'，即现在的'盒'字。"王建《宫词》之六七："黄金合里盛红雪，重结香罗四出花。"上述例中的"合"字都是"盒"的古字。本文描述地动仪"形似酒尊"。汉代的酒尊，大多圆而扁平（见《汉代物质文化资料图说》图版79-1，79-6，79-9），与汉代的圆形盒（图版86-10）相似，因为地动仪也象汉代的圆形盒，所以《张衡传》说它"合（盒）盖隆起。"

十一、高中　第5册

1. 归去来兮辞

(48) 亲故多劝余为长吏。

［长吏］指职位较高的官吏。

按：长吏，这里指县令的佐吏，即县丞、县尉，是职位很低的官吏。《汉书·百官公卿表》："［县］有丞、尉，秩四百至二百石，是为长吏。"佚即俸禄，汉代每年可得四百至二百石的官吏，是职位很低的官吏。连年俸禄多达二千石的郡守、诸侯相也只是职位居中的官吏，算不上高官。《汉书·循吏传序》："与我共此者，其唯良二千石乎！"颜师古注：二千石"谓郡守、诸侯相。"《史记·孝文本纪》："臣谨请……与瑯琊王、宗室、大臣、列侯、吏二千石议。"例中吏二千石排在大臣之后，只能算中等官吏，而县丞、县尉的地位，则更远在郡守、诸侯相之下了。而且以陶渊明当时的处境，也不可能一登仕途就做高官。"亲故多劝余为长吏"一语，是说亲朋好友多劝作者为求妻儿温饱谋个一官半职，即县丞、县尉一类的小官。若一开口就怂恿作者去当大官，非但不合情理，简直是对作者的嘲讽了。

(49) 脱然有怀，求之靡途。

［脱然］轻快的样子。　［有怀］有所思念。

按：依上述解释，脱然有怀，就是轻快地有所思念。听到亲朋好友劝自己去当官就感觉轻快，这不符合作者的生活经历；听到别人劝自己当官又“有所思念”，他思念什么呢？与上下文义毫不相关。作者此前曾出仕三次，第一次是太元十八年（393 年），“起为州祭酒。不堪吏职，少日自解归。”第二次是元兴三年（404 年）为刘裕镇军参军。第三次是义熙元年（405 年）为刘敬宣建威参军。三次出仕，第一次就因“不堪吏职”而解职回家，可见出仕曾给他带来过难以忍受的痛苦。有过这种经历的人，不可能听到别人劝他出仕后会“轻快”。

“脱然”一词，《汉语大词典》有三个义项：①舒适貌。多指疾病脱体。②超越寻常貌。③超然无累。然而这三种解释对于本文的“脱然”均不合适。我们之所以难以给本文的“脱然”一词一个较为准确的解释，是因为以往对“脱然”的解释不够全面。《汉语大词典》为“脱然”所立的第一个义项是“舒适貌，多指疾病脱体。”此解并非有误，只是不够全面。若定义为“轻松貌。指人摆脱了疾病、劳累和烦恼。”就比较全面了。“摆脱疾病、劳累”，《汉语大词典》已有例证。兹补一例以说明“脱然”可表示“摆脱烦恼”。《列子·黄帝》：“列子曰：‘汝何去来之频？’尹生曰：‘曩章戴（尹生自称）有请于子，子不我告，有憾于子。今复脱然，是以又来。’”此例的“脱然”即指“摆脱烦恼”。

本文的“脱然”是说作者摆脱了烦恼，这是生活贫困却又不愿出仕给他带来的烦恼。但是迫在眉睫的“幼稚满室，瓶无储粟”的窘境又使他产生了不能坐视妻儿冻馁的责任感，正是这种责任感使他当时克服了不愿出仕的思想，从而摆脱了烦恼，考虑出仕。

又“有怀”不是“有所思念”而是“有所考虑”，即作者对亲朋劝他出仕的建议有所考虑。

(50) 家叔以余贫苦，遂见用于小邑。

[见] 被。

按：本例是“以……，遂……”句式，相当于现代的“因为……，于是……”句式，是因果复句。在这种复句中，表结果的正句一般与表原因的偏句是同一主语。本例“家叔以余贫苦”一句的主语是“家叔”，“遂见用于小邑”的主语也应是“家叔”，只是承前省略而已。“见”在此例不表示被动而表示指代，“见用”即“用我”，“见”指代“用”的宾语“我”。此种用法魏晋南北朝时多见，详见本文（41）“府吏见丁宁”。

2. 逍遥游

(51) 我决起而飞，抢榆枋而止，时则不至，而控于地而已矣。

[时则不至] 有时或者还飞不到树的高度。则，或。

按：则，在这里相当于表示假设的连词“若”。例如《左传·文公二年》：“勇则害上，不登于明堂。”《荀子·议兵》：“大寇则至，使之持危城，则必畔。”

《战国策·燕策三》："诚得劫秦王，使悉反诸侯之侵地，若曹沫之与齐桓公，则大善矣；则不可，因而刺杀之。"《汉书·谷永传》："陛下则不深察愚臣之言，忽于天地之戒，咎根不除，水雨之灾，山石之异，将发不久。"

(52) 野马也，尘埃也，生物之以息相吹也。

［野马也，尘埃也，生物之以息相吹也］……野马，游动的雾气。春天山林沼泽中的雾气奔腾如野马，所以叫"野马"。

按：把"野马"释为"游动的雾气"是对的，但是为什么"野马"就是"游动的雾气"？本文的解释恐怕就不对了，虽然这是因袭已久的传统说法。"春天山林沼泽中的雾气奔腾如野马，所以叫野马"，此说貌似有理，其实不然。其一，雾气奔腾可以像多种形象，不一定就像野马。其二，野马、尘埃是前后相连的两个有着并列关系的名词，前一个是一个连本体都未出现的比喻，后一个则直言其名，这既不符合语言逻辑，也不符合人的思维规律。其实，应直接把"野马"解释为"野雾"，"马"在这里通"雾"。"马"通"雾"有古音的依据。

马、雾二字上古同属明母；马属鱼韵，雾属侯韵，鱼、侯二韵古可通。例如伯仲父毁："伯仲父夙夜事走考，用作厥宝尊毁。""走考"即"祖考"，"走"通"祖"。走，属侯韵；祖，属鱼韵。侯、鱼二韵相通。马王堆汉墓竹简《十门》："巫成柖以四时为辅，天地为经。巫成柖与阴阳皆生，阴阳不死。"影本注："巫成柖"即"务成昭"，传说是舜之师。《荀子·大略》："尧学于君畴，舜学于务成昭，禹学于西王国。"《汉书·艺文志》有《务成子阴道》三十六卷。此例更能说明问题，巫（鱼·明）与马（鱼·明）古同音，务（侯·明）与雾（侯·明）古同音，巫、务可相通，则马、雾亦可相通。

由此可见，鱼、侯二韵上古可相通，因此马、雾二字上古音近可通。本文的"马"通"雾"，"野马"应直接释为"野雾"，而无须强解为"雾气奔腾如野马"云云。详见本书《"野马"解》。

(53) 夫列子御风而行，泠然善也，旬有五日而后反。彼于致福者，未数数然也。此虽免乎行，犹有所待者也。

［彼于致福者，未数数然也］他对于招福的事，没有拼命追求。致福，使福到来，招福。

按：这段文字说的是列子能御风而行，他虽然可以免于步行，但还得有所依靠。他依靠的是什么呢？那就是风。其主旨与"招福的事"没有任何关系。如果我们把"彼于致福者，未数数然也"删去，全段的内容，不仅没有中断，反而更加连贯而且紧凑了。这是为什么呢？答案只有一个，那就是长期以来对"致福者"的解释是错误的。"福"在这里应该通"幅"，是斜缠于小腿的布帛，自脚缠至膝，相当于近代的绑腿布，古代称之为行縢。《诗·小雅·采菽》："赤芾在股，邪幅在下。"郑玄注："邪幅，如今行縢也，偪（紧）束其胫，自足至膝。”《左传·桓公二年》：“带、裳、幅、舄。”杜预注：“幅，若今行縢者。”“致福者”即“致幅者”，是指那些临行前四处寻求行縢的远行者。列子可御风而行，他对于那些临行前须四处寻求绑腿布的远行者来说，用不着急急忙忙地追求了。他虽然可以免于步行，但还是要依靠风。改变了对“致福者”一词的解释，全段文字的内容就更加紧凑了。

注：笔者于 1985 年就学于孙长叙先生门下，得聆此说。谨识。

对小学古诗文注音和解说的商榷

忽视准确地理解作品的语言，是当前小学古诗文教学中存在的一个主要问题。有人认为对古诗只要能“感知诗意”就行了，不用逐字逐句地理解诗意。这种方法，对小学低年级的学生还可以，对中、高年级的学生恐怕就不合适了。对诗的词语不做深入、细致的推敲，怎么能正确地理解诗意呢？又怎么能培养学生的语文能力呢？这样做有时甚至会误解诗意，那就更成问题了。

近来笔者对小学语文教材（人教版、京版）中的古诗文作了一点粗浅的研究，感觉在注音和解说方面，还存在着一些值得商榷的问题。今简述于下，以与从事语文教育的同仁们切磋、探讨。

一、注音的问题

1. 人民教育出版社语文教材（以下简称“人教版”） 3册

杜牧《山行》诗：远上寒山石径斜，白云生处有人家，停车坐爱枫林晚，霜叶红于二月花。

斜，教材注音 xié。

这样注音恐怕有问题。这是一首首句入韵的诗，“斜”应与下面的“家”“花”押韵，读 xié 就不押韵了，也就失去了诗歌的韵律美。所以，这个字在这里还是读 xiá 为好，这样才能体现诗歌的韵律美。

首先，此字读 xiá 有古音的根据，斜字在唐、宋时属于“麻韵”（据《广韵》）；其次，在梅县、潮州、厦门、福州，此字今仍读 siá，在南昌、长沙、成都，此字仍读 xiá，这些都是古音的遗留。当然，读作 siá 更古老一些。

京版教材注 xiá 是合适的。

当然，人教版教材之所以注 xié，可能是考虑“斜”字在本课系初学，若注 xiá，会增加学生识读此字的负担。其实，这是多虑了。给二年级的学生讲：“这个字现在读 xié，是歪斜的斜；但是在这首古诗里要读 xiá，这是古代的读音。如果读现代的音 xié，这首诗还押韵吗?”——这样的话，二年级的孩子应该是能理解的。

2、北京教育出版社语文教材（以下简称“京版”）第 8 册贺知章《回乡偶书》诗：少小离家老大回，乡音无改鬓毛衰。儿童相见不相识，笑问客从何处来。

衰，人教版 3 册生字表注为 shuāi，这样可以与末句的“来”押韵。但这样就不能与首句的“回”押韵了（这是首句入韵的诗）。京版教材为解决这个问题，注音为 cuī，以与“回”押韵。但这样一来问题就更大了，因为这样又不能与末句的“来”押韵了，而“来”是无论如何不能读为 léi 的。

这是一个两难的选择。

其实，用古韵就可以解决这个问题。

京版教材注衰音为 cuī，可能也依据了古韵（灰韵），但问题的关键是“灰”字的古韵在唐、宋时代应读 ai 而不是 ei。“灰”字直到现在温州还读作 kuāi 或 fāi，虽两音略有不同，但韵母都是 ai。而温州话是保留古音很多的方言。

从形声字的角度看，今以“非”为声符的字。如俳、徘、排等字的韵母今仍读 ai。

从方言的角度看，“回”字温州仍然读 vái，而且悲、辈、杯、卑、碑、北、背、贝、倍等字均读作 bai，这都是古音的遗留。

此外，由于“回”古属“匣母”（h），建议“回”读为 huái。这样，“回”“衰”“来”就都押韵了。

从词义上看，鬓毛衰（shāi），即鬓发苍白了。

另外，杜甫的《登高》诗押的也是此韵，移录于下，以供参考：

风急天高猿啸哀，渚清沙白鸟飞回（huái）。

无边落木萧萧下，不尽长江滚滚来。

万里悲秋常作客，百年多病独登台。

艰难苦恨繁霜鬓，潦倒新停浊酒杯（bāi）。

3、人教版 9 册（京版 11 册）王安石《泊船瓜洲》诗：京口瓜洲一水间，钟山只隔数重山，春风又绿江南岸，明月何时照我还？

间，人教版无注。京版注：“间隔，读 jiān。”

这里就出现了问题，既然释为“间隔”，那么“间”就应该就读 jiàn，所以有些教师在教此诗时对此字要求学生读 jiàn。

为什么京版教材对“间”的释义是“间隔”而又注音 jiān 呢？

编著者可能认为，此字译为“间隔”最合适；但这又是一首首句入韵的诗，韵脚字“间”“山”“还”不仅要求押韵，还要求在平仄上要一致。所以虽然译为“间隔”，但仍要注音 jiān。但这样一来释义和注音就发生了矛盾，音义不一致了，问题出在哪儿呢？

问题出在释义不妥。其实这里的“间”是指事物两者的关系，现在还这么用，如果一定要译，译为“在……之间”就行了；译为“间隔”，反倒产生了难以解决的问题。人教版于此不加注，反而省了不少麻烦。

二、解说的问题

1、京版 5 册王维《鹿柴》诗：空山不见人，但闻人语响。返景入深林，复照青苔上。

人语响，教材注为：人说话的声音。

这样的注释恐怕不够准确。

空山，可见山之大；不见人，说明作者身边相当远的距离之内没有人。在这种状况下，能听到人说话的声音吗？再者，写空山之中能听到人说话的声音又有何意义呢？这样的情景美吗？这样的诗还有什么意境呢？

人语响，是指人在山间喊话的回音。响，是回声，北魏郦道元《水经注·江水》："常有高猿长啸，属引凄异，空谷传响，哀转久绝。"这里的"响"，就是回声。"空山不见人，但闻人语响"，是说空旷的山谷中看不到一个人，只听到人们在山谷间互相喊话的回声，声音拉得长长的，在山谷间回荡不绝。此景此情，才有诗的意境。

2、京版7册李白《赠汪伦》诗：李白乘舟将欲行，忽闻岸上踏歌声。桃花潭水深千尺，不及汪伦送我情。

踏歌，教材注为：一边用脚踏着地打拍子，一边唱歌。

若按这种解释，则汪伦在岸上一边用脚踏着地打拍子，一边向船上的李白唱歌送行。这种送行的方式颇为怪异，因此，《汉语大词典》把本诗中的"踏歌"解释为"边走边唱"。但这是孤证，在其他古代文献中尚无同样的用法，所以不能成立。

踏歌，亦作"蹋歌"，指人们拉手或挽臂而歌，以脚踏地为节拍。唐储光羲《蔷薇篇》："连袂踏歌从此去，风吹香去逐人归。"《资治通鉴·唐圣历元年》："尚书位任非轻，乃为虏蹋歌。"元胡三省注："蹋歌者，连手而歌，蹋地以为节。"《二十年目睹之怪现状》第二五回："记得昨宵踏歌处，有人连臂唱刀环。"（刀环，刀头上的环，古人常以"刀环"为"还归"的隐语。）

这首诗是说，李白乘舟将要出行，忽然听到岸上许多人连臂踏歌，为他送行。而组织者正是本村的村民、李白的好友汪伦，这令李白大为感动，不由得发出了"桃花潭水深千尺，不及汪伦送我情"的感叹。

3、人教版8册范成大《四时田园杂兴》诗："昼出耘田夜绩麻，村庄儿女各当家。童孙未解供耕织，也傍桑阴学种瓜。"

这首诗虽然只有短短的四句，却有不少值得探讨的问题。

问题一：这首诗，北京版8册也选用了，但诗题却是《夏日田园杂兴》，与人教版不同。哪一个是正确的呢？

我们看作者自序："淳熙丙午（1186）……复至石湖旧隐，野外即事，辄书一绝，终岁得六十篇，号《四时田园杂兴》。"

这样看来，人教版的题目是正确的。

但是京版的题目也不能算错。因为原诗分为"春日""晚春""夏日""秋日""冬日"五组，每组各十二首诗，教材所选的这首在"夏日"组，所以诗题作《夏日田园杂兴》也不算错。

问题二：两种教材，对诗题中的"兴"的解释不一样：

人教版：杂兴，各种兴致。

京版：杂兴，有感而发，随事吟咏的诗篇。兴，就是感想。

释义不一样，哪一家是正确的呢？

杜甫有《遣兴》诗，“遣”是排遣、抒发的意思，而“兴”是兴致呢，还是感想呢？我们看诗的内容。

干戈犹未定，弟妹各何之？……衰疾那得久？应无见汝时。

如此的忧愁、沉痛，能说是抒发兴致吗？

再看《四时田园杂兴》中的另一首诗：

采菱辛苦废犁锄，血指流丹鬼质枯。无力买田聊种水，近来湖面亦收租！

全诗饱含着对劳动人民的深切同情和对统治阶级的无比愤怒，能说是抒发兴致吗？

所以，对“杂兴”一词的解释，京版教材是正确的。

问题三：对诗中其他一些词语的解释，两家亦有不一致之处。

人教版：未解：不懂。京版：未解：不能，不会。

两种解释都可以，合成一个就更好了。即：

未解：不懂（本义），这里指不能，不会（引申义）。

人教版：供：从事。

“供”是多音字，应加注音。

京版：供：担任，担负，从事，参加。注音：gòng。

多音字加以注音是对的。但释义太多，不便于学生理解、记忆。建议保留两个词：担负，从事。

4、京版10册王维《少年行》诗：“一身能擘两雕弧，虏骑千重只似无。偏坐金鞍调白羽，纷纷射杀五单于。”

“一身能擘两雕弧”，看起来很好懂；一个人就能拉开两张雕弓。

这里有一个问题，即：是不是同时拉开两张弓？如果是，又有两个问题：第一，怎么拉法？这是很困难的。第二，即使可以做到，又有什么实战价值？因为不可能用两张弓同时射箭。

我们首先要了解古人骑在奔驰的战马上是如何射箭的。是向马奔驰的方向射呢，还是向侧面射？事实是向侧面射。而一般的骑士只能向一个方向射。如果他两边都有敌人，他只能掉转马头，才能向另一个方向射。

古代也有武艺极高的将领，能在马向一个方向奔跑时，向左右两个方向射箭，这就是古人所称道的“左右开弓”。我们看两条历史文献：

[董] 卓有才武，旅力少比，双带两鞬，左右驰射。《三国志·董卓传》

[董] 卓膂力过人，双带两鞬，左右驰射，为羌胡所畏。《後汉书·董卓传》

唐·李贤注：“所以藏箭谓之服，藏弓谓之鞬。”

双带两鞬，是指在战马上左右各带一张弓；左右驰射，是指在奔驰的战马上，能用这一左一右的两张弓，分别向左右两个方向发射。

再者，古人作诗，好用典故，“一身能擘两雕弧”，很可能借用的就是上述三国时董卓的典故，来赞美诗中少年武艺高强，能在马上左右开弓，射杀敌人。

此外，“偏坐金鞍调白羽”一句，也说明了在马上瞄准、发射都是向侧方的。

5、京版10册李贺《马》诗：“大漠沙如雪，燕山月似钩，何当金络脑，快走踏清秋。”

什么是金络脑？教材注：指马上用金属做成的辔头、嚼子、缰绳等。

这里有两个问题。第一，缰绳是不能用金属做的。第二，嚼子、缰绳合称辔头，把三者并列，也不恰当。

络脑，即络头，亦即马笼头。这是套在骡马等头上的东西，一般用皮条或绳子做成，用来系缰绳，有的还挂嚼子。

金络脑，即金络头，是指有金饰的马笼头。南朝宋·鲍照《结客少年场行》：“骢马金络头，锦带佩吴钩。”

诗中的金络脑，是以马具的名贵来指代马的名贵。

6、人教版11册《诗中的秋》一课，对唐诗“明月松间照，清泉石上流”展开了想象：“看月光在树间穿行，听山泉在岩石间流淌”，这种想象脱离了文本的语言，是不可取的。“明月松间照”的意思并不难理解，它是说明亮的月光透过松树枝叶的间隙在地上形成斑驳的树影；“清泉石上流”是说清澈的泉水从石上流过。月光如何穿行？这种形象既脱离文本语言又不可成立；文本上明明是“石上流”，而编写者非要把它说成是“在岩石间流淌”，这也是对文本语言把握不准的一种表现。

7、京版7册韦应物《滁州西涧》诗：“独怜幽草涧边生，上有黄鹂深树鸣”。

幽草，教材注为：碧绿的草；深树，注为：枝叶茂密的树。

这种理解是不准确的。幽草，首先是生长在僻静之处的草，幽有幽静之义；其次是生长在光线较暗之处的草，幽又有幽暗之义。深树，不仅是枝叶茂密的树，还应该是高大的树，龙爪槐再茂密也是不能称“深树”的。

8、人教版12册《两小儿辩日》：日初出沧沧凉凉，及日中如探汤。

汤，教材注为：热水。看起来没有什么问题。但是，多少度的水可以算是热水呢？一般说来，50°或60°的水就可以算是热水了。这样的热水在古代可以称为“汤”吗？有一个成语叫“金城汤池”，金城，是指用金属（铜或铁）铸造的城墙，表示坚不可摧；汤池，是指注满滚烫水的护城河，表示不可逾越。当然，古代实际上也没有这样的城墙和护城河，之所以这样说，是为了强调防御工事坚不可摧，不可逾越。如果我们把“汤池”仅仅说成是注满热水的护城河是不够的，因为50°或60°的热水是不能阻止敌人的。因此，汤应该解为滚烫的水才是准确的。

9、某些古诗文，看起来似乎易懂，其实不然。其中某些词语，有相当的难度，不易作出正确的解释。例如人教版第10册吕岩《牧童》诗：

草铺横野六七里，笛弄晚风三四声。

归来饱饭黄昏后，不脱蓑衣卧月明。

铺，教材无注。可能编者认为此词易懂，不用注释。

弄，教材注为“逗弄”，把此词看成了动词。

教参遵循这个思路，对本诗的前两句是这样讲解的：

一个“铺”字，把草的茂盛和草原给人的那种平缓舒服的感觉，表现出来了；一个“弄”字，更显出了一种情趣，把风中笛声的时断时续、悠扬飘逸和牧童吹笛嬉戏的意味，传达出来了。

可见，教参不仅遵循教材把“弄”当作动词，而且把“铺”也看成了动词。

其实，“铺”在这里是量词，多用来表示面积较大的量。例如：

时刺史元某欲画观世音七铺。(唐·戴孚《广异记·僧道宪》)

车驾至青城……其青城坐甲布列三百三十六铺。

(《宋史·仪卫志三》，坐甲：屯兵。)

“草铺”是指草地的面积，“草铺横野六七里”是指草地面积的广大，而不是指“草的茂盛和草原给人的那种平缓舒服的感觉。”

“弄”在这里是名词，表示乐曲，相当于现在的“曲”。例如：

改韵易调，奇弄乃发。(三国魏·嵇康《琴赋》)

何处笛声三四弄？坐听疑隔楚江滨。(明·何景明《岳阳城中闻笛》)

又琴曲有《梅花三弄》。

“奇弄”即“奇曲”，“三四弄”即“三四曲”，“梅花三弄”即“梅花三曲”。笛弄晚风三四声，是说优美的笛曲随着晚风不时地传来三四声。

10、人教版 12 册《两小儿辩日》

日初出大如车盖，及日中则如盘盂。

教材注：盘盂，盛物的器皿。圆者为盘，方者为盂。

按照此注，古人居然用方形的盂去比喻太阳，这未免太荒唐了。

注释者之所以这样注释，是由于对古代文献的误解。他的根据应该是《荀子·君道》：“君者盘也，盘圆而水圆；君者盂也，盂方而水方。”这几句的意思应该是“君主就像盘子，盘子如果是圆的水就是圆的；君主就像盂，盂如果是方的水就是方的。”

我们再看另一段与此有关的文献就更能说明问题。

《韩非子·外储说左上》：“为人君者，犹盂也，民犹水也，盂方水方，盂圆水圆。”

意思是，作为君主，就像是盂，百姓就像是水，盂如果是方的，水就是方的；盂如果是圆的，水就是圆的。

《殷周青铜器通论》（容庚著）中著录了周代青铜盘十器，其中九圆一方，这一方形盘即著名的“虢季子白盘”。而现在我们所能见到的周代的盂，则都是圆形的。

《两小儿辩日》用圆形的盘和盂去比喻太阳，这才符合常理和常识。